海西求是文库

中共福建省委党校、福建行政学院
《海西求是文库》编辑委员会

主　任： 陈　雄

副主任： 游龙波　王宜新　姜　华　刘大可　顾越利

委　员：（以姓氏笔画为序）
　　　　　王秉安　王宜新　田恒国　刘大可　阮孟禹　李新生
　　　　　杨小冬　肖文涛　何福平　陈　雄　陈　耀　陈明森
　　　　　陈朝宗　林　红　林　怡　林默彪　罗海成　柳秉文
　　　　　姜　华　顾越利　郭若平　曹敏华　蒋伯英　温敬元
　　　　　游龙波　魏绍珠

| 海西求是文库 |

公务员权利义务衡平论

沈瞿和/著

S TUDY on
THE EQUITY of
CIVIL SERVANTS' RIGHTS and OBLIGATIONS

社会科学文献出版社
SOCIAL SCIENCES ACADEMIC PRESS (CHINA)

总　序

党校和行政学院是一个可以接地气、望星空的舞台。在这个舞台上的学人，坚守和弘扬理论联系实际的求是学风。他们既要敏锐地感知脚下这块土地发出的回响和社会跳动的脉搏，又要懂得用理论的望远镜高瞻远瞩、运筹帷幄。他们潜心钻研理论，但书斋里装的是丰富鲜活的社会现实；他们着眼于实际，但言说中彰显的是理论逻辑的魅力；他们既"力求让思想成为现实"，又"力求让现实趋向思想"。

求是，既是学风、文风，也包含着责任和使命。他们追求理论与现实的联系，不是用理论为现实作注，而是为了丰富观察现实的角度、加深理解现实的深度、提升把握现实的高度，最终让解释世界的理论转变为推动现实进步的物质力量，以理论的方式参与历史的创造。

中共福建省委党校、福建行政学院地处台湾海峡西岸。这里的学人的学术追求和理论探索除了延续着秉承多年的求是学风，还寄托着一份更深的海峡情怀。多年来，他们殚精竭虑所取得的学术业绩，既体现了马克思主义及其中国化成果实事求是、与时俱进的理论品格，又体现了海峡西岸这一地域特色和独特视角。为了鼓励中共福建省委党校、福建行政学院的广大学人继续传承和弘扬求是学风，扶持精品力作，经校委研究，决定编辑出版《海西求是文库》，以泽被科研先进，沾溉学术翘楚。

秉持"求是"精神，本文库坚持以学术为衡准，以创新为灵魂，要求入选著作能够发现新问题、运用新方法、使用新资料、提出新观点、进行新描述、形成新对策、构建新理论，并体现党校、行政学院学人坚持和发展中国特色社会主义的学术使命。

中国特色社会主义既无现成的书本作指导，也无现成的模式可遵循。

思想与实际结合，实践与理论互动，是继续开创中国特色社会主义新局面的必然选择。党校和行政学院是实践经验与理论规律的交换站、转换器。希望本文库的设立，能展示出中共福建省委党校和福建行政学院广大学人弘扬求是精神所取得的理论创新成果、决策咨询成果、课堂教学成果，以期成为党委政府的智库，又成为学术文化的武库。

马克思说："理论在一个国家实现的程度，总是取决于理论满足这个国家的需要的程度。"中共福建省委党校和福建行政学院的广大学人应树立"为天地立心、为生民立命、为往圣继绝学，为万世开太平"的人生境界和崇高使命，以学术为志业，以创新为己任，直面当代中国社会发展进步中所遇到的前所未有的现实问题、理论难题，直面福建实现科学发展跨越发展的种种现实课题，让现实因理论的指引而变得更美丽，让理论因观照现实而变得更美好，让生命因学术的魅力而变得更精彩。

中共福建省委党校 福建行政学院
《海西求是文库》编委会

目　录

绪　言 / 001

　　第一节　问题缘起 / 001

　　第二节　相关概念 / 011

　　第三节　公务员范围与分类 / 022

第一章　公务员权利与义务概论 / 033

　　第一节　公务员权利 / 033

　　第二节　公务员义务 / 044

　　第三节　公务员是义务本位还是权利本位 / 068

第二章　公务员行使职权的基础 / 079

　　第一节　公务员身份取得与终止 / 079

　　第二节　公务员公职理论 / 100

　　第三节　公务员行使职权的保障 / 116

　　第四节　公务员职权与公民权衡平 / 124

第三章　公务员政治权利 / 137

　　第一节　公务员的被选举权 / 137

第二节　公务员示威和罢工权利 / 150

第三节　公务员言论自由权——言论规范与限制 / 158

第四节　公务员结社权 / 172

第四章　公务员人身权 / 187

第一节　公务员人格权 / 187

第二节　公务员身份权 / 196

第三节　公务员隐私权 / 207

第四节　公务员休息权 / 223

第五章　公务员财产性权利 / 233

第一节　公务员财产权 / 233

第二节　公务员工资权 / 243

第三节　公务员社会保障权 / 257

第四节　公务员福利 / 271

第五节　公务员优抚权 / 280

第六节　公务员财产报告公开制度 / 291

第六章　公务员文化教育权利 / 301

第一节　公务员学习权 / 301

第二节　公务员著作权 / 315

第七章　公务员批评建议与控告权 / 324

第一节　公务员批评建议权 / 324

第二节　公务员控告、检举权与弊端揭露 / 334

第八章　公务员职务上的权利 / 350

第一节　公务员职务行为豁免权 / 350

第二节　公务员执行公务抗辩权 / 368

第三节　公务员行政救济权 / 378

第四节　公务员司法救济权 / 395

第九章　公务员权利义务衡平制度构建 / 407

第一节　公务员权利义务制度衡平 / 408

第二节　现行公务员权利保障制度的改造 / 425

结　语 / 447

主要参考书目 / 451

后　记 / 457

绪　言

第一节　问题缘起

一　问题提出

公务员作为推动国家治理现代化的基石及主要动力，是党和政府施政成败之关键。国家公务员局对 2008～2015 年公务员数量统计的结果分别是 659.7 万人、678.9 万人、689.4 万人、702.1 万人、708.9 万人、717.1 万人、717 万人和 716.7 万人。[①] 以上数据表明公务员已成为一大职业群体。公务员与政府之间最基本的法律关系体现为公务员与政府之间的权利和义务关系。它既确定了国家公务员应有的合法权利，又确定了公务员对国家和社会应承担的职责及应履行的使命。[②] 公务员是受人民之托掌握国家权力之人，其接触权力之可能和行使权力之便利是其他群体所无法超越的，同时，其个人权利被忽视的程度也是较其他群体有过之而无不及。非公务员被行政处罚 50 元就可以提起行政诉讼，而公务员被随意扣工资、福利甚至被辞退、开除等情形却不能寻求司法救济。

[①] 刘融、唐述权：《图表：全国公务员总数和录用人数均连续 2 年下降》，http://politics.people.com.cn/n1/2016/0531/c1001-28399388.html。

[②] 邝少明等：《论公务员与政府的法律关系》，《法学评论》2004 年第 4 期，第 19 页。

应给予公务员什么样的权利？党的十八大以来，中央反腐力度显著加大，落马官员的数量、级别前所未有。随着对"贪官""裸官"治理的逐步深入，官场生态正在出现新的局面，越来越多的公务员认识到了"为官不易"。与此同时，各种媒体持续报道"打老虎"，公务员被污名化情形不时出现；不少公众对公务员群体渐渐形成了"非腐即贪"的社会观感。网络发展将以往公众"看不见"的权力推到阳光之下，使公务员工作、生活一下变成"现场直播"的展示。当下，公务员群体作为改革的标杆，已是我国多项改革绕不开的焦点。一方面，公务员在职业待遇上"率先垂范"，其工资、福利、社会保障、休假和职业的稳定性等都是诸多求职者的追求目标和方向。另一方面，公务员自身改革缺少第三方参与和评估，也略显其正当性不足；任何涉及政府自我改革的项目，如公务员工资改革、公车改革等，社会质疑声音就会频出。涉及公务员自身的改革应如何正当地进行？公务员到底应承担什么样的义务？实践中，公务员一旦出现不当行为，甚至连最轻微的不当行为（不属法律、纪律规定的惩戒行为）都被追责，公务员对此噤若寒蝉。究其主要原因有二。其一，社会和公众对公务职权、职责与公务员权利、义务冲突与界限认识模糊。其二，公务员对自身是否享有权利和享有何种权利也不甚了了，常因不慎行为被追究，因言被免，因网络爆料被查、被追责；即使被不当追责，也只能自认倒霉而不知如何维护自身权利。事实上，公务员权利受侵害现象存在于公务员管理的诸多环节之中，比如在录用中专业、性别等歧视；在考核中被无端确定为不称职；在惩处中被给予不恰当处分；在职务升降任免中被不恰当地调职、免职；在辞职辞退中，被无故不批准或被无端辞退等，都是典型的侵害公务员权利行为。党的十八大四中全会提出加快建立符合职业特点的法治工作人员管理制度，完善职业保障体系，建立法官、检察官、人民警察专业职务序列及工资制度，这只是公务员职业权利保障的开始。

衡平（equity）主要含义是公正、公平。本书研究主要是运用衡平理念从法理、制度、保障等视角阐述在公务员权力与权利冲突上，以何种价值优先作为制度的取舍；从权利义务衡平角度出发，分析公务员各种权利义务行为，限制公务员不当权利，保障其应有权利，以激励公务员正当作为和问责其不当行为。其研究目的是建立既适应全面建成小康社会、全面深化改革、全面依法治国、全面从严治党的战略目标，又适应依宪治国、依法执政和依法行政需要的较全面的公务员权利义务规范体系。"全面"就是要覆盖面更广，不能留有死角，而且加强了力度、深度、广度。① 全面推进依法治国反映在依法管理公务员方面，就是法治公务员权利义务也要不留死角。

理论上，学术界对公务员制度建构普遍重视对公务员行使权力的制约与监督，却忽视对公务员自身权利义务问题的系统研究。我国公务员的权利规范普遍存在重纪律约束、轻权利保障等问题。② 此种选择性忽视并不利于全面推进依法治国的目标，实际上，规范公权力的行使与公务员权利的保障是一个问题的两个方面，既不能混淆，又不能截然分开。规范公务员权利义务，探讨公务员权利义务的衡平机制，既是维护公务员正当权益，也是依宪治国、依法执政的重要组成部分。其理论与现实意义在于以下几点。

首先，明确我国公务员权利和义务能厘清社会对公务员的误解，有利于促进我国整个社会权利义务体系的建设。这不仅是维护社会公平正义和实现依宪治国的重要措施，更是均衡社会公平权利义务观必要的举措。我国在很长一段时期内主要靠行政人员的个人美德、道德自觉性与觉悟来处理有关社会公共事务，尤其是在公共利益与私人利益发生冲突时，不是依靠严格的制度、规则来约束行政人的行为，而是诉诸行政个人美德。③ 强调公务员德行而忽视公务员权利义务的建构，对公务员应有权利视而不见会直接延滞我国迈向法治行政乃至法治国家、法治社会的脚步。法治的文明与进步，如不能有效保护弱势一方、少数人和异己者的自由和基本权利，最终不能保护的将是我们自己的基本权利。

其次，明确公务员义务与权利，有助于厘清责、权、利的边界，加强和规范公务员管理。④ 法治要求公权行使者法无明文规定即禁止。公务员的权利义务强调公务员是基于非普通公民和非普通劳动者的身份而产生的

---

① 朱书缘：《习近平首次集中阐述"四个全面"宣示治国理政全新布局》，http://cpc.people.com.cn/xuexi/n/2015/0203/c385474-26498838.html。
② 刘俊生：《公务员权利规范研究——从公共服务协约关系理论出发》，《国家行政学院学报》2004年第1期，第71页。
③ 王锋：《行政正义论》，中国社会科学出版社，2007，第3页。
④ 应松年主编《公务员法》，法律出版社，2010，第220页。

权利义务。区别公务员权利与一般公民权利的不同，才能真正提高公务员履行职责的自觉性。① 所以，明确公务员权利和义务的边界，有助于公务员正确认识自己的权利义务，正确判断公务员行为的合法与不合法，正确运用法治思维和法治方式履行公务。

最后，探讨我国公务员权利义务的衡平有助于法治政府的制度化、法治化。现代社会中，主体意识、民主意识、平等意识、权利观念潜移默化地在广大公众和公务员的思想中不可逆转地生根发芽。尤其在法治中国进程中，法治与民主成为公共生活领域的基本价值取向，公务员制度不可能也不应当独立其外。从政治理念、公务伦理到适应全面依法治国要求的公务员权利、利益衡平制度设计，再到一个有效的监督系统，这是一个完整的公务员权利义务体系创立和完善过程。以公平、公正的理念设计公务员权利与义务，不仅有助于每个公务员独立的人格发展，而且也关系着整个政府系统运行的权力平衡和法治行政。只有通过不断改革，明确公务员与政府间法律关系，从而完善公务员权利保障体系和责任体系，才能从制度上防止腐败，提高工作效能。②

二 文献概览

（一）国内

自20世纪80年代以来，国内学者对法学的基本范畴——权利与义务问题进行了多角度研究，并取得了一系列具有理论深度和现实意义的研究成果。从权利与义务关系角度，张文显认为从义务本位到权利本位是法的发展规律，并提出权利与义务是法的两个核心范畴。③ 张恒山则认同义务先定论，即义务是社会成员为了防止侵害而通过表现自己的预约性意见的行为规则，向实践中的行为主体提出的、以预设的条件得到实现为前提的、关于做或不做某种行为的要求。④

---

① 禹政敏：《论公务员权利的规范》，《辽宁行政学院学报》2010年第6期，第39页。
② 邝少明等：《论公务员与政府的法律关系》，《法学评论》2004年第4期，第23页。
③ 张文显：《法哲学范畴研究》，中国政法大学出版社，2001，第309～333页。
④ 张恒山：《法理要论》，北京大学出版社，2002，第337页。

综合我国关于公务员权利义务的研究文献，针对公务员是否有权利，有两种相对立的观点。其一，认为公务员不得有权利。张康之认为公共领域中，权利观念、权利意识造成了很大混乱，对行政人员的行为造成不良误导，所以，在公共行政领域应当拒绝行政人员关于自我的权利意识；[①]并认为对公共权力领域从业人员进行"道德控制"，拒斥、取消公务人员的个人权利意识，则是实践以德行政的根本方式。[②] 其二，公务员有权利。我国《公务员法》就明确规定了公务员权利。应松年等认为现代公务员制度的核心是通过权利义务配置的法制化调整公务员与国家之间的关系。[③]

在公务员与政府间法律关系上，我国公务员被认为是人民的公仆。孙中山就任临时大总统时自称人民公仆，确认以人民为本位，称"官吏，则不过为国民公仆"。[④] 我国历届领导人如毛泽东、邓小平、江泽民、胡锦涛都有类似论述。罗豪才提出行政法上的平衡论，认为行政机关（权力）与相对一方的权利义务须相互平衡，是我国行政机关与行政相对人的关系的理论基础。袁曙宏、方世荣、黎军等通过对特别权力关系理论的批判、对特别法律关系论和"基础关系－管理关系"论的评析，试图建立我国公务员法律关系理论，提出公务员法律关系的实质在于人事行政权力与公务员权利之间的平衡，建议以此作为公务员权利体系建构的理论基础。[⑤] 公务员既是相对一方也是权力行使者，其权利与义务是公民权利义务的重要组成部分，只不过公务员须承担更多的义务，而其权利也相应受到限制，这也体现一种平衡，因此，公务员不仅享有作为公民的权利，也享有作为公共权力承担者的权利。

对公务员权利义务本身的研究，现阶段最多的是根据《公务员法》所列出的权利与义务进行文本阐述。公务员分类为公务员权利义务分类和特定化奠定了法理基础。宋世明认为公务员分类制度是《公务员法》中最基

[①] 张康之：《公共行政拒绝权利》，《江海学刊》2001年第1期，第59~61页。
[②] 张康之：《寻找公共行政的伦理视角》，中国人民大学出版社，2002，第381~392页。
[③] 应松年主编《公务员法》，法律出版社，2010，第218页。
[④] 《孙中山选集》，人民出版社，1981，第87页。
[⑤] 袁曙宏、方世荣、黎军：《行政法律关系研究》，中国法制出版社，1999，第70页；黎军：《从特别权力关系理论的变迁谈我国对公务员救济制度的完善》，《行政法学研究》2000年第1期；刘俊祥：《西方国家公务员法特点述论》，《现代法学》1996年第9期；邝少明、林慕华：《公务员职务保障司法救济的域外考察及其启示》，《学术研究》2005年第5期；邝少明、周映华：《论公务员与政府的法律关系》，《法学评论》2004年第4期。

本的制度设计之一,其目标是解决公务员职业发展渠道过于单一的难题;该项制度的立法思想包括:以职位分类为导向,同时吸收品位分类的合理因素,以优化管理和激励保障为主线。① 陈刚提出公职人员人权克减的概念,认为"人权限制"是基于一般理由而言,"人权克减"是基于特殊的理由为之。② 这些研究为深入研究公务员权利义务提供了理论基础。

在公务员权利保障制度方面,谭宗泽研究了公务员保障制度,刘俊生对公务员权利规范及其保障制度进行了比较研究。刘俊生比较了中日两国公务员制度,认为两者在公务员权利及保障、公务员义务及责任等方面具有某种同构性,但差异性也是十分明显的,同构性源于规范对象的同一性,差异性则根植于政治制度和法制状况的区别性。③ 燕卫华研究了公务员权利救济制度。在公务员具体权利义务研究方面,不少学者探讨了公务员人身权、社会保障权、工资权、职务反抗权和保密义务等具体的权利义务。这些成果为研究公务员权利义务内容奠定了基础,但系统性和整体性需进一步提升。

我国台湾地区继承了国民政府时期的"六法全书",特别是关于公务人员的法律、法规、法令、规定和判例,对公务人员权利与义务研究成果丰厚,可资借鉴。在公务员权利理论方面,台湾学者吴庚、陈敏、翁岳生等在评析特别权力关系理论的基础上,分别提出"公法上职务关系"理论和"特别法律关系"理论。这些替代理论是在扬弃传统"特别权力关系"理论的过程中形成的,其共同观点是:①特别权力关系范围在逐渐缩小;②涉及基本权利限制的,应当具有法律依据;③许可"特别权力关系"理论的内核。④ 林明锵认为公务员法乃是公务员权利与义务整体的总称,不仅在实务上关系到数十万公务人员的权益,在理论上亦颇有研究的必要与价值。他首先从宪法观点宏观地检讨现行公务员制度的指导理念;其次微观地就个别公务员制度,诸如考绩制度、惩戒制度、保障制度、劳动法制、

---

① 宋世明:《解析〈公务员法〉中分类制度之设计原理》,《法商研究》2005 年第 4 期,第 70~73 页。
② 陈刚:《公职人员人权克减问题研究》,苏州大学博士学位论文,2013,第 11 页。
③ 刘俊生:《中日公务员权利义务比较研究》,《政法论坛》2001 年第 1 期,第 131~140 页。
④ 吴庚:《行政法之理论与实用》,台北三民书局,2010;翁岳生主编《行政法》(上),中国法制出版社,2002;陈敏:《行政法总论》,台北新学林出版股份有限公司,2013;城仲模:《行政法之基础理论》,台北三民书局,1994。

退休制度等加以研究；最后从司法实务的角度，观察公务员法制问题，并探讨了台湾地区公务人员基准法草案未来方向。① 萧武桐从公务伦理角度，提出公务员应履行行政伦理的义务，并提出规范建议。此外，我国台湾地区"公务人员保障暨培训委员会""公务人员惩戒委员会"等多个机构搜集和编译了德国、加拿大、美国、英国、日本等国的公务员法律法规及权益保障制度和做法并在该地区付诸实践。②

以上研究把我国公务员权利义务的研究提到一定高度和广度，但将公务员权利义务作为一个整体进行系统整理、理论分析以及建立中国特色公务员权利与义务衡平制度的研究还比较薄弱，需要进一步探讨。

(二) 国外

国外方面，早期适用于公务人员管理理论为特别权力关系理论，又称作特别服从关系。特别权力关系指基于特别的法律原因（法律的规定或本人的同意等），为达成公法上特定目的，于必要的范围内，一方取得支配他方的权能，他方负有服从的关系。此理论源自德意志中古时期领主与其家臣之间的关系，后涵盖公务员、军人、学生与学校、人犯与监狱及其他营造物利用的关系。传统特别权力关系理论认为在此特别权力关系内，排除依法行政原则尤其法律保留原则的适用，作为特别权力主体的机关，即使欠缺个别具体的法律根据，也有对处于特别权力关系的内部人员启动公权力，加以命令强制并实施必要的举措。德国学者奥托·梅耶（Otto Mayer）归纳特别权力关系理论系可分为三类：①比一般权力关系的人民更具附属性；②相对人较无主张个人权利的余地；③行政权自主性，不受法律保留的羁束，在特别权力关系范围，行政机关虽无法律亦可自由及有效为各种指令。

特别权力关系理论对欧洲行政法的理论与实践，特别是对公务员权利

---

① 林明锵：《公务员法研究》（一），自版，2005；《公务员法研究》（二），台北新学林出版股份有限公司，2012。
② 朱金池、杨永年、蔡庭榕：《加拿大公务员保障制度及法规项目委托案汇集、编译》，"公务人员保障暨培训委员会"，2000；法治斌、徐昆明、王宝锋：《美国公务人员保障制度及法规项目委托案汇集、编译》，1999；焦兴铠：《英国公务人员保障制度及相关法规编译项目委托案》，2000；刘鹤田、洪明璋：《公务人员保障法专题研究》，"台湾省政府诉愿审议委员会"，1998。

义务产生了重大影响。特别权力关系理论后传入日本及我国台湾地区,引起众多的批评,普遍认为公务员及学生在任何情况下均属权利主体,其宪法上的基本权利应受保障,故凡攸关相对人的基本权利者,不应排除法律保留原则适用,但对于细枝末节之事项,若均由法律授权,实属不可能。后来,德国法院修正了特别权力关系理论,发展出"重要性理论"作为判断的标准。所谓"重要性"系指对基本权利的实现重要,或重要地涉及人民自由与平等领域而言,只要涉及国家事务的"重要事项",无论是干预行政,抑或给付行政都必须由立法者以立法方式来限制,不可任由行政权力自行决定。

随着特别权力关系理论的式微,公共选择理论、政府雇员理论等对公务员权利性质和规范体系、权利保障与救济提供了有力的理论支持。布坎南、塔洛克等公共选择学派学者认为政治过程是自利的政治人之间讨价还价的产物,关键在于创建恰当的激励机制与制衡体系。美国学者 Gary L. Wamsley、Charles T. Goodsell、John A. Rohr 等人合力完成大作《公共行政与治理过程》(Public Administration and the Governance),自许为黑堡宣言(Blacksburg Manifesto),宣示四项主张之一就是行政人员应成无自我意识的公共利益受托者。委托代理人理论较好地阐释了政府与公务员关系;在二者关系上,西方政府纷纷摒弃了特别权力关系理论,引入正当程序、平等对待、言论自由、司法救济等宪法原则,扩大了公务员的权利保护范围。20世纪90年代,随着新公共管理运动的兴起,终身雇用形式逐渐被打破,更加灵活的合同雇佣形式开始在公共部门大量出现。在许多领域,当今公共人事管理很少再约束雇员的宪法权利。[1] 公务员作为政府的雇员,其权利也与其他劳动者趋向一致。

纵观西方国家公务员法治化发展历程,可以看出公务员与国家关系是从官吏对君主和上级官员的全人格服从关系,到区分公务员公务行为和私人行为的不同属性,再到采取类似契约的权利义务配置来保障公务员独立人格,这是从专制到法制再到权利保障的变化过程。"西欧数世纪以来传统上所强调的职业公务员制度,或因时势的移异尚有理论上优劣的议论,但是,它是国家政务的稳定力、政策执行的技术专业群、能力本位主义的

---

[1] 〔美〕罗森布鲁姆、奥利里:《公共管理与法律》,张梦中等译,中山大学出版社,2007,第173页。

基础与政治中立行政继续的保证,若经涤瑕荡秽鼎正谋新,未尝不可撷其精华以法定制度化。"① 借鉴西方公务员法治化精华之处,能为我国公务员权利义务制度建设添砖加瓦。

三 分析框架

从纵向角度对公务员权利义务问题进行三个不同层次的分析。在理念层面,归纳了公务员权利与义务核心理念与基本理论;在法律制度层面,主要研究公务员权利义务具体规定、权利限制和评判的过程及制度的构建与完善;在操作层面,主要研究和阐述公务员权利义务衡平制度和我国特有公务员权利保障体制的实施过程,形成了分析框架表绪-1。

表绪-1 分析框架

层次	区域	我国公务员权利、义务现状、问题分析及完善建议	可供借鉴各国和各地公务员权利义务的规定与理论
理念基本理论	核心理念	公务员是人民公仆;个人利益与公共利益统一	公务员是一种职业,保障公务员基本人权
	基本理论	人民公仆论,劳动关系说	特别权力关系理论、政府雇员论、代理关系理论
	规制原则	法定原则、公共利益与个人利益衡平原则	法律保留原则、法律明确原则、比例原则
	公务员权利义务	没有详细分类,造成权利义务模糊,建议分类规定	不同分类的公务员有不同的权利义务,如美国公务员分级制度
法律制度、具体权利层面	法律依据	《宪法》《公务员法》及相关法规、规章和中国共产党法规体系等规定	德国《宪法》《联邦公务员法》,法国《公务员法》,美国《联邦公务员道德准则》,中国台湾地区"公务员服务法""公务人员利益冲突回避法"等
	身份保障	《公务员法》规定的身份取得、保障、退职机制等评价,细化管理	公务员保障法,实行政府雇员制,规范身份取得、保障、退职等

---

① 城仲模:《行政法之基础理论》,台北三民书局,1994,第60页。

续表

层次		区域	我国公务员权利、义务现状、问题分析及完善建议	可供借鉴各国和各地公务员权利义务的规定与理论
法律制度、具体权利层面	公务员基本权利	政治权	晋升权（被选举）、结社权、言论自由的评判，问题，完善建议	政治中立；台湾地区"行政中立法""公务员升迁法""公务人员协会法"
		人身权	健康权、休息权现状，评判、完善建议	行政程序法，台湾地区"公务人员请假规则"
		财产权	工资、福利现状，财产申报问题，完善建议	财产申报法、工资法案，公务人员俸给法
		社会保障权	与其他人群的社保比较、成因，完善建议	公务员社会保险法，社会保障由国家契约而成的理论
		优抚权	现状评判，问题分析，完善建议	台湾地区"公务员抚恤法"
		学习权、著作权	著作权、学习权、培训权与终身学习的评判，完善建议	公务员著作权规定，终身学习制度
		批评建议权	现状评判，问题，完善建议	"行政中立法"有关规定
		控告权	案例、现状分析，保护制度的建议	英美国家公益揭弊保护机制
	职务上权利	职务抗辩权	法条分析，现状，完善建议	职业保障，公务员服务法
		职务豁免权	问题提出，必要性分析，制度构建	职务豁免权、国家赔偿制度，公务员服务法
		行政救济权	申诉与人事仲裁现状、问题评判，完善建议	公务人员保障法，申诉、复议
		司法救济权	无司法救济，构建必要性，修法建议	基本有司法救济程序，德国司法救济制度
操作层面	衡平制度与保障制度	权利、义务衡平、监督和实施过程	充分发挥现有公务员特有内部机制和制度，如管理体制、编制管理，非领导职数，老干部管理服务机制和构建荣誉制度及合理的退休制度，以实现公务员权利时操作层面的衡平	基本通过立法、行政机关内部规定、司法解释三者来实现公务员权利与义务的衡平，以保障公务员权益
		保障体制、制度的改良	我国公务员特有保障体制实施过程评价；改造现行保障制度是比较切实可行的做法	工会、协会保障机制；公务人员司法救济比较完善；内部组织治理的可能性

第二节 相关概念

一 公务员与干部

（一）公务员

公务员制度起源于19世纪的英国。英国从1688年"光荣革命"开始建立起了君主立宪资本主义制度，政治权力逐渐集中到议会，重要官职任命均由议会中多数党控制。在实行多党竞争、政党分肥的政治体制中，英国的执政党往往将权力视为私有，政府中官职成为其私相授受、分肥的赠品，人事上任人唯亲、卖官鬻爵、营私舞弊，严重影响了资产阶级政治统治，阻碍了资本主义经济发展，引起了一些有识之士的强烈不满，积极呼吁改革吏治。19世纪初，英国在印度设立了赫尔利伯略行政管理学校（Hailybury）专门培训印度行政官员。1853年，东印度公司的特许状期满，向英国国会申请新特许状，英国国会委派以议员巴伦·麦考莱（Baron Macaulay）为首的3人小组进行调查，麦考莱提出赫尔利伯略行政管理学校公开竞争选才结果的报告，即《麦考莱报告》。不久，财政部常务次官查理斯·屈维廉（Charles Trevelyan）与史丹福·诺斯科特（Stanfford Northcote）在1854年提出了著名的《诺斯科特-屈维廉报告》，该报告首次以官方文件形式将政府公职人员统称为"文官"（civil service），认为当时英国文官制度不足以为政府吸收优秀人才，要求学习古代中国科举取士来确立公开竞争考试制度，择优录用国家公职人员，并统一政府各部门录用人员的标准。1855年5月21日，英国颁布《关于录用国王政府文官的枢密院令》，该法令责成英国政府专门成立不受党派干涉，独立主持文官招生考试的三人文官事务委员会。1859年，英国议会颁布《文官退休法》明确了文官的范围。1870年英国枢密院法令再次确认文官"公开考试、择优录用"原则，从而标志着世界上首例现代意义的公务员

（常任文官）制度的建立。①

现今许多国家和地区纷纷仿效英国文官制度，建立各自的公务员制度。一般而言，公务员是指在国家机关从事公务活动的人员。但各国和地区对"公务员"一词称谓不尽相同，在我国，公务员称谓有公务员，也有公职人员，在民间常被称为官员；在我国台湾地区，公务员依据是否民选有公职人员与公务人员之分。"宪法上公务员之用语，可归纳为公职、公务员、公务人员、文官、文武官等五种。"② 在英国，有人将 public servant 直译为"女王的仆人"，有人意译为"文官"或者"文官制度"，也有人译作"公务员""公务员制度"。美国则称政府工作人员为"政府雇员"（governmental employee）；日本在第二次世界大战前称"文官"，战后改称"公务员"；法国直接称"公务员"；联邦德国称"联邦公务员"或"联邦官员"。

各国各地区对公务员范围的界定也不尽相同。界定范围最小的国家是英国，仅限于中央政府机构中的常任文职人员；界定范围最大的国家是法国和日本，公务员的范围从中央到地方一直被扩大到所有国有企事业机构人员。我国公务员范围也经历了由小到大的过程。1993年10月1日起施行的《国家公务员暂行条例》（以下简称《条例》），标志着我国公务员制度的确立；该《条例》第3条明确规定，"本条例适用于各级国家行政机关中除工勤人员以外的工作人员。"这是当时对公务员概念和《条例》适用范围的法定解释。根据《条例》规定，中国共产党机关、权力机关、审判机关、检察机关、群众团体、民主党派以及事业单位的工作人员都不属于公务员范围。2006年1月1日起施行的《中华人民共和国公务员法》第2条则将公务员范围扩大为"依法履行公职、纳入国家行政编制、由国家财政负担工资福利的工作人员"。

我国公务员内涵是依法履行公职、纳入国家行政编制、由国家财政负担工资福利。即公务员必须同时具备三个条件，缺一不可，否则就不具有公务员身份。其一，依法履行公职。公务员必须是依法行使职权、执行国

---

① 参见傅礼白《国家公务员制度概论》，山东大学出版社，2004，第40页；黄达强：《各国公务员制度比较研究》，中国人民大学出版社，1990，第72~73页。
② 赵其文：《人事行政学——兼论现行考铨制度》，台北华泰文化事业公司，2001，第58页。

家公务,此为规定公务员从事的职能条件。"公职一般是指公共职权、职责、国家公务"。①公职是公务员最本质的特征,以此不仅将公务员与社会其他工作人员区别开来,而且也划清了国家机关工作人员中公务员与非公务员的界限。其二,纳入行政编制。行政编制是指其活动经费由国家行政费用开支的人员编制。其三,由国家财政负担其工资福利。在我国,由国家财政负担工资福利的除了行政编制人员,还有事业编制人员,如公立学校的教师。

我国《刑法》对公职人员存在着"国家机关工作人员"和"国家工作人员"两种称谓。根据全国人民代表大会常务委员会《关于〈中华人民共和国刑法〉第九章渎职罪主体适用问题的解释规定》(2002年12月28日第九届全国人民代表大会常务委员会第三十一次会议通过),依据法律、法规规定行使国家行政管理职权的组织中从事公务的人员,或者在受国家机关委托代表国家机关行使职权的组织中从事公务的人员,或者虽未列入国家机关人员编制但在国家机关中从事公务的人员,在代表国家机关行使职权,均以国家机关工作人员论。《刑法》第93条规定:"本法所称国家工作人员,是指国家机关中从事公务的人员。国有公司、企业、事业单位、人民团体中从事公务的人员和国家机关、国有公司、企业、事业单位委派到非国有公司、企业、事业单位、社会团体从事公务的人员,以及其他依照法律从事公务的人员,以国家工作人员论。"国家工作人员除国家机关工作人员外,依据《刑法》第382条及有关修正案、司法解释,还包括国有公司、企业、事业单位、人民团体中从事公务的人员,以及国家机关、国有公司、企业、事业单位委派到非国有公司、企业、事业单位和社会团体中从事公务的人员。在我国活动经费由国家公共开支除了行政编制还有事业编制的人员。事业编制人员主要是从事公共事业的人员。从中可以看出,我国公职人员的范围要大于公务员。

(二)干部

干部一词起源于拉丁文Cadu,有"骨干"的意思,后经俄语、日语传

---

① 张柏林主编《〈中华人民共和国公务员法〉教程》,中国人事出版社、党建读物出版社,2005,第25页。

入中国。在《辞海》中，干部的界定通常指担任公职的人员，常与工人、士兵、勤杂人员相区别，有时专指担任一定领导工作的人员。[1]《现代汉语词典》中，"干部"一词有两个含义：①国家机关、军队、人民团体中的公职人员（士兵、勤杂人员除外）；②担任一定的领导工作或管理工作的人员。[2] 从中可以看出，第一层含义是概括地指所有干部，即在一切党政机关、企事业单位和群众团体中，依法从事公务活动的党和国家公职人员都属于干部。有学者根据研究的需要，扩大了干部的外延界定，认为知识分子也是干部的一部分。[3] 第二层含义特指领导干部，参照《中国共产党廉洁自律准则》和《中国共产党纪律处分条例》关于党员领导干部的界定，领导干部的范围主要包括以下三部分：一是党政机关中的"领导干部"，包括党的机关、人大机关、行政机关、政协机关、审判机关、检察机关、各民主党派和工商联机关以及参照《公务员法》管理的单位中担任各级领导职务和副调研员以上非领导职务的人员；二是国有企业中的"领导干部"，包括大型、特大型国有和国有控股企业（含国有和国有控股金融企业）中层以上领导人员，中型以下国有和国有控股企业（含国有和国有控股金融企业）领导班子，以及上述企业中其他相当于县处级以上层次的人员；三是事业单位中的"领导干部"，包括事业单位（未列入参照《公务员法》管理范围）领导班子和其他六级以上管理岗位的人员。此外，已退出上述领导职务但尚未办理退休手续的干部也属于领导干部的范围。民间还有一种对干部的称谓是"体制内人员"，主要是指财政供养人员，包括公务员，参照公务员管理的人员，科研、教育、卫生、文化等行政性事业单位工作人员及部分国企高管人员。[4]

在我国，干部的外延和内涵在不同时期不尽相同。以新中国成立后为例，广义上，在国家各级机关担任公职的人员都称为干部或"国家干部"。

---

[1] 辞海编辑委员会：《辞海》（缩印本），上海辞书出版社，2000，第616页。
[2] 《现代汉语词典》，商务印书馆，1994，第283页。
[3] 学者关家麟和黄陵东在研究社会结构和社会阶层中，对干部的定义是：国家机关和企事业单位的行政管理人员以及从事科学技术研究、教学、新闻出版和图书、文艺及卫生、体育等工作的知识分子。参见关家麟、黄陵东主编《中国东部地区社会结构变迁——福清市社会阶层个案分析》，社会科学文献出版社，2002，第32页。
[4] 刘志强：《"体制内"有多大魅力？》，http://theory.people.com.cn/n/2014/0321/c49150-24698201.html。

干部先是指各级领导人员,后来在公职人员越来越多的情况下,干部的范围越来越广,党政机关、群众团体的一般公务人员、企事业单位专业技术人员以及记者、编辑、教师、医生、警察、法官、税务人员、工商人员、银行职员、文艺工作者、部队排以上军官等均归属于干部范围;再后来,还出现了以工代干、以农代干等现象,甚至出现了干部门卫、干部司机、干部厨师等怪异现象,成为中国现实社会的一大奇特景象。具有干部身份的人并不等于就是领导,而领导则必须具有干部身份。我国在很长一段时间,只要是大中专以上普通教育的毕业生,见习期一满,就获得了干部身份。从而导致公众将领导干部与政府、政党、国家工作人员、国企领导者完全混淆。不管你在哪个单位,都归人事行政部门管,而不归劳动部门管。即使在我国劳动与人力资源部门已合并管理的现况下,这种干部与工人分类的观念仍在社会中延续。

干部不仅仅是一个社会角色,还是一种身份象征。干部一词通常被理解为一种身份,它是一种社会角色和认知符号。首先,干部是人民公仆的身份象征。人民公仆身份是干部的根本属性,这是由中国共产党的性质和宗旨决定的;中国共产党的根本宗旨是为人民服务,那么干部则是这个宗旨的践行者和体现者。其次,干部是先进阶层的身份象征。中国共产党是中国工人阶级的先锋队,同时是中国人民和中华民族的先锋队,而干部则是这个先锋队当中的先进阶层,是从广大人民群众中间选拔出来的优秀分子,从而代表了先进生产力和先进文化的发展方向,代表了最广大人民群众的根本利益。最后,干部是公务职位的身份象征,职位与干部的关系就是熔炉与钢铁的关系。[①] 干部身份自然而然地促成了一种干部文化,在这种干部文化里,势必使公众对干部身份的向往越来越强烈。

(三)公务员与干部辨析

(1)公务员是法律概念,而干部是政治概念。1993年我国颁行《国家公务员暂行条例》,建立了公务员制度后才有公务员的称谓。公务员是国家机关工作人员在法律上的指称,与其对应的是机关工勤人员;干部则是在政治上从事管理活动人群的称谓,与其对应概念是群众。

---

① 乔盛:《干部论》,中共中央党校出版社,2010,第10页。

(2) 公务员是一种职业，而干部是一种身份。在我国计划经济体制时期，全社会公民被分为"干部"与"群众"两大类别。人一出生就依据父母的身份划定为工人、农民、军人或干部身份。从上学填制表格开始，就要填工人、农民，尤其是父母的身份。公务员属于"干部"身份，一旦进入公务员队伍，除非自己辞职或违法被开除，不然就成为永续的职业。当下，我国身份的差异仍然十分严重，在国有企业、事业单位中，有正式工、合同工，更有临时工之分，当然还有劳务派遣等用工制度。即使工作性质是一样的，因为所谓身份的不同，享受的待遇就不一样，福利、社保、工资待遇、升迁等都有不同。

(3) 公务员是从干部中分化出的群体。公务员制度的建立体现了公共管理专业化。从干部管理角度看，实行公务员制度是为了分解过于庞杂的干部队伍所采用的第一步骤，是为了给适合从事行政工作的人才，特别是青年人才的脱颖而出创造条件，是为了从制度上克服不正之风。[①] 它从根本上改变了用单一模式管理所有领导干部的状况，对于形成党政机关、事业单位和国有企业各具特色的人事管理制度并推动其不断发展起到了促进作用。

公务员制度的建立，既是干部分类管理的结果，又是推进干部分类管理改革的重要措施，公务员队伍是干部队伍的核心，是保证党和国家各项事业顺利推进的中坚力量，是治国理政的骨干。

二　权力与权利

童之伟教授认为全部法律关系称为社会权利（社会整体）关系，它包括权利与权力的关系，权利与权利的关系，权力与权力的关系三大块。[②] 权力与权利是法学、政治学研究的核心概念。权力与权利在英文中被分别称为 power 和 right，但在汉语中发音一样，容易使人混淆，二者在内涵与外延上既有联系又有区别。

（一）权利是一个法律概念

权利是指规范或隐藏在法律规范中、实现于法律关系中的、主体以相

[①] 朱光磊主编《高级公共管理知识精要》，电子工业出版社，2012，第232页。
[②] 童之伟：《对权利与义务关系的不同看法》，《法商研究》1998年第6期，第26页。

对自由的作为或不作为的方式获得利益的一种手段。① 权利在社会中产生，并以一定社会承认作为前提，由其享有者自主享有的权能和利益。权利包含权能和利益两个方面。权能是指权利能够得以实现的可能性，它并不要求权利的绝对实现，只是表明权利具有实现的现实可能，即"非不能为也，而实不愿为也"。利益则是权利的另一主要表现形式，是权能现实化的结果。将二者相比较，权能具有可能性，利益具有现实性。换言之，权能是可以实现但未实现的利益；利益是被实现了的权能。

权利总是以一定的社会承认作为前提。这种承认可能是习惯的、道德的、宗教的和法律的。根据其承认方式的不同分别被称为习惯权利、道德权利、宗教权利和法律权利。权利正是来自人类对过去经历的暴行磨难的反思，为了避免重蹈覆辙，人类创立和积累起权利体系来抵抗恶行的侵袭；因为人类不断犯错，也不断反思，所以权利是动态发展的过程。②

（二）权力是一个政治概念

权力是指公共机关或居于统治或管理地位的人以公共利益名义合法地行使强制性控制和支配他人的力量。权力分为国家权力和社会权力两大类，其下分若干子类，因而各类的权力主体是不同的，权力主体有多元性。③ 权力是有权支配他人的强制之力，它总是和服从联结在一起。任何社会都是一定权力和一定服从的统一，任何政治活动都是围绕权力展开的。一般而言，权力是政治学研究的核心范畴。

（三）权力与权利的联系④

（1）权力来源于权利。社会契约论认为在社会生活中，不同个体因共同利益走到一起，成立共同体；为了使这个共同体得以存在和发展，需要社会个体出让那些符合社会整体利益的个人权利，从而派生出权力。权利所体现的是在权力所确认的规则范围内追求自己利益的社会个体意志；权力则体现的是社会公共意志。

---

① 张文显主编《法理学》，法律出版社，1997，第 115 页。
② 〔美〕艾伦·德肖维茨：《你的权利从哪里来？》，黄煜文译，北京大学出版社，2014。
③ 余绪新：《权利与义务 权力与责任》，中国政法大学出版社，2014，第 36 页。
④ 参见卓泽渊《法政治学研究》，法律出版社，2011，第 170～173 页。

(2) 权力是为维护权利而产生的。权力的功能和职责就是对权利的确认和保障。在私有制出现，权利义务逐步分离以后，权利就不时遭到侵犯。如果完全听由受害者自主复仇，就难免会导致混乱。而且一旦受害者是弱者，复仇也就会成为困难。为了防止因自主复仇导致的混乱和保护弱者的目的，就必须要产生一种公共权力，来维持社会秩序，保护弱者，使人们的权利得到保障。权力乃为权利而设，它本身也须以相应权利为基础；权力与权利最终是为了利益，本源于利益。[①]

(3) 权利优位于权力。由于权力是来源于权利的，也由于权力的目的在于维护和实现权利；相对于权利，权力就是手段和工具，而不是目的。在权力与权利谁来源于谁的问题上，一直存在着误解，所以，权利和权力既对立又统一，二者对立统一的社会表现形式就是法。[②]

(4) 权力与权利是互动的。在权力与权利的结构关系之中，二者关系是互动的，相互依存、相互制约、相互转化并保持适当平衡。

（四）权力与权利的区别

(1) 主体不同。权利主体是不特定的，而权力主体是特定的。权利行使是一般主体，而权力主体主要是公共机关及其工作人员；权利主体十分普遍，对权利而言，所有公民或组织都可以享有；但就权力而言，不是任何人都可以享有的，它有特定的限制，这种限制由法律规定作出。

(2) 权利内容比权力内容广泛。权利涉及社会生活方方面面，包括但不限于政治、经济、文化、社会生活等各方面；而权力内容是有限的，仅限于通过特定程序和方式所赋予或获得的事项。权利往往并不限于法律的规定，法律所规定的一般也只是基本权利，而权力则是以法律严格规定内容为限，超出了法律规定范围，就属越权，构成对于其他权力或者权利的侵犯，即构成违法。

(3) 客体不同。权力强调的是行为强制性；而权利强调个体任意性。凡是有组织的地方，无论是简单的还是复杂的组织都存在权力；权力关系

[①] 漆多俊：《论权力》，《法学研究》2001年第1期，第19页。
[②] 许小牙、王静：《对权利与义务本位之争的反思和批判》，《汕头大学学报》2000年第1期，第16页。

是组织形成的"黏合剂"。① 在行政组织内，权力行使需要等级科层制，不同等级公务员拥有不同的权力。拥有的权力不同不等于上下级公务员之间在公民权利上的不平等，即使是下级，他也拥有自己的正当私人权利，其人格是独立的。

（4）推定规则不同。权力与权利的行使方式以法律为标准。权利的推定规则为"法无明文禁止即可为"。对公权力而言，法律无授权就不得为，即"法无明文规定（授权）的，不得行之"。② 权利可以放弃，这是由权利的自主性所决定的；而权力不能放弃。权力属于职权，与职责相伴而生；有权必有责，放弃权力则意味着渎职，而渎职不仅为法律所禁止，甚至还要被法律惩罚。权力不能由权力享有者任意转让；而权利除一些最基本的权利之外，许多权利都是可以转让的。

（5）社会功能不同。权利一般体现私人利益，权力一般体现公共利益。西方国家是从"公民权利"和"公共权力"的关系来规定权力活动的方向和界限，并通过"权力"的恰当配置来达到限制"权力"滥用的作用。马克思更严格地区分了权利和权力，"凡是由公共机关掌握和运用之'权'，都称之为权力，一切与公共机关的权力相对的'权'都被称为权利。"③

此外，从二者相关联的概念设置和行为后果看，权利与权力也是不同的。为辨别是否享有权利的资格而设立"权利能力""行为能力"的法律概念，而权力本身就包含能力，没必要设置相关概念。④ 权力行使者违反等价交换实质是对义务的逃避或对权利和权力的滥用，违背了维护"公益"的目的和宪法及法律所追求、保护的价值，因而应该承担相应的道德责任、政治责任和法律责任；权利所有者违反等价交换实质是违反宪法和法律所规定的作为公民应该履行的义务，主要应承担法律责任。⑤

（五）权力与职权的关系

职权和权力这两个概念常常相互交织在一起，权力与职权既关系密切

---

① 周光辉：《论公共权力的合法性》，吉林出版集团有限责任公司，2007，第8页。
② 刘作翔：《迈向民主与法治的国度》，山东人民出版社，1999，第175页。
③ 《马克思恩格斯选集》第4卷，人民出版社，1995，第171~178页。
④ 余绪新：《权利与义务 权力与责任》，中国政法大学出版社，2014，第58~59页。
⑤ 宋玉波、陈仲：《论政治中的等价交换》，《思想战线》2014年第2期，第143页。

又有重要的区别。职权是根据分工原则，某一职位依法或依协议在被确定的职责范围内支配他人的力量。它同一定职务相联系，即有了一定职务就有了相应的某种权力，任职者可以从该职位的等级或头衔中获得这种权力。职权的内容是纯粹公法性的，它永远都不是一项可为，而是一项能为，因为它是在法律上有限的一部分国家权力。① 职权本质上是权力的外化，职权是国家通过法律针对一定组织就权力进行权能、权限设定的结果。职权的主体具有特定性，必须具有相应的职位保证和权力授予。因此，职权与组织内的一定职位相关，而与担任该职位管理者的个人特性无关，它与任职者没有任何直接的关系。权力与职权的区别有如下四个方面。

(1) 职权是赋予某个正式职位的合法权力，它与组织的结构和管理联系在一起。职权的范围要小于权力，职务的等级越高职权越大，组织中的权力则是越接近权力核心的权力越大。

(2) 组织职权存在于上下级之间；而权力可以存在于两个人或更多人之间，可以在纵向或横向使用，并不仅局限于组织中上下级之间。

(3) 职权强调的是组织中上下的、强制的、只有命令与服从的问题，接受一方不能任凭自己意愿否决其效力。权力有力量强迫他人服从，其内涵乃较偏于公权；人民虽亦可能拥有权力，如因占据某种地位而代表政府机关依法行使职权的公务员个人，但绝大多数的权力是存在于以政府为主的团体组织中，只是其权力仍须通过个人行使才能展现出来。②

(4) 职权偏重于职位，由职位派生权力，与职权相对应的是职责；权力偏重力量，有权即有责，因此与权力相对应的乃是责任而非义务。每有一种权力，必有一种与之相对应的责任。

三 权利与义务

义务一词，源于拉丁文的 due，有欠债应还之意，是与一个人应对别

---

① 〔德〕格奥格·耶利内克：《主观公法权利体系》，曾韬、赵天书译，中国政法大学出版社，2012，第205页。
② 刘美洲：《公务员义务与权利概述》，台北：《三民主义学报》2001年第22期，第134页。

人做某种事情联系在一起的。一般认为，义务即应当为或者不为一定行为的限制或约束。义务规则是社会成员预先形成的、关于在一定的情况或条件下对个人提出做（或不做）某种行为的要求的共同协议和约定；这种关于义务的约定表面上看来仅仅是社会其他成员作出、提出的，对于义务主体而言是异己的、外在的。实际上，这种关于义务的约定也是义务人自己作出、提出的，也是义务人自己必然会同意的、赞同的。①

从西方各国宪法文本来看，权利主要有三类。② ①消极的基本权利，即人身自由、言论自由、宗教信仰自由、集会自由等各项个人自由，该类权利可以说是国家对于个人的消极义务。②积极的基本权利，即公民的受益权，该类权利是国家所必须积极履行的义务。③参政权。我国《宪法》文本将保障"公民的基本权利（与义务）"一章置于"国家机构"一章之前，体现了保障公民权利是国家机关的义务。体现权利和义务的宪法关系主要可分四种，即政治关系、经济关系、文化关系和社会关系；与该四类宪法关系相对应，宪法权利义务也可以分为政治权利义务、经济权利义务、文化权利义务和社会权利义务等。权利与义务有四种主要的存在形态，即应有权利和义务、习惯权利和义务、法定权利和义务、现实权利和义务。③

权利与义务在本质上的关系就是"没有无义务的权利，也没有无权利的义务"。④ 权利义务，如影之随形，响之随声，在法律上具有相互之关系，故权利之所在，即义务之所在，义务之所在，亦为权利之所在。⑤ 在全部义务中，有一部分是与权利相对应的；另一部分则与权力相对应，与权力相对应的这部分义务并不与权利相对应，因而就是与权利分离的义务。⑥ 义务和责任来源并服务于权利，这意味着一方面义务性和责任性规范总是以特定主体的权利为实现内容，履行义务和责任从现实上总是特定主体权利的要求和主张的结果；另一方面义务和责任的实现也总是以权利

---

① 张恒山：《义务、法律义务内涵再辨析》，《环球法律评论》2002 年冬季号，第 454 页。
② 龚祥瑞：《比较宪法与行政法》，法律出版社，2003，第 138 页。
③ 张文显：《权利与人权》，法律出版社，2011，第 31 页。
④ 《马克思恩格斯选集》第 2 卷，人民出版社，1972，第 137 页。
⑤ 欧阳溪谷：《法学通论》，上海会文堂编译社，1933，第 290～291 页。
⑥ 童之伟：《对权利与义务关系的不同看法》，《法商研究》1998 年第 6 期，第 26 页。

是否实现和满足为标准的,是否尽到义务和责任要看主体的权利是否受到侵害或者特定主体的权利是否实现。正是从这种意义上说,权利是衡量及评价义务和责任的最终尺度。

权利与义务是对立统一的关系,二者不仅互相区别和联系(互相依存、不可分离、相辅相成),而且还有谁决定谁、谁派生谁、谁根源于谁的关系。① 权利与义务作为法这一事物中两个既相互分离、排斥又相互依存、贯通的因素,体现了对立统一关系。由于权利义务在结构上的相互贯通,也就决定了两者在功能上的相互制约、相互促进。② 权利本质是主体在谋取和实现利益的过程中所产生和拥有的并得到特定社会确认和保障的资源;义务的本质则是利益反射所付出的成本。权利的保障除了某种权力机构的保障外,大量的是其所对应的责任保障;对这种责任保障,我们把它划入义务的范畴。③

由于经济、政治、文化及历史因素的影响,各国对公务员权利与义务规定形式不尽相同,成文法国家大都在公务员法中单独列出公务员义务与权利一章,对其作明确的规定,如法国、德国等;英美等不成文法国家对公务员权利义务一般不作专门的规定,而是散布于相关法律中。虽然规定形式不相同,但公务员权利与义务规定作为一国公务员制度的主要内容,其重要性是不可否认的。

第三节 公务员范围与分类

一 公务员范围

要研究公务员权利与义务,就要先明确研究对象的范围,否则就是无的放矢。我国公务员的范围可用表绪-2展示。

---

① 吕世伦、文正邦主编《法哲学论》,中国人民大学出版社,1999,第552~553页。
② 李龙主编《法理学》,武汉大学出版社,1996,第196~197页。
③ 张江河:《对权利与义务问题的新思考》,《法律科学》2002年第6期,第7页。

表绪-2　我国公务员的范围

列入公务员范围 （除工勤人员以外）	参照公务员制度管理的机关工作人员	人事关系所在部门和单位不属于本规定所列机关的，不列入公务员范围
各级人民政府的领导人员；县级以上各级人民政府工作部门和派出机构的工作人员；街道、乡、镇人民政府机关的工作人员	全国总工会、全国产业工会和地方各级工会、地方产业工会机关，全国总工会和省（自治区、直辖市）及市、县总工会的派出机关；街道、乡、镇工会机关	中国共产党的各级代表大会代表、委员会委员、纪律检查委员会委员
中央和地方各级党委、纪律检查委员会的领导人员；中央和地方各级党委工作部门、办事机构和派出机构的工作人员；中央和地方各级纪律检查委员会机关和派出机构的工作人员；街道、乡、镇党委机关工作人员	中央和地方各级团委机关、派出机构以及街道、乡、镇团委机关	各级人民代表大会代表、常务委员会组成人员、专门委员会成员
县级以上各级人民代表大会常务委员会领导人员，街道、乡、镇人民代表大会主席、副主席；县级以上各级人民代表大会常务委员会工作机构和办事机构的工作人员；各级人民代表大会专门委员会办事机构的工作人员	全国妇联机关，地方各级妇联机关和派出机构，以及街道、乡、镇妇联机关	中国人民政治协商会议各级委员会常务委员、委员
中国人民政治协商会议各级委员会的领导人员；中国人民政治协商会议各级委员会工作机构的工作人员	经机构编制部门批准、使用行政编制的其他群团组织机关。如科协、文联、作协、侨联、对外友协、宋庆龄基金会、贸促会、新闻工作者协会、残联、台联、外交学会、国际交流协会、法学会等	各民主党派中央、中华全国工商业联合会和地方各级委员会委员、常委和专门委员会成员
最高人民法院和地方各级人民法院的法官、审判辅助人员；最高人民法院和地方各级人民法院的司法行政人员	各级政府直属的行使政府行政职能的事业单位。如国务院直属的银监会、证监会、保监会等	
最高人民检察院和地方各级人民检察院的检察官、检察辅助人员；最高人民检察院和地方各级人民检察院的司法行政人员	各级政府工作部门、直属机构、办事机构所属的行使行政管理职能的事业单位。如海监、渔政指挥等事业单位	

续表

列入公务员范围 （除工勤人员以外）	参照公务员制度 管理的机关工作人员	人事关系所在部门和单位 不属于本规定所列机关的， 不列入公务员范围
各民主党派和工商联中央和地方各级委员会的领导人员，工作机构的工作人员	各级党委直属的担负党的领导机关工作职能的事业单位。如各级党校的行政人员等	

资料来源：全国人大法工委行政法室编印《公务员法专题研究资料》（未正式出版文稿），2004年编印，作者根据《中华人民共和国公务员法》制表。

各国和各地纳入公务员管理的范围不尽相同，公务员任职条件、职务、职责内容和勤务形态多种多样，不同类型公务员的权利与义务也存在较大差异。

二　公务员分类

（一）政务类公务员与事务类公务员

西方国家一般实行两党或多党政治，政府首长依选举结果而更迭。为了减少政党的竞争对政府正常行政工作的影响，一般将公务员分为政务类与事务类公务员两大类。政务类公务员包括内阁成员及其助手，通过选举产生，政府首长任命，有严格任期，与执政党共进退。事务类公务员也称为职业文官，通常包括部、委、会副职首长以下的人员；一般通过考试录用，职务常任，非经法定事由，不得任意辞退。

我国台湾地区将公务员分为公职人员和公务人员。公职人员包括民选人员和政务类公务员。公职人员指狭义的"公职人员选举罢免法"规范的人员，以及广义的"公职人员财产申报法"规定的办理财产申报的人员。公务人员指常任（事务类）公务员。公务员有刑法上的公务员与行政上的公务员之分，刑法上的公务员指台湾地区"刑法"第10条第2项定义的公务员；行政上的公务员则可分：最狭义的"公务员任用法令任用的公务员"，广义的"适用公务员服务法的公务员"，以及最广义的"任何服务于政府的人员"；至于是否领有俸给则在所不问（台湾地区"国家赔偿法"第2条第1项）。由此可见，台湾地区公务员包括受有俸给的文、武职公务员及其他公营事业机关服务人员。其基本类型可用图绪-1表示①：

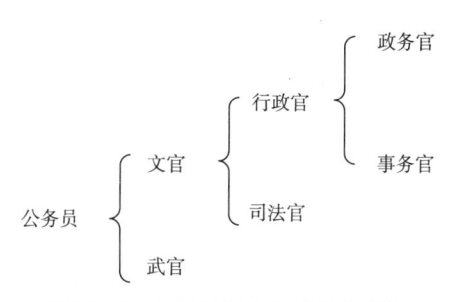

```
              ┌ 行政官 ┌ 政务官
      ┌ 文官 ┤        └ 事务官
公务员 ┤      └ 司法官
      └ 武官
```

图绪-1　台湾地区公务员基本类型

政务类公务员与事务类公务员的权利与义务有所不同。政务类公务员与事务类公务员在政治权利、政治义务和职业道德义务上存在着差异。在政治权利上，西方文官制度强调事务类公务员必须独立于党派之外，"不受任何党派干预""行政中立"。政务类公务员在选举时，可接纳选举献金，但不论具体法律如何，西方无一例外地对政党收受政治献金、对捐献者与机构，都作出了严格的规定；事务类公务员则禁止接受政治献金。在财产权上，政务类公务员一般要申报公开财产，而事务类公务员特别是低级别公务员则无此要求。

（二）领导职务公务员和非领导职务公务员

根据我国《公务员法》的规定，公务员分为领导职务公务员和非领导职务公务员。领导职务层次由高至低依次为：国家级正职、国家级副职、省部级正职、省部级副职、厅局级正职、厅局级副职、县处级正职、县处级副职、乡科级正职、乡科级副职。我国《综合管理类公务员非领导职务设置管理办法》规定，非领导职务由高至低分为巡视员、副巡视员、调研员、副调研员、主任科员、副主任科员、科员、办事员。各级机关的非领导职务不再使用其他职务名称。因职业特点需要的，经中央公务员主管部门批准，可以使用其他非领导职务名称。中央机关和省、自治区、直辖市机关，副部级机关和副省级市机关设置巡视员以下非领导职务；直辖市的

---

① 黄俊杰：《行政法》（第三版），台北三民书局，2011，第170页。

区、副省级市的区、设区的市、自治州机关设置调研员以下非领导职务；县、自治县、不设区的市、市辖区机关设置主任科员以下非领导职务；乡镇机关设置科员、办事员非领导职务。

领导职务公务员与非领导职务公务员的权利义务有所不同。与非领导职务公务员相比，担任领导职务的公务员肩负着领导职责，掌握与职务匹配的公共权力和利益资源，拥有公共事务决策权，因而须履行更多的义务或承担更多的责任。当然，掌握公共权力和利益资源的也有非领导职务的公务员，如工商机关、税务机关、审计机关等非领导职务的主管人员。真正拥有行政审批权、人事权、财政权和资源分配权的只是公务员队伍中的少数领导职务和关键岗位非领导职务的公务员。区分领导职务公务员与非领导职务公务员对权利与义务有重要现实意义。领导职务公务员和关键岗位非领导职务的公务员因掌握权力，滥用权力或以权谋利的可能性较一般公务员来得大，因此须承担更多的义务和责任，在人身权、财产与有关事项申报、隐私权、言论自由权及职务豁免权等方面受到更多的限制。如中央和地方政府的主要负责人在离开岗位后须审计，在5年内仍需要申报财产。

（三）综合管理类、专业技术类和行政执法类公务员

2006年开始施行的《公务员法》把公务员职位类别划分为综合管理类、专业技术类和行政执法类。三类公务员都有机会担任领导职务，如果不担任领导职务，则担任各自类别的专有职务；如一个专业技术类公务员不担任领导职务，则担任专业技术职务，一个行政执法类公务员不担任领导职务，则担任行政执法职务；这些各自类别的专有职务属于非领导职务。[①] 但实际上，我国综合管理类公务员占据了绝大部分的政府编制，造成了以下问题。

（1）公务员发展空间有限，千军万马都要走竞争行政职务这一条道。由于管理岗位有限，绝大多数普通公务员晋升的机遇少，工资待遇也难上调。例如不成为处级干部，公务员就无法得到处级干部的待遇。

（2）综合管理类过多与政府职能转变的大方向不相符，这在基层表现

---

① 宋世明：《解析〈公务员法〉中分类制度之设计原理》，《法商研究》2005年第4期，第75页。

得尤其突出。在现行社会治理格局下，与庞杂的工作量相对的，是基层机构的"多合一"。乡镇工作量大、责任重；考核很多，计生、安全生产、财政、农村合作医疗等很多都是"一票否决"，基层公务员身上担负着多如牛毛的"第一责任人"，其工作"责、权、利"极不对等，基层公务员普遍存在着不同程度的职业倦怠。

（3）综合管理类过多，公务员专业化水平难以提高。特别是在乡镇一级，"一岗多职"和"一员多能"的现象较为普遍；基层公务员多是"万能手"，什么都要会，但不专业。以社会关注的食品药品为例，全国食药监系统实际拥有行政管理人员 5.68 万人，但技术队伍仅有 3.6 万人，其中拥有 GMP（Good Manufacturing Practice，药品生产质量管理规范）、GSP（Good Supply Practice，药品经营质量管理规范）等专业检查员资质的更不足 1.5 万人。①

《行政执法类公务员管理规定（试行）》和《专业技术类公务员管理规定（试行）》，明确今后将行政机关公务员划分为综合管理、行政执法、专业技术三类，三类职位将对应各类行政机关的相应职位。2010 年作为全国首个公务员分类管理改革试点，深圳的基本做法是首先把大部分从事政策执行、一线执法、专业服务的公务员从综合管理类中划分出来，归为行政执法类、专业技术类。其中，行政执法类公务员占比高达 69%，共分 7 个职级，从高至低为一至七级"执法员"；专业技术类公务员人数最少，由高至低设有主任、主管、助理等职级。分类管理改革之后，新进入深圳市的行政执法类、专业技术类职位的公务员全部实行聘任制。从表面上看，是没有被划分出来的综合管理类公务员占了便宜，实行职业永业制，但实际上，专业技术类、行政执法类公务员的晋升空间和机会更大，行政执法类公务员和专业技术类公务员不用再一门心思竞争行政级别，只要能干好本职工作，升级的通道自然就会打开。综合管理类公务员的待遇是与机构规格挂钩，大多数人都将在科级、处级以下退休，而行政执法类和专业技术类公务员的待遇均不与机构规格挂钩，只要工作业绩平稳，薪酬待遇都相对较高。这也将改变过去公务员千军万马走晋升独木桥的历史，实现多轨道并行且更加科学合理的发展途径。

---

① 胡颖、廉叶岚：《大数据解读真实基层公务员》，http：//theory.people.com.cn/n/2014/0415/c40531-24895856.html。

2006年我国开始施行的《公务员法》将司法领域的公职人员纳入公务员法管理（参照公务员法管理）后，其弊端开始显现，司法行政化现象越发严重，如忽视了法官、检察官的职业特点和社会公众对法官、检察官不同于其他人员的期望。法官、检察官归入公务员序列的最大弊端在于法官、检察官管理的行政化，具体来说，就是法官、检察官的身份行政化、职能行政化和保障行政化。以法官为例，就身份而言，长期的公务员化管理，甚至使得不少法官说不清自己到底算不算公务员；在法院内部，法官和其他工作人员往往被统称为"干警"，完全按照公务员的方式进行管理，比如享受工资和福利待遇，进行考核、奖惩和晋升，甚至所有的审判职务都有相应的行政级别；为了职务晋升，一些优秀法官不得不放弃审判业务，成为科级、处级法官，或交流到其他党政部门。就工作职能而言，从事审判业务的法官，往往还要从事大量的党务、文秘等行政工作。不仅如此，一个法官在审判工作中往往要接受部门行政领导的管理和制约，实际上是行政首长制的缩影，从而严重影响了法官的工作责任心和业务素质的提高。就保障而言，法官往往等同于普通的公务员，不仅在任免和调动上缺乏明确的保障，甚至也没有与之相符的经济保障，这就使法官难以树立职业自豪感，也削弱了法官的自律能力，从而影响法官队伍的稳定和职业形象。

2014年2月27日，深圳市启动法院工作人员分类管理和法官职业化试点改革，打破以前法院以行政级别确定法官待遇的做法。[①] 深圳市中级人民法院设置一级高级法官至四级法官，区级法院设置二级高级法官至五级法官。法官根据审判业务能力及任职年限，以规定程序晋升；年度考核不称职者会被降低等级；不同等级的法官之间没有行政隶属关系，各法官依法独立判案；法官的工资标准、住房保障、医疗保障及退休待遇等，都随法官等级而定。扩大法官、检察官的选任渠道，实行有别于普通公务员的招录办法，招录优秀律师和具有法律职业资格的法学学者等法律职业人才进入法官、检察官队伍。[②]

中共中央《关于全面推进依法治国若干重大问题的决定》提出加快建

[①] 周强：《深圳率先启动法官职业化改革　告别行政级别》，http://www.chinanews.com/gn/2014/02-28/5897410.shtml。

[②] 张剑、刘雪玉：《上海广东等6省市率先试点司法体制4项改革》，《京华时报》2014年6月16日，第A05版。

立符合职业特点的法治工作人员管理制度,完善职业保障体系,建立法官、检察官、人民警察专业职务序列及工资制度;建立法官、检察官逐级遴选制度。初任法官、检察官由高级人民法院、省级人民检察院统一招录,一律在基层法院、检察院任职。上级人民法院、人民检察院的法官、检察官一般从下一级人民法院、人民检察院的优秀法官、检察官中遴选。2015 年 9 月中央全面深化改革领导小组通过了《法官、检察官单独职务序列改革试点方案》《法官、检察官工资制度改革试点方案》,提出突出法官、检察官职业特点,实行全国统一的法官、检察官工资制度,在统一制度的前提下,体现职业特点,建立与法官、检察官单独职务序列设置办法相衔接、有别于其他公务员的工资制度。① 由此可见,法官、检察官由原参照公务员管理向专业化、职业化的分类管理方向发展。可以肯定的是,随着公务员分类改革的深入发展,综合管理类、专业技术类和行政执法类公务员的权利与义务因分类管理深化会有所不同,如入职方式、晋升程序、工资福利、退休年龄、救济方式等都会出现不同发展趋势。

(四) 中央机关公务员、省市级公务员和基层公务员

依据公务员所属机关层次不同,可将公务员分为中央机关公务员、省市级公务员和基层公务员。如日本公务员有国家公务员与地方公务员之分,分别适用《国家公务员法》与《地方公务员法》。我国现行公务员行政级别体系按照 5 级划分:国家级、省部级、司厅局级、县处级、乡镇科级,各级分为正副职。乡科级以下,还有两个级别:科员级、办事员级。按照该划分方式,县以下机关最高级别是县处级,对应的是县委书记、县长;县级各委办局,比如县教育局、县民政局的领导,虽然称为局长,但实际为乡科级。

基层公务员是一个相对概念,对县级单位而言,是指依法纳入国家行政编制且由财政经费供养的乡镇公职人员;对地厅级以上单位而言则包括县级和乡镇公职人员,其中后者更被理论界和实务界所接受。② 如果说基层政府是国家治理体系的神经末梢,那么基层公务员就是一个个细胞。他

---

① 习近平:《坚持以扩大开放促进深化改革 坚定不移提高开放型经济水平》,http://news.xinhuanet.com/politics/2015 - 09/15/c_1116570386.htm。
② 胡颖、廉叶岚:《大数据解读真实基层公务员》,http://theory.people.com.cn/n/2014/0415/c40531 - 24895856.html。

们扎根基层,是最接近群众的公权力行使者,深刻影响着基层治理的现状和未来。目前,基层公务员约占公务员总数的60%。① 乡镇和街道办一级机关一般会内设党政综合办、经发办、城建办、社会办、综治办等工作部门,以及人大、妇联、团委等党群机构,加上派出所、工商所等派出机构,人员编制一般在100名左右。在单轨制的设计下,基层公务员的待遇制度自然全国一致,全国一致固然有其公平性,但缺乏激励性。为了能激励基层公务员的服务效能,对于基层公务员的官职等如能酌予调整,或许是一种很能看出效果的改革措施。②

与中央机关公务员、省市级公务员相比,基层公务员在工资、福利待遇等财产性权利和晋升机会上权利受限制或受侵犯的可能性更大。基层公务员的工资、福利待遇构成其家庭生活的主要来源甚至是唯一来源,因此,对基层公务员工资、福利待遇设计要注重公平与激励,以便基层公务员能安心服务于基层大众。此外,中央机关公务员、省市级公务员和基层公务员在入职条件、身份回避等限制上亦有不同。

(五) 高级公务员与普通公务员

级别是公务员职务、能力、资历和累积贡献的综合体现,同样是确定公务员报酬和待遇的依据。③ 美国根据1923年颁布、1945年修订的《公务员分级法》(Classification Act),将公务员分为政府行政序列、制服序列、司法序列、邮政序列、教育序列等;其行政序列公务员分为普通公务员和高级公务员。高级公务员指美国政府各部和直属机构首长,高级公务员分5个级别,高Ⅰ级最高。美国国务卿一般可列为高Ⅰ级,然后依次是高Ⅱ级、高Ⅲ级、高Ⅳ级和高Ⅴ级。比高级公务员级别低的公务员都属于普通公务员,普通公务员分15级,每级又分10档,美国85%的公务员属于这一类。④ 目前,

---

① 胡颖、廉叶岚:《大数据解读真实基层公务员》,http://theory.people.com.cn/n/2014/0415/c40531-24895856.html。
② 纪俊臣:《地方公务员职等调整之研究》,台北:"行政院研究发展核委员会"编印,2010,第15~16页。
③ 宋世明:《解析〈公务员法〉中分类制度之设计原理》,《法商研究》2005年第4期,第73页。
④ 刘植荣:《美国公务员工资真相》,http://www.21ccom.net/articles/qqsw/qqgc/article_2014010998605.html。

中国台湾地区公务员仍保留我国传统的简、荐、委三等官等高级与普通公务员之分的品位分类制度。由于高级公务员的工作具有某些特殊性，如职务高、责任重、风险大等，因此有必要从公务员系统分离出来，形成一个在某些方面按照特殊规则、政策进行统一管理的相对独立的公务员团体。[①]

区分高级公务员与普通公务员的意义在于：高级公务员掌持着更多权力，须承担更多的责任和义务，因此，其基本权利就须受到更严格的限制，在与利益相冲突的行为上须有更严格的规定；普通公务员权利更容易受到其上级的侵犯，因此，限制高级公务员可能滥用权力的行为，保障普通公务员基本权利，则是衡平公务员权利义务的重点。

（六）考任制、委任制与聘任制公务员

考任制公务员是指用人单位或主管部门根据工作需要，公布职位和所需要条件，根据统一标准经过公开考试，识别、选拔的公务员。按照我国《公务员法》的规定，主任科员以下非领导序列的公务员一律实行考任制。委任制公务员是针对具有科员职务以上的特定人群，由主管机关在其任免权限范围内，经考核确定并委派担任一定职务而产生的公务员。聘任制公务员指在法定编制员额和工资经费限额内，按照平等自愿、协商一致的原则，以合同形式聘任，依法履行公职，由国家财政负担工资福利的工作人员。

在我国公众传统观念里，当上公务员就等于端上职业的"铁饭碗"，成为能进不出的永业。对公务员职业看法主要源自公众对公务员职业传统、主观的认知。引进新形态的公务员类型，在最近的演变上，却可以发现越来越多的有疑义的情形，诸如有时间性公务员、部分工时公务员；此意味着职业公务员制度的永续存在之保证并不存在。[②] 依据我国《公务员法》规定，机关可以对专业性较强的职位和辅助性职位实行聘任制。随着公共治理不断发展，对公务员系统的流动性和退出机制有了更高要求，在此背景下，我国不少地方政府将市场经济中常用的聘任制引入公务员录用体制内，以一纸聘任合同打破公务员的永业制。

---

① 吴志华：《美国公务员制度的改革与转型》，上海交通大学出版社，2006，第20页。
② 林明锵：《公务员法之研究》（二），台北新学林出版股份有限公司，2012，第435页。

聘任制可以根据工作人员的表现，采取续聘或停聘的灵活方式，继而能形成庸者下能者上的局面，使得公务员可以更好地去服务社会和人民。与考任制公务员相比，聘任制公务员有任期，如到期单位不再续约，公务员身份将终止，有助于解决现行的公务员能进不出的问题，因为聘任制受聘任合同约束；再者就是能更好解决"人岗分离"问题，聘任制可以根据工作的变化灵活调整人员配置；更加接轨企业组织的用人制度，使用也较为透明，有利于约束公务员的"特权"。聘任制关键是双方之间有聘任合同约束，合同是一种契约，是一种双向选择。[①] 但聘任制公务员的缺陷也不容忽视：一是由于聘任制公务员在制度上更具弹性化，因此可能会给用人腐败带来一定的空间；二是在与考任制公务员的比较过程中，聘任制公务员可能因工作繁简难易程度、待遇的不同会产生社会不公平的消极思想；三是聘任制、考任制、委任制公务员之间的工作条件、绩效考核及待遇较难均衡。如果聘任制公务员仅因市场化的工资待遇、聘任期限与其他方式的公务员有所区别的话，聘任制最终将会流于形式。

聘任制公务员和现有考任制、委任制公务员无法互相代替，必须长期共存。依照我国《公务员法》规定，聘任制的适用范围是专业技术类和辅助性岗位，并非对法定的考任制和委任制取而代之。我国发展聘任制公务员目标是将聘任制公务员和现有考任制、委任制公务员的比例逐步调整到最佳状态，最大限度调动公务员工作的积极性，提升其效率，绝非片面追求以聘任制公务员代替现有考任制、委任制公务员体制。

考任制公务员与聘任制公务员的权利义务有所不同，首先在职业保障上，考任制公务员职业保障无期限，而聘任制公务员有期限。其次聘任制公务员在发生争议救济方式上与企业劳动者相同，可以寻求司法救济；而考任制、委任制公务员则不能向法院提起诉讼。

---

① 何璐、李坚：《关注聘任制公务员："解聘难"是伪命题》，《人民日报》2014年5月7日，第11版。

第一章
公务员权利与义务概论

第一节 公务员权利

一 公务员权利内涵

对于公务员权利内涵,不同学者有不同看法。第一种观点认为,公务员权利是指公务员法规定或者认可的公务员在执行公务的过程中可以履行职责、行使职权并要求他人作出某种行为或者抑制某种行为的权利和权力。① 第二种观点认为公务员权利是指法律对公务员在履行职责、行使职权、执行公务过程中,可以作出某种行为,要求他人为或不为某种行为的许可和保障。② 第三种观点则认为公务员权利是指公务员因其公务员身份的获得,要求行政机关作出某种行为或不作出某种行为的资格;在具体内涵上,它既不包括公务员以公民身份所享有的权利,也不包括国家行政权力。③

---

① 谭宗泽:《公务员法》,载应松年主编《当代中国行政法》第八章,中国方正出版社,2005,第351页。
② 傅礼白:《国家公务员制度概论》,山东大学出版社,2004,第11页。
③ 欧阳君君、马岩:《认真对待公务员的权利——从公务员权利的内涵开始》,《扬州大学税务学院学报》2008年第2期,第72页。

从以上三种定义看,第一种与第二种将公务员的职权与权利混淆在一起没有区分;第三种定义认为公务员权利虽与其作为公民的公民权利有竞合地方,但是公务员权利是一项典型的因公职而产生的权利形态,是部分职业人员的权利。此定义仅概括了基于公务员身份的权利,而忽视了公务员还有作为公民宪法上保障的基本权利。因此,公务员权利较为科学的内涵是指宪法和法律赋予公务员基于公民及公务身份可作出一定行为或不作出一定行为的资格。

依据以上内涵,公务员权利包含两个层面。一是宪法所赋予(与其他公民一样)的基本权利。基本权利是指在宪法确认的以国家强制力保障实施的个人在政治、经济和文化等方面不可缺少的权利。[①]亦即"宪法赋予的、表明权利主体在权力体系中重要地位的权利"。[②]公务员基本权利的性质和其在法律权利体系中的地位,决定了基本权利具有普适性、不可转让性、强制性和非法律不可剥夺性。二是为有效地履行公务,而以法律形式赋予公务员某种利益或者作出某种行为的许可和保障,即与公职相关的特定权利。换言之,第一层面权利的保障是依宪治国精神的基本要求;对第二层面权利的保障是现代公共行政精神的基本要求。

相对政府而言,公务员的权利是公民权利的延伸与体现。[③]《公务员法》第1条就明确指出,为了规范公务员的管理,保障公务员的合法权益,加强对公务员的监督,建设高素质的公务员队伍,促进勤政廉政,提高工作效能,根据宪法,制定本法。这就将对公务员合法权益的保障上升为《公务员法》制定的根本目标之一,成为《公务员法》的宗旨内容。因此,公务员权利有双重属性:一是公共属性,即公务员的权利是为国家谋求公益而设,公务员不得以此来谋得私利;二是私人属性,即公务员的权利是归属于公务员个人的,也就是说,公务员个人通过享有权利而获得利益,这是问题的关键。[④]

宪法规定公民基本权利适用宪法保留原则。所谓宪法保留,是指把限制公民最重要的基本权利的权力保留给宪法;除宪法之外的其他法律文

[①] 周伟:《宪法基本权利司法救济意见》,中国人民公安大学出版社,2003,第1页。
[②] 董和平、韩大元、李树忠:《宪法学》,法律出版社,2000,第308页。
[③] 王国文:《公务员义务本位辨析》,《广东行政学院学报》2012年第3期,第65页。
[④] 关保英:《行政法教材之总论行政法》,中国政法大学出版社,2005,第266页。

件，不得去限制公民最重要的基本权利。① 按照宪法至上原则，宪法中保障的公民基本权利理应也是作为公民的公务员的基本权利。对于宪法保障的公民这些基本权利和自由，是否适用于公务员法律关系，目前宪法没有明确的规定，涉及公务员的宪法上的基本权利，我国《公务员法》及相关法规仍缺乏系统、详尽的规范。例如公务员的言论自由理应受到一定限制的，但是具体规范并没有建立起来。

任何一项权利所标示的行为都有三种表现方式，权利主体可以从三种不同的方式中选择一种方式来体现其权利，国家对这三种不同的方式都采取不管的态度，即主体行使权利，国家不管；主体不行使权利，国家不管；主体放弃权利，国家不管。正由于国家对权利的三种行为表现方式都不管，所以，在形式上权利主体对权利有选择行为方式的自由。② 一种权利得到了伸张和保护，反过来可能会伤害到另一种权利的伸张和保护。因此，社会必须界定一些基本权利，这些基本权利是必须得到尊重和保护的。

二　公务员权利分类

（一）公务员的公民基本权利、身份权利与职务上权利

权利只有细分才能获得清晰的表达。从身份或职务角度出发，公务员权利可包括以下几个方面。

首先，公务员具有双重身份，既是公务员又是普通公民，因此，公务员享有基于公民身份而依法享有的权利。按照权利的享受主体划分，因公民身份而获得的权利包括个人权利与集体权利。前者指个人公民依法享有的生命、人身和政治、经济、社会、文化等各方面的自由平等权利，后者是指作为公民的集体应该享有的权利，如团结权、结社权等。

其次，基于公务员身份而依法享有的权利。为保证公务员系统的正常运转，许多国家都有限度地对公务员基于公民身份而享有的某些权利进行

---

① 胡锦光：《中国社会当务之急——把公权力关进制度的笼子》，http：//cpc. people. com. cn/BIG5/n/2014/0714/c68742 - 25279102. html。
② 张恒山、黄金华：《法律权利与义务的异同》，《法学论坛》1995 年第 7 期，第 12 页。

限制，导致了公务员两个层次上的权利出现了一些冲突和矛盾。[①] 从各国实践看，在公务员权利与其公民权利方面都经历了排斥－紧张－协调的过程。按照公务员权利受到侵害程度不同和公务员管理的裁量需要，法律对不同类型公务员的权利，采取了不同的规范密度。对于公务员因服务于国家所应获得的财产请求权、保障权，各国都是将其作为公务员最基本的权利予以保护的。例如，公务员财产性权利规定较为详细，如工资权利、养老退休金的请求权等，法律都有明确规定和保障；而公务员的劳动权，特别是集体劳动权方面，因政府稳定和行政事务延续性的需要而加以必要限制，权利规范的密度要低一些。

最后，公务员因履行职务而依法享有的权利。公务员职务上的权利与其职务密切相关，因职务的不同而有所差异。职务上的权利并不是所有公务员都享有的，而是基于特定职务而获得的，如职务称谓权、履行职务抗辩权、法官豁免权等。

（二）公务员应有权利、法定权利、实有权利

按权利存在形态，公务员权利体系可分为应有、法定和实有不同层次体系。

公务员应有权利是公务员认为或被承认应享有的权利。广义的"应有权利"包括一切正当的权利，即法律范围内外所有的正当权利；狭义的"应有权利"特指应当、且能够，但还没有法律化的权利。[②] 应有权利作为一种价值取向的概念有两层含义。其一，应有权利意指没有被现实法律确认，而实际上法律又"应当"在目前或将来确认的权利。其二，应有权利作为一个价值判断的定向选择，它的"应有"之意在于：尚未被法律确认为法定权利，而实际上构成法定权利价值原则、基础的那些权利必须是合道德性的权利。[③]

公务员法定权利指规定在法律规范中，以制度形态存在的公务员权利。公务员法定权利是法律授予公务员的权利并由国家权力给予保障。如

[①] 皮纯协、胡建淼：《国家公务员法律制度探索》，中国广播电视出版社，1990，第 44~53 页。
[②] 张文显：《法学基本范畴研究》，中国政法大学出版社，1993，第 106 页。
[③] 程燎原、王人博：《赢得神圣——权利及其救济通论》，山东人民出版社，1992，第 315~336 页。

德国《联邦公务员法》将职务保障权作为公务员职务常任的保障制度，提供法定程序和救济渠道并加以保障。

公务员实有权利指公务员实际享有和行使的权利，亦即现实存在的权利。从法定权利到现实权利是法治一个关键的转变，看一国公务员制度法治化程度不仅要看公务员法定权利更要考察其实有权利存在状况。

我国公务员权利体系根据我国法律规定及现状，可见表1-1。

表1-1 我国公务员权利体系

层次\内容	公务员应有权利（理想化）	公务员法定权利（宪法和法律规定）	公务员实有权利
政治权利	担任公职权	《宪法》《公务员法》有规定	有
	选举权、被选举权	《宪法》有规定	有
	结社权	《宪法》有规定	实际有限制
	言论自由权	《宪法》只规定公民有言论自由；公务员更多受纪律约束	实际有限制
人身权利	身份保障权	《公务员法》第13条	有，但没有明确
	人格权	《民法通则》有规定但与其他法相冲突	没有明确
	名誉权	《民法通则》有规定	没有明确
	隐私权	《民法通则》有规定	没有明确
	休息休假权	《公务员法》第76条	没有具体化
财产权利	工资权	《公务员法》第13、73、74、75、78条	有，但无集体协商权
	社会保障权	《公务员法》第13、77、78条	有，与其他人群有别
	优抚权	《公务员法》第13、77、78条	有，但参照军人优抚
	福利权	《公务员法》第13、76、78条	有，但被公众所诟病
文化权利	学习权、培训权	《公务员法》第13、61条	有，但不明确
	著作权	《民法通则》有规定	有，没有明确，常受规制
监督权利	批评建议权	《宪法》，《公务员法》第13条	有，效果不彰
	控告检举权	《宪法》，《公务员法》第13条	有，效果不彰
职务上权利	职务豁免权	《公务员法》第54条	没有明确
	执行公务抗辩权	《公务员法》第54条	有，没有明确
	行政救济权	《宪法》，《公务员法》第13条	有，效果不彰
	司法救济权	被《行政诉讼法》排除	无

(三) 公务员的权利内容

从内容构成上分析，公务员权利可以分为以下几种。

(1) 公务员政治权利。公务员政治权利是法律规定公务员参与国家政治生活的民主权利和政治上表达个人见解和意愿的自由。公民取得公务员资格时必须有完整的政治权利。它是作为公民政治权利的延伸，包括选举权与被选举权、结社权、言论自由等。

(2) 公务员人身权利。人身权是与公民人身不可分离的，没有直接财产内容的民事权利。人身权包括生命权、健康权、姓名权、肖像权、名誉权、荣誉权、隐私权等权利。公务员是国家公职人员，在执行职务过程中就可能有危及自身生命、健康的事件发生，在必要时需要为之牺牲生命和健康，公务员不得以危及自身的生命权、健康权作为不履行公务员职责的抗辩理由。因此，公务员的人身权、健康权与普通公民的人身权、健康权存在着不同规定。公务员非因法定事由和非经法定程序不被免职、降职、辞退或者行政处分，这是法律赋予公务员的身份保障权。公务员在执行公务过程中，难免触犯他人的利益；公务员有可能遭受报复，无端被免职、降职、辞退或受到行政处分。为此我国《公务员法》明确作出了公务员职业保障的规定，为公务员严明、公正执法提供了有力的法律保障。

(3) 公务员财产权利。公务员财产权利是指公务员依法享有物质经济利益方面的权利，亦称物质经济保障权利。公务员财产权利主要有领取法定劳动报酬、享受法定保险、福利待遇等。按劳分配是社会主义分配制度的一项重要原则。公务员服务于国家，付出了一定劳动，就应该得到相应的劳动报酬。

(4) 公务员文化教育权利。公务员文化教育权利是指公务员参加政治理论和业务知识学习、培训及创作智力成果的权利。公务员参加政治理论和业务知识学习、培训是提高公务员自身政治素质和业务素质、提高工作能力的需要。要求公务员在政治上追求进步，通过学习、受训以提高其政治素质、理论水平和业务能力是我国公务员制度重要特色之一。

(5) 公务员监督权利。我国《宪法》第 41 条第 1 款明确规定："中华人民共和国公民对于任何国家机关和国家工作人员，有提出批评和建议的权利；对于任何国家机关和国家工作人员的违法失职行为，有向有关国家机关提出申诉、控告或者检举的权利,但是不得捏造或者歪曲事实进行诬告陷害。"同样的,公务员也享有对国家机关和其他人员提出批评和建议及检举的权利。公务员对机关及其领导人工作提出批评和建议与其他公民对国家机关及其领导人工作的批评和建议相比,则更具针对性和建设性。

(6) 公务员职务上的权利。是基于职务而产生的权利,包括行使职务保障权和职务上抗辩权、职务豁免权等。申诉既是公务员的一项重要权利,又是公务员实现自身权利的保障机制。当公务员对涉及本人的人事处理决定不服时,可以向原处理机关申请复核,或向同级人民政府人事部门申诉。

三 公务员职权

(一) 行政职权

职权来源具有唯一性——立法,其他途径获得的权力(权利)都是违法的;职权来源法定规则,又包括了两层意思,一是职权种类来源法定,二是职权手段来源法定。① 一般情况下,职权主体采取的方法、手段和措施并不需要法律特别授权,但是,当这些方法、手段和措施涉及职权相对人的权利和义务时,则必须由法律特别授予。行政职权是行政组织从国家手中分配到的权力,组织因这种权力的授予而成为权力主体。

职权可通过权能、权限予以全面表达。权能在民法上经常使用,常见于对物权或所有权内容的分析;权能是从权利的内在构成部分对实现权利目的所具有的职能来认定的,即它们都是为实现权利目的所需要,并由法律加以规定的各种手段和措施(即各种具体权利)。② 因此,权能可以界定为法律赋予权力主体采取何种方法、手段和措施完成任务的一种资格,即权力主体对权力占有、使用、处分、收益的各种手段和措施。权限是法律赋予权力主体完成行政管理任务时在事务、程序、强制力方面的范围界

---

① 杨小君:《契约对行政职权法定原则的影响及其正当规则》,《中国法学》2007 年第 5 期,第 75 页。
② 方世荣:《论行政立法参与权的权能》,《中国法学》2014 年第 3 期,第 115~116 页。

限。关于行政权限的特征，可从三个方面来把握：①法定性，行政权限依法设立，非依法定程序不得随意改变，委托其他组织和个人代行职权时也应在这一法定范围和界限内行使；②义务性，行政权限是一种义务，必须履行，也不得逾越；③依附性，行政权限随着行政职权的产生、变化而产生、变化，表现出一种依附关系。①

（二）法治国家要求职权行使必须遵循法律优位与法律保留两大原则

法律优位原则是指法律对于行政的优越地位，以法律指导、支配行政，其目的在于防止职权行为违背法律。此处法律不仅包括形式法上的宪法、法律、法规命令、自治规章及条约等成文法，亦包括实质法上的习惯法、判例、解释、法理等不成文法，换言之，职权行为不仅不得违反法律，亦不得违反平等原则、比例原则等一般法律原则。法律优位原则要求职权行为消极地不违背法律，故亦称为消极依法行权。

法律保留原则是指职权机关所为职权行为，尤其是干预人民自由与权利者，其所依据的规范应保留给立法者以法律明定，换言之，人民权益若需限制，或需赋予义务，皆必须由人大代表以合议方式同意，而且除非有法律明确授权或基于职权内在要求，职权机关对法律作补充性或执行性的规定或解释外，不得法外设定权力；没有法律法规依据不得作出减损公民、法人和其他组织合法权益或者增加其义务的决定。法律保留原则系积极地要求职权行为须有明确法律依据，故亦称为积极依法行权。其具体内容包括：

（1）职权主体必须按照法定职权，在法定权限范围内履行职务，不得失职、越权或滥用权力；

（2）职权主体实施行政行为必须严格遵守法定程序，避免程序违法；

（3）职权主体的行为必须遵循合理、适当的原则，避免行为失当。

（三）职权是公务员履行公务行为合法性的依据

行政职权是行政权的具体化。② 国家要求公务员尽职尽责，做好本职

---

① 莫于川：《行政职权的行政法解析与建构》，《重庆社会科学》2004年第1期，第79页。
② 高家伟：《论行政职权》，《行政法学研究》1996年第3期，第11页。

工作，就应该赋予职位相应的权力。每一个行政职位都具有某种特定的、内在的权力，任职者可以从该职位的等级或头衔中获得这种权力。因此，行政职权与组织内的一定职位相关，是一种职位的权力。

行政职权可以委让给下属，授予他们一定的权力，同时规定他们在限定的范围内行使这种权力。根据政治学的原理，权力存在两种委托关系：一种是人民与政府之间的权力委托，即政府权力是人民让与的，因此政府必须对人民负责；另一种是政府与公务员之间的权力委托，即公务员代表政府行使权力，公务员向政府负责。因为国家与政府作为抽象的概念，自身并不能实施权力，需委托公务员代行权力；但是公务员行使权力并非以自己名义作出公务行为，其所产生的法律效力及责任后果都归属于国家。虽然在职权的行使中难免会掺入具体行使者某种程度的个人因素，但职权本身的性质和内容乃是国家意志的体现，而非个人意志的体现。因此，职权绝非归公务员所有，并不是公务员的权利。

四 职权与公务员权利关系

公务员依据职务来履行职责，一定的职务不仅蕴涵着一定的职权与职责，也是确定公务员报酬和待遇的根据。[①] 公务员因行使职权而获得与其他公民所不能享有的权利，公务员权利与职权具有一定对立统一的关系。

（一）职权与公务员权利比较

其区别表现在以下方面。

（1）在中国现行宪法中，对中央国家机关和地方国家机关使用了权限一词，对公民则使用了权利一词；权利反映的是主体之间的平等关系，而职权体现着政治上和法律上的服从关系。

（2）权利通常与公务员个人利益直接相关，而职权则同国家权力相联系，代表着国家的整体利益。职权只能代表国家或集体利益行使，而不能代表行使职权者的个人利益。在民主政治条件下，公务员职权的上下级关

[①] 宋世明：《解析〈公务员法〉中分类制度之设计原理》，《法商研究》2005年第4期，第73页。

系并不等于公务员权利的上下级关系。上下级官员之间的权力是不对等的,但他们作为公民的权利是平等的;下级也有自己的人格,有自己的权利,在上级履行公共职能的时候应当尊重上级,但上级不能动不动就侵犯下级的正当权利,即体现出"下属权利原则"。①

(3) 权利可以转让,可以放弃;职权不得放弃。职权的内容是纯粹公法性的,它永远都不会是一项可为,而是一项能为,因为它是在法律上有限的一部分国家权力。② 职权一词不仅指法律关系主体具有从事这种行为的资格或能力,而且也意味着他必须从事这一行为,否则就成为失职或违法;因为职权包含着责任的内容,职权既不能转让也不能放弃,法定职责必须为、法无授权不可为,否则即是违法失职。

(4) 权利受到侵害时,一般只能要求国家机关依法予以保护,不能由公务员自行实施强制;而职权一般直接与国家强制力联结在一起,国家机关及其工作人员依法行使职权时,往往与强制力相伴而行。

(5) 职权有期限,公务员退出职位后,其职权理应被解除,在不同的职位上职权也不尽相同。公务员权利与公务员身份相一致,特别是公务员基本权利与公务员相伴而生。

(二) 职权对应职责

有权必有责,一定职权必然对应一定职责,即职权与职责的对应关系。从职责的普遍性和强制性来说,职责一旦确立,它就意味着处于一定职位的公务员具有了一定的责任。行政职责是指行政主体在行使行政职权、实施行政活动过程中必须履行的法定义务,它是对于行政职权行使者的义务性要求;行政职责与行政职权犹如一枚硬币的两面。行政职责具有法定性、义务性、伴生性、强制性等特征。其主要内容包括:避免实体违法,避免程序违法,避免行政不当。③ 对于公务员职责,客观上出现两种情况。一种是公务员为了自己的利益,在期望和信任的基础上,自觉履行

---

① 俞可平:《我们违背了哪些政治学公理》,http://opinion.caixin.com/2015-12-07/100882641.html。
② 〔德〕格奥格·耶利内克:《主观公法权利体系》,曾韬、赵天书译,中国政法大学出版社,2012,第205页。
③ 莫于川:《行政职权的行政法解析与建构》,《重庆社会科学》2004年第1期,第81页。

其职责，并且在自我意识中把履行职责看作天经地义之事，以维护国家所需要和保护的利益关系和秩序。另一种是公务员一旦出现不履行职责时将承担相应的后果。这种客观存在的外在的法律约束，使公务员不得不把履行职责作为一种实现其利益的社会义务，因此，公务员行使职权、执行公务是公务员必须履行的责任，也是公务员应尽的法定义务。

(三) 公权利与公权力

与公权力这一范畴相对应的概念是公权利。公权力与公权利的关系是贯穿公法始终的逻辑主线。现代意义上的公权利概念的建立，一般认为应自 Carl Friedrich von Gerber（卡尔·弗里德里希·冯·格贝尔）于 1852 年所著《公权论》一书而肇其端。[①]

从历史发展轨迹看，长久以来人民仅是行政客体或被统治的对象，不能对君主或国家主张其公法上的权利，只有服从与义务。传统公法认为国家对于个人具有优越性，即公权力（国家享有政府行使的权力、主权）与公权力相对人（个人、公众）的关系（前者认为是命令－服从关系，后者认为是服务关系）。法治社会中，人民脱离被统治者的地位，从而成为公法上的主体，可以对国家请求一定的作为或不作为，并在法律上与国家同为人格主体，享受权利，负担义务。[②] 公权利理论发展至今已不仅限于抽象概念的理论探讨。就公法内涵的发展演变来看，公权利已从"权利"发展到"法益"，甚至更及于"事实上的利益"。[③] 即公权利并不以"实体上的权利"为限，"法律上的利益"也属之，甚至连值得法律保护的"事实上的利益"也包含在内。公权利如果源于公权力行使造成侵害所主张时，则称为主观性公权利或防御性公权利；主观公权利的传统形态在于保护个人免受国家违法的侵害其受基本法保障之自由领域，并符合国家与社会的二分区别。[④]

公权利是私人在公法上法律地位的体现。公权利为人民根据法律，要求公机关行为或不行为的权利。公权利的最终落实必须依赖司法救济制

---

① 王和雄：《论行政不作为之权利保护》，台北三民书局，1994，第 19 页。
② 王和雄：《论行政不作为之权利保护》，台北三民书局，1994，第 19~24 页。
③ 王和雄：《论行政不作为之权利保护》，台北三民书局，1994，第 24 页。
④ 林明锵：《德国与欧盟行政法上主观公法上权利之现况、演变及其展望》，《台大法学论丛》2011 年第 2 期，第 894 页。

度，所以司法救济制度的创设是公权利实现的前提条件。[①] 公务员仅因法律规定而有别于一般人民。[②] 从一般意义上看，公法职务关系理论要求公务员的权利义务均应由公法所规范，性质上属公法上的权利与义务，须经由公法上的权利义务规定加以形成、限制和改变。公务员代理行使职权，作为代理人和公民的一部分，公务员在公权力上也有一定的法益；事实上，公务员也会利用职权来维护公务员的既得利益。国家有义务通过公权力严格约束和监察公务员利用职权进行自肥的行为。由此，公务员法律关系的实质在于公权力与公务员权利之间的衡平并以此作为公务员权利体系建构的基础。

（四）职权对公务员权利的保护

德国《联邦公务员法》规定部门首长、上级对下属承担保护义务。公务员于执行职务时，遭受第三人暴力违法之攻击行为，致其身体或健康受损害时，或因该暴力侵害而死亡时，职务长官对该公务员有为损害补偿或给付的义务。职务长官为此项损害补偿后，如果加害的第三人对该公务员有赔偿义务时，则公务员应将该给付请求权移转给职务长官；若事业机关已为补偿者，对加害第三人之损害赔偿请求权应移转给该事业机关；此外，请求权的移转，不得不利于受侵害之公务员或其遗族。[③] 日本也有相当于保护照顾义务的"安全配虑义务"的法理及规定。日本安全配虑义务判例法理自1975年经日本最高法院判例确立以来，在日本法上已是相当成熟，并于2008年施行之劳动契约法中予以明文化。[④] 日本透过安全配虑义务法理的运用，实际扩大了公务员职业灾害救济的范围以保护公务员权利。

第二节　公务员义务

公务员义务是指法律和政策及行政伦理要求公务员必须为一定行为或

[①] 姜明安：《公法学研究的基本问题探析》，《法商研究》2005年第3期，第5页。
[②] 张金鉴：《各国人事制度》，台北三民书局，1981，第238~239页。
[③] 林明锵：《公务员法研究》（一），台北：作者自刊，2003，第501页。
[④] 徐婉宁：《雇用人保护照顾义务之具体内容——与劳工安全卫生法的关系之比较法观察》，台北：《万国法律》2012年第8期，第74~89页。

不得为一定行为的约束和强制。公务员义务有以下几层含义。第一，公务员义务以公务员的身份为前提；职务就是责任，责任就是要有所作为，为民谋利。第二，公务员必须为一定的行为或不得为一定的行为，即具有作为和不作为的义务：一方面，公务员负有积极作为的义务，必须依法主动地作出某种行为，如公务员必须依法执行公务、履行职责等；另一方面，公务员负有消极的不作为的义务，不得作出某种行为，如公务员不得贪污、盗窃、行贿、受贿或者利用职权为自己和他人谋取私利等。第三，义务是对公务员的法律或纪律的约束。义务具有强制性，公务员不得放弃或不履行法律或纪律上所规定的各项义务，否则即可能产生法律上、纪律上甚至伦理上的责任。

公务员义务因不同标准可以分为不同类型的义务。依据是否因职务而产生的标准，公务员义务可分为职务上之义务与职务外之义务；依据义务的内容来划分，可将公务员义务分为法定义务、纪律义务、政治义务和伦理义务等，以下分别述之。

一 职务上之义务与职务外之义务

国家设分职，其目的是使公务员能执行职务以达成行政乃至国家治理的目的。因此，公务员负有执行职务上的义务，以及附随而至的其他义务，此种义务被称为"职务上之义务"；然而公务员因其身份的关系，于其执行职务之外负有种种义务，此即"职务外之义务"。以图1-1示之如下。①

（一）职务上之义务

1. 忠实义务

公务员须遵守誓言，忠心努力，依法律命令所定执行其职务，忠实履行职责。在国家以法定方式规定公务员的各种法定义务中，忠实义务是公务员最基本的义务。忠实义务是公务员精神的核心，是最为本源的原生性

---

① 翁岳生主编《行政法》（上），中国法制出版社，2009，第393页。

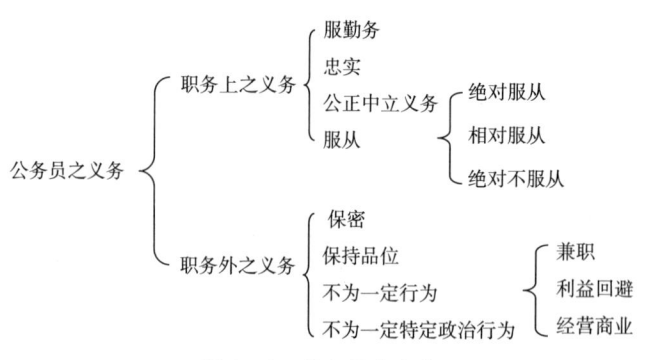

```
                    ┌ 服勤务
            ┌ 职务上之义务 ┤ 忠实
            │         │ 公正中立义务   ┌ 绝对服从
            │         └ 服从      ┤ 相对服从
公务员之义务 ┤                    └ 绝对不服从
            │         ┌ 保密
            └ 职务外之义务 ┤ 保持品位    ┌ 兼职
                      │ 不为一定行为  ┤ 利益回避
                      └ 不为一定特定政治行为 └ 经营商业
```

图 1-1　公务员之义务

义务，其他义务均由忠实义务派生。[①]

2. 服从义务

公务员有服从的义务，以服从为天职，期望借此提升行政效率，追求人民福祉。德国《公务员法》第 55 条规定，"公务员应该支持和协助上级领导人员，在不涉及他必须遵守的特别规章、规定的前提下，他有义务落实上级领导人员下达的工作安排并遵照执行他们的全面指示。"日本《国家公务员法》第 98 条规定，"公务员在履行其职务时，必须服从法令，并且忠实地服从上司在职务上的命令。"又如我国台湾地区"公务员服务法"第 2 条前段规定，"长官就其监督范围以内所发命令，属官有服从之义务。"

3. 执行职务义务

即公务员执行职务须担当与作为，不得拖诿。如我国台湾地区"公务员服务法"第 7~12 条规定，公务员执行职务，应力求切实，不得畏难规避，互相推诿，或无故稽延。公务员接奉任状后，除程期外，应于一个月内就职；但具有正当事由，经主管高级长官特许者，得延长之；其延长期间以一个月为限。公务员奉派出差，至迟应于一星期内出发，不得借故迟延，或私自回籍，或往其他地方逗留。公务员未奉长官核准，不得擅离职守，其出差者亦同。公务员办公，应依法定时间，不得迟到早退，其有特别职务经长官许可者，不在此限；公务员除因婚丧疾病分娩或其他正当事由外，不得请假。

---

① 王国良等：《论公务员的忠实义务》，《江西社会科学》2006 年第 6 期，第 188 页。

4. 中立义务

指公务员在依法行政原则的前提下，应保持行政活动中立，并落实公正执法的理念。西方国家传统上"行政中立"，强调"政治中立"，要求公务人员在执行职务时，不介入政治派系或政治纷争，而应超越党派，本其专门知识、技能与经验，依法执行政府政策。现代"行政中立"的概念，不仅指政治活动的中立，更应强调"执法中立"的理念。因为公务员若能公正执法，自然能超越党派利益。公务员确保行政中立，方能避免使外界产生疑虑，进而能积极实现社会正义，落实保障人民的自由与权利。公务员中立义务包括以下内容：①公务员应尽忠职守、依法行政，积极推动政府各项政策，造福社会大众；②公务员在处理公务上，其立场应客观公正、一视同仁，追求社会公义。

（二）职务外之义务

1. 保密义务

公务员必须履行保密义务，我国《公务员法》规定，公务员须保守国家秘密和工作秘密。台湾地区"公务员服务法"第4条规定，公务员有绝对保守政府机关机密之义务，对于机密事件无论是否主管事务，均不得泄露，退职后亦同；公务员未得长官许可，不得以私人或代表机关名义，任意发表有关职务之谈话。

2. 保持品位义务

公务员在公务之外应该保持品位义务，即公务员应注意品行，不得有不良行为，致损害公众对其执行职务信任的义务。台湾地区"公务员服务法"第5条规定，"公务员应诚实清廉，谨慎勤勉，不得有骄恣贪惰，奢侈放荡，及冶游赌博，吸食烟毒等，足以损失名誉的行为；公务员不得家暴或虐待家人，不赡养或抚养家人；不得存在婚外情等违背婚姻、家庭伦理道德的不良行为；不得观看、收藏、传播黄色影视和书刊，拨打色情电话；不得在公共场所酗酒滋事；侮辱、诽谤他人，破坏他人名誉以及其他不合规范并足以损失名誉之行为"。在此规定中，公务员违反"谨慎"行为，适用法律时必须以公务员不良行为，已足使公众对该公务员执行职务的信任发生动摇的情形才可。

3. 回避义务

公务员于执行职务时，如遇有与本身利害冲突事件，则有回避之义务。台湾地区"公务员服务法"第17条规定，公务员执行职务时，遇有涉及本身或其家族之利害事件，应行回避。公务人员在执行职务时，遇有与自身或一定亲等关系者之利益冲突，应立即主动回避，倘其未自行回避，相关当事人亦可向该公务员所属机关申请回避。此规定所称的利益冲突，是指公务员执行职务时，得因其作为或不作为，直接或间接使本人或其关系人获取利益行为。

4. 善良保管义务

台湾地区"公务员服务法"第20条规定，公务员职务上所保管的文书财物，应尽善良保管之责，不得毁损变换私用或借给他人使用。

5. 不为一定行为义务

此为兜底条款，随着情形的变迁，不为一定行为的规定也不同。台湾地区"公务员服务法"第6条规定，公务员不得假借权力，以图本身或他人之利益，并不得利用职务上之机会，加损害于人。不为一定行为包括以下几种。

（1）禁止经商及兼职。台湾地区"公务员服务法"第13条前段规定，"公务员不得经营商业或投机事业。"所谓经营商业，系指担任营利事业之负责人、发起人、监察人、经理人、董事、顾问等，为避免公务员遭民众质疑有假借职权谋利之情形，故禁止其经营商业或投机事业。此外，公务员因常享有公务信息之便利，故其经济活动应受到较严格之限制，虽可以买卖股票或从事投资及其他商业行为，但仍应注意是否与其身份、经济能力或信用状况明显不相当，除禁止于上班时间从事商业活动外，更不得利用职务上的权力、机会或方法不当得利。

（2）禁止请托关说。台湾地区"公务员服务法"第15条规定，"公务员对于属官不得推荐人员，并不得就其主管事件，有所关说或请托。"所谓请托、关说是指其内容涉及机关业务具体事项的决定或执行，且因该事项的决定或执行致有违法或不当影响特定权利义务之虞者。公务人员执行职务，皆应贯彻依法行政原则的要求，保持公正客观的立场，不为及不受任何请托、关说，倘若公务员以请托或关说方式，谋求私人利益，或未能秉持公正立场而接受请托、关说，轻则产生行政责任，重则触犯图利他人的刑事责任。因此，严格禁止公务员为任何团体、厂商、其他个人或本人请托、关说。对于机关业务具体事项的决定或执行若有任何意见，应遵循正当渠道提出。禁止假借职权胁迫他人，而面对他人的请托、关说，亦不可碍于情面逾越职权，以免误触法网，得不偿失。

（3）禁止赠受财物及接受招待。台湾地区"公务员服务法"第16条规定，"公务员有隶属关系者，无论涉及职务与否，不得赠受财物；公务员所办事件，不得收受任何馈赠"。因此，公务员不得要求、期约或收受与其职务有利害关系者所为的馈赠、招待或其他利益，包含财产上利益及非财产上利益的人事升迁、奖惩、调动、中介职业或利用权势向受其监督的人借贷等情事皆不得收受，如系基于社交礼俗所为及所受的馈赠、招待或其他利益，亦应合于节度，以维护政府机关清廉形象。此外，台湾地区"公务员服务法"第18条明文规定，"公务员不得利用视察调查等机会，接受地方官民之招待或馈赠。"由于公务员常有与外界接触的机会，在外出公务活动时亦应谨守分际、廉洁自持，非因公务需要，宜避免接受相关机关或人员的招待。

（4）禁止利用职权借贷及增加个人利益。公务员与其职务有关系者如何规定？台湾地区"公务员服务法"第21条规定，公务员与承揽政府采购案件的厂商或受有机关补助经费的团体等，皆不得私相借贷，订立互利契约，或享受其他不正利益。此外，公务员因执行职务所接触之利益信息，亦应严守机密维护相关规范，不得任意对外泄露，并应秉持廉洁诚信原则，禁止利用所知悉的公务信息谋求个人私益。

（5）禁止不当应酬交往。公务员应廉洁自持，谨慎勤勉，并重视荣誉，避免参与不正当的饮宴应酬或涉足不正当的场所，以维护政府的清廉形象。因此，公务员受邀参加应酬活动，若系与其身份、职务显不相宜，或可疑有特定目的，或涉及利益输送等不当情形者，即不应前往参与；若于正常应酬活动中始发现有上述情形者，则应立即离去，避免因碍于情面未采取必要之适当措施，而导致不良后果。此外，若因公务确有必要涉足不当场所者，应事先报准同意，以维护自身权益。

6. 特定公务员申报财产义务

依据1994年修正公布的我国台湾地区"公职人员财产申报法"第2条规定，"总统""副总统""五院正、副院长"、政务官、简任第十职等或相当职等以上各级政府机关首长及公营事业机构相当简任第十职等以上首长与一级主管、公立各级学校校长、少将编阶以上军事单位首长、依法选举产生之乡（镇、市）级以上政府机关首长、县（市）级以上各级民意机关民意代表、法官、检察官、警政、司法调查、税务、关务、地政、主计、营建、都计、证管、采购之县（市）级以上政府主管人员及其他职务性质特殊经主管院会同考试院核定有申报财产必要的人员，均应依法申报财产。上述人员除应于就（到）职三个月内申报外，并应每年定期申报一次。

二 法定义务

公务员法定义务是指公务员应履行法律和法规明定的义务。法律义务与一般义务的区别在于：法律义务有国家意志因素的加入，由国家以法律规则的名义加以宣布，并且对违反义务的行为以国家的强制力给予制裁。[①] 按照我国《公务员法》规定，公务员应当遵守以下法定义务。

（一）模范遵守宪法和法律

遵守宪法与法律是各个国家机关、各种社会组织和每个公民的义务。作为行使公权力的公务员，应当树立宪法至上、敬畏法律的思想，自觉维护宪法与法律的权威，自觉在宪法和法律的范围内活动，成为守法的楷模。模范遵守宪法和法律的核心意义在于对宪法的忠诚，即以最好的能力、良心与智力，以自身的言论与行为来维护宪法的权威与促进宪法的落实。就积极方面而言，对宪法的忠诚就是要凡是有利于宪法实施的事情都尽最大的力量去做；就消极方面而言，就是凡是有害于和不利于宪法的事情都应当予以反对和回避。

德国《联邦公务员法》规定公务员应负忠诚义务，不仅在对国家及其现行有效的宪法秩序时应予以肯定，甚至在宪法修正变更时亦同，而且此种要求不限于口头上的表达，特别当该公务员从事公务时，更须注意并实

[①] 张恒山：《义务、法律义务内涵再辨析》，《环球法律评论》2002年冬季号，第455页。

现现存宪法上及法令上的规定，且按法规的立法意旨去从事其职务。① 这种政治上的忠诚义务要求远超过仅对于国家或宪法保持一个形式上正确的，却在其他方面系毫无关注、冷漠的、内心疏离的态度；更不用说特别要求公务员与抨击、攻讦及诽谤国家、依宪法设置的机关、现行宪法秩序的团体成员严格分离，因此，公务员被公众期待其认识并承认国家及宪法作为一个高而积极的价值，并值得为此价值去辩护。

（二）认真履行职责

公务员的法定职责必须为，必须认真履行职位规定的职责。

（1）公务员应当按照权限履行职责。①该权限是明文规定的权限。公务员行使权力、履行公职应遵循法无明文规定即禁止的原则，只能在法律明文规定的范围内行使权力，不能超越法律规定而任意行为，否则就是滥用职权。②该权限属于实体法上的权限。实体法是确认权利义务关系以及职权和责任为主要内容的法律，公务员履行职责所依照的权限是实体法上所规定的权限，只能在这一范围内行使权力，而不能超越这一权限。

（2）公务员应按照规定的程序履行职责。所谓程序是指权利义务实现的步骤、顺序、方式及时限。因为公正的、公开的程序能够使实体的权利义务得到公平实现，有利于更好地保护公众的合法权益。

（3）公务员应当认真地履行职责。认真地履行职责含义有三层：其一是应亲自履行职责，力求切实，不得畏难规避、互相推诿或无故拖延，非有正当理由，并依照规定程序，不应将自己的职责委托他人来履行；其二是应按时办公，不得迟到早退，请假须有正当理由并经过上级领导批准；其三是不能擅离职守，一般情况下应坚守岗位，遇到突发的特别紧急的事件，应经过上级领导同意后才能离开，出差、休假也应及时回到自己的岗位。

（4）公务员应当努力提高工作效率。我国《宪法》第 27 条第 1 款规定："一切国家机关实行精简的原则，实行工作责任制，实行工作人员的培训和考核制度，不断提高工作质量和工作效率，反对官僚主义。"公务

---

① 德国《联邦公务员法》，http://www.exam.gov.tw/public/Attachment/01251155229.pdf。

员提高工作效率是宪法的要求,也是公务员高效地为公众提供优质服务的基本需要。

(三) 接受人民监督

公务员应当接受人民的监督。我国《宪法》第41条第1款规定,"中华人民共和国公民对于任何国家机关和国家工作人员,有提出批评和建议的权利;对于任何国家机关和国家工作人员的违法失职行为,有向有关国家机关提出申诉、控告或者检举的权利,但是不得捏造或者歪曲事实进行诬告陷害。"在国家机构及公务员履行职责的过程中,人民有权通过各种途径和形式对他们实行监督,以保证其不折不扣地代表人民行使权力,全心全意为人民服务。我国《宪法》第27条第2款规定,"一切国家机关和国家工作人员必须依靠人民的支持,经常保持同人民的密切联系,倾听人民的意见和建议,接受人民的监督,努力为人民服务"。人民群众是社会主义国家的主人,社会主义现代化建设事业必须依靠人民,所有的公务员都必须认真贯彻党的群众路线。公民对国家机关及其公职人员享有监督权。只要公民对公务员的批评与举报行为有一定事实依据,没有故意捏造与诬告陷害,就属于正当行使其舆论监督权利。

(四) 维护国家的安全、荣誉和利益

公务员应当积极维护国家的安全、荣誉和利益,这是基于公民义务而产生的。我国《宪法》第54条规定,"中华人民共和国公民有维护祖国的安全、荣誉和利益的义务,不得有危害祖国的安全、荣誉和利益的行为"。可见,维护国家的安全、荣誉和利益是我国每个公民的义务,公务员对此更是负有更大更直接的责任和义务。当代国家安全包括10个方面的基本内容,即国民安全、领土安全、主权安全、政治安全、军事安全、经济安全、文化安全、科技安全、生态安全、信息安全。[①] 构建集政治安全、国土安全、军事安全、经济安全、文化安全、社会安全、科技安全、信息安全、生态安全、资源安全、核安全等于一体的非传统国家安全体系是头等大事。国家荣誉是指国家的荣誉和尊严,它主要包括:国家的尊严不受侵

---

① 高争气:《邓小平国家安全战略观》,《西安政治学院学报》1999年第4期,第3页。

犯；国家的信誉不受破坏；国家的荣誉不受玷污；国家的名誉不受侮辱。国家利益的范围十分广泛，对外主要是指国家政治、经济、文化、军事等方面的权利和利益；对内主要是指相对于集体利益和个人利益的国家利益。公务员维护国家的安全、荣誉和利益是最基本的义务。

（五）忠于职守，勤勉尽责

公务员所有职位都是在国家机关定职能、定机构、定编制的基础上，根据工作的需要设置的，每个职位都有明确的任务和职责，因此在每个职位上的公务员都应忠于职守，勤勉尽责，兢兢业业、专心致志地工作，严格履行工作职责，承担起本职位的责任。只有这样才能够提高工作效率，保证国家机关的正常运行。首先，现代公务员体系的组织方式是科层制，公务员应当接受上级的指挥，以保证组织系统的权威性、统一性与效率性；其次，在法治化的政治体制和现代公务员制度下，公务员的首要职责是执行法律，其对上级不是人身依附关系，服从上级的决定与命令不过是执行法律的需要，服从上级的决定与命令只是执行法律的手段和方式。因此，我国《公务员法》规定，公务员应当服从和执行上级依法作出的决定和命令。

（六）保守国家秘密和工作秘密

公务员作为国家工作人员，必须严格遵守国家法律规定，增强保密观念，严格遵守保密纪律。对公务员而言，履行保密义务的基本要求是：不该说的国家秘密不说；不该问的国家秘密不问；不该看的国家秘密不看；不该记录的国家秘密不记录；不在私人交往中涉及国家秘密；不在公共场所办理、谈论属于国家秘密的事项；不在没有保密保障的地方和设备中存储、处理国家秘密信息和载体；不通过普通电话、明码电报、普通邮局、计算机公用网和普通传真递送、传输国家秘密信息和载体；不携带密件、密品参观、游览和探亲访友；此外，公务员对已知的窃取或者泄露国家秘密的行为，应当予以制止并及时向有关方面举报。

国家秘密和工作秘密是有一定联系的。有的国家秘密是由一系列工作秘密组成的，泄露了工作秘密，就间接地泄露了国家秘密。公务员在工作任职期间负有保密的义务；在涉及国家秘密等特殊职位任职或者离开上述职位不满国家规定的脱密期限的，不得辞去公职。

各国和各地区对公务员违反保密义务都规定了严格责任。在我国台湾地区，公务员凡违反保密义务者，重者须承担刑事责任，诸如泄露国防机密罪、泄露其他机密罪、泄露机密图利罪等，轻者须追究行政责任，如移付惩戒和行政惩处等。又如 2013 年日本政府向国会提出了《特定秘密保护法案》，将防卫、外交、反间谍和反恐等 4 个领域特别需要保密的情报指定为"特定秘密"；国家公务员泄密将被处以 10 年以下有期徒刑，合谋者和教唆者将被处以 5 年以下有期徒刑。①

（七）遵守纪律，恪守职业道德

遵守纪律，恪守职业道德是公务员从事公务活动应当遵守的纪律要求与道德准则。我国《公务员法》第 53 条对公务员的纪律作了规定，包括公务员不得弄虚作假，误导、欺骗领导和公众；不得贪污、行贿、受贿，利用职务之便为自己或者他人谋取私利；不得滥用职权，侵害公民、法人或者其他组织的合法权益；不得参与或者支持色情、吸毒、赌博、迷信等活动。

曾被视为封建迷信的风水术，近年打着"传统文化"旗号重新浮出水面，迷信风水已成了官场公开的秘密。在中国官场，官员间迷信算命看相秘术，迷信风水改运改命的人不在少数；不少问题官员还在"边贪腐、边烧香"中寻求心理慰藉，乞求消灾解难。② 2007 年国家行政学院课题组对 900 多名县处级公务员的科学素养进行调查发现，只有 47.6%的公务员不信风水，半数以上的公务员相信相面、周公解梦、星座预测和求签等；部分官员对迷信活动的相信程度甚至高于一般公众。迷信离不开对"鬼神"和神秘事物的膜拜，从这点来讲，党员公务员搞迷信，实际上已偏离了作为党员的原则立场，背离了自己的信仰。公务员搞迷信，影响不限于个人自己，不仅会影响公务员对事物的判断，还可能侵

---

① 2013 年底，安倍内阁在国会强行通过《特定秘密保护法案》。今后什么属于国家机密，全都由政府说了算。在防卫、外交和反恐等部门，凡是有可能接触机密的公务员，均必须逐一接受"可靠性调查"。如被视为"不可靠"即有泄密之虞的公务员，今后将不再被允许接触任何机密文件，也即无法从事相关的工作，这样其职业生涯实际上就戛然而止了。

② 《"草原巨贪"每笔赃款放"佛龛"》，《深圳特区报》2014 年 5 月 5 日，第 A5 版。

犯公众利益。公务员如利用职务之便大搞风水迷信，劳民伤财，理应被问责。

（八）清正廉洁，公道正派

清正廉洁、公道正派是指要求公务员办事公正无私，廉洁自律，个人利益服从国家利益，努力为人民服务。公务员保持清正廉洁是党和国家的一贯要求，是维护党和政府的良好形象，加强党和政府同人民群众联系的重要举措。《〈中国共产党党员领导干部廉洁从政若干准则（试行）〉实施办法》规定，党员公务员禁止利用职权和职务上的影响谋取不正当利益，禁止私自从事营利活动，禁止假公济私、化公为私，禁止借选拔任用干部之机谋取私利，禁止利用职权和职务上的影响为亲属及身边工作人员谋取利益，禁止讲排场、比阔气、挥霍公款、铺张浪费。2012年12月4日，中共中央政治局会议审议通过《关于改进工作作风、密切联系群众的八项规定》，以及2013年10月中共中央和国务院印发《党政机关厉行节约反对浪费条例》，对党政机关经费管理、国内差旅、因公临时出国（境）、公务接待、公务用车等作出了全面规范。以上规定强化了公务员清正廉洁在制度上的约束。

（九）其他义务

公务员须履行的"法律规定的其他义务"为兜底条款，其目的和意义在于：能够弥补因职位、职级不同，公务员法无法详细列举的公务员其他义务，使得公务员义务内容具有弹性，因发展需要和时间推移可以增加，从而反映时代特征与时代精神。如我国2014年修订的《环境保护法》第68条规定，有"不符合行政许可条件准予行政许可的""对环境违法行为进行包庇的""依法应当作出责令停业、关闭的决定而未作出的""篡改、伪造或者指使篡改、伪造监测数据的""应当依法公开环境信息而未公开的"等9种违法行为；造成严重后果的，地方各级人民政府、县级以上人民政府环境保护主管部门和其他负有环境保护监督管理职责的部门的直接负责的主管人员和其他直接责任人应当引咎辞职。此法增设环保监管部门负责人的义务就表明我国公务员义务随时间的变化而增加。

三 纪律义务

公务员纪律是指导、调整、约束、规范公务员行为的准则，涉及公务员行为的各个方面。它与公务员法定义务一起以规则形式规制公务员行为，但二者有不同。纪律是一个组织政治运行规则，而法律是国家颁布的政治运行规则。法律从权利义务角度规范公务员行为，是从宏观抽象的角度，支配、约束公务员行为；纪律则从具体行为规范的角度规定公务员不该做什么，禁止做什么，同时规定了公务员违反纪律所应承担的责任形式。与法定义务相比，作为纪律的义务更具有时效性和针对性，同时有利于管理机关及时根据需要调整内容。这样严格细致的措施对公务员形成了有效的约束。

公务员不能混同于普通群众，不仅要遵守国法底线，更要遵守纪律的底线。公务员不仅要模范遵守法律，党员公务员还要按照党规党纪以更高标准严格要求自己。党员是先锋队的一员，是"特殊材料制成的人"，应当发挥模范带头作用；"特殊材料"意味着党员要以更加严格的标准自我要求，无论是在道德方面，还是在能力方面，党员必须比普通公民更优秀才能无愧于党员的称号，这就是党纪严于国法的逻辑。[①] 我国现行公务员纪律主要是围绕《中国共产党纪律处分条例》展开。2015 年修订的《中国共产党纪律处分条例》强化"负面清单"作用，将原有条例规定的 10 类违纪行为梳理整合、科学修订为 6 类：违反政治纪律、组织纪律、廉洁纪律、群众纪律、工作纪律和生活纪律，把党章关于纪律的要求具体化，并在分则各章中按照同类相近和从重到轻的原则进行排序。[②]

（1）政治纪律是党最重要、最根本、最关键的纪律，历次党章都把严格遵守政治纪律作为党员的基本义务。是各级党组织和全体党员在政治方向、立场、言论和行为方面必须遵守的基本准则，是维护党的团结统一的根本保证。

---

① 〔美〕熊玠：《中共的领导力从哪里来——〈习近平时代〉选载》，《学习时报》2016 年 5 月 9 日，第 A3 版。
② 乌梦达、张晓松等：《〈中国共产党纪律处分条例〉修订解读："严"在哪儿？》，http：//news.xinhuanet.com/politics/2015 - 10/21/c_1116897613.htm。

（2）组织纪律是处理各级党组织之间以及党组织和党员之间关系的规范。党的组织纪律的核心就是民主集中制，主要包括"四个服从"原则、请示报告制度等基本内容。如党员须向组织请示报告重大问题、重要事项。不按要求报告或不如实报告个人动向、报告个人事项属违纪行为。

（3）廉洁纪律是对公务员廉洁行政方面的要求。中外政府对公务员的廉洁性要求相当一致。如美国，对政府公务员的行为有很多规定，而且规定得非常具体，比如美国政府公用的信封上，都印着一行字：不准私用，违者罚款300美元。① 我国公务员廉洁纪律主要有以下几方面。①不得滥用职权、谋取私利。不得相互利用职权或者职务上的影响为对方及其配偶、子女及其配偶等亲属、身边工作人员和其他特定关系人谋取利益搞权权交易的；纵容、默许配偶、子女及其配偶等亲属和身边工作人员利用本人职权或者职务上的影响谋取私利。②不得接受或赠送可能影响公正执行公务的物品或服务。不得收受可能影响公正执行公务的礼品、礼金、消费卡，接受宴请或者旅游、健身、娱乐等活动安排；不得违反有关规定取得、持有、实际使用运动健身卡、会所和俱乐部会员卡、高尔夫球卡等各种消费卡，或者违反有关规定出入私人会所；不得向从事公务的人员及其配偶、子女及其配偶等亲属和其他特定关系人赠送明显超出正常礼尚往来的礼品。③不得搞权色交易或者给予财物搞钱色交易。④不得谋求特殊待遇。不得违反工作、生活保障制度，在交通、医疗、警卫等方面为本人、配偶、子女及其配偶等亲属和其他特定关系人谋求特殊待遇。⑤不得侵占公物。不得在分配、购买住房中侵犯国家、集体利益；不得利用职权或者职务上的影响，侵占非本人经管的公私财物，或者以象征性地支付钱款等方式侵占公私财物，或者无偿、象征性地支付报酬接受服务、使用劳务；不得利用职权或者职务上的影响，违反有关规定占用公物归个人使用，时间超过六个月；不得占用公物或将公物借给他人进行营利活动。⑥不得挥霍公款。不得违反有关规定自定薪酬或者滥发津贴、补贴、奖金等；不得用公款旅游、借公务差旅之机旅游或者以公务差旅为名变相旅游；不得以考察、学习、培训、研讨、招商、参展等名义变相用公款出国（境）旅

---

① 吴立夫：《解读美国政治、中美民众"误差大"》，http://world.huanqiu.com/depth_report/2014-01/4803481.html。

游；不得违反公务接待管理规定，超标准、超范围接待或者借机大吃大喝；不得违反有关规定配备、购买、更换、装饰、使用公务用车或者有其他违反公务用车管理规定的行为。⑦不得损害政府和公众的良好关系。不得违反会议活动管理规定，到禁止召开会议的风景名胜区开会的；不得决定或者批准举办各类节会、庆典活动的；不得擅自举办评比达标表彰活动或者借评比达标表彰活动收取费用的；不得违反办公用房管理规定，决定或者批准兴建、装修办公楼、培训中心等楼堂馆所，超标准配备、使用办公用房。⑧不得从事与身份相冲突的活动。不得违反有关规定从事经商办企业、有偿中介活动、买卖股票或者进行其他证券投资，在国（境）内外注册公司或者投资入股，拥有非上市公司（企业）的股份或者证券的以及违反有关规定在经济实体、社会团体等单位中兼职，或者经批准兼职但获取薪酬、奖金、津贴等额外利益。⑨不得具有与社会公共利益相冲突的行为。党员领导干部的配偶、子女及其配偶，违反有关规定在其管辖的区域或者业务范围内从事可能影响其公正执行公务的经营活动，或者在其管辖的区域或者业务范围内的外商独资企业、中外合资企业中担任由外方委派、聘任的高级职务的，应当按照规定予以纠正。

（4）群众纪律是处理党员与人民群众之间关系的行为规范。《中国共产党纪律处分条例》规定，办理涉及群众事务时刁难群众、吃拿卡要的；对符合政策的群众诉求消极应付、推诿扯皮的；遇到国家财产和群众生命财产受到严重威胁时，能救而不救的；干涉群众生产经营自主权，致使群众财产遭受较大损失的；不按照规定公开党务、政务等，侵犯群众知情权的；在社会保障、政策扶持、救灾救济款物分配等事项中优亲厚友、明显有失公平的，上述此类现象都属于违反群众纪律。

（5）工作纪律是公务员在执行公务时必须遵守的行为准则。遵守工作纪律，是公务员有效执行公务、提高办事效率的保证，也是对公务员最起码的工作要求。公务员工作纪律内容包括以下几方面。①不得玩忽职守，贻误工作；不得迟到早退、无故旷工、上班期间网购或玩游戏、开会期间打电话等从事与工作无关的活动。②不得对抗上级决议和命令；因工作不负责任或者疏于管理，对直接责任者和领导责任者，情节较重的，给予警告或者严重警告处分；情节严重的，给予撤销党内职务处分。③不得压制批评，打击报复；不得违反有关规定干预和插手司法活动、执纪执法活动，不得违反有关规定干预和插手市场经济活动。④不得弄虚作假，欺骗领导和群众；在上级单位检查、视察工作或者向上级单位汇报、报告工作时应当如实报告。⑤不得泄露国家秘密和工作秘密。⑥在外事活动中不得从事有损国家荣誉和利益的活动；临时出国（境），不得擅自延长在国（境）外期限，或者擅自变更路线；不得触犯驻在国家、地区的法律、法令或者不尊重驻在国家、地区的宗教习俗。

（6）生活纪律是党员在日常生活和社会交往中应当遵守的行为规则，涉及党员个人品德、家庭美德、社会公德等各个方面，关系党的形象。《中国共产党纪律处分条例》规定了对党员领导干部在生活中陷入奢靡、贪图享乐、追求低级趣味，并造成不良影响的行为给予纪律处分。其中，"生活奢靡、贪图享乐"主要是指党员背离了党章要求的"吃苦在前，享受在后"的义务。

按照纪在法前，党规党纪严于国家法律，实行纪法分开，当党员公务员行为还够不上法律惩处时，可以用纪律来惩处，即承担违纪责任。《中国共产党纪律处分条例》第32条规定，党员犯罪情节轻微，虽有罪但免于起诉和刑罚，或单处罚金的，要给予撤销党内职务、留党察看或者开除党籍处分。对党员的纪律处分种类有：①警告；②严重警告；③撤销党内职务；④留党察看；⑤开除党籍。就本质而言，违纪责任是一种行政法律责任。《中国共产党纪律处分条例》第10条第2款规定，对于应当受到撤销党内职务处分，但是本人没有担任党内职务的，应当给予其严重警告处分；其中，在党外组织担任职务的，应当建议党外组织撤销其党外职务。实践中，在我国，党员公务员违纪责任与行政责任竞合使用。党员公务员依法受到行政处罚、行政处分，应当追究党纪责任的；党组织可以根据生效的行政处罚、行政处分决定认定的事实、性质和情节，经核实后依照《中国共产党纪律处分条例》规定给予党纪处分或者组织处理。我国《公务员法》规定，公务员行政处分有六种：警告、记过、记大过、降级、撤职、开除。公务员行政处分没有"降职"和"开除留用察看"两种形式。不将"降职"作为行政处分，主要是考虑将公务员的职务升降作为一种竞争激励形式，更有利于破除职务终身制，实现优胜劣汰、能上能下，调动公务员积极性；不将"开除留用察看"作为一种行政处分，主要是为了与公务员辞退制度相衔接，促进公务员队伍优化，更好地实现能进能出。

受撤职处分的公务员，其原来的级别和职务工资相应也要降低。除开除处分外，其他处分都有一定的期限。受撤职处分的公务员，在规定期限内，不得晋升职务、级别和工资档次。公务员受除开除以外的行政处分，改正错误的，分别在半年至两年后由原处理机关按规定解除处分；公务员受警告处分半年，受记过、记大过、降级处分一年，受撤职处分两年，已改正错误的，可以解除处分。解除处分的决定必须由原处理机关在深入调查了解，确认已改正错误的前提下作出。公务员在受处分期间，如有特殊贡献的，可不受上述解除处分时限的限制，提前解除处分，而且解除处分后，晋升职务与级别不再受原处分的影响，与其他公务员具有同样的晋级晋职机会。

四 政治义务

公民一旦进入公务员队伍，其公务员身份就表明其与行政组织订立一种"契约"，须受与此"契约"相符的应有义务的约束，公务员不得违反这些义务，否则就构成违约。公务员除必须承担法律、纪律规定义务外还要承担应有义务。公务员应有义务是指虽未被法律明文规定但根据社会关系的本质和职业精神应当由公务员承担和履行的义务，即政治义务和伦理义务。政治义务是公务员在政治方面必须遵守的行为规则。与法律义务、纪律义务相比，政治义务是一种补充性义务，但它却是一种在规范权力的运行中发挥着特殊作用的义务形式。以往认为，只要能把无能又恶劣的政治人物逐出行政界，有才能的文官就能有效管理政策；但在今天，看法刚好相反，政治和政治责任方被认为是解决科层体制问题之道。[1] 正确认识和适应环境是公务人员必备素质，要对政治、经济、文化、情报、战略及组织内部等方面作出准确评价，实现公共行政目标在于效率、响应和前瞻力；都必须是非常细心和专业的，那也是文明的表现；特别是掌握权力的各级决策者，一定要把增加公共利益作为其首要的政治责任和社会责任，并且要有相应的制度和程序做保证。[2]

---

[1] 黄台生：《公共管理——英国文官体制的再造》，台北扬智文化出版，2003，第162页。
[2] 吴琼恩：《台湾公共行政的制度体系、历史沿革与发展趋势》，http://www.nsa.gov.cn/web/a/shuoshijiaoyu/kuaixun/2013/1030/2787.html。

在我国公务员政治义务包括：不得散布有损政府声誉的言论；不得组织或者参加非法组织；不得组织或者参加旨在反对政府的集会、游行、示威等活动；不得组织或者参加罢工等。党员公务员必须遵守《中国共产党纪律处分条例》中的政治纪律，保护党的纯洁性。党的纯洁性包含的内容极其广泛，即政治坚定，始终保持党性纯洁、忠诚可靠，在思想上、政治上、理论上、行动上和党中央保持高度一致，对走中国特色社会主义道路矢志不渝。《中国共产党纪律处分条例》把政治纪律、政治规矩列在突出位置，明确增加了拉帮结派、对抗组织审查、搞无原则一团和气等违反政治纪律条款。

政治责任就是公务员在政治分内应做之事以及没有做好分内之事所应受的谴责和制裁。所有政治主体都可以成为政治责任的主体；公务员在政治生活中所扮演的角色并不相同，而角色不同，角色相应的责任在性质上就有明显的区别。想担当，敢担当，是政治家应有的品质，而在任何一个政治制度中，政治责任又是最重要的责任，必须有人为可能的失败承担政治之责。[1]

公务员的政治责任主要是通过责任政治制度或权力机关的监督来实现的。[2] 与法律（司法）责任相比，政治责任具有以下几个特征：第一，提起或裁决政治责任的机构通常是政治性机构，如元首、议会、人民代表大会等，或者带有浓厚政治色彩的准政治性机构，如德国的联邦宪法法院、法国的宪法委员会等；第二，主要是按照民主程序进行追责，强调多数决定，看重人心所向和民意所归；第三，责任的承担形式是政治性的，通常是资格的丧失、职务的解除或调职等，而不涉及法律（司法）责任。

各国追究政治责任的制度差异较大，典型的制度有弹劾制度、主动请辞制度、罢免制度等。在我国，追究公务员政治责任主体包括以下几种。①党的追究。是指中共中央和地方各级党委、纪委对党政机关中公务员应承担的政治责任发动的追究。②立法机关追究。是指全国人大及其常委会和地方各级人大及其常委会对其选举、决定、任免的干部应该承担的政治责任发动并实施的追究。③上级追究。是指在具有等级结构特点的国家机

---

[1] 邓聿文：《习近平的政治担当与可能后果》，http：//www.zaobao.com/forum/views/world/story20140114-299327。

[2] 卓越主编《公务员绩效评估》，中国人民大学出版社，2010，第11页。

关中，上级机关及其领导人员对下级公务员应该承担的政治责任发动的追究。④自我追究（与公务员自律竞合）。是指公务员对其履职情况和其言行进行自我评价，认为没有认真履行职责或言行违背民意，而自我发动的政治责任追究。

五 伦理义务

公务员伦理义务是在职业精神或职业操守方面必须遵守的行为规则。职业精神是公务员在执行公务活动中的一种基本价值取向。[①] 它强调自律，起导向作用的不是制度性控制系统的制约，而是内心的道德敏感性。《中国共产党廉洁自律准则》要求党员在看待和正确处理"公与私""廉与腐""俭与奢""苦与乐"四对关系上，提出了四个必须和八条规范，这是向全党发出的道德宣誓，向全国人民作出保持清正廉洁政治本色的庄严承诺。从普通党员公务员到领导干部都要保持公仆本色，廉洁从政，廉洁用权，廉洁修身，廉洁齐家，是我国公务员行动的高标准，也是中国特色的公务员伦理义务。内在责任（responsibility）亦即一个人在毫无外力的压迫下，对自己的行为后果负起应尽的责任，这是一种自律在依宪治国上的内在精神表现。从行为成本来说，道德观是通过自我的内在约束来规范个人行为的，而法律等外在因素，则需要借助正式的权威来实现对人的行为的约束，其运作成本要比道德内化高得多。正如彼得斯（B. Guy Peters）所说："公务员制度的价值观，包括为任何政治领导忠诚服务、操守清廉、正直公平等，可以使减少对公务员事前控制的做法成为可行的改变现状的方法。"[②] 因此，公务员职业精神应是责任行政内部控制不可或缺的重要内容。

（一）职业道德与伦理义务

行政伦理是指在行政体系中公务员在角色扮演时应掌握的"分际"，

---

① 曾维和：《当代美国公务员职业精神及其启示》，《中国行政管理》2007年第3期，第78页。
② 〔美〕B. 盖伊·彼得斯：《政府未来的治理模式》，吴爱明等译，中国人民大学出版社，2001，第121页。

以及应遵守的行为规范。行政伦理有 3 个层次，分别是公共政策伦理、行政决定伦理与个人行为伦理，3 个层次皆会产生不同的伦理问题。[①] 在本质上，伦理和道德都是指一般性或规范性行为，道德是伦理的次级部分，伦理是要透过检验及反省之正确的行为。二者差异有 3 方面。①道德的衡量标准较伦理要高。②道德较具有正式的社会角色。③道德较具有正式特定客观的事物。[②] 伦理的范围不只要考虑道德的层次，尚要从法律、科技、经济及社会等层面去分析。美国公共管理学者特里·L. 库珀（Terry L. Cooper）借用麦金泰尔的"实践""内部善""外部善"和"德行"等基本概念作为其理论框架的要素，来分析公共管理者的伦理身份。[③] 他将公共管理者的实践划分成 3 个义务领域，并分别表明了 3 个领域与内部善和德行的对应。这 3 个义务领域分别是：追求公共利益的义务；程序与过程的权威化；对同事的义务。追求公共利益的义务对应的德行是仁慈、理性、正义性、勇气、谨慎性；程序与过程的权威化对应的德行是尊重法律、理性、谨慎性、诚实、自律、公民性；对同事的义务对应的德行是正义感、信任感、对同事的尊重、实践的责任、公民性、诚实、谨慎、理性、独立。

（二）我国对公务员伦理义务的要求杂糅在法定义务和纪律义务之中

我国《公务员法》规定，公务员模范遵守宪法和法律；按照规定的权限和程序认真履行职责，努力提高工作效率；全心全意为人民服务，接受人民监督；维护国家的安全、荣誉和利益；忠于职守，勤勉尽责等法定义务都有涉及行政伦理内容。同时，我国原人事部颁布的《国家公务员行为规范》要求公务员政治坚定、忠于国家、勤政为民、依法行政、务实创新、清正廉洁、团结协作、品行端正，也涉及行政伦理。综合各国行政伦理现状，我国公务员伦理义务除上述法律、纪律规定之外，应列明诚信、

[①] 海阔富：《行政伦理》，台北：《人事月刊》1987 年第 4 卷第 5 期，第 12 页。
[②] 萧武桐：《公务伦理》，台北：智胜文化事业有限公司，2002，第 4~18 页。
[③] 〔美〕特里·L. 库珀（Terry L. Cooper）：《等级制、德行和公共行政的实践：规范伦理学的视角》，转引自秦洁《西方公务员德行研究状况评述》，《人民论坛》2012 年第 30 期，第 126 页。

勇于担当以及保持公务员品位等伦理义务。

（1）讲诚信。在公权力占主导的社会中，公权力的信用是其他信用的根基。公权力部门、行使职权者是否守信的信用纪律，在一定程度上比普通公民守信，更能推进我国诚信社会建设，因为权力撬动的是游戏规则的根基。从2010年开始，中山大学岭南学院博士后流动站工作人员杨君将政府工作报告中各项目标、要求、计划称为政府的"承诺"，他一直研究这些承诺的策略与可信度，在比较研究了15个副省级城市2002~2011年150份政府工作报告后得出的结论是：在地方官员的承诺行为中，承诺主题的趋同性和承诺可信度的异质性并存，晋升预期、城市特征、官员个人特质等都会影响承诺的可信度；反映出这些副省级城市政府工作报告普遍存在"重承诺轻报告"的现象，"承诺潇潇洒洒，报告含含糊糊"。[①] 对于个人而言，公共行政的精神意味着对于公共服务的召唤以及有效管理公共组织的一种深厚、持久的承诺。[②] 在我国，新官不理旧事普遍存在，应积极将信守承诺作为公务员特别是领导职公务员一项基本的伦理义务。

（2）勇于担当。担当是公务员在职责和角色需要的时候，毫不犹豫，责无旁贷地挺身而出，全力履行自己的义务，并在承担义务当中激发自己的全部能量。它是一种责任，一种自觉，一种境界，一种修养。勇于担当是检验每一个公务员身上是否真正体现人民公仆的本质和先进性的重要方面。有多大的担当才能干多大的事业，尽多大的责任才会有多大的成就。[③]

（3）保持公务员品位。也称名誉保持义务，即公务员应当保持与自己的公职人员名誉相适应的伦理和道德。[④] 公务员应遵守公序良俗，谨慎勤勉，不得有骄恣贪惰、奢侈放荡及冶游赌博、吸食烟毒等足以损失名誉之行为。不得家暴或虐待家人，不赡养或不抚养家人；不得存在婚外情等违背婚姻、家庭伦理道德的不良行为；不得观看、收藏、传播黄色影视和书

---

① 参见徐浩程《地方"两会"承诺，你信不信？》，《廉政瞭望》2014年第4期，第36页。
② 〔美〕乔治·弗雷德里克森：《公共行政的精神》，张成福等译，中国人民大学出版社，2003，第202~204页。
③ 刘云山：《领导干部要敢于担当》，http://www.hn.xinhuanet.com/2014-03/10/c_119683306.htm。
④ 应松年主编《公务员法》，法律出版社，2010，第227页。

刊，拨打色情电话；不得在公共场所酗酒滋事；不得侮辱、诽谤他人，破坏他人名誉以及其他不合规范并足以损害名誉之行为。

生活品位是公务员在日常生活和社会交往中应当遵守的行为规则，涉及公务员个人品德、家庭美德、社会公德等各个方面，关系政府的形象。保持公务员品位是我国官吏的传统公务伦理，在发扬传统美德的今天，公务员理应遵守。

（三）公务伦理义务的衡平

公务员上述伦理义务为不确定的概念，在认定和评判公务员具体行为时常有失中立客观和可操作性。从内容来看，公务员伦理义务被我国《公务员法》《国家公务员行为规范》融入法律义务、纪律义务和政治义务之中，使人无法分清违反上述规定到底是要负法律责任、纪律责任还是政治责任。其概括式、口号式的规定虽然让人易记易了解，但对于适用的具体范围、具体过程等方面则缺乏明确的法律依据，缺乏可操作性和被解读的任意性。此种制度设计为公务员主管部门操控公务员履行各种义务提供了广大空间。因此，最为关键的是将公务员伦理义务制度化或法律化，进而形成义务的确定性和履行可操作性，从制度建设上塑造我国公务员特有的行政伦理。

首先，要用行政伦理的概念来规范公务员伦理义务。行政伦理面对的是从消极的有所不为而无害于人（如不贪污，不玩忽职守）到积极的有所为而有益于人（如为国效命，为民谋利）的各种服务，并使行政符合公平正义原则，亦即公务员在公务上的道德共识及道德自律。公务员行为反映在伦理上有以下 12 种相关性的形态：①对宪法的义务；②对法的义务；③对民族或国家的义务；④对民主的义务；⑤对机关组织体系规范的义务；⑥对专业及职业主义的义务；⑦对家庭及朋友的义务；⑧对自我的义务；⑨对团体（政党、工会）的义务；⑩对公共利益及一般福利的义务；⑪对人性或世界的义务；⑫对宗教或上苍的义务。[①]

其次，行政伦理要求是他律和自律互补。伦理是一种软约束，其作用

[①] Dwight Waldo, *The Enterprise of Public Administration*, Norvato, Calif: Chandler and Sharp Publishers, 1980, pp. 103 – 107.

发挥往往难以得到有效保障；但它一旦与法律结合，进一步可操作化，则既能够继续发挥其内在约束的功能，又能够获得有效的外部保障。越来越多的国家将行政伦理规范纳入到国家的法律体系中，如美国国会在1978年就通过了《政府道德法》，1989年通过了《政府道德改革法》，1993年又颁布了《美国行政部门雇员道德行为准则》；加拿大在1994年颁布了《加拿大公务员利益冲突与离职后行为法》；韩国1981年颁布了《韩国公职人员道德法》，开始其行政伦理法制化进程。英、法、德、澳、日、新西兰、新加坡等也都颁布了上述类似的法律法规。① 法律规范提供的是最低行为标准，它无法激励公务员去追求榜样或更高标准来提升自己的伦理行为。相比而言，对公务员制定公务伦理法是更符合国家和公民对其表达最高期望的方式。它以一种激励性的语言表达了崇高的职业价值观，为公务员树立道德偶像，即道德制高点。②

再次，强调公务员的德行。法律和道德相辅相成、法治和德治相得益彰。①强调自制与自觉。强调德行能使人"有耻且格"，不单像法治仅使"民免而无耻"。儒家亦主张个人权利，但认为最重要的并非是个人之权利，而是个人的责任及义务；依照儒家伦理，吾人如欲为人或成为圣人，首先必须克尽义务，而非要求权利；只有实现责任，吾人才能成为人或为圣人；就个人对自己道德责任而言，儒家伦理主张自省与慎独；对于他人则主张礼、忠与恕。③ 公务员素质的基础是公务员自觉。公务员自觉不只是意识到自己的权利和义务，更多是对于公共事务的主动参与，并从中培育公德心、事业心，从而建立起积极向上、充满活力的姿态。②强调仁。仁是人和人、人和自然的相处之道，是我国文明儒释道最为精彩的内容，仁也是人和社会的黏合剂与润滑剂，人与人要相互尊重，和自然要和谐相处，民族间和平共存。③强调担当。"明哲保身"是不少人的"官场文化"，工作中多数人表现出"不作为不出错""害怕出事不敢做事"的心态，谁也不愿承担什么风险。勇于担当是公务员必备的品格。④区别对待。公务员职务具有"公共福祉"特性，但不同类别公务员的"公共

---

① 岳世平：《西方政府处理官员自利与公共利益矛盾的经验及启示》，《行政管理改革》2011年第11期，第88页。
② 秦洁：《西方公务员德行研究状况评述》，《人民论坛》2012年第30期，第127页。
③ 萧武桐：《公务伦理》，台北智胜文化事业有限公司，2002，第61页。

性"程度不同。比如对警察、消防等职员奋不顾身的要求一般要强于普通公务员,对管理类公务员维护社会公平正义的要求一般要强于技术类公务员。

最后,制定行政(公务员)伦理法。公务员义务须以伦理道德为基础,但依法律明确性原则,如能进一步细化增加可操作性更可取,更会体现依法治国的精神。使用不确定法律概念应属不可避免的结果;但是,该不确定法律概念仍不宜过度不明确,否则有可能违反法治所要求的法律"明确性原则"。[1] 在公务员伦理法制化中应明确几项核心理念。①法律明确,明确公务员伦理义务(包含纪律和自律的规定)。②明确责任,用法定义务代替口号式宣言、要求,用追责代替自省。③坚守底线,法律规范提供的是最低行为标准,它无法激励公务员去追求榜样或更高标准来提升自己的行为。因此,将涉及社会主义核心价值观的伦理纳入公务员伦理法的底线,引导公务员追求高尚情操。④坚守传统,深入开展中华优秀传统文化教育,引导干部继承和弘扬中国传统美德,捍卫国家和民族的精神独立性,防止成为西方道德价值的"应声虫"。[2] ⑤强化个人伦理行为教育工作。伦理行为的教育与训练最主要的工作之一,就是帮助公务员自觉地面对其所处行政体系之价值,能将所面临环境的价值体系,自觉地建构优先顺序。[3] 同时,修改和完善刑法、刑事诉讼法等相关法律制度与行政伦理法规体系相照应;在全国人大常委会和全国政协常委会设立伦理委员会来监督公务伦理行为。[4] 公务员伦理义务规定现实上无法透过法律穷尽列举,因此,在外国立法例上有采用制定特别伦理立法方式的,例如日本的《国家公务员伦理法》,并授权发布《日本国家公务员伦理规范》加以概括补充。

综上所述,公务员法律义务、纪律义务、政治义务及由公务员职业精神上构成的伦理义务构成了公务员义务体系。基于公务员义务体系产生的公务员考核评价制度、惩戒制度、辞退或辞职制度及追究公务员法律责

---

[1] 林明锵:《公务员法研究》(二),台北新学林出版股份有限公司,2012,第279页。
[2] 中共中央组织部:《关于在干部教育培训中加强理想信念和道德品行教育的通知》,http://news.xinhuanet.com/politics/2014-07/20/c_1111699389.htm。
[3] 萧武桐:《公务伦理》,台北智胜文化事业有限公司,2002,第112页。
[4] 王伟:《从制度上塑造公务员职业伦理精神》,《学习月刊》2005年第8期,第28页。

任、政治责任、纪律责任及伦理道德责任制度，形成了监督公务员履行义务体系。

第三节 公务员是义务本位还是权利本位

在法哲学史上，存在着权利与义务关系之中谁是本位的争论。①

第一，权利本位论。在权利和义务的关系中，权利只是义务存在的根据和前提，义务应来自权利。权利本位伦理系依靠蕴涵在美国宪法中的原则，是多数规则的原则（the Principle of Majority Rule），此原则来自18世纪欧洲启蒙运动的自由政治思想。权利本位伦理尊重个人的自由与自治，容许不伤害别人的不同思想和行为，鼓励批判或探讨；权利本位把个人成就自我选择的目的当作最高的发展形式，强调对自我与为了自我的责任而行动。①在法律方面，权利只是法律限制，而限制的目的是为了权利能够得到实现。②对于义务而言，权利是目的，是处于主导地位的核心。③对于权利而言，义务是手段，是权利的引申。

第二，义务先定论。在权利与义务的关系中，义务显得更为重要，法律要稳定秩序，就必须平均分配义务。禁忌、义务的出现和发展是人类社会有序化的标志，严格的法律规则主要由义务规范构成。社会成员们在现实生活中以第三方的身份，依据基本相同的良知和理性对各种各样的损他性行为作出的一致的否定性评价"不应当"是人类一切规则、一切法律存在、发展的基础和本源性动因。②张恒山教授认为义务自有其道德依据，义务以"应当"为核心有独立的正价值；从本源意义上说，义务不仅不依附于权利，相反，权利倒是因履行义务而产生的。因此，义务先定、权利后生；每个人因遵守初始的义务规则，承担最基本义务而产生基本权利、享有基本权利。③

第三，权利义务本位论。权利与义务都是法本质的体现，两者同时产

---

① 沈六：《权利本位伦理》，《教育大辞书》，2000，http://terms.naer.edu.tw/detail/1315634。
② 张恒山：《法理要论》，北京大学出版社，2006，第9页。
③ 张恒山：《法理要论》，北京大学出版社，2009，第387页。

生、存在、相互依存、不可分割、相互作用与转化。两者之间不存在着本位问题,无须设定何者为主;换言之,权利与义务密不可分,有权利就有义务,反之亦然。

相应地,在公务员权利义务关系中也存在着谁是本位的争论。法治社会中对权利的定位有自己的原则,即"法不禁止即自由"。在法不禁止的领域,普通公民有权利作出各种行为,而公务员是不是也同样适合这个原则?这个问题看似简单,却值得思考。

一 公务员以义务为本位

公务员是掌握公共权力的一个特殊群体,而任何执掌权力的人都可能利用公共权力来谋取个人私利。义务本位即以公务员的义务为核心,以高于普通公民的规则来限制和规范其行为,并以公务员履行应尽义务的状况作为评价公务员行为的唯一标准。观察我国1993年颁布的《国家公务员暂行条例》及其配套法规就不难发现,我国公务员制度强调公务员义务本位。政府与公务员的关系被看作"内部行政法律关系"即行政主体拥有解决内部行政法律关系纠纷的排他性权力。与此同时,我国公务员制度设计的另一理念就是不承认公务员作为一个群体拥有自身独特利益,既然公务员群体没有自身的特殊利益,当然也就没有必要为其保护自身的利益而单独设置法律规范了。2006年开始实施的《公务员法》沿袭了这种理念。

具体而言,公务员的义务本位主要表现在以下几个方面。首先,受法律保护的公务员权利范围较小,一些重要具有普遍性、基础性的权利没有明确赋予公务员,在职务保障方面,尽管《公务员法》明确规定公务员"非因法定事由和非经法定程序不被免职、降职、辞退或者行政处分",使公务员的身份在一定程度上受到法律的保护,但是我国公务员制度中设计了调任这一特殊方式,作为国家公务员交流制度的一部分。根据《公务员法》及有关法规的相关规定,国家公务员调出国家行政机关后,不再保留国家公务员的身份;同时,我国并没有为调任设定法定的程序,公务员往往以简单的"工作需要""上级决定"等理由而被调出国家行政机关,失去公务员身份。其次,我国强调个人对集体、国家的服从,公务员个人权利没有得到应有的尊重和重视。个人对单位、集体乃至国家存在极强的人身依附关系，每个公务员都是集体的和单位的人，集体与单位施惠于公务员，离开了集体和单位，个人无法在社会上立足。换言之，在我国"从身份到契约"演变的进程十分缓慢，远没有结束。① 最后，公务员对政府侵害其权益只能选择体制内的申诉救济，而不能像其他劳动者一样，可以选择司法救济。

公务员义务本位源于特别权力关系理论。该理论认为，公务员与国家之间是一种特别的权力关系，公务员有特别无定量的服从与忠诚义务，国家对公务员拥有概括性的命令权与惩戒权，而且行使这些权力还无须有法律依据并不得进入司法救济。② 根据传统特别权力关系理论，公务员是因为国家单方面的意志发动而被选任，处于特别权力管理关系之下，与一般国民都要服从的一般权力关系不同，他们被要求对国家履行忠诚义务，要求做到无限量的忠诚。③ 公务员的工资及其他补贴、退休的年金等得到保障，并非是其工作的代价，而是国家的恩赐，是为国家服务者维持相应的生活。④ 特别权力关系理论最核心的观点是否认公务员主体的独立人格，将其从普通公民的阵营中划分出来，使其完全依附于君主或国家的意志，成为执行行政权力的一种工具，而不是作为有独立意志和独立人格的"人"对待。⑤

虽然我国并没有特意引入特别权力关系理论，但新中国成立后，我国引入了苏联干部管理体制，强调集体主义和国家利益至上，干部个人权利无从谈起；干部管理模式与理念和特别权力关系理论相似。由于我国 20 世纪 50 年代后期开始实行高度集权的、由国家全面直接支配生产、分配和消费的大一统的产品经济体制，又由于 20 世纪 60 年代对领袖人物的个人迷信，使封建的义务本位在许多方面得以延存，有时候（如"文化大革命"中）甚至全面泛起，严重地冲击以致取消了社会主义权

---

① 程武龙：《公务员劳动基本权研究》，吉林大学博士学位论文，2008，第 158~159 页。
② 陈清秀：《行政法上法律关系与特别权力关系》，转引自翁岳生主编《行政法》，台北：翰芦图书出版有限公司，1998，第 239 页。
③ 杨建顺：《日本行政法通论》，中国法制出版社，1998，第 183 页。
④ 〔日〕片冈宽光：《论职业公务员》，熊达云、郑希宏译，上海科学普及出版社，2001，第 95 页。
⑤ 谈硕：《公务员权利救济制度研究》，中国政法大学硕士学位论文，2005，第 11 页。

利本位。① 改革开放后，社会主义市场经济建立，个体权利的重申，法治进程的推进，公务员的权利也被提及。但还是有学者担心公务员掌握权力来寻租，认为公务员的权利有双重属性，即公共属性与私人属性，这就决定了公务员的权利并不能适用权利推定原则。甚至有学者认为公共领域中，权利观念、权利意识造成了很大的混乱，对行政人员的行为造成不良的误导，所以，在公共行政的领域应当拒绝行政人员关于自我的权利意识。② 只有坚持义务本位，才能增强公务员为国家、社会、人民服务的责任感，有效防止滥用权利和以权谋私或行政失职行为的发生，从而解决公务员作为"公共人"和"经济人"双重身份带来的矛盾，它是达到有效控制与约束公务员对公共权力的行使的一条根本途径。③

与西方国家公务员的义务规范相比，我国公务员义务规范存在明显不足之处。其一，对义务的规定比较全面、系统，但比较笼统，操作性不强，考核起来比较困难；其二，没有不应当作为的义务规范；其三，从遵守纪律的角度看，虽然规定了公务员不得为的行为，但规定得比较笼统，从用词上讲，是"不得"，而不是"禁止"，并且不是以不应当作为的义务规定的，这使得不少公务员有机可乘。④ 在实践中造成了诸多问题。一是公务员权利内容不全面，一些与公务员身份利益攸关的基本权利没有得到法律上的确认和规范。二是部分公务员权利义务规范过于原则、简单，可操作性差，这实际上赋予了公务员所属机关过大的人事处理自由裁量权。人事处理常常为某些领导的主观判断、个人偏好所左右，以致使自由裁量权蜕变为专横的、不可捉摸的权力，导致实践中产生大量侵害公务员权利的现象。三是缺少《公务员法》的配套法规，公务员权利保障缺乏有效支撑。四是公务员权利救济不充分。⑤

综上，义务本位混淆了公务员的多重身份与法律关系，其理论的基础已经式微，不符合法治时代发展的潮流。

---

① 张文显：《"权利本位"之语义和意义分析——兼论社会主义法是新型的权利本位法》，载《权利与人权》，法律出版社，2011，第218页。
② 张康之：《公共行政拒绝权利》，《江海学刊》2001年第1期，第59~61页。
③ 王美文：《从义务本位解读公务员权利义务关系》，《当代世界与社会主义》2008年第3期，第124页。
④ 王长民：《中外公务员义务比较与义务本位》，《行政论坛》2006年第3期，第45页。
⑤ 王国文：《公务员义务本位辨析》，《广东行政学院学报》2012年第3期，第66页。

二 公务员权利本位

我国学者所说的权利本位,其要义是在整个法律体系中应当以"权利为起点、核心和主导";是"把权利从权力中解放出来,即人们常说的松绑"。[1] 权利本位基本含义是义务来源于权利,义务服务于权利,义务从属于权利。[2] 提倡社会权利本位,实际上是主张在立法、执法和司法过程中,把法律承认和保护的利益作为一个整体放在各种利益的首位、放在基准的位置,既不偏重权利体现的社会的个体利益,也不偏重权利体现的公共利益,而是将它们平等看待,一切按法律的规定办,谁也不无条件服从谁。[3] 凡是以权利为本位的法律制度都有这样一些突出的特征(或者说基本原则)。[4]

(1)社会成员皆为权利主体,没有人因为性别、种族、肤色、语言、信仰等差异而被剥夺权利主体的资格,或在基本权利的分配上被歧视。

(2)在权利和义务的关系上,权利是目的,义务是手段;法律设定义务的目的在于保障权利的实现,权利是第一性的因素,义务是第二性的因素;权利是义务存在的依据和意义。

(3)在权利和权力的关系上,公民、法人、团体等权利主体的权利是国家政治权力配置和运作的目的和界限,即国家政治权力的配置和运作,只有为了保障主体权利的实现,协调权利之间的冲突,制止权利之间的互相侵犯,维护权利平衡,才是合法的和正当的。

(4)在法律没有明确禁止或强制的情况下,可以作出权利推定,即推定为公民有权利(自由权)去作为或不作为。

(5)权利主体在行使其权利的过程中,只受法律所规定的限制,而确定这种限制的唯一目的在于保证对其他主体的权利给予应有的同样的承认、尊重和保护,以创造一个尽可能使所有主体的权利都得以实现的自由

---

[1] 张文显:《二十世纪西方法哲学思潮研究》,法律出版社,1996,第507页。
[2] 郑成良:《权利本位论——兼与封日贤同志商榷》,《中国法学》1991年第1期,第30页。
[3] 童之伟:《对权利与义务关系的不同看法》,《法商研究》1998年第6期,第34页。
[4] 张文显:《"权利本位"之语义和意义分析——兼论社会主义法是新型的权利本位法》,载《权利与人权》,法律出版社,2011,第204页。

而公平的法律秩序。

当前，我国需要抛弃公务员义务本位，重新建构公务员的权利义务关系。美国学者德沃金指出，如果政府不给予法律获得尊重的权利，它就不能重建人们对于法律的尊重。如果政府不认真对待权利，那么它也就不能认真地对待法律。权利本位的价值不仅在于保护权利，而且还有利于规范国家权力。相应地，如果政府忽视公务员权利，就会造成公务员权利与义务不平衡，最终也必然制约和影响义务的履行，只有在重视公务员义务的同时也重视其权利，才能实现权利与义务的统一。

公民和公务员身份是基础与衍生的关系，公民身份是公务员身份的基础，公务员身份是公民依法担任公职权的衍生结果。公务员首先以公民身份发生与国家的法律关系，属第一位，是上位的；然后才发生以公务员权利和义务为内容的公务员与政府间的法律关系，属第二位，是下位的。权利对于义务和责任既有逻辑上的优先性，也有道德上的优先性。从逻辑上看，如果权利与权力发生冲突，权力应当克减和顺从权利。相对政府而言，公务员的权利是公民权利的延伸与体现。正因为如此，公务员权利须由法律规定，公务员的义务也仅限于法律的规定。根据法治国家的一般要求，对于公民基本权利的保障和限制，应该严格遵守宪法的规定与精神，公务员法关于公务员身份及其权利义务关系的规定，也应以宪法精神为引导，以权利本位的理念为统领。[①] 我国《公务员法》开始对公务员的权利给予高度重视，把"义务与权利"作为重要内容列在总则之后的第二章，就说明了这一点。

但公务员权利本位也会出现几个难以解决的问题。首先，先权利后义务，会与公务员履行职责相冲突。公务员作为国家权力代理人，一旦出现危及国家安全、社会安全和人民生命和财产安全的事件，公务员能否以保护自己权利为由而不作为呢？其次，在我国受官本位的影响，权利本位很容易被误解或被滥用，被用来作为享受在前，辛苦在后的理由与借口。因此，有必要重构公务员权利义务关系。

[①] 王国文：《公务员义务本位辨析》，《广东行政学院学报》2012年第3期，第65页。

三 公务员权利本位与义务本位的衡平

在我国公务员法律法规及其他规范性文件中,规定的公务员权利的范围窄小且具体,而规定的公务员义务范围广泛且具有不确定性。现实中,公务员应有权利没有落实,应有义务又不清晰;实有权利没公开,实有义务又不明确。公务员权利义务关系是以法治和人权保障为理论基础,平衡维护政府内部秩序与保护公务员权利两大价值之间的关系,对公务员的处分或权利限制须有法律根据。① 在公务员权利领域,长期排除司法对公务员所有争议的审查,公务员权利受到所属机关的侵害,只能寻求行政内部的救济,不能诉诸司法救济。实际上,公务员所享有的权利与利益的重要性,并不亚于公民作为相对人所享有的权益,如公务员的免职、辞退、开除等,都涉及公务员基本权利,其对公务员本人的重要性,并非一般的财产权可以比拟的。

由于义务、权利在不同的关系层面上有不同的关系形态,所以,我们必须确定:我们是在哪个层面上讨论义务权利关系?② 国家机关须将公务员作为一个法律主体来对待,而不能仅作为管理客体、管理工具来对待,从而保护公务员的个人尊严,保证其基本权利的享有。公务员权利可分为公民的基本权利和与职务相关的权利两个层面。当涉及公务员的公民基本权利可适用权利本位如工资权、社会保障权、休息权等,而与职务有关的可能影响公共利益和廉洁性方面的权利须适用义务本位的理念,并通过立法明确二者之间的衡平关系。

(一) 法律要求公务员与职权相关的义务本位

一般而言,法律中有关权利的规定在顺序上往往是放在义务规定的前面,如我国宪法关于公民的权利与义务就是如此安排;而我国《公务员法》将公务员的义务放在公务员权利的前面。其他国家的公务员法对公务员义务与权利安排也有类似规定,例如,在德国《公务员法》第三章"公

---

① 王国文:《公务员义务本位辨析》,《广东行政学院学报》2012年第3期,第65页。
② 张恒山:《法理要论》,北京大学出版社,2009,第388页。

务员的法律地位"中,第一节规定的是"义务",第二节规定的才是"权利"。这种顺序上的安排有其深刻的含义:考虑到公务员是履行公职的工作人员,需要对其义务加以约束和管理,公务员在职权行使上绝不能享受权力的"红利"。因为"只要公共领域中存在着权利意识,那么行政人员就必然会运用公共权力去为他的个人权利的实现和扩张开辟道路"。① 目前我国还没有周密的权利义务制度和严格的监督机制,如果权利优先,那更可能被公务员这个"利益集团"所滥用。因此,在行使职权时或与公共利益相冲突的权利,法律先规定公务员义务,突出强调公务员负有义务、承担着责任,在当下是合理的。

公务员职务义务优先于职务权利。首先,在我国,个人利益必须符合人民利益,公务员在处理国家、集体和个人利益的关系时,要把国家利益、集体利益放在首位,并尽可能地兼顾三者的利益。只有在处理不同人之间的基本权利的冲突时,为协调基本权利间冲突的目的,才由国家立法机关,在必要的限度,透过法律加以限制。关于限制的目的是否正当,限制的范围是否超过必要的限度,应由国家分别具体论证其正当理由,而非由人民论证其基本权利应不受限制的正当理由。② 当公务员个人利益与人民利益发生冲突,必须作出取舍时,法律必须明确公务员个人利益应服从人民利益或自觉牺牲个人利益以维护人民利益的正当理由,让公务员知晓承担职务义务也是理所应当的。其次,公务员不仅应该具备相应的专业素质,确保有能力履行工作职责,还应该比其他职业具备更高的职业操守和承担行政伦理义务,接受比其他职业更为严格的监督,不仅要承担客观责任也要承担主观责任。最后,作为相对人的公务员固然对国家负有较重的义务,此种义务的履行与权利的享有,也不具有绝对对价关系,换言之,义务的履行应优先于权利的享有,但加诸公务员的义务不仅应有法的依据,而且必须明确;故传统的义务不确定论应予以修正。③

---

① 张康之:《寻找公共行政的伦理视角》,中国人民大学出版社,2002,第383页。
② 台湾"司法院":《大法官释字第711号》,2013年7月31日,http://law.moj.gov.tw/News/news_detail.aspx?id=95943。
③ 吴庚:《行政法之理论与实用》,台北三民书局,2012,第222页。

(二) 公务员身份和物质保障的权利本位

如果让公务员任何义务都居于权利之上也不现实。首先，我国《公务员法》先行规定公务员义务的做法体现了控制权力理念，公务员在履行公职的过程中，规定其义务，严格约束其行为对于维护公民权益、保持国家良好治理是必要的，但对公务员职务之外的义务也要优先，与实质正义的法治理念不相符。其次，对公务员的基本公民权利也设定义务本位，不仅对公务员基本权利不尊重，而且违背了宪法规定公民权利应有平等之理念。有些权利本身就是目的，譬如说人格权，维护人格权，就是维护人的尊严，就是维护自己的立命之本，而这种权利可以不依附任何利益，为了捍卫自身人格，可以不惜付出任何代价。① 再次，公务员身份保障和物质保障是公务员与政府之间的承诺，各国也制定法律给予保障，这是国家对其工作人员的承诺，也是对进入公务员队伍放弃其他职业的一种补偿。最后，实际上，我国公务员的工资、福利、社会的保障都比其他人群规范，也体现了公务员物质保障权利为先。

在我国，利用政府和他人之间的公私不分变得理所当然，尽管市场经济已经发展30余年，但公务员管理领域俨然是计划经济模式的管理，所有的都是"公"字当头；换言之，他们仍然生活在计划的城堡里面。② 改变公务员管理的现状不是一蹴而就的事，至少在公法的财产请求权上要求优先，以及身份上（任免、考绩、级俸、晋升、褒奖等）得以充分保障。

(三) 公务员身份保障权利本位和与职权相关义务本位的衡平

衡平就是将公务员与其他人群进行比较，赋予谁什么，或从谁那里剥夺什么，才能恢复平衡或符合公平正义。权利与对应义务的关系实际上是权利与权利的关系，因而可以说，权利意味着有关主体得到、取得、收获相应的利益，对应义务意味着有关主体失去、支出、付出、牺牲相应的利益。权利与对应义务的关系实质上为获得、取得一种利益而付出、支出、牺牲另一种利益的关系，也可以说是用属于自己的一种利益换取属于别人

---

① 丁国强：《对"权利本位论"的一种纠偏》，http：//big5.gmw.cn/g2b/theory.gmw.cn/2012-04/09/content_3928760.htm。
② 郑永年：《改革中国的特权制度》，http：//www.zaobao.com/yl/yl130521_001.shtml。

的一种利益的关系，如此等等。① 用公务员职权相关义务本位换取公务员身份保障权利本位也就体现了两者之间的衡平。

纵观从公务员义务本位到保障公务员合法权益的发展过程，究其本质是理念的重大变化，即国家公职人员从"身份"到"契约"的转变。"身份"意味着特权，"契约"意味着平等；"身份"重索取轻付出，"契约"重在互惠与平衡。公务员不再是一种"干部"身份，而是与政府签订契约的雇员，他们在承担法定义务的同时享有法定的权利。事实上，公务员入职考试也是国家与公民间的一种契约——就业契约，赋予普通百姓实现梦想的契约。契约精神内含平等精神与公民精神。在"身份"制度下，一方面，相对于公民来说公务员处于特权地位，另一方面，相对于政府来说公务员又处于弱势地位，从而形成了一种纵向的命令——服从关系；而在"契约"制度下，政府、公务员、公民三方的地位是相对平等的，法律明确界定并保障各方的权利和义务，并设定某种程序和规则实现三方利益的平衡。②

衡平理念追求的是"分配的正义"，是在依法激励与严格问责制度之间寻求一种实质正义，即在体制、机制、制度上，法律给予公务员权利保障和相应的身份、物质上的激励，同时明确规定公务员法定义务、纪律义务及伦理义务并构建科学评价机制和严格问责机制。在此，衡平意味着与某种标准相称的比例，使每个人各得其所。给予公务员高于社会中位水平的福利和待遇，通过法定形式明确其薪酬、福利待遇等物质保障的同时课以严格的义务和责任，对公务员公民权利进行限制或增设义务，同时，对履职上的权利给予必要保障；此二者之间的衡平有助于社会公平理念的实现、社会的稳定发展和行政工作效率的提升。

公务员身份保障权利本位和与职权相关义务本位的衡平需要法治而不是人治。"和谐法治是法治现代化的目标定位"，主张既要善待个人又要善待社会，既要尊重权利又要尊重秩序。法治要保证各个不同群体和个人在追求不同利益时有规可循，不会因利益冲突而破坏正常的社会秩序。《中共中央关于全面推进依法治国若干重大问题的决定》规定行政机关不得法

---

① 童之伟：《对权利与义务关系的不同看法》，《法商研究》1998年第6期，第32页。
② 魏姝：《从义务本位到保障公务员的合法权益——〈中华人民共和国公务员法〉解读之一》，《甘南行政学院学报》2006年第4期，第37页。

外设定权力，没有法律法规依据不得作出减损公民、法人和其他组织合法权益或者增加其义务的决定。同理，没有法律法规依据亦不得作出减损公务员合法权益或者增加其义务的决定。公务员因为身份角色的变换，承担着各种不同的权利和义务。通过法治方式和思维落实公务员应有权利，厘清其应有义务；公开其实有权利或利益，明定其实有义务和责任，尽可能地将公务员的不与其权利相对应的政治、纪律、伦理义务明晰化。

第二章

公务员行使职权的基础

第一节 公务员身份取得与终止

公务员法律身份取得是产生公务员权利与义务的前提条件，是依法管理公务员首先要解决的基本问题。1994年7月30日，我国原人事部宣布了组织中央国家行政机关公务员录用的首届招考制度；我国《公务员法》第21条规定："录用担任主任科员以下及其他相当职务层次的非领导职务公务员，采取公开考试、严格考察、平等竞争、择优录取的办法。"从此，"凡进必考"公务员录用制度正式在我国以立法形式被明确下来。经过20多年的实践与发展，"凡进必考"公务员录用制度得到强化，每年国家公务员考试都会吸引大批考生报考，被称为"国考"，标志着我国已经建立了具有中国特色的主任科员以下公务员考试录用制度。

一 公务员身份取得的前提要件

《公务员法》第11条规定公务员应具备下列条件：①具有我国国籍；②年满十八周岁；③拥护中华人民共和国宪法；④具有良好的品行；⑤具有正常履行职责的身体条件；⑥具有符合职位要求的文化程度和工作能力；⑦法律规定的其他条件。从理论上讲，公务员身份取得应满足肯定性和否定性两种要件。

(一) 肯定性要件

1. 报考者必须具有我国国籍和政治权利

报考者必须具有中华人民共和国国籍，具有公民权、享有完整的政治权利。政治权利是指报考公民须依法享有的选举权、被选举权，参加国家管理，担任公职和享受荣誉称号的权利。没有政治权利的公民不能报考公务员。因此，因违法犯罪而被剥夺公民政治权利的、因患精神病等疾病而无法行使政治权利的公民，不得报考公务员；无我国国籍的公民，例如外国人、已加入外国国籍的华人、无国籍人，均不能报考我国公务员。

2. 拥护中国共产党的领导，热爱社会主义

中国共产党是我国的执政党，坚持和加强共产党领导是我国各项事业取得成功的根本保证；社会主义制度是我国的根本制度。我国政治制度要求公务员必须在政治上与党保持一致，必须拥护社会主义。报考者须具备该政治立场。共产党领导和社会主义制度都在我国宪法中作了明确规定，因此拥护中国共产党的领导和社会主义制度是我国公民报考公务员最基本的政治要求。

3. 遵纪守法，品行端正，具有为人民服务的精神

公务员掌握着人民赋予的权力，应依法执行公务。他们的言行不仅关系到政府形象，也关系到人民的切身利益和基本权利，因此，报考者必须具有良好的法纪观念和品德修养。

4. 报考者须具备相应的文化程度

报考省级以上政府工作部门应具有大专以上文化程度，报考市（地）级以下政府工作部门的文化程度由省级录用主管机关规定。此项规定是要求报考者具有一定的教育程度，主要基于以下两方面的考虑：一是根据我国教育事业发展现状，报考中央和省级政府的要具有大专以上学历；二是考虑到我国地域间的文化差异，授权省级政府人事部门根据实际情况和工作需要，确保市（地）级以下政府部门录用公务员所需文化程度。

5. 报考者须具备相应的工作经历

报考省级以上政府工作部门须具有两年以上基层工作经历，但国家有特殊规定的除外。考虑到中央和省级政府工作部门担负着宏观管理和决策

职能，要求其工作人员具有基层工作经验，以便正确履行职责。此处所指基层，一般是指各种类型企业、事业单位和县级以下政府工作部门。

6. 身体健康，年龄为三十五岁以下

此项要求报考者具有合适的身体和年龄条件。其中，年龄限制经省级以上公务员主管部门批准，可适当调整。报考人的健康状况，需要由指定体检医院出具体检证明。报考者的实际年龄以公历日期计算。

7. 具有录用主管机关批准的其他条件

此项规定是指在上述所列6项基本条件外，主管机关根据拟任职位的要求，规定一些特殊资格条件，如某公安部门要求其录用对象的身高要达到一定高度等。这些特殊资格条件，必须经录用主管机关批准才能有效。

（二）否定性条件

我国《公务员法》除规定了报考公务员应具备肯定性条件外，《公务员法》第24条还规定了否定性条件。凡符合这些否定性条件的人不得报考公务员。主要包括：

（1）曾因犯罪受过刑事处罚的；

（2）曾被开除公职的；

（3）有法律规定不得录用为公务员的其他情形的。

我国《公务员法》对报考公务员条件只作了原则性的规定。规定内容主要侧重于报考者的基本政治素质，这与公务员作为国家权力执行者的具体身份和工作特征相联系；在其他方面，有关机关在遵守基本规定的条件下，必要时也采取较灵活的方式，以便选出更加适合所需填补职位要求的合格的公务员，但不得随意设置、提高报考的"门槛"，损害报考人员应有的权利。

二 考任制公务员的资格条件①

（一）公务员考试资格条件限制的主要内容

综合各国公务员法，对公务员招考范围的限制一般从以下几个方面进

---

① 本部分内容曾发表于《宜宾学院学报》2004年第6期，第61~64页，作者有修改。

行规定。[1]

1. 国籍限制

所有国家都规定报考本国公务员者必须具有本国国籍。这是因为公民的国籍是公民参与国家政治生活、行使政治权利的基本条件，一国的政治生活只允许具有本国国籍的公民参与，而那些无国籍或具有其他国籍的人是不允许进入本国国家政权的。我国《公务员法》也规定报考我国公务员的人必须具有中国国籍，但我国港、澳、台地区的公民能否参加中央国家机关公务员考试，《公务员法》却没有明确规定。

2. 户籍限制

包括住址和籍贯限制在内。一般而言，中央政府招考公务员在情理上不应对报考人的户籍、住址或籍贯加以限制，法律上也很少有这方面的规定。但事实上，有的大城市还规定必须具有城市户口或是常住人口才准报考。

3. 年龄限制

报考公务员一般都有年龄的限制，通常在18岁至45岁之间。在年龄限制问题上，有的学者从机会均等的原则出发，不主张对报考年龄严格限制，加之较高级公务员职位对社会开放，客观上要求录用有较多社会阅历和工作经验的中年人甚至老年人在这些职位上供职。但也有的学者主张录取公务员原则上应限于朝气蓬勃的年轻人，让他们从基层工作逐步积累和丰富行政经验，除了专业技术性很强的特殊高级人才无法从内部晋升外，对中年人的招募越少越好，因为中年人可塑性较年轻人差。

4. 性别限制

男女平等是一项被绝大多数国家所公认的基本法律原则。总的来说，公民报考公务员不应受到限制，特别是对女性歧视性的限制。但少数情况下有些职位只宜由男性或女性担任（如女子监狱的管理人员），经特别程序，这时可对报考者的性别进行限制。

5. 体格限制

为了保证公务员具备执行职务所需的身体机能、体力和精力，有必要

---

[1] 冯军：《国家公务员考选制度研究》，载罗豪才主编《行政法论丛》第二卷，法律出版社，1999，第182~185页。

对报考者身体状况提出要求。在身体限制的立法或规定方法上，有的国家只作笼统的正面规定，即要求报考者身体健康，如我国公务员报考须知中就只规定考生须身体健康。有的国家或地区则是具体列出不能报考公务员的疾病，如法国《公务员总法》第16条第4款规定，如果他不是被确认没有得肺病、癌症或神经病，或者已彻底痊愈，不得被任命公职。体格限制有利于报考者自我掌握和对考试及用人机关的体格审查进行监督。

6. 学历（教育程度）限制

学历反映受教育程度，一般来说能够代表报考人的知识水平和文化素养。为保证公务员职位高低、等级差异，对报考人提出不同的学历要求，各国通常要求报考高级公务员要有大学以上学历，报考中级公务员要有大专以上学历，报考低级公务员要有中学或小学以上学历。

7. 工作经历限制

工作经历在一般情况下是报考人有某种实际工作能力和经验的标志。为了使报考者被录用后能迅速适应机关工作，许多国家规定报考者应有一定的工作经历，有的甚至规定报考者应具有在特定部门从事特定工作的经历，如报考法官、检察官须通过司法考试才可。

8. 政治思想限制

这是对报考者的一种政治方向和职业道德的要求。它要求报考者在未来工作中遇到个人利益与组织利益相冲突时，不得做有损组织利益的事。在公务员录用实践中，我国对报考者的政治思想要求尤为重要，考试合格者须进行政治审查，政治审查合格者，才能录用。

9. 个人品行限制

公务员个人品行的好坏直接影响政府的形象和信誉。因此，各国公务员法中无一例外地要求公务员报考者必须具备担任国家公职所应当具备的起码的品行要求。

10. 其他方面的限制

这是根据本国或本地区的不同情况及不同职位需要对报考者提出的特别要求。如我国香港地区《政府规则》规定，公务员能通晓两种语言及能讲三种语言：英语、广东话、普通话，因此应征者亦需在讲写中英文方面有合适的语言能力。

(二) 设置考试资格条件的价值取向——公平与效率

世界各国公务员制度都对本国公民报考国家公务员资格条件作出一定的限制。规定报考资格条件，通过对基本资格条件的审查，把不符合担任公务员基本条件的加以排除，可以减少录用考试的工作量，节省国家行政开支，以最小的成本获得社会上最优秀的人才，这就是考试机关所追求的效率。让最优秀的人才被遴选进公务员队伍是公务员考试制度的主要目标。让社会上没有被剥夺政治权利的最优秀的公民能有机会参与国家行政管理，这种公平是公务员考试制度应有之意。如果对考试资格条件限制过严，就可能出现不能充分实现公务员考试制度的目标或者剥夺公民在宪法上（参与国家管理）的权利，构成违宪责任的问题。

因此，公务员考试资格条件的制定和实施的过程也是机会均等、公平竞争和效率的价值权衡过程，这种权衡过程实质上是在公平与效率之间寻找平衡点的过程，使它们由妨碍实现社会公平、社会和谐等价值目标的潜在或现实力量转化为推动社会进步的积极力量。有人将公正与效率的关系比喻为"蛋糕分割"现象，效率是"蛋糕的大小"，即在多大程度上，让多少人报考一个职位；公正则意味着"如何分割这块蛋糕"，即让最优秀、最具竞争力的人获得这个职位。考试条件的设置既要追求效率的目标——使蛋糕做得又大又好，又要追求公正的目标——使蛋糕被合理地分配。效率所追求的是以最经济的方式来实现公正的目标。公正的获取是在具有效率的前提下实现的，如果没有效率这块"蛋糕"也就无法对"蛋糕"进行分割，公正也就无法实现。公平价值的选择体现在公务员考选中应是以社会各阶层均享有竞争公务员职位的机会均等，衡量尺度公正。

公平对考试条件的具体要求是：①各级职位信息、考试条件均向社会公开；②尽可能放宽对报考条件的限制，在公务员职位的最低任职要求所允许的最大限度内，让尽可能多的人有资格参加公务员考试；③条件反映的仅是需要考选公务员职位的最低的、不可或缺的基本要求；④考试条件应法定、客观和具体。在行政管理过程中涉及效率与公平选择的环节，须强调"效率优先、兼顾公平"原则。把公务员职位考试当作社会稀缺资源，就需要效率或最优状态，达到帕累托最优，即任何偏离该状态的方案都不可能使一部人受益而其他人利益不受损。在公务员条件选择上，不能一味强调效率优先，而使一部分有权利考试的人失去平等竞争的机会。在公民政治权利行使领域，讲求公平比讲求效率更有价值，即使用"公平优先、兼顾效率"的原则。因为考试分数的差距只是竞争的结果，而出发点必须是公平的，这才更具价值。在一定意义上，公平是效率的基础和条件，没有它，效率就会因公平的缺失而降低或停滞。

中国政法大学宪政研究所调查的2011年中央国家机关公务员招考所涉及的9762个岗位中，由于存在制度性的健康歧视和年龄歧视的规定，两种类型的就业歧视比例均为100%；其次是政治面貌歧视，占总职位数的19.1%；性别歧视也比较严重，占总职位数的15.6%；再次是社会身份歧视，占11.5%；最后是身体特征歧视，占0.4%。[①] 我国《公务员法》规定的报考资格条件是保证能最大限度地招收优秀人才进入公务员队伍的基本前提，也是保证广大考生能获得报考机会的最低保障，其法律性质应属刚性的条款，任何地方政府不得随意变更。《公务员法》第22条规定，中央机关及其直属机关公务员由中央公务员主管部门负责组织录用；地方各级机关公务员由省级公务员主管部门负责组织录用。《公务员法》第23条规定，报考公务员，除应当具备本法第11条规定的条件外，还应当具备省级以上公务员主管部门规定的拟任职位所要求的资格条件。这一条的立法本意是考虑到各省市具体情况不同，授权省级政府人事部门根据不同的地区情况作出适合本地区的拟任职位所要求的资格条件。省级政府在不违背《公务员法》的前提下，对某些资格条件进行调整，从而反映本地区考录工作实际状况的关系。这本是良好的愿望。但有些省级政府人事部门置刚性规则于不顾任意设置考试条件，不知是出于减轻考录工作量，提高录用工作效率的目的，还是出于某些特殊的缘由，在公务员录用考试资格条件设置上增加或多或少的限制条件，仟意剥夺了宪法规定的有资格参加国家管理的公民参加公务员录用考试的权利，致使公务员考试制度公平竞争的价值得不到体现。

这些限制条件不仅有考生本人自身原因所致，还有因考生对其家属过错承担连带责任造成的。这对有意报考公务员的公民而言公平吗？让人不

[①] 中国政法大学宪政研究所：《2011年国家公务员招考中的就业歧视调查报告》，http://edu.qq.com/a/20111125/000311.htm。

免产生借讲求效率之名，行不公平之事的怀疑。因此，要实现公平优先取向，依据《行政许可法》第 15 条第 2 款之规定，地方性法规和省、自治区、直辖市人民政府规章，不得设定应当由国家统一确定的公民、法人或者其他组织的资格、资质的行政许可。在录用考试资格条件方面应由国家立法作出统一规定，各地方政府必须依照执行，不得随意增加或删改，以保证在公务员考试录用资格面前，使最大多数人在同一起跑线上竞争。

（三）对公务员考试资格条件的限制应体现公平

美国学者罗尔斯《正义论》中的"正义二原则"就指出，社会的和经济的不平等必须满足两个条件，其中之一是所有的职位以公平的机会向所有的人开放。现代公务员制度的基本精神是公共职位对所有人平等地开放，而不能变成变相的世袭制。公平作为公务员制度中所要追求的重要目标，应该得到重视。以公平的价值作为衡量标准，我国现实中的一些做法需要调整。

1. 需要用宽容精神对待考试中的条件限制

公务员的选择机制是公平竞争、择优录取。宪法规定任何公民只要不被剥夺政治权利，就有选举权和被选举权。任何具有政治权利的公民都应有资格参加公务员考试。我国《公务员法》第 24 条规定凡具有下列否定性条件的人不得录用为公务员：（1）曾因犯罪受过刑事处罚的；（2）曾被开除公职的；（3）有法律规定不得录用为公务员的其他情形的。此规定内容主要侧重于报考者的以往经历，与公务员身份和工作特征有联系。这虽然是符合我国公务员制度的德才兼备录用标准，但这种严格限制明显存在不公平之处。

首先，此规定的条件与宪法规定的公民广泛的政治权利发生冲突，导致有以上情形的享有政治权利的人却被剥夺了政治权利。

其次，在观念上反映出一个人只要犯以上任一错误就一辈子要为此承担后果，绝无改过自新的机会，这根本没有体现社会对此类人的宽容。

再次，在曾受行政开除的公民中，并非个个都是十恶不赦、道德败坏的，有的过失是具有可原宥性，对于他们因为过失而受较轻的处分或处罚就痛失报考公务员资格是不公平的，因此对所有曾受行政开除处分的人不能一刀切。对那些犯贪污、盗窃、行贿受贿、泄露国家机密、危害国家安全等行为的人应进行严格限制；而对那些因过失、有立功表现却曾受行政开除处分的公民应给予报考资格。这也是对改过自新的人的一种鼓励。

最后，我国公务员遴选标准是德才并重，然而对德的考察具有很大的主观性、随意性，很难看出公务员以往的行为与今后的行为有什么必然的联系。任何政治体制都需要由人来操作，操作者个人的素质、能力和品行当然与政治产品质量的高低有关系，但无论多好的选举制度和录用制度都无法保证选出的人一定是最好、最合适的德才兼备之人。因此，预防公务员违法乱纪行为，应从规范公务员权利义务和严格监督问责体制及政治思想教育方面入手，而不是靠公务员入口关的严格限制。

2. 科学设置学历限制，优化人才资源配置

根据我国教育事业的现状，报考中央和省级政府公务员一般要求大学专科以上学历。对于报考人员学历（证书）的资格认定，组织部、人力资源和社会保障部曾有以下规定：①在由国家教委承认的院校接受高等教育、成人教育以及参加国家统一组织的自学考试并合格的，报考时予以承认；②在由军委批准的院校接受高等教育、成人教育并合格的，予以承认；③在中央党校接受教育并合格的硕士研究生，报考时予以承认。公务员招录最关键的是个人能力与岗位的适配性。学历只是受教育程度的一个方面，并不能表现其真正的业务水平和能力，但有的地方政府为保证普通高等院校毕业生的就业限制成人教育类的考生报考，这就损害了成人教育类的考生利益。社会上普遍存在唯学历论，受此影响对省级以下的公务员本只需专科学历的甚至中专、高中学历的，有的地方政府将报考学历标准随意提高，且地方政府有一个冠冕堂皇的理由——人才储备。许多职位要求报考者的学历须本科以上，而专科及专科以下的职位却非常少，这对那些只有专科和专科以下学历的报考者而言不公平，致使有的职位本不需要高学历的人担任的，却被高学历的人取得，让高学历的人从事中等学历的人就能办的事务，又事实上造成了对低学历者的挤出，这算不算浪费？

我国台湾地区规定只要公民具备了独立学院以上的学历，即可报考高等考试；具备了高中职以上的学历，即可报考普通考试；而初等考试，则不限学历资格，凡年满十八岁者，均可报考。因此建议对学历的认定和职位所需的学历由国家人事部门作出统一的规定，以利于各省市政府有据可

依。我国公务员考试的种类过于简单，只有笔试和面试两种。只有笔试成绩居前者才有资格进行面试，而笔试的内容多是客观性、应试性的内容，从而出现不少学历高（如博士、硕士）的考生考不过本科生、专科生的现象，这反映出我国公务员考试制度的片面性和形式化。

3. 取消户籍的限制，实现不同出身和身份者的机会平等

随着我国社会主义市场经济的深入发展，为计划经济体制服务的户籍制度早已丧失了其存在的现实基础。无论如何以户籍的不同而把广大报考者拒之门外是无法成为正当理由的，它直接侵害了宪法规定的公民劳动权。因此，取消户籍制度的限制，代之以居住证为报考资格条件更为适宜。

4. 科学对待社会工作经历的要求，设置限制需要谨慎

报考资格条件之一就是报考省级以上政府工作部门的须有两年以上基层工作经历。此种做法产生了两种不利后果：首先，提出此种资格限制将把人数众多的大学应届毕业生排除在国家公务员录用考试的大门之外，从而大大限制和减少了公务员录用考试的考生来源，影响公务员录用考试的质量；其次，有过工作经历的人固然积累了一定的工作经验和社会经验，但思想一般比较复杂，而大学生社会阅历虽浅，但思想单纯、可塑性强，如培养得当，发展潜力很大。因此公务员录用考试应以青年学生为主要对象，这也是西方多数国家的经验。在考试报名资格设置上应注意两点：第一，不一般性地设置基层工作经历或其他工作经历的限制；第二，对于某些专业性强又急需用人的公务员职位的招考，可以设置工作经历的资格限制，但此种工作经历须与所招考的职务在工作性质和内容方面密切相关。

5. 除非特别的需要，一般不能对体格进行限制

对于残障人报考公务员的问题，有的国家采取严格限制、不让报考的政策；有的国家则为表示对残障人的关心，不使他们产生被社会抛弃的感觉，规定残障人可以有条件地甚至以立法保障其进入国家公务员队伍。如香港地区《政府规则》第145条有对雇用伤残人士的规定："政府的政策是尽可能安排伤残人士担任合适的职位。"在台湾地区，还给残障人员提供专门职位，并设定身心障碍人员考试专门选用残障人员。在我国对残障人能否报考公务员没有明确规定，依《国家公务员录用暂行规定》的立法精神应给予报考资格并且提供适当的照顾，这不仅体现了我国政府对8000

多万残障人的关心，更体现了公平原则。① 对于身高的限制问题，一般而言，不应有限制；因为身高是天生的，限制它对于考生显失公平，但公务员代表国家形象，为了提升公务员形象，可以在某些对外执法部门要求其录用对象的身高要达到一定高度。而制定这些特殊限制条件，须有法律或法规明确规定才能有效，否则就是无效。

综上，我们宜遵循法治统一原则，通过专门立法，以代表公正的法律形式来明确公务员考试资格条件，以防范地方政府的行政恣意。对公务员考试资格条件的合理限制是对公平价值在现实条件下的维护，不合理限制则是对公平价值的破坏。

三 公务员身份取得

公务员身份取得即公民获得公务员的身份。对公务员身份及权利义务有特殊要求的适用《公务员法》的特别规定，否则，适用宪法及其他法律中的一般规定。公民和公务员身份是基础与衍生的关系，公民身份是公务员身份的基础，公务员身份是公民依法担任公职权的衍生结果。②

（一）取得方式

现阶段，公民取得公务员身份的方式有考任制、选任制、委任制和聘任制。

考任制指录用机关通过公开考试和考核的方法，择优录用而产生的公务员。我国自1994年《国家公务员暂行条例》颁行以来，针对非领导序列主任科员以下公务员通过公开考试和考核的方法，择优录用已成为我国公务员录用的主要方式。公务员考试包括综合类和执法类两类考试。台湾地区公务人员考试包括一般公务人员和特种公务人员的考试，特种公务员主要指外事、司法（法官、检察官）、警察、情治人员，一般公务人员是指公务人员与专业人员。

选任制指通过选举的方式而产生的公务员。许多国家的政府首脑和内

---

① 邢世伟：《我国残疾人数量升至8296万人 75%在农村》，http://www.bjnews.com.cn/news/2010/08/26/63689.html。
② 王国文：《公务员义务本位辨析》，《广东行政学院学报》2012年第3期，第65页。

阁成员一般是选任制公务员。我国公务员中的各级人民政府的组成人员，也是由各级人民代表大会及其常委会选举产生或决定任命的，因而也是选任制公务员。

委任制指由任免机关在其任免权限范围内，直接确定并委派某人担任一定职务而产生的公务员。

聘任制指机关根据工作需要，经省级以上公务员主管部门批准，对不涉及国家秘密的专业性较强的职位和辅助性职位，按照平等自愿、协商一致的原则以合同聘用方式而产生的公务员。2006年实施的《公务员法》明确规定，机关根据工作需要，经省级以上公务员主管部门批准，可以对专业性较强的职位和辅助性职位实行聘任制。聘任制公务员作为公务员选任方式的一种创新，其特点是合同管理、平等协商、任期明确。机关聘任公务员可以参照公务员考试录用的程序进行公开招聘，也可以从符合条件的人员中直接选聘。聘任制公务员应当在规定的编制限额和工资经费限额内进行。

（二）取得的要件

1. 实质要件

公务员取得实质要件是公民经考试或其他形式考核期满合格，纳入公务员编制，并经任命始得成为公务员。德国《公务员权利基准法》第5条规定，① 任命的效果为：①成立公务员关系；②变更为其他种类之公务员关系；③首次授予职位；④授予其他职务内容或职位官衔之职务；⑤当薪俸组别有异动，授予其他不同职位官衔之职务。任命因授予任命证书而生效，在证书中应记载：①就公务员关系之成立，应记载"任命为公务员"，并应记载特定的公务员种类"终身职""试用职""定期职""荣誉职"或"暂时职"，并应附记任命之期间；②转换为他种公务员关系，应记载如同第一款所定之该种公务员关系之特定字样；③授予职务，应记载职位官衔。若任命证书不符合第二项所定之形式，该任命并不成立；若欠缺第二项第一款所定之特定记载，其法律效果可以与前句规定不同。任命不得溯及既往，否则无效。

---

① 台湾地区"行政院人事行政局"编译《德国公务员人事法令汇编》，台北："人事行政局"，2009，第243~244页。

2. 形式要件

要成为公务员还要经过宣誓过程，公务员只有通过宣誓才能真正成为公务员。我国于 2003 年建立了新录用公务员宣誓制度，这对完善中国特色的公务员制度，造就一支具有公仆意识、廉洁、勤政、高素质、专业化的公务员队伍具有重要意义。[①] 党的十八大四中全会决定提出建立宪法宣誓制度，"凡经人大及其常委会选举或者决定任命的国家工作人员正式就职时公开向宪法宣誓"。此做法有利于彰显宪法权威，增强公职人员宪法观念，激励公职人员忠于和维护宪法。宣誓制度意在强化公务员手中权力属于人民的意识，增强公务员的荣誉感、责任感和使命感。

公务员宣誓仪式应当公开进行，必须悬挂国旗，宣誓场地应当庄严、朴素、整洁。宣誓时，应当设立监誓人和领誓人，用普通话宣誓；宣誓人应当庄重严肃，着正装；宣誓人应当面向国旗站立，右手握拳上举至耳部，掌心向前，在领誓人的带领下宣读誓词；监誓人应面向宣誓人站立，监督宣誓。宣誓仪式一般由公务员主管部门统一组织，并指定领誓人和监誓人。自行组织初任培训的机关（单位），应当按照统一要求，组织好宣誓。2015 年全国人民代表大会常务委员会通过的《宪法宣誓制度的决定》规定："我宣誓：忠于中华人民共和国宪法，维护宪法权威，履行法定职责，忠于祖国、忠于人民，恪尽职守、廉洁奉公，接受人民监督，为建设富强、民主、文明、和谐的社会主义国家努力奋斗！"公务员在就职前必须当众宣誓，在众人注目之下就职宣誓，意味着国家公职人员要受宪法、法律、纪律及职业道德的约束，接受人民监督；如违反誓言，不仅承担法律责任、行政责任、伦理责任，还要承担向公众道歉等政治责任。

（三）身份取得后果

公民一旦取得公务员身份就产生了两种不同类型的社会关系。第一类是公务员代表国家机关与相对方发生的外部法律关系。在外部法律关系中，公务员代表国家机关，以所在国家机关的名义行使国家权力，其行为结果属于相应的国家机关。第二类是公务员与国家机关发生的内

[①] 邹声文：《新录用公务员上岗宣誓制度已在中国初步建立》，http://news.xinhuanet.com/newscenter/2003-08/29/content_1053982.htm。

部法律关系。公民成为公务员后受《公务员法》调整，享受公务员法所确定的权利并履行公务员法所规定的义务，与国家机关形成一种新的法律关系，受机关内部法律关系调整，并受机关各项法律规章制度的约束。

获得公务员身份与履行公务的含义并不相同，履行公务说明的是公务员的职责问题，是国家赋予公务员权利的目的。[①] 公务员身份制度的合理性是建立在实在法确认的利益衡平基础之上，从法律制度上确认公务员身份利益，使身份正义原则法律化、制度化、具体化为权利义务。

四　公务员身份终止

公务员与国家法律关系原则上始于公务员被任命，终止于退出国家职务。在实务上，除公务员退休外，凡公务员辞职、免职、撤职、资遣及死亡，皆为公务员职务关系消灭的法定原因。[②] 德国规定为保障公务员法律关系，不受恣意变动，公务员法律关系的终止，只限于受撤职处分，或因刑事犯罪而受褫夺公权，致丧失公务员权利，或受公务员惩戒，而免除公务员法律关系者，或因退休而终止公务员关系四种，以保障公务员服务公职之权利。[③]

法律尊重和保障公务员由于主观或客观原因不愿继续从事公务员职业而辞职的权利。根据我国《党政领导干部辞职暂行规定》，公务员辞职主要分为四种：因公辞职、自愿辞职、引咎辞职和责令辞职。因公辞职是指因为要担任的新职务和原职务之间有法律冲突，所以需要辞职。比如原担任人大选举产生的职务，任期还没有结束，但是需要变动职务，就属因公辞职。自愿辞职是指公务员因个人或者其他原因，自愿提出辞去现任领导职务或者公职。我国《公务员法》第82条规定："担任领导职务的公务员，因工作变动依照法律规定需要辞去现任职务的，应当履行辞职手续。

[①] 欧阳君君、马岩：《认真对待公务员的权利——从公务员权利的内涵开始》，《扬州大学税务学院学报》2008年第2期，第70页。

[②] 翁岳生主编《行政法》（上册），中国法制出版社，2009，第388页。

[③] 转引自林明锵《德国公务员制度之最新变革：兼论台湾文官制度的危机》，《台大法学论丛》2010年第4期，第61页。

担任领导职务的公务员，因个人或者其他原因，可以自愿提出辞去领导职务。领导成员因工作严重失误、失职造成重大损失或者恶劣社会影响的，或者对重大事故负有领导责任的，应当引咎辞去领导职务。领导成员应当引咎辞职或者因其他原因不再适合担任现任领导职务，本人不提出辞职的，应当责令其辞去领导职务。"引咎辞职制度实际上是责任人承担政治和社会责任的一种举动，它能够有效地填补承担法律责任与不负责任之间的空白，有利于建立严格的公务员责任追究制度。

由于公务员的工作性质和职业特点的特殊性，国家对公务员辞职规定了法律程序和限制性条款，即公务员辞退必须向任免机关提出书面申请，任免机关在3个月内作出审批，审批期间，公务员不得辞职；未满最低服务年限的公务员不得辞职。

（一）撤职、免职与解职、停职

1. 撤职与免职

撤职是指撤销公务员所担任职务的纪律制裁方式。公务员受撤职处分的，应当降低级别。撤职和免职是有原则性区别的，撤职是对违反纪律公务员的一种纪律处分；依据我国法规，对公务员的处分只包括警告、记过、记大过、降级、撤职、开除，并没有"免职"，因此严格说，"免职"只属于干部任用的组织措施范畴，并不是一种处分类别。《党政领导干部选拔任用工作条例》第57条规定，"党政领导干部有下列情形之一的，一般应当免去现职：①达到任职年龄界限或者退休年龄界限的。②受到责任追究应当免职的。③辞职或者调出的。④非组织选派，离职学习期限超过一年的。⑤因工作需要或者其他原因，应当免去现职的。"而撤职本身是一种处罚，法律责任较引咎辞职、责令辞职和降职都重。根据《行政机关公务员处分条例》规定，受撤职处分的公务员处分期限为24个月。引咎辞职、责令辞职或降职的公务员，要复出需要"一年以上"的期限，被撤职的公务员若要复出，理当更为严苛。因此，撤职与免职只是免去公务员职务，而不是免公务员身份。

2. 解职与停职

解职有解除职务和公务员身份两层含义。我国《公务员法》没有使用解职这一术语而是使用与解职含义相近的"开除"概念，即解除被处分人与机关人事关系的纪律制裁方式，也是最为严厉的制裁方式。被开除后，被处分人不再具有公务员的身份。

我国《公务员法》没有明确规定停职，但在党纪中规定了停职检查，即由党的组织或纪检机关对犯有严重错误，已不适宜担任现任职务或对抗、阻挠、干扰、破坏对其问题的查处，妨碍案件检查工作开展的公务员，按照一定的程序，暂停履行职务，配合有关部门接受调查的一种组织措施。停职是停止公务人员执行职务并非惩戒处分，而是一种措施。① 停职可分为当然停职与先行停职两种。根据台湾地区"公务员惩戒法"第2条、第3条规定，当然停职的情形有：①依刑事诉讼程序被通缉或羁押者；②依刑事确定判决，受褫夺公权的宣告者；③依刑事确定判决，受徒刑的宣告，正在执行中者。先行停职的情形有：①公务员惩戒委员会对受移送的惩戒案件，认为情节重大，有先行停止职务的必要者，得通知该案主管长官，先行停止被惩戒人的职务；②主管长官对所属公务员，主动送请检察院审查或公务员惩戒委员会审议而认为情节重大者，亦得依职权先行停止其职务。纠举权是检察院监察委员对认为有违法或失职行为的公务人员，得予以书面停止该公务员职权行使或其他急速处分的裁决权；其本质为公务人员在被交付惩戒或在刑事诉讼程序进行中所采行的一种先行处置，避免该公务人员利用本身职权妨碍惩戒或刑事诉讼调查与进行，纠举并非是惩戒处分，较类似法律保全行为。

3. 停职的处理

台湾地区"公务人员保障法"第10条规定，公务人员非依法律，不得予以停职。经依法停职的公务人员，于停职事由消灭后三个月内，得申请复职；服务机关或其上级机关，除法律另有规定者外，应许其复职，并自受理之日起三十日内通知其复职。依前项规定复职的公务人员，服务机关或其上级机关应恢复原职务或与原职务职等相当或与其原叙职等俸级相当的其他职务；如仍无法恢复职务时，应依"公务人员任用法"及"公务人员俸给法"有关调任之规定办理。台湾地区"公务人员保障法"第11条规定，受停职处分的公务人员，经依法提起救济而撤销原行政处分者，除得依法另为处理者外，其服务机关或其上级机关应予复职，并准用前条

---

① 王廷懋：《公务员弹劾惩戒惩处论丛》，台北："中国人权协会"，2004，第192页。

第二项的规定。前项公务人员于复职报到前，仍视为停职。关于停职的待遇，台湾地区"铨叙部"（掌理全台湾地区公务员铨叙及各机关人事机构的管理事项）认为：停职期间，当事人仍然保有公务员身份，受到"公务法"保护；在刑事判决或公务员惩戒处分确定之前，应基于无罪推定原则给予待遇。

德国《联邦公务员法》第60条明载，公务员最上级职务机关或其某特定上级机关，居于急迫、职务上的理由，得禁止公务员执行其职务；但是，于发布该禁止命令前，应先听取该公务员意见。如果命公务员停止职务之执行，其期间逾三个月，而未进行正式的惩戒程序或撤销对该公务员之任命或依法院进行的程序，终止其公务员关系者，该禁止执行职务的命令失其效力。[1] 公务员如被禁止执行其职务，则其职务上所领取的公物，居于请求，应返还之；此外，亦得禁止其穿戴制服、禁止使用职务设施及办公处所；如果该公务员住于职务官舍时，得命其迁出。[2]

（二）我国公务员身份终止存在的问题

1. 辞退机制的弱化

我国《公务员法》第83条规定的辞退情形有：①在年度考核中，连续两年被确定为不称职的；②不胜任现职工作，又不接受其他安排的；③因所在机关调整、撤销、合并或者缩减编制员额需要调整工作，本人拒绝合理安排的；④不履行公务员义务，不遵守公务员纪律，经教育仍无转变，不适合继续在机关工作，又不宜给予开除处分的；⑤旷工或者因公外出、请假期满无正当理由逾期不归连续超过十五天，或者一年内累计超过三十天的。但在实际操作中，很少有公务员基于上述情形被辞退。因为公务员年度考核没有硬性合格不合格的标准及不合格指标，考核结果往往为称职；不胜任工作可以无限次调整工作，即使机构被撤销，还要保证公务员分流，即使是不履行义务、不遵守纪律也是教育为先，旷工和请假逾期不归也可以有"正当理由"。由于公务员的工资、福利

---

[1] 林明锵：《公务员法研究》，台北：作者自刊，2003，第481页。
[2] 林明锵：《公务员法研究》，台北：作者自刊，2003，第482页。

由公共财政支出，除非公务员受到刑罚而被开除外，机关一般不会因以上法定情形辞退公务员，因此，我国《公务员法》规定的辞职、辞退、开除、退休等公务员退出机制，除自愿辞职和退休之外，其他退出方式几乎形同虚设。

2. 转任到国有企业、事业单位的公务员，身份终止无法律规定

近年来，我国国企高管人员转任、交流到高级公务员队伍已经形成常态。这种交流有利于在公务员队伍中引进先进经营理念和经营管理水平高的人才。目前，我国中央企业如大型国有商业银行，其董事长、行长、监事长也常被视为副部级官员，或享受副部级待遇。由中共中央组织部（以下简称中组部）选拔和任用，便成了转任政府公务员的通道。同时，在民间，也给人留下了这样的印象，国企高管也被当成安排中央及省市年龄偏大、提拔无望公务员的肥缺，成了攒养老钱、享清福的职位。国企高管人员不是行政编制，一旦调入机关就成为正式公务员，享受公务员各种待遇；同时，一些政府公务员在升迁无望或者临近退休时，被调至国企担任高管，合法地领取丰厚的报酬。国企既充当"经济官员孵化器"，又充当"官员的退休场"。这种国企高管与公务员的角色经常互串的不利后果有：其一，导致国企高管的价值取向往往朝向"官场"而非市场；其二，国企高管的晋升机制相对简单，与个人能力和领导个人关系密切相关，其晋升机会和空间大，导致在职公务员心理不平衡；其三，到国企、事业单位任职者其公务员身份没有终止，为其留有后路，这会导致公务员队伍纯洁性受损。

（三）公务员退出机制的完善

公务员退出机制落实不畅，在很大程度上催生了我国数量众多的"幽灵公务员"。

1. 鼓励公务员退出并明确终止身份制度

现阶段，公务员队伍集聚了大批优秀人才，多数公务员晋升到一定职务就达职位的天花板，在一些地方机关中人浮于事、机构臃肿等现象比较严重。为解决此问题不少地方政府出台政策鼓励公务员"下海"，这显然与政府公共服务角色定位不相符。因为政府应当是公共服务者，而不是市场参与者。而这种"腾笼换鸟"的措施，只治标不治本，无法从根本上解

决公务员出口不畅的严峻现实。不能仅靠优惠政策鼓励公务员"下海",这只会降低公务员职业的吸引力。

在正常退出机制无法发挥作用之前,以任何优惠政策鼓励公务员"下海",都容易被解读为公务员的福利和特权。公务员弃政从商可以在一定程度上缓解企业对人才的渴求,既有利于更好地发挥自身特长,也有利于企业调整、丰富自己的人才结构;而且部分在政府部门获得较高职位的公务员"跳槽"到企业工作,还能够对当前依然根深蒂固的官本位意识起到不断触动的作用。应把官员"跳槽"视为正常的人才流动,唯有如此双向流动,才能促进政府和企业的人才优化配置。[①] 鼓励公务员"下海",关键是在制度上完善相应的审查和监管,及时终止其公务员身份制度。当官、发财分两边,加强对公务员退出的监管和清查,防止公务员既保留公职又获得市场好处的两头都获利的现象出现。

2. 严格规范即将退休公务员到非政府组织任职行为

即将退休的公务员转任到社会组织是地方政府的普遍做法,是安置即将退休公务员的重要途径。据调查,即使在国内"去行政化"最好的广东省,当地政府部门也只是形式上离开慈善组织,但大多又通过退休干部任职的方法造成了慈善组织的行政化。这种隐性行政化的慈善组织,使得国内慈善组织"去行政化"的改革更加困难。[②] 从法理上看,退休公务员不是不可以到慈善组织任职,关键是这些老干部转到慈善组织后,在使用行政、社会资源时应有法有规可依,要讲公益组织伦理,不能为自己谋利,也不得利用公权为该慈善组织谋取不当利益。

3. 严格规范公务员的离职、交流机制

中共中央纪律检查委员会、中共中央组织部在 2008 年下发的《关于退出现职、接近或者达到退休年龄的党政领导干部在企业兼职、任职有关问题的意见》中指出,退出现职、接近或者达到退休年龄和在地方换届时不再提名尚未办理退休手续的党政领导干部原则上不得在企业兼职,一般也不得安排到企业任职。我国《公务员法》第 102 条规定,公务员

[①] 丁进:《应把官员"下海"视为正常的人才流动》,http://finance.huanqiu.com/data/2013-09/4349850.html。

[②] 《慈善组织成老干部"俱乐部" 民政局长为此挠头》,http://politics.people.com.cn/n/2013/0730/c70731-22372911.html。

辞去公职或者退休的，原系领导成员的公务员在离职三年内，其他公务员在离职两年内，不得到与原工作业务直接相关的企业或者其他营利性组织任职，不得从事与原工作业务直接相关的营利性活动。公务员交流到国有企业任职的，不再保留行政级别，其行政关系、社保关系、工资关系、组织关系随工作变动转移至企业，按企业领导人员管理方式进行管理，到龄免职后在企业办理退休手续。

在国企高管与高级公务员之间转换要制定公开、规范的机制。首先，规范组织任命的国企高管薪酬，其基本薪酬会参照相同行政级别的公务员工资标准制定，同时取消或减少职务津贴和绩效奖金，加大中长期激励的考核；对优秀的国企高管实行聘任制方式，给予一定试用期。国企高管不是公务员，而是企业家或经理人，可按照市场行情通过合同聘用经理型的公职人员，通过聘用合同规范其权利义务。其次，给予调任公职的高级公务员课以更大义务，比如给予一定时间的考核期，考核期满才能正式任用。最后，严格限制国企高管与官员之间的转换机制。从政策上严格限制国企高管转任公务员的路径，只有表现特别突出的国企高管通过严格的公开选拔、试用、考核等过程才能进入公务员队伍。转任到国有企业、事业单位时，公务员身份的终止应由法律规定并且须走公平、公开的转任程序。

4. 落实聘任制公务员的终止机制

在公务员管理中引入聘任机制，通过大刀阔斧地整顿吏治，随时将不优秀、不称职者清退出去，及时将社会上的优秀分子补充进来。聘任制公务员对非聘任制公务员在一定程度上发挥鲇鱼效应，大大激发公务员队伍的活力。但聘任制公务员一旦终止身份，其保障也须有制度性规定解决与其他人群的身份衔接问题。因此，在聘用时，就应建立聘任制公务员的社会保险机制；在解除聘用时及时将其社会保险关系移转到社会保险管理部门。要确保公务员聘任制效果彰显就得做到以下几点。

首先，要做到聘任制公务员考核的透明化、公开化、公正化。当前，聘任制公务员在考核方面与委任制公务员如出一辙，是一种以"内部封闭化"为主要特征的考核体系，其程序通常为"在一定范围内自我述职——主管领导写评语——本机关负责人确定考核等次"的模式。当前的考核标准，主要就是对"德、能、勤、绩、廉"五个选项打钩。由于参评人也是被评人，基本都会评定对方合格，只要不犯特别严重的错误，合格都不是问题。因此，考核机制是聘任制的关键"短板"，亟待弥补完善。若考核难以量化，聘任制终将沦为以资历为标准、以好人主义为处事原则的"一潭死水"，会导致退出机制生锈，运转不灵。

其次，真正地畅通"出口"，健全公务员退出机制。根据《深圳市行政机关聘任制公务员管理办法》相关规定，用人机关原则上应与聘任制公务员订立固定期限聘任合同，首次聘任的聘期一般为3年，续聘的聘期一般为5年，10年后则签订无固定期限劳动合同。如果分类后考核走过场，很多聘任制的公务员就很容易拿到无固定期限合同。而在一些地方，试水聘任制好几年了，但受聘公务员至今尚无被辞退者，也加深了公众对聘任制退出机制失灵的担忧。①

最后，完善聘任制公务员与其他群体社会保险之间相互流动衔接机制。将公务员纳入全国统一的社会保险制度体系，以解决公务员与其他群体的社会保障之间相互流动的问题。

不过，并非于法定消灭公务员关系之日生效后，公务员与政府之间权利义务"恩断义绝"；相反的，政府有终身照顾公务员的消极义务，公务员亦存在对政府的某些特殊义务。② 公务员不得从事"腐败期权"行为。我国最高人民法院、最高人民检察院于2007年出台的《关于办理受贿刑事案件适用法律若干问题的意见》规定：国家工作人员利用职务上的便利为请托人谋取利益之前或者之后，约定在其离职后收受请托人财物，并在离职后收受的，以受贿论处。公务员在退休前没有搞腐败，但在退休后利用其影响力指使他提拔过的官员为他人谋利，也属于受贿的行为。2009年通过的《刑法修正案（七）》规定了"利用影响力受贿罪"，即离职的国家工作人员或者其近亲属以及其他与其关系密切的人，利用该离职的国家工作人员原职权或者地位形成的便利条件为他人谋取不正当利益并收受贿赂的，也应受到法律的惩罚。③

---

① 傅达林：《让公务员聘任制激活一池春水》，《人民日报》2014年5月7日，第5版。
② 翁岳生主编《行政法》（上册），中国法制出版社，2009，第392页。
③ 杨涛：《退休不能是贪官的"护身符"》，http://society.people.com.cn/n/2014/0401/c136657-24794446.html。

第二节　公务员公职理论

公务员担任公职后与国家主体即产生了公务员与国家主体之间特定事件与法律相互联结的权利义务关系。纵观各国各地区的公务员制度发展历史，公务员与国家主体的法律关系有以下几个代表性的理论或学说。

一　特别权力关系说

公务员与国家的法律关系，曾被认为是典型的特别权力关系。国家行政主体基于特别的法律原因，为实现特殊的行政目标，在一定范围内对公务员有概括的命令强制权力，而公务员却负有服从的义务。对个人行使的特别的公权力不受"法治原则"的支配与控制，在此个人对权力主体的附属性更强，个人权利要受到更多限制，个人主张权利的余地更小，所以，将这种关系称为特别权力关系。"特别"一词不是特别优待，而是特别限制的意思，即与一般公民相比，特别权力关系相对人的权利要受到更多的限制。其特点：①相对人义务的不确定性，在特别权力关系下，特别权力人对公务员有概括性的命令支配权，只要是出于达成行政的目的，即使法律法规没有明确规定，也可以为公务员设定各种行政法上的义务；②权力主体可以以内部规则的形式限制公务员的自由权利，并享有对公务员的惩戒权；③公务员缺乏法律救济途径，特别权力人可以通过内部规则限制公务员的基本权利，由于这种规则是一种内部措施，公务员不能因此向法院申请行政救济。[①]

特别权力关系理论起源于19世纪的德国。在自由法治时期，德国为了维护君主对官员及军队的统治权而发展起来的法学理论，使其作为君主支柱的军队及官僚系统得以摆脱法治主义的支配。后来这一理论逐步拓展到监狱、学校等其他行政领域。日本和民国时期的我国借鉴了这种理论，并

[①] 陈新民：《行政法学总论》，台北三民书局，第95页；陈敏：《行政法总论》，台北新学林出版股份有限公司，2007，第186～187页。

不断加以发展，在适用范围及适用强度上甚至有超过德国的倾向。传统"特别权力关系"理论认为，国家对公务员有一种特殊的"力"的关系，公权力主体可以单方面要求公务员负担特别义务，而不需要法律依据。特别权力关系中的公务人员对国家或行政主体而言处于附属地位，需负不确定、无定量的义务。而且，公务员在权利受侵害时没有向法院提起诉讼的权利，这些明显违背了现代法治对人性尊严保障的要求。

特别权力关系理论在18世纪末至20世纪50年代也盛行于美国，就公务员法律关系而言，美国一向视公务员与国家之间的关系不同于一般公民与国家之间的关系，其本质上属国家授予方面的特惠，并非宪法所保障的权利。所以，在公务员法律关系中无须适用正当法律程序等联邦宪法原则，而由主管机关全权决定其关系存续和相关内容。政府创设特权利益时，是以利益收受者放弃宪法权利作为交换条件的，并且可不经正当法律程序予以拒绝或撤销。换言之，行政秩序和行政目的的有效达成，对国家统治地位的维系具有至关重要的作用，但因此而限制公务员权利与法治国家所倡导的"法律保留"原则背道而驰。因此，传统"特别权力关系"理论需要在依法治国的背景下，进行重新审视。

第二次世界大战以后，由于受实质法治精神、人权保障理念的冲击，实行特别权力关系制度的国家与地区在理论与实践上都对特别权力关系作了很大的调整和修正，特别权力关系开始出现萎缩之势，有的学者甚至主张全面取消这一理论。特别权力关系已经不具有宪法位阶效力，必须适用基本权利与法律保留，涉及特别权力关系的争议可以寻求法律救济。但是不少学者认为，其在行政法位阶上仍有存在意义，因为特别权力关系领域内事务确有其特殊性，无法为一般国家与人民关系法制所解决，所以必须在行政法上进行特别处理。所谓特别处理，即指对行政机关的广泛授权与概括条款，也就是低密度规范的法律与高度自由，灵活发挥行政决定的空间。①

公法上职务关系理论是德国学者反对特别权力关系理论的一种思考。该理论认为公务员是特殊的公民，他拥有特殊合法地位或被赋予特殊的身份。这样，公务员的自身情况将通过立法来确定并表现为一种地位。一些

---

① 许宗力：《法与国家权利》，台北元照出版公司，2002，第31~42页。

学者认为，德国《基本法》第33条第4项后段规定，公务员关系为"一种公法上的职务及忠诚关系"，既不是传统的特别权力关系，也不是私法上的雇佣契约关系，仍是一种介于二者之间的权力义务关系。同时，《基本法》第33条第5项规定，"公务员法应斟酌传统职业公务员制度之基本原则制定之"。① 具体而言，一般人民享有的权利，例如依法罢工、组织工会等，公务员都依法律明文规定而受到相当程度的限制；同时，也享有一般人民不能主张的公法权利，如依法领取工资、退休金或抚恤金等。强调涉及公务员基本权利的限制应当有法律依据，不能仅以行政命令加以限制，且对是否侵犯公务员权利引发的争议，允许公务员提起行政诉讼。

台湾学者也在批判特别权力关系理论与实践中逐步提出了"公法上职务关系"理论和"特别法律关系理论"。公法上职务关系理论认为公务员与国家或行政主体之间关系若能称为"公法上职务关系"，较能正确描述其含义，依不同的法律规定与职务性质，而有不同的权利义务内容；同时亦符合重视公务人员人性尊严、权益保障的民主宪制思潮（如将公务员视为权利义务主体，而非仅接受国家"权力"的义务客体）。公务人员与国家之间除公法关系外，并因其职务（公任务）遂行的需要，其权利、义务应依其目的以法律建立职业公务人员制度。② 从一般意义上看，在公法上的职务关系理论下，公务员的权利义务均应由公法所规范，性质上属公法上的权利与义务，经由公法上的权利义务规定加以形成、限制和改变。公务员仅因法律规定而有别于一般人民。③ "公法上职务关系"理论强调公务员关系"公"和"力"的性质，注重国家利益的保护，轻视公务员个人利益的保护，实际上与传统"特别权力关系"的中心思路如出一辙，属于变革过程中的保守主义观点，因而属于"右倾"理论。

特别法律关系理论基于对特别权力关系的反思，认为公务员与国家或行政主体之间的关系应受到法律规范，属于"法律关系"。不过此种法律关系与一般人民稍有不同，故称之为"特别法律关系"。④ 纵使此种关系是一种特殊的身份关系，亦是公法上的特殊法律关系。其特征包括：①公务

---

① 林明锵：《宪政改革与公务员制度》，台北：《法令月刊》第43卷第2期，第16~17页。
② 周世珍：《公务人员保障制度之理论与实际》，台北大学博士学位论文，2002，第48页。
③ 张金鉴：《各国人事制度》，台北三民书局，1981，第238~239页。
④ 翁岳生主编《行政法》（上），中国法制出版社，2002，第423~424页。

员的权利义务应由法律特别规定，而非服"不定量义务"或根本否定公务员权利；②为维持公务员制度的有效运作，各行政主体可以制定合法及合目的的特别规则以兹规范；③对于违法失职的公务员得为惩戒，但除须依法惩戒外，并应谨守正当法律程序；④公务员其他权益受到侵害时，可以提起行政诉讼或依循特殊渠道的法定程序寻求救济，且法律不得明文排除公务员寻求法院救济之途径。[1]"特别法律关系理论"从现代民主宪政的原则出发，强调公务员个人利益的维护，同时兼顾国家利益，与传统"特别权力关系"理论的内核根本对立，相对而言属于"左"倾理论。[2]

德国通说认为，公法上的职务和忠实关系与公法上的特别法律关系乃系平行的另外一种称呼，其间并不具有上位或下位关系。特别法律关系用语强调其属"法律"关系而非"权力"关系；而公法上职务关系强调其属"公法关系"，故不论公务员是否为聘用、派用或民选地方首长，均属公法上的法律关系。[3]

由此，特别权力关系理论在德国和我国台湾地区发展出"公法上职务关系"理论、"特别法律关系理论"等替代理论。这些理论是在扬弃传统特别权力关系理论的路径中形成的，其共同的观点是：①特别权力关系范围在逐渐缩小；②涉及基本权利限制的，应当具有法律依据；③许可公务员提起行政争讼。这些观点实际上已经根本触及并开始动摇了传统"特别权力关系"理论的内核。尽管目前仍有学者为传统"特别权力关系"理论唱赞歌，但根本否定特别权力关系理论是迟早的事情，因为毕竟民主法治原则是人类文明的终极目标。[4]

二 代理关系说

西方国家对公务员权利义务的规定是社会契约理论在公务员制度中的具体运用的表现，有三种契约形式：①直接契约（选举）；②间接契约

---

[1] 翁岳生主编《行政法》（上），中国法制出版社，2002，第423~424页。
[2] 程武龙：《公务员劳动基本权研究》，吉林大学博士学位论文，2008，第102页。
[3] 林明锵：《公务员法研究》（二），台北新学林出版股份有限公司，2012，第273页。
[4] 程武龙：《公务员劳动基本权研究》，吉林大学博士学位论文，2008，第101页。

(代表选举政务官);③受雇契约。① 公务员是受人民的委托来管理各种公共事务的,其权力和职责从实质意义上来说是一种社会契约行为,公务员行使权力的合法性基础就是全体社会成员的认可。② 政府与人民的关系建立在契约之上,政府自法律及政策获得人民授权行使公权力并对资源进行价值分配,人民则获得市场机制无法满足的由政府提供服务的需要与要求。

代理理论强调授权人-代理人二者关系建立在契约之上,双方互负权利义务,前者给付报酬,后者提供服务或产品。代理理论从公法契约和行政合同视野来研究公务员法律关系,认为公务员法律关系是行政法上的公共契约关系。其中代表人物有日本行政学家鹈饲信成和美浓部达吉,但二者持论的理由却不相同。美浓部达吉认为,在日本明治宪法下,公务员任命关系,存在着以相对方的同意来实现的法定要件,而相对方的同意,是一种契约行为,这种契约只能被认为是公法契约。鹈饲信成则认为,"在一定范围内,公务员与机关存在着个别的或是团体的就勤务条件缔结协定的可能性"。③

政府与公务员之间的权力委托,即公务员代表政府行使权力,公务员向政府负责。因为国家与政府作为抽象的概念,自身并不能实施权力;公务员行使权力并非以自己的名义作出公务行为,其所产生的法律效力及责任后果都归属国家。公务员与其所属机关之间是一种委托代理关系,公务员的职权由其所属机关委托,当公务员行使行政机关委托的职权处理私事或超越权限时,应属于代表其所属机关在滥用职权,因而是其职务行为或最少也构成民法上的可见代理行为,都属行政机关的行政行为;而公务员行使其所属机关并未委托给他的"职权"处理私事时,或者公务员行使其机关根本未委托而且是该机关也完全不具有的"职权"处理私事时,若也认为该公务员的行为是职务行为,这对该机关来讲就极不公平。因为该机关在这里并未委托职权给该公务员,公务员在这种情况下也不能代表其所属机关,机关实不应代其受过。④

---

① 姜如海:《中外公务员制度比较》,商务印书馆,2013,第191页。
② 〔法〕卢梭:《社会契约论》,向兆武译,商务印书馆,1997,第82~83页。
③ 〔日〕鹈饲信成:《日本行政法》,曹海科译,重庆大学出版社,1988,第23页。
④ 方世荣:《论国家公务员职务行为与个人行为界限的几个问题》,《法商研究》1995年第4期,第12~13页。

代理关系理论对政府再造的贡献有两点：① ①政府与人民之关系，强调顾客服务，对行政的课责，由迎合上级机关转为迎合人民需求；②政府、厂商建立契约关系，政府业务以契约委托执行，政府监督、控制品质，借以缩减组织规模。在资讯不对等或缺乏资讯情况下，可能造成代理人假借授权人名义谋取个人利益之道德风险，或授权人缺乏资讯或专业知识，致无法选择适当代理人为其服务。布坎南等公共选择理论学者认为经济与政治之间的重要差异并不在于人们追求的价值或利益的不同，而在于人们追求他们的不同利益时所处的条件。他假定政府并不是普济众生式的救世主，公务人员也有自己的物质利益，并首次把经济人假定和经济学的成本－收益计算引入政治决策的分析，显然，政治领域存在委托－代理关系是公共选择理论的内在逻辑。在委托－代理关系中，双方采取不合作态度，通过博弈达成的均衡，往往不是最优的。相反，双方采取合作的态度，所达成的均衡一般对各方都有利，可实现双赢的目的。如果想改善行政效率，须先以自利为诱因，才能激发公务员潜能。

代理关系理论对公务员权利与义务影响主要是公务员基于特殊身份的权利和责任被消平，其享有的权利与承担的义务与代理人的权利及义务一致，可能造成以下后果：其一，一旦公务员侵犯公民和组织权益，公务员无力承担时，会让公民和组织特别是公务员代理损失难以弥补；其二，放纵公务员自利行为而没有特别规制。因为在一些学者隐性或显性提到的代理人的动机或更专业地说代理人的自利是理性选择过程必须要被考虑的，同时，考虑代理人的欲望或信念也是合理的。② 新公共管理的出现，对于各国政府再造产生剧烈的冲击，但由于其太过重视管理主义和顾客导向，近年来已经受到不少批评，大家纷纷呼吁必须回归到以公民为主体的统治模式，新公共服务（New Public Service）理论因此浮出台面。③

---

① 刘宗德、陈小兰：《官民共治之行政法人》，台北新学林出版股份有限公司，2008，第10页。
② Lina Eriksson, *Rational Choice Theory：Potential and Limits*, Palgrave Macmillan UK, 2011, p. 59.
③ 邱瑞忠：《寻找公共服务长尾新动力》，台北：《历史馆刊》第 21 期，http://www.yatsen.gov.tw/tw/index.php? option = com_content&view。

三 劳动关系说

如果将公务员视为宪法上的劳动者，将公民服务公务行为等同于劳动行为，那么，公务员与其他劳动者享有一样的权利；公务员与其服务的国家机关之间的关系与普通人员的劳动契约关系没有差别。国家机关招录公务员，主要考察其体力和智力水平，实质上也是一种让渡劳动力的行为。公共服务本身就是一种职业，这个职业既不比别的职业高贵，也不比别的职业低贱，从事公共服务的公务员也是普通人。在劳动雇佣关系理念下，公务员法律关系的核心是劳动契约关系，处于平等主体之间的关系，没有特别权力和特别义务的因素；公务员录用须签订协议，且公务员有因为劳动成果获得金钱报酬的权利；权利义务由双方约定形成具有相对的意思自治和对价；公务员管理争议可以经双方约定向第三方提出调解，调解不成，应当由独立的司法裁判机构审理。因公务员工作特殊，应属于特殊的劳动者，因此，公务员与国家之间是一种特殊的雇佣关系。

日本逐步发展形成了以劳动契约关系为特点的公务员法律关系。日本学者盐野宏对公务员权利问题提出了如下观点：公务员作为劳动者也享有宪法上的劳动基本权，但不限于此，而且还作为一种人格，是思想、表现自由等基本人权的主体。在通常的雇佣关系中，雇佣者方面对被雇佣者的规范，根据通说和判例，被作为宪法的人权保障规定的间接适用问题来处理。这些基本人权的代表性权利是劳动基本权，但该权利在公务推行过程中要服从各种制约。[①] 盐野宏还认为，公务员法律关系的劳动雇佣关系，不能解释公务员之勤务条件法定主义，而将公务员法律关系笼统地看作在制定法规范下的勤务关系。[②] 日本学者室井力更是直接认为公务员关系等于劳动契约关系，其核心观点是，公务员是宪法上的"劳动者"，在此限度内，其与一般工人不具有差别。[③]

公务员与国家的雇佣关系在美国发挥得淋漓尽致，美国将公务员直接表述为"政府雇员"，公务员与美国政府的雇佣关系由民法上的合同关系

---

① 〔日〕盐野宏：《行政法》，杨建顺译，法律出版社，2001，第717页。
② 〔日〕盐野宏：《行政法》，杨建顺译，法律出版社，2001，第699~701页。
③ 〔日〕盐野宏：《行政法》，杨建顺译，法律出版社，2001，第700页。

调整，不纳入行政法调整。美国学者一般认为公务员与政府之间是一种雇佣的关系，即政府与其雇员间的关系只是一种合同关系。通常在权利方面，比较关注的是组织工会与集体谈判、隐私权，以及政治活动的规范。[1] 美国公务员法律关系虽有鲜明的劳动雇佣特点，但是完全置于法律管理之下，受到正当程序法律原则保护和司法机关审查。

在英国，公务员是英国国王的雇员，两者之间是雇佣合同的关系。虽然英国国王基于在普通法上的特殊身份可以不遵循制定法对一般雇主的程序性规定，但其作为最大的雇主，仍要承担普通的民事雇主所应承担的责任。从雇佣关系上看，在1883年的《彭德尔顿法》以前，政府人事管理实行政党分肥制，政务官对其所辖雇员拥有完全的指挥命令权、任免权和身份处分权，一般雇员的地位没有任何法律保障，政府雇员关系完全等同企业中的私人雇佣关系。[2]《彭德尔顿法》界定了公共雇佣关系，严格限制了政务官对公务员拥有的任免权和身份处分权，明确了公务员与政府之间的公共雇佣关系为法律关系，公务员不服行政部门作出的免职决定或其他的身份处分决定，可以向文官委员会提出申诉，请求裁决。

关于公务员的劳动者地位问题的认定存在差别，一般都不否认其是劳动者，只是在权利限制程度上存在差别。如加拿大政府于2003年实施的《公共服务的价值和伦理规范守则》，从公务员价值观和道德观、防止利益冲突措施、公务员离职后行为限制三方面规范公务员的权利义务。公务员权利保障可分成集体性权利保障与个别（人）性权利保障两大类，前者涉及公务员的团体劳动权，属于劳动法关心的课题；而后者则涉及公务员个人权益的事项，乃公务员法中的规范对象。因此，有关机关首长所为一般性、整体性的管理措施或工作条件的变更时，原则上并非公务员保障制度所规范的讨论内容，而应留待公部门"劳动法"的深入讨论。[3]

综上所述，通过各国对公务员地位的认定可以得出以下结论：①从劳

---

[1] James W. Fesler & Donald F, Kettl, *The Political of the Administrative Process*, New Jersey: Chatham House Publishers, Inc., 1996, pp. 183–193.
[2] 张金鉴：《各国人事制度》，台北三民书局，1981，第139~140页。
[3] 林明锵：《公务员法研究》（一），台北：作者自刊，2003，第200页。

动者的判定上来看，尽管判定标准各异，但分析各个标准，可以认定公务员是劳动者；②从权利维度来看，公务员享有个别劳动权是没有异议的，其劳动基本权虽然不能充分享有，但不应成为否认其劳动者地位的理由；③从劳动关系范畴上来看，公务员关系也应属于劳动关系的特殊类型；④从公务员关系和劳动关系的历史演进来看，两者的发展脉络基本是一致的，即均经历了权利剥夺——权利限制——权利享有的过程。① 由此，当代政府与公务员的关系是一种法律预先设定的公共服务协议关系，在这种关系中，公务员在身份保障、劳动报酬、公正对待、隐私保护、档案查阅、依法辞职、申诉控告等方面享有权利，反映公务员与国家间关系的对价性。

目前，我国将公务员与其他劳动者分类管理。我国《劳动法》第2条规定，"在中华人民共和国境内的企业、个体经济组织（以下统称用人单位）和与之形成劳动关系的劳动者，适用本法。国家机关、事业组织、社会团体和与之建立劳动合同关系的劳动者，依照本法执行。"从该条文的内容来看，国家机关、事业组织、社会团体的其他职工不属于《劳动法》的调整对象，公务员被排除在劳动法的适用范畴之外。

《劳动合同法》第2条第2款规定，"国家机关、事业单位、社会团体和与之建立劳动关系的劳动者，订立、履行、变更、解除或者终止劳动合同，依照本法执行。"我国《公务员法》第95条规定，机关根据工作需要，经省级以上公务员主管部门批准，可以对专业性较强的职位和辅助性职位实行聘任制。这反映出我国立法机关借鉴劳动关系理论来处理公务员与政府关系的意愿。雇员制的一些合理的、有益的观念和措施正被我国公务员制度所吸纳。不少地方政府尝试适合中国国情的政府雇员制，即公务员聘任制。公务员聘任制使得公务员选拔得以多样化；把市场竞争机制引入公务员队伍，对打破干部终身制有极大帮助；略高的薪酬、较短的任期更能激励公务员的工作积极性。此外，公开招聘的方式也使得公务员任用过程更透明，更有利于社会监督。

---

① 程武龙：《公务员劳动基本权研究》，吉林大学博士学位论文，2008，第191页。

四 人民公仆说

公务员存在的目的在于服务全体人民，故被称为公仆。意大利著名诗人但丁在其政治名著《论世界帝国》（1311年）一书中就有"人民公仆"的提法，"公民不为他们的代表而存在，百姓也不为他们的国王而存在；相反，代表倒是为公民而存在，国王也是为百姓而存在……虽然从施政方面说，公民的代表和国王都是人民的统治者，但从最终的这方面来说，他们却是人民的公仆。"英国的早期空想社会主义者温斯坦莱（1609~1652），为了避免在人类社会中产生和存在一个既自私自利又长期稳定的既得利益集团，他不仅提出了公职人员必须每年改选一次，在位的领导人不能自己确定自己的接班人，而且还提出了有任期限制的国王及其官吏都是人民的"勤务员"的思想。温斯坦莱提出的"勤务员"思想和但丁提出的"人民公仆"理论，两者都强调国王或官员仅仅是在约定的任期之内全心全意为人民服务的"佣人"或"仆役"而已，他们不得享有任何特权。[①]

"勤务员"理论和"人民公仆"理论是建立在西方政治理论的"主权论"和"社会契约论"的基础之上的。人民主权的理论是在17、18世纪欧洲启蒙运动时期，随着新兴的资产阶级对主权的要求，而由英国的霍布斯和洛克、法国的卢梭等人提出并完善的。人民主权是指主权归属的主体只能是人民。人民是一切国家权力的最终拥有者，国家权力为人民服务，依照人民意志行使，接受人民的监督。

巴黎公社作为无产阶级专政的实践，为实现人民当家做主奠定了基础，马克思非常关注巴黎公社实行的"人民公仆"原则，并进行了理论总结。马克思在《法兰西内战》中明确提出："工人阶级不能简单地掌握现成的国家机器，并运用它来达到自己的目的。"[②] 意即中央集权专制的国家机器，再也不能"从一些人的手里，转到另一些人手里"，否则工人阶级解放的目的便不能实现，为什么呢？恩格斯指出："社会产生着它所不能

[①] 柳成焱:《"人民公仆"提法的历史由来》，《中共贵州省委党校学报》2006年第5期，第24~25页。

[②]《马克思选集》第2卷，人民出版社，1966，第460页。

缺少的某些共同职能。被指定去执行这种职能的人，就形成社会内部分工的一个新部门。这样，他们就获得了和授权给他们的人相对立的特殊利益，他们在对这些人的关系上成为独立的人，于是就出现了国家。"① 因为"中央集权的国家政权及其遍布各地的机关——常备军、警察、官僚、僧侣和法官（这些机关是按照系统的和等级的分工原则建立的），是起源于君主专制时代，当时它充当了新兴资产阶级反对封建制度的有力武器"。② 所以法国大革命保留了以前的中央集权专制的国家机器，而巴黎公社诞生以后，马克思认为如果人民群众要彻底解放，要实现消灭剥削阶级的国家制度，就必须打碎旧中央集权专制的国家机器。打碎旧的国家机器，不是要搞无政府主义，其全部的目的就是防止国家和国家的权力机关由"社会的公仆变为社会的主宰"。③ "公社是帝国的直接对立物。"④ 巴黎各区选举公社的公社委员，公社是议行合一的工作机构。公社任命的公职人员，随时可以撤换，和公社委员一样只领相当于工人工资的薪金；实行普选制和撤销制，只为人民群众谋取利益，而无自己私利。这就是巴黎公社所实行的"人民公仆"原则。

　　孙中山就任临时大总统时，自称人民公仆，从而确认以人民为本位的执政理念。称"官吏皆国民公仆。"⑤ 他还在《建国方略》中说过："国中之百官，上而总统，下而巡差，皆人民之公仆。"⑥ 将"社会公仆"改造成"国民公仆""人民公仆"。这就从根本上彻底否定和摒弃了我国传统的"官父""子民"的"父母官"理论。

　　作为马克思主义政党——中国共产党成立和执政以后，一贯强调各级党政干部都是人民公仆、是人民勤务员，执政的目的是为人民服务。我国《宪法》第2条即说明我国的一切权力属于人民，一切国家机关都要对人民负责，受人民监督，这就是人民主权论。《中国共产党党章》第33条明确规定："党的干部是党的事业的骨干，是人民的公仆。"

---

① 《马克思恩格斯选集》第四卷，人民出版社，1972，第482页。
② 《马克思选集》第2卷，人民出版社，1966，第460页。
③ 《马克思选集》第2卷，人民出版社，1966，第426页。
④ 《马克思选集》第2卷，人民出版社，1966，第522页。
⑤ 《孙中山选集》，人民出版社，1981，第87页。
⑥ 张海鹏：《人民公仆观念之百年嬗变》，http：//theory.gmw.cn/2013－12/01/content_9658787.htm。

毛泽东同志指出："我们一切工作干部，不论职位高低，都是人民的勤务员，我们所做的一切，都是为人民服务。"① 将"人民公仆"称为"勤务员"。邓小平同志说："我是中国人民的儿子，我深情地爱着我的祖国和人民。"他带头废除干部领导职务终身制。1993 年 9 月江泽民同志为国家行政学院题词"永做人民公仆"。胡锦涛同志在中国共产党成立九十周年"七一"讲话时强调"以人为本、执政为民"的理念；党员干部就是公仆，责任就是服务人民群众，党员干部永葆人民公仆的政治本色。习近平同志也强调：我们党来自人民、植根人民，各级干部无论职位高低都是人民公仆，必须全心全意为人民服务。②

马克思、孙中山、毛泽东、邓小平、江泽民、胡锦涛、习近平等人共同建构起的这种不断发展的人民公仆理论全面论证了在不同历史时期，公务人员的公仆性始终没有改变。在不同的历史时期社会在不断发展，国内外环境在不断变化，但各级人民政府为人民服务的宗旨始终不变，各级公务员作为人民公仆的身份也不会改变。领导干部是公仆，就像工作中的服务人员一样，领导干部也是服务人员；中国共产党领导下的各级公务员，就是要勤勤恳恳、忠心耿耿、任劳任怨、鞠躬尽瘁、死而后已；就是要以人民高兴不高兴、满意不满意、答应不答应，作为做官做事与做人的取舍和衡量标准；领导干部做人民公仆，不是一时一事，而是时时处处。③ 因此，人民公仆理论构成我国公务员与国家主体关系的最基本理论。

综上所述，从以上公务员法律关系的理论在各国各地的确立及变迁，反映出公务员法律关系发展的一些规律。第一，公务员法律关系发展主要依据各国性质和历史传统确立符合本国国情的公务员法律关系理论。第二，公务员权利与义务根据不同公务员法律关系理论不断扩展和日趋丰富，也造就了各国公务员法律关系内容不同的状态。④ 第三，公务员与国

---

① 《一九四五年的任务（1944 年 12 月 15 日）》，载《毛泽东文集》第 3 卷，人民出版社，1996，第 243 页。
② 习近平：《在党的群众路线教育实践活动总结大会上的讲话》，http：//ah. people. com. cn/n/2014/1009/c358314 - 22540606. html。
③ 周文彰：《永做人民公仆——在西藏干部社会管理培训班结业式上的讲话》，http：//theory. people. com. cn/n/2013/0417/c40531 - 21172522. html。
④ 燕卫华：《公务员权利救济制度研究》，中国政法大学博士学位论文，2007，第 55 ~ 56 页。

家之间的法律关系在本质上是一种社会思想关系,是随时代发展而不断变化的社会关系。

五 正确认识人民公仆理论

我国国家主体与公务人员之间的法律关系适用人民公仆理论是由我国政治体制和国情决定的。我国国体是人民民主专政,政体是人民代表大会制度,我国政体决定了公务员是而且必须是人民公仆的性质。人民公仆说认为公务员随时可以撤换,和公社委员一样只领相当于工人工资的薪金;只为人民群众谋取利益,而无自己的私利。

(一) 人民公仆理论的认识偏差

人民公仆理论与我国社会主义建设实践相结合时,出现了些许的偏差和异化。

首先,从理念上,我国借鉴了公务员归属国家主体的观念,实行所谓的"公家人"和体制内外有别的制度。新中国成立后,特别是改革开放以来,随着中国社会主义法制建设的不断完善,在制定《国家公务员暂行条例》和《公务员法》过程中,虽然没有刻意引进"特别权力关系理论",但从理念上都不承认公务员是具有独立人格的主体,而是归属于单位人的身份。1949年后,我国开始进行社会主义改造,人为地实行身份管理和物质计划配给制。在国家各级机关担任公职的人员广义上都称干部,干部由国家提供物质生活保障。公民一旦成为领导干部就与工人、农民等群众分割开来,成为"公家人"。不管干部在哪里,只要到了一定的级别,就拥有了权力和资源。干部作为公仆能够通过公权力,个体地或者集体地为自己、自己的家庭和与自己相关的人,获得与其所掌握权力不相配的利益。这样就导致了干部和群众之间的对立,忽视了权力与权利之间的区别。尽管我国的市场经济已经发展了30多年,但公务员经济生活领域俨然是计划经济模式,所有的都是"公"字当头,与人民公仆观念格格不入。[①]

其次,传统上家国不分的思想影响了公仆理论的落实。我国古代把人

---

① 郑永年:《改革中国的特权制度》,http://zhengyongnian.blog.sohu.com/,2013-07-29。

际关系概括为"五伦",即君臣、父子、夫妇、兄弟、朋友,其相互的义务关系是君礼臣忠、父慈子孝、夫良妇顺、兄友弟恭、朋友有信。法律中凡与五伦相涉者,均体现了相互的义务关系。按照法律规定,官吏必须恪守职责、忠君报国;朝廷给予官吏一定的俸禄和礼遇。在长官和下属之间,彼此因公务过错承担连带责任。历朝法律对如何惩处各阶层人士违背法定义务的行为,都作了详细的规定。在家产制下,所有管理权力及伴随的经济权利均被视为私人利益,重要职位多由支配者家族成员或随从所掌握,而官僚制首先在家产制中由某些来自家产制外的官员发展而来。① 庞大的官僚既得利益集团有以下特征:其一,他们缺少进取心,安于现状,抵制改革;其二,官僚的一般心态或者通病是避免风险,他们按既定的规则办事,只向上负责,而不对下负责;其三,官僚层面有时也会有一些"改革"动作出现,但实际上很难说这些是真正的改革,只是为了追求一些具体利益而进行的"改革"。② 部分领导各自为政,把分管领域当成"私人领地",把下属变成自己的"家臣"。③ 此外根据儒家理论,"刑不上大夫,礼不下庶人";"大夫"具有自律和自省的能力,所以不需要外部的监督。没有强有力的外部监督,先己后人也在所难免。

最后,在政治语境中,干部存在着义务高度伦理化,权利规范虚化;公职干部的权利都被吸收进其所从属的机关或单位内部,失去了法律上的独立人格。④ 在公仆理论曲解下,公务员不是真正的权利主体而是国家权力机构的仆从,一方面将公务员(领导干部)当作公家人,为单位所属的人,职位越高赋予其越高的身份或地位;另一方面,公家人不被当作普通公民看待,而被当作无私奉献不计私利的人民奴仆,不给予正当的公民权利。身份可能损害正义,也可能促进正义。身份的不同产生了高度不平等的社会结构。公务员身份机制出现了内部外部有别,与人民公仆理论背道而驰的状况。正如主人不在家,公仆在家自肥或自己就代主人作主的行为

---

① 岳庆平:《家国结构与中国人》,中华书局(香港)有限公司,1989,第53页。
② 郑永年:《中国体制改革为何困难?》,http://zhengyongnian.blog.sohu.com/2013-08-26。
③ 桂田田:《监察部副部长姚增科"空降"天津任纪委书记》,《北京青年报》2015年1月16日,第A04版。
④ 燕卫华:《公务员权利救济制度研究》,中国政法大学博士学位论文,2007,第99~100页。

时常发生。

正是对人民公仆理论的曲解，造成了国家主体与公务员之间权力与权利的界限模糊、国与家的不分、主与仆的关系颠倒。在中国，从身份社会到契约社会的过渡尚未完成，身份取向远远高于成就取向，因此，功绩制与能力主义等公务员制度的核心价值尚难实现，公平竞争的用人环境明显缺失，导致整个公务员制度的运行机制不畅。[①] 在以上理论和身份转变过程未完成的影响下，我国公务员管理的现状是：权力机关及公务员对权利与义务认同模糊，并走向两个极端。一方面，权力机关与公务员以管理者自居，在政策和制度选择上先考量自身的利益，而后再考虑公众的利益。另一方面，从政为官，公仆变成领导的仆人；仆人只有唯命是从，无任何的反对声音，甚至连最基本的权利受侵犯也不敢反抗。

（二）如何构建政府与公务员之间的公职理论

公务员与国家主体之间的关系决定着公务员权利义务体系的建构。以人民公仆论为基本理论并辅之符合时代精神的劳动关系说来规范公务员与国家主体之间的关系，符合我国公务员公职关系现阶段的特征；以公务员基本权利法定，职务义务本位来重新界定公务员权利义务才符合我国国情。

首先，让公务员回归公仆的本质。本质上，公职人员受全民委托行使权力，其勤务权力与职责由该委托契约规定，该契约载明了全民意志，就善意、诚实完全履行该契约，国民具有检审权，即监督权；公职人员同意此契约，并效忠于其内容，自愿放弃部分公民权利，此谓"法定丧失"。[②] 公务员不是人民政府的"家长"而是"管家"，是受人民委托管理国家事务的"管家"。对"管家"概括模糊的权利义务进一步细化和具体化是法治应有之意。任何人都有自己的理性，这个理性就是每个人都会追求自己的利益，只要是合法利益，他追求就是正当的；但我们现在的公务员制度设计，没有考虑公务员的这种"理性"，以为我们党的领导干部都是无私奉献不计私利的公仆。其实，官员是活生生的人，他有自己的利益，其行

[①] 唐皇凤：《公务员制度的变异与控制——对中国国家公务员制度实施情况的反思》，《国家行政学院学报》2003 年第 1 期，第 47 页。
[②] 陈刚：《公职人员人权克减问题研究》，苏州大学博士学位论文，2013，第 209~210 页。

为遵循"理性"的原则；相应的，国家制度的设计，必须规范官员的"理性"，既保护其正当的利益需求，又防止其"理性"的过度扩张。① 在当前我国全面推进依法治国的进程中，法治不仅要法治人民，更要法治人民的公仆；对公务员的定位及其权利义务的概括性和模糊性需要明确法治，以厘清公务员先是公民然后才是人民公仆的身份。公务员义务应有法律特别规定，而非课以不定量义务或根本否定公务员权利。

其次，建立规范的公务员权利和义务体系及监督机制。当前，民众与公务员之间的关系发生了变化。民众对领导人从仰望逐步转为平视，民众越来越有自己的主见，越来越有独立性，越来越有法治精神，越来越有怀疑和监督意识。② 在全面推进依法治国的今天，树立敬畏宪法和法律权威，民众也同意宪法、法律赋予公务员的权利及行使权力的必要性，但权力与权利行使须公开、透明。政府在规制公务人员权利义务时，应适用法律保留原则和法律明确原则。

再次，引入劳动关系说的合理要素来改造公务员的永业制度。随着社会和经济的发展，传统刻板、永业的公务员制度已不适应现代公共组织分散化、弹性化和专业化的需要。如将公务员作为政府的雇员看待，公务员只是一种职业，有利于破除身份的藩篱。而要促使公务员职业正常化，必须让政府履行公共服务和社会管理的权力真正到位、归位，并且准确规定公务员的收入和待遇，并使之透明化、正常化，进而最终让公务员职业彻底成为一个正常、普通的社会职业。完善现行公务员退出机制，不能出现公仆不合格，主人辞退不了的现状；在保障公务员正常进出机制的同时，推行人才社会化选聘机制。遵循社会主义按劳分配原则，给予公仆必要的物质保障，这不是给予特权而是给予待遇的法律化、透明化。公民自考试入职公务员队伍，无论从学历还是能力来看都可视为社会的精英分子，作为优质的"管家"在物质待遇方面，不能拿雇请家庭保姆的待遇和公务员的薪酬做比较，毕竟两者知识结构和社会贡献不同，公务员制度改革方向必须是合理激励与严格问责相结合的。激励公务员的工作积极性和敬业精

---

① 俞可平：《我们违背了哪些政治学公理》，http://opinion.caixin.com/2015-12-07/100882641.html。
② 吴思路：《周永康被立案，"刑不上常委"潜规则已破？》，http://news.ifeng.com/opinion/wangping/zhouyongkang0729/index.shtml。

神，严格问责其不作为或非法作为，给予合格公务员职业保障和终身的物质待遇，有利于培养公务员的忠诚感、安全感以及职业荣誉感。

最后，倡导国家与公务员互负义务的伦理观念，强化公务员为人民服务的自律、纪律和法律。公务员如果背离了为人民服务的宗旨，把党和人民赋予的权力作为谋取私利的手段，凌驾于党纪国法之上，就理应受到法律、纪律的严惩。同时依据劳动关系理论，在为人民服务期满后，国家也有照护公务员终老之义务。

第三节 公务员行使职权的保障

公务员职务保障是保证公务得以顺利执行的人、财、物、信息、法律制度及环境的总称。职务保障是公务员行使职权的基础。国家建立相关制度，用以规范执行公权力及履行国家职责的行为，同时，兼顾公务员权益的保护。公务员于执行职务时，可能面临诸如上级长官、同事、人民、民意代表、政党乃至大众传播媒体的不实报道等妨碍其公正性的压力，理想的公务员保障制度应包括对应这些压力的反制机制。[①] 因此，凡与公务员履行公职有关的制度及设施都应建立，并符合平等原则，使公务员能以公正执法为务，以服务人民为念。

一 法律保障

公务员依法履行职务的行为，受法律保护。法律保障公务员不受政治迫害及选举干预，保障公务员不受不平等、不公正、特权压迫或政治压力的不当处分。从世界各地的情况来看，公务员的法律保障主要包括两个方面的内容。

（一）实体保障

实体保障包括公务员身份、职级、工资、福利、工作条件和管理措施

[①] 翁岳生主编《行政法》（上），中国法制出版社，2008，第418页。

等权益保障。公务员非因法定事由，不被免职、降职、辞退或者处分。所谓法定事由，是指公务员违反或触犯了法律明文规定的事由。我国公务员录用制度改革后，实行"逢进必考"，其一旦成为公务员，没有法定理由，不得随意剥夺其公务员的身份和待遇。公务员制度经由服公职权利的保障而成为宪法保障的对象，意味着公务员制度保障的主观化，也使得法律上所规定的公务人员权利，经由服公职权利，而成为受宪法保障的权利。[1]

公务员非因法定事由不被免职或调任。公务员职务保障权受到侵害，可以说是对公务员的核心权利的损害，必然影响公务员经济性权利等其他方面的权利。在美国，公务员机关可基于四类原因将永业行政主管职人员免职，即试用期免职、任期因绩效不佳的免职、未获再认可的免职和人力精减的免职；在永业高级行政主管职人员因上述四类原因受免职期间，仍具有保证转任其他非高级行政主管职职位空缺文官的权利；转任职位必须为列一般俸表第十五等或相当职等以上，且仍具有原来任用类别资格之职位；转任后，依下列较高者叙其薪俸：改任职位的目前基本薪俸、担任高级行政主管职职位前原职位的目前基本薪俸或遭免职前所支基本薪俸；同时不得因其转任致使其他人降等或遭裁员。[2] 中共中央《关于全面推进依法治国若干重大问题的决定》提出了建立健全司法人员履行法定职责保护机制。非因法定事由，非经法定程序，不得将法官、检察官调离、辞退或者作出免职、降级等处分。

身份保障在台湾地区"公务人员保障法"中有规定如下：①公务人员的身份及基于身份请求权，非依法律不得剥夺；②公务人员非依法律，不得予以停职；③停职公务人员保障其复职的权利；④机关裁撤、组织变更或业务紧缩时，考试及格或铨叙合格之留用人员受转任或派职的身份保障。[3] 改派职位，若属于同一通勤地区，需在生效日前15日以书面通知；若改派职位位于另一通勤地区，机关则须先与当事人咨商，说明理由并咨询其意愿后，在生效日前60日以书面通知；调任至其他机关服务时，必须征得当事人同意；拒绝机关重新派任另一通勤地区职位，或不愿因职能重

---

[1] 台湾"公务人员保障暨培训委员会"编《公务人员保障法实体保障项目之检讨与发展》，台湾"公务人员保障暨培训委员会"，2008，第68页。
[2] 施能杰：《美国政府人事管理》，台北商鼎文化出版社，1999，第330～334页。
[3] 翁岳生主编《行政法》（上），中国法制出版社，2008，第419页。

组而转赴其他通勤地区而离职者，均仍保有复职权利，复职权利无保留时间限制；申请复权者应自行向办理甄补高级行政主管职之机关申请，由任用机关视其是否合于职位资格要求决定是否任用，一旦复职后，即取得永业高级行政主管职人员之资格。[①]

(二) 程序保障

公务员非经法定程序，不被免职、降职、辞退或者处分。所谓法定程序，是指法律规定对公务员进行免职、降职、辞退或者处分时应当遵循的步骤、方式、顺序和时限。公务员对行政机关对其进行考核、晋级、奖励、确定工资福利等事项的决定不服的，可向有关机关提出申诉等。我国《公务员法》第57条明确规定，对公务员的处分，应当事实清楚、证据确凿、定性准确、处理恰当、程序合法、手续完备。又如台湾地区"公务人员保障法"第22条规定，公务人员依法执行职务涉讼时，其服务机关应延聘律师为其辩护及提供法律上之协助。公务员违纪的，应当由处分决定机关对公务员违纪的情况进行调查，并将调查认定的事实及拟给予处分的依据告知公务员本人。公务员有权进行陈述和申辩。处分决定机关认为应当给予公务员处分的，应当在规定的期限内，按照管理权限和规定的程序作出处分决定。

二 经费保障

公务员除工资福利来源于财政支付外，其办公经费和管理费用也由财政支付，每年列入财政预算。

(一) 办公与执行公务的经费由财政支出

公务员办公与执行公务所需经费由政府财政列入预算并保障支出。有收费或罚没收入的国家机关实行"罚缴分离、票款分离、银行代收"，均实行财政"收支两条线"管理。即行政事业性收费和罚没收入按财政部门规定全额上缴国库或预算外资金财政专户，支出按财政部门批准的计划统

[①] 施能杰：《美国政府人事管理》，台北商鼎文化出版社，1999，第329~330页。

筹安排，从国库或预算外资金财政专户中核拨给执收执罚单位使用。在实际工作中，各地具体操作不一，但都有以下几个共同点。①执收、执罚单位对被收（罚）款单位、个人开出收（罚）款通知单。②银行代收费款。③财政部门给被收（罚）款单位、个人开具收款收据，并根据银行收款进账单给执收、执罚单位开出收款通知书。如果是应缴预算款，财政部门还要开出预算收入缴款书，将预算款及时缴入人民银行国库。④支出按综合财政预算安排。有的地方政府因财政收入紧张，以部门罚没款或收费上缴国库再按比例回拨给原单位作为其办公及业务经费的正当性值得商榷。因为靠收费或罚款来维持机关的运作，不可避免会出现因罚设罚，为罚而罚的现象，违背了行政的真正目标。

（二）公务员垫付费用有请求偿还的保障

公务员经指派在上班时间以外执行职务者，服务机关应给予加班费、补休假、奖励或其他相当的补偿。如台湾地区"公务人员保障法"第24条规定，公务人员执行职务垫支之必要费用，得请求服务机关偿还之。

（三）公务活动报销制度

公务员出席会议、考察调研、执行任务、学习交流、检查指导、请示汇报工作等公务活动所产生费用由财政给予报销。我国公务员的公务活动报销制度一般实行包干制。2012年，我国财政部下发通知全面推行公务卡报销制度。公务卡是指财政预算单位工作人员持有的、主要用于日常公务支出和财务报销业务的贷记卡。公务卡消费的资金范围主要包括差旅费、会议费、招待费和零星购买支出等费用。公务卡具有一般银行卡所具有的授信消费等共同属性，同时又具有财政财务管理的独特属性。

各级政府的公务接待情况须及时公开，接受公众监督。为严格和细化公务接待各项要求和标准，中共中央办公厅、国务院办公厅2013年12月8日印发的《党政机关国内公务接待管理规定》共提出38项禁令，包括11项"禁止"事项和27项"不得"要求。《北京市党政机关国内公务接待管理办法》规定，没有接待清单，国内公务接待费不能报销。公务接待清单包括接待对象的单位、姓名、职务和公务活动项目、时间、接待场所、费用以及接待陪同人员情况等内容；公务外出实行计划管理，科学安排和严格控制外出的时间、内容、路线、频率、人员数量,禁止异地部门间没有特别需要的一般性学习交流、考察调研,禁止重复性考察,禁止以各种名义和方式变相旅游,禁止违反规定到风景名胜区举办会议和活动。①此外,长期依赖公务接待生存的机关内部接待场所,将建立市场化的接待费结算机制,逐步实现自负盈亏。

三 工作条件、办公设施、执行设备保障

(一) 工作条件

工作条件指在工作中的设施条件、工作环境、劳动强度和工作时间的总和。公务员执行公务时的执法设备及特种职业装备等用以保障其职场安全并促使其安心工作。我国《公务员法》第13条第1项就规定公务员有权获得履行职责应当具有的工作条件。台湾地区"公务人员保障法"第18条规定,各机关应提供公务人员执行职务必要之机具设备及良好工作环境;第19条规定,公务人员执行职务之安全应予保障。各机关对于公务员执行职务,应提供安全及卫生之防护措施。

(二) 办公用房的保障

机关办公用房包括办公用房、公共服务用房、设备用房和附属用房。从1988年国务院颁布实施《楼堂馆所建设管理暂行条例》以来,中央三令五申,一再严控机关办公用房。但一些地方"上有政策下有对策",有的公务员特别是各级党政机关主要领导公务员利用手中公权力,超标准改善自己的工作办公条件,时甚至追求奢华享受;其下属机关也上行下效,一级看一级。个别地方人均建筑面积竟超标数倍,而且办公室室内配备独立的卧室和卫生间,在公众中造成了很坏的影响。

为此,2013年7月,中共中央办公厅、国务院办公厅印发《关于党政机关停止新建楼堂馆所和清理办公用房的通知》,明确提出5年内各级党政机关一律不得以任何形式和理由新建楼堂馆所,已批准但尚未开工建设

---

① 刘洋:《北京规定:公务接待无清单不能报销》,http://news.xinhuanet.com/politics/2014-03/19/c_119831131.htm。

的楼堂馆所项目一律停建，领导干部办公室面积超标应清理腾退。2014年11月24日，国家发改委、住房和城乡建设部发出通知，按《党政机关办公用房建设标准》规定，中央机关部级正职和省级机关省级正职官员的办公室使用面积不能超过54平方米。中央机关部级副职、省级机关省级副职官员的办公室使用面积一样，均为42平方米。中央机关处级以下、省级机关处级以下、市级机关局（处）级以下、县级机关科级以下官员的办公室使用面积一样，均为9平方米。公务员有超标使用办公用房的情形将被问责。

（三）公务交通工具、电信设备的保障

公务用车是指由政府财政为各级党政机关及公务人员执行公务需要所配备的交通工具，主要分为各级党政机关领导干部固定用车和公务人员公务活动用车两大类。近年公车超标、公车私用、公车浪费等三公消费成为纪检监察部门与媒体监督的焦点和整治的重点。2014年7月16日，中共中央办公厅、国务院办公厅下发的《关于全面推进公务用车制度改革的指导意见》和《中央和国家机关公务用车制度改革方案》规定，除专业用车外，取消一般公务用车；普通公务出行将以公务人员自行选择社会化的方式以及适度发放公务交通补贴的方式解决。

公务员电信设备的保障是执行公务所必需的通信和特殊电子设备的总称。公务员电信设备保障是现代社会高速发展的必然结果。公务员执行公务所需的电信设备保障须维持在必要限度的标准内。

（四）制服、职务标志的保障

公务员在执行职务过程中，若规定着制服，则公务员便有穿着制服服勤务的义务。该制服应由服务机关免费提供或提供制服津贴，由公务员自行定做制服。[①] 公务员在执行职务过程中，若有佩带职务标志的规定，须佩带职务标志服勤务。职位标志与职务标志不同，职位标志是指尚未给予职位者的标志，例如实习公务员尚未给予职位，故仅有职务标志（例如实习人员）而无职位标志。职位标志与功能标志亦有不同，功能标志是指组织法上规定的执行职务，是抽象的或具体的标志，如专业技术人员、专

[①] 林明锵：《公务员法研究》（一），台北：作者自刊，2003，第490页。

员、科长,即属抽象的功能标志;而职位标志则偏向于职阶的表示。①

(五) 受公物损害的补偿

国家机关的办公设施属于国家所有,公务员利用设施办公是为了全体人民的利益,因此产生的物质、非物质成果均归属国家所有;受到办公设施致害时亦可获得补偿。我国台湾地区"公务人员保障法"第 21 条规定,公务人员因机关提供的安全及卫生防护措施有瑕疵,致其生命、身体或健康受损时,得依相关法律请求赔偿,② 但因公务员故意或重大过失而导致该损害的,不在此限。公务员在办公中,如遭受办公设施损害是否可以提出损害赔偿请求,在我国《公务员法》中没有相关规定。理论上,受损的公务员可参照《民法通则》公物致害情形受偿,也可参照《劳动法》关于职业灾害补偿的有关规定获得补偿。

四 强制力保障

公务员职权由国家强制力保障实施。国家强制力是指国家的军队、警察、法庭、监狱、司法等有组织的国家暴力。对任何社会的法律而言,都不可能指望全体社会成员都会遵守,因此,职权必须由国家强制力保证其实施,即对违法行为采取不同形式的追究以至制裁。如果没有国家强制力和所在的强制力机关做后盾,那么任何职权的存在就变得毫无意义。

公务员依法履行职务的行为受法律保护。这意味着国家可采取强制措施排除妨碍公务员依法执行职务的行为。如我国《刑法》第 277 条规定,以暴力、威胁方法阻碍国家机关工作人员依法执行职务的,处三年以下有期徒刑、拘役、管制或者罚金;《刑法修正案(九)》在第 277 条中增加一款:"暴力袭击正在依法执行职务的人民警察的,依照第一款的规定从重处罚。"如果阻挠或妨碍公务执行的行为得不到惩罚,公务员职权所体现的国家意志也就得不到贯彻和实施。

---

① 林明锵:《公务员法研究》(一),台北:作者自刊,2003,第 498 页。
② 林明锵:《公务员法研究》(一),台北:作者自刊,2003,第 501 页。

机关有责任保护所属公务员依法执行职务。机关对公务员执行职务的行为不予以保护，应担负由此产生的损害赔偿责任。台湾地区"公务人员保障法"第 20 条规定，公务人员执行职务时，现场长官认为已发生危害或明显有发生危害之虞者，得视情况暂时停止执行；其第 16 条规定，公务人员之长官或主管对于公务人员不得作违法的工作指派，亦不得以强暴胁迫或其他不正当方法，使公务人员为非法的行为。

公务员享有因公涉讼的辅助权。公务员因依法执行职务涉讼或遭受侵害时，依台湾地区"公务人员保障法"第 22 条规定，其服务机关应延聘律师为其辩护及提供法律上的协助，唯如因公务人员故意或重大过失所致者，其服务机关应向该公务人员求偿；又依据台湾地区"公务人员因公涉讼辅助办法"第 1 条、第 3 条及第 5 条的规定，公务人员因公涉讼，为保障其权益，服务机关应为其延聘律师，或自行延聘，并检具事证向所属机关申请核发费用，延聘律师以一人为限，其费用则由各机关预算内列支。公务员所属机关有权利也有义务向法院提起刑事诉讼或民事诉讼，请求法院依法追究侵犯公务员权益的相对人刑事责任和民事责任。对于妨碍公务罪，不必经过人民检察院的公诉，人民法院依据公务员所在机关的起诉可以直接进行审理和作出判决。①

五　文化保障

在我国，国家和家庭等同的悠久文化传统对公务执行起到一定保障作用。民间称公务员为"公家人"、地方政府领导为"父母官"是一种根深蒂固的文化传统，将政府比作父母，软化和促进了政府与公众的关系。我国公众与国家的家国一体纽带远比西方公民社会与国家对立理论认为的更加亲密和牢固。它所产生的不仅仅是顺从，而是忠诚和拥护。所以，基于感激和成员身份的合法性，更容易认同公务员的身份、配合公务的执行。

官本位和公务员官文化的传统及民不与官斗观念被公众普遍接受，在

---

① 金国坤：《论公务员权利保障制度的完善和发展》，《北京行政学院学报》2005 年第 5 期，第 54 页。

一定程度上，为公务执行提供了文化上的保障。人性和民族性中那些最深厚的文化积淀往往构成一个社会中可以接受何种身份利益分配格局的真正基准。官员身份规则如果通过文化的认同，变成一种文化习惯，则会获得持久的保障力，并为社会成员自觉践行。某种观念一旦获得了文化上的呼应，在人们心理上引起了共鸣，则不论正义与否，都能够堂而皇之地规制社会生活。公务员如何更为有效地运用身份信誉来调整公众与公务员的社会关系就成为关键。

公信力是社会公众对政党和政府公共信誉的一种主观评价或价值判断，是政党和政府行为及公务员所产生的信誉和形象在社会公众中所形成的一种心理反应，它包括公众对政党和政府整体形象及其公务员的认识、情感、态度、情绪、兴趣、期望和信念等。如果公众对政府信任和政府对公众信任，那么公众会自愿地配合政府行政，公务员公务活动，以提高行政效率。如果公众不信任政府和政府失信于民，那么公务抵制甚至反抗政府作出的行为，就须沟通或说服公众从而增加行政成本。信任共产党和政府已成为我国公众的习惯，当前要关注政府公信力建设特别是公务员诚信建设，不要过度消费公信力。

第四节　公务员职权与公民权衡平[①]

公务员基于两种身份关系产生了两种权利义务，即公务员一方面基于公务员的身份产生国家赋予管理国家和社会公共事务的权利和义务，亦称国家职务的权利义务；另一方面基于自然人的身份产生的宪法赋予公民的基本权利和义务，亦称公民的基本权利和义务。两种权利义务共同存在于一个主体之中，这两种权利在本质上是一致的，后者是前者的前提和基础，而前者是后者的延伸和结果；二者在多数情况下是统一的，但在某些方面二者会产生不协调甚至冲突的现象。

[①]　本节一、二部分内容发表于《福建经济管理干部学院、福建行政学院学报》2000 年第 3 期，已作修改。

一 公务员职权与公民权冲突

在现代社会，人有三种属性，即政治生活的人、社会生活的人和私人生活方面的人。与这三种属性相联系相适应的也应该有政治生活、社会生活、个人生活三类基本权利。① 基本权的样态随着时间的推移而日趋多样化，各种权利之间难免有交错重叠之处，在保障或限制范围上就会产生兼容或排斥的问题。② 作为自然人的公民一旦进入公务员队伍，便与国家构成了新的法律关系，即基于其职务与国家之间构成职务上的义务、权利关系。这就使公务员具有两种身份：既是普通公民又是国家公职人员。公务员两种身份反映出公务员作为国家管理者和作为被管理者的法律地位不同；反映在权利义务关系上就是公务员的职权与公民权的差异，即职权的义务首要性、不可处分性与公民权的权利首要性、意志性的差异。

由于这两种法律身份集于公务员个体一身，在其从事公务行为或个人行为时，就可能产生公务员与自然人在法律身份上的不协调，从而造成公务员行为的交错重叠，即公务员职务行为与公务员个人行为的交错重叠。这两种行为的性质效力和承担责任的方式是不同的，而行政法要求公务员身份和行为相统一，因此一旦公务员在其具体活动中，由于身份和行为不一致而发生职权与公民权交错的话就会出现以下冲突现象。

其一，公务员以公民身份去处理行政行为，即本应行使职权时却代之以行使公民权，从而构成失职行为。例如正在执行公务的警察拒绝履行保护被拐卖妇女人身安全的法定职责，消防人员值班期间见火不救等。这对普通公民来说，只属思想境界问题而不属于失职问题。失职的法律要件是：首先，公务员负有职权所要求的职责；其次，公务员违反作为义务而不履行应担职责。

其二，当公务员是公民身份时，若以公务员身份去从事个人行为就会发生越权，以权谋私，形成渎职。其法律构成要件是：首先，公务员拥有职权；其次，公务员违法或不合理行使职权导致违法或违纪行为，其表现

---

① 何华辉：《比较宪法学》，武汉大学出版社，1988，第206~224页。
② 童之伟：《对权利与义务关系的不同看法》，《法商研究》1998年第6期，第32页。

形式可以是行政越权、行政滥用职权、行政侵权、行政不当或行政违纪等行为。公务员的职权与公民权的冲突不仅会影响公务员行为相应的法律效力的认定、行为法律后果与责任的承担,而且还会影响政府廉洁性、政府组织形象等问题。

其三,公务人员的个人利益与职务行为所代表或维护的公共利益两者之间发生的矛盾和冲突。[1] 公务员在执行职务时,凡是涉及本人或一定亲属关系者的利益有关事件,为了避免因为参与其事,致影响其相关作为或不作为的公平性,引发民众的质疑或不信任,而忌避不参与其事,称为利益冲突回避。[2] 利益冲突表现为公务员的私利大到足以影响公务履行。其最常见的有下列八种形式:[3] ①贿赂;②滥用影响力;③滥用资讯;④财务交易;⑤送礼与招待;⑥在外兼职;⑦替未来就业作准备;⑧任用亲戚。此八种形式实际上会不会造成冲突,得视公务员是否屈服于私利的诱惑,而牺牲公共利益的程度而定。[4]

利益冲突内涵包括以下几方面的内容。

(1) 公务员的行为在外观上有利益冲突的情形不得为之,并不以"违背法令"者为限,纵是所为的行为合法,仍属禁止之列。

(2) 公务员有实质上利益冲突的情形不得为之,如应回避而未回避的,纵令所为的行为合法且尚未发生图利的结果,仍属不法的范围,不以已生图利的结果为限。

(3) 获取利益,是指获取私人利益,不包括获取公益的情形且利益不以不法利益为限,纵是合法的利益亦在法规范之列;如所涉的利益属不法利益,应调查是否涉嫌贪渎罪责。以上所称利益包括财产上利益及非财产上利益两类。财产上利益包括:①动产、不动产;②现金、存款、外币、有价证券、债权或其他财产权利(商标专用权或著作权等权利);③其他

---

[1] 美国国会 1978 年 10 月通过的《政府道德法》,1989 年 11 月通过的《政府道德改革法》,美国联邦道德规范局 2002 年 10 月 2 日公布了《行政官员道德行为准则》都涉及反腐败机制中的一个重要概念"利益冲突"。利益冲突是公职人员执行职务时,得因其"作为"或"不作为","直接"或"间接"使本人或其关系人获取利益均属之。参见台湾地区"法务部"政风司《政风工作手册》,台湾地区"法务部",2010 年第 2 版,第 2 ~ 4 页。
[2] 台湾地区"法务部"政风司:《政风工作手册》,台湾地区"法务部",2010 年第 2 版,第 4 页。
[3] 萧武桐:《公务伦理》,台北智胜文化事业有限公司,2002,第 272 ~ 273 页。
[4] 萧武桐:《公务伦理》,台北智胜文化事业有限公司,2002,第 273 页。

具有经济价值或可以金钱交易取得的利益（如贵宾卡、会员证、球员证、招待券或优待券等利益）。非财产上利益指有利于公务员本人或其关系人在政府机关、公立学校、公营事业机关的任用、升迁、调动及其他人事措施中获利。关于公务员利益冲突规制的范围，宜采广义的解释。

那么，在两种法律身份汇集于一人的情况下，如何解决公务员的职权与公民权冲突？即如何明确区分公务员行为是职务行为还是个人行为或其他行为，是行政法理论和实践所必须解决的问题。解决此冲突的途径通常有以下几种。

（1）设立区别公务员职务行为和公务员个人行为的标准，以区分公务员职务行为和个人行为。例如以行政职务关系和公务员资格为前提条件，以公务员所担任的行政职务和所属行政主体的行政职权、行政职责为核心，综合考虑以时间要素、名义或公务标志要素、公益要素、职权与职责要素、命令要素作为确认公务员职务行为的基本标准，这些标准基本上能区分开公务员行为是职务行为还是个人行为。[①] 但这些标准只是在认定侵权行为时才发生效用，属于事后处理；消极矫治而无法事先预防，属于治标不治本的手段。

（2）依靠公务员的德行。国家对公务员组织纪律性和职业道德进行教育，依靠公务员的廉洁自律和忠诚善意行使权力，以达到冲突解决的目的。然而依靠公务员的德行，约束力是有限的。由于缺乏客观性、精确性、程序性、强制性的特征，道德在道德缺失的社会中调节这种冲突显得微不足道。

（3）通过纪律来实现利益冲突回避。即要求公务员必须遵守组织规章纪律来规制利益冲突，以保证职务行为正常履行。西方国家多采用利益冲突回避方式来解决组织廉洁性和公正性问题。纪律规定对利益冲突规制有立竿见影的效果，如中共中央政治局《关于改进工作作风密切联系群众的八项规定》，但其能否常态化和执行程序正当性问题还须进一步明晰。

（4）对公务员的公民权利予以限制。通过国家制定有关法律法规，基于公务员的特殊地位，通过立法程序，采取适当措施，限制公务员作为公民在宪法上的权利即相对放弃某些宪法赋予的与公务员职责履行相冲突的

---

① 王连昌：《行政法学》，中国政法大学出版社，1997，第91页。

权利或义务。

就以上几种方式而言，区别公务员职务行为和公务员个人行为的标准是原则性的规范，具体到某种公务行为，存在着标准模糊、操作性不强的缺陷；依靠公务员的德行来约束公务员公务行为与个人行为，无外部的追责机制难免会出现以权谋私现象；通过利益冲突回避来解决是职务行为还是个人行为问题只是消极的预防手段。只有通过法律明确规定，对公务员与其行使职权相关的公民权利予以限制，才是积极有效地防止冲突的衡平之策。

二 公务员公民权利的限制必要性

（一）公务员公民权利的限制

西方国家对公务员职务上的权利与宪法上的公民权利的争论已达百年之久。针锋相对的观点有两种。一种是以奥立弗、温德尔、贺尔姆思为代表的权力特权观点，认为公务员的一些宪法权利，特别是言论自由和罢工权必须受到限制，否则，就会危及政府工作的稳定和连续，导致社会动荡不安。另一种观点则认为公务员应享有公民宪法上的一切权利特别是言论自由、集会权利和罢工权利，这些基本权利是人们在国家政治生活和社会生活中的根本权利，源于社会关系的本质，与主体的生存、发展地位直接相关，人生而应有之，不可剥夺、转让、规避且为社会公认的；因而也可说是不证自明的权利，他们指出公务员丧失这些公民的基本权利就难以维护自身权益。后一种观点虽看到公民权利与公务员权利的一致性，却没有看到公民成为公务员拥有相应职权的同时，也必须承担相应多的义务即权利限制。在公务员权利体系中，公务员职务上的权利已取代公民权利成为公务员权利的核心，公务员取得职权的实质是对其公民权利的一种异化。

（二）公务员公民权利的限制必要性

从理论上说，一个国家在设计自己的法律制度时必须充分考虑权力的扩张性质，使公务员的职权受到有效的制约。法律通过职权分配、职权范围和程序的规定以及对职权行使的监督，旨在更好地规范公务员行使权力。然而，权力的行使必须通过公务员的具体行为才能实现，但鉴于公务员职务行为所特有的双重属性，这就使得现实中公务员职权的不正当行使几乎成为无法避免的问题；何况公务员所处的社会环境和自然环境具有复杂多样性，公务员个体的行为动机、心理素质、行为能力、道德水准和法律意识水平又存在较大差异。因此，法律必须作出公务员行使职权的严格规定，限制公务员享有某些公民自由，以确保公务员职务行为后果处在合理的偏差范围之内。进言之，由于公务员执行职务时，系代表国家或各级政府，拥有一定的公权力，动辄影响人民的权益甚巨，所以必须对公务员权利特别加以限制或约束。

从法定资源需要原理来说，法定资源的取得与法定耗费的支付是辩证统一的。公务员在取得所需（国家权力）的行为过程中，一方面是公务员获得法定资源的切实保障；另一方面根据权利与义务不可分离的原则，公务员个体也相应地承担各种必要的支付或损失。具体而言，公务员在取得国家职权行为中，依照法律规定必须作出一定已得资源的支付，以及一定行为机会的放弃，行为的法定耗费构成了整个社会人们行为中的利益互补关系。如果这种关系遭到破坏，就会导致法律秩序的混乱，出现权利与义务相脱离的现象，因此法律须设定理想的社会模式来合理安排社会资源。在公务员取得稀缺性资源（权力）的同时也应对公务员的公民资源进行合理限制。德国《基本法》第 34 条第 4 项规定，国家高权性任务原则上保留由公务员执行，故对公务员有特殊要求。此特殊要求最主要为公正性之要求，称为距离原则，亦即掌握公权力的人，在作决定时应与利益保持距离，此为法治国家基本原则。[1] 因为公务员具体承担法律资源增益机制的运行，所以公务员作为"切蛋糕"的人应最后一个拿蛋糕，得到多少就要失去多少，这符合现代实质的公平、正义。

从国家利益来看，国家利益是一个国家的核心。当国家利益与公民个人利益相冲突时，一般地，公民个人利益应服从国家利益。为了维护国家安全和保守国家秘密，作为公民的特殊个体，公务员在入职时，就宣誓要维护国家的安全、荣誉和利益，因此，公务员应承担较普通公民更多的责

---

[1] 台湾"公务人员保障暨培训委员会"编《保障法制座谈会、研讨会及专题讲座记录汇编》（下册），台北："公务人员保障暨培训委员会"，2011，第 618~619 页。

任，放弃或克减宪法上一些基本权利，即对公务员人身自由和某些公民权利进行必要的限制。这是由公务员处于管理国家和公共事务的特殊地位决定的，例如公务员较一般公民更容易接触国家安全机密，公务员须承担更多的保密义务。

此外，从组织廉政建设角度而言，组织的廉洁性和权力的特性也是限制公务员权利的原因之一。公务员公务行为代表组织行为，相应地公务员个人形象也代表组织的形象，组织的高效、廉洁很大程度上是透过公务员的高效、廉洁表现出来的。公众往往从公务员表现看待组织形象。权力具有自由裁量性和主动性，致使公众很难确定公务员行为是公务行为还是公民行为，因此对公务员有损组织形象的公民行为进行严格的限制，这对保证政府廉洁形象、防止公务员的腐败是非常必要和现实的。

三 公务员权利限制的原则与规则

总体而言，宪法上规定公务员的权利义务与公务员法所规定的权利义务基本上是协调一致的，但在某些具体条文的规定上，又表现出不协调性，甚至相互冲突。因为公务员法根据公务员的特殊身份和地位，不得不有限度地限制公务员在宪法上所规定的基本权利。换言之，要求公务员主要以第二层次的权利义务即公务员法所规定的权利义务作为行为的准则，而相对放弃一部分宪法赋予的与公务员职责有冲突的权利，以保证公务员系统的正常运行。公务员受到特别保障及被特别限制，仅基于公务员身份的部分，此乃公务人员保障制度的主要内涵，不宜混淆莫辨。[①] 在限制权利问题上，各国在公务员权利义务的立法和实践中，存在着不少的争议；但总体而言，限制公务员的宪法权利都是可能与公务员特定身份及利益相冲突的权利。当然，这并不意味着国家对公务员的基本权利，可予以任意限制。

（一）公务员权利限制的原则

国家对公务员基本权利的限制，仅限于对公务员部分可能与公权力行

---

① 刘美洲：《公务员义务与权利概述》，台北：《三民主义学报》2001年第22期，第137页。

使相冲突的基本权利,且应遵循以下原则。

(1) 法律保留原则。法律保留原则要求行政权除因确信公共利益上有必要而得为行政措施外,凡对于人民义务之负担、权益之侵害,均应属立法之范畴;换言之,凡对人民基本自由之限制,仅得以法律为之。[1] 诸如剥夺公民生命或限制公民人身自由行为,必须遵守罪刑法定原则,以制定法律的方式设定;涉及公民其他自由权利的限制者,亦应由法律加以规定。中共中央《关于全面推进依法治国若干重大问题的决定》指出行政机关不得法外设定权力,没有法律法规依据不得作出减损公民、法人和其他组织合法权益或者增加其义务的决定;此项法治精神同样适用于公务员合法权益的保护。法律保留原则要求对公务员基本权利限制应由法律加以规范,主管机关不得径行以命令为之。

(2) 法律明确原则。行政法上明确原则主要有三种指称,即法律(规定)明确原则、(法律)授权明确原则以及行政行为内容明确原则。公务员违背其职业上应履行的义务,而依法应受惩戒和追责情形,必须是其事先能预见其何种作为或不作为构成义务或责任的违反及所应受的惩戒是什么,才符合法律明确性的原则。对于惩戒处分的构成要件,法律以抽象概念表示,不论其为不确定概念或概括条款,均须无违反明确性的要求。法律明确性的要求,并非仅指法律文义具体详尽而言,立法者于立法定制时,仍要衡量和斟酌法律所规范生活事实的复杂性及适用于个案的妥当性,从立法上适当运用不确定法律概念或概括条款来作出相应的规定。法律明确性是指其含义在于个案中可经由适当组成的机构依其专业知识及社会通常观念加以认定或判断,并可由司法审查予以确认;据此以言,①意义非难以理解;②受规范者所得预见;③得经由司法审查加以确认,乃是判断是否合于法律明确性的要求。[2] 根据公务员职务和业务的性质,对公务员基本权的限制必须遵循法律明确性原则要求,以往形成的由公民基本权保障经验所凝聚的共识,可以为其提供较为明确的基准。

(3) 信赖利益保护原则。信赖利益保护原则起源于英国行政法。受规范对象如已在因法规施行而产生信赖基础的存续期间内,对构成信赖要件

---

[1] 城仲模:《行政法之基础理论》,台北三民书局,1994,第97页。
[2] 林明锵:《公务员法研究》(二),台北新学林出版股份有限公司,2012,第257页。

的事实，有客观上具体表现的行为，且有值得保护的利益者，即应受信赖保护原则的保障。换言之，一份工作可被认为是公务员的财产，且一旦此财产权被建立起来，只有通过正当程序，政府才能取走此财产、工作。①公民自考入公务员队伍那一时起，就与国家签订职业契约，愿意放弃作为公民本应享有的部分基本权利，同时产生职务上义务；当然国家也与之签订了保障其身份和相应物质生活的承诺，此为公务员信赖国家之利益，应避免此契约的承诺受损害。

（4）公共利益衡量原则。公共利益是指与社会成员共同有关的利益，不仅包括国家的、社会的、集体的利益，也包括正常的社会秩序。为了实现机关运转所促进的公共利益，应该允许国家基于公共利益衡量及维持内部秩序的必要性来限制公务员权利。利益衡量就是在公务员权利依据所规定的"公益"被限制后，能否给予社会、公众、该共同体比先前由原权利人使用的"更高"的公益价值。所谓"更高"的公益价值，并非是数量的问题，也就是非受益人多少的问题，而是该征收的目的之"质"的问题；此种"质"首先取决于——依宪法的价值秩序——此涉及的一种利益较他种利益是否有明显的价值优越性。②无疑，相较于财产性利益，人的生命或人性尊严有较高的位阶。国家须对限制公务员基本权所拟实现的公益与公务员受限的基本权进行利益权衡；仅能基于公共利益而不是基于其他目的之因素来考虑限制公务员的权利。例如不少地方政府搞征地拆迁，家属如是公务员，被安排任务去说服其家人签字同意搬迁，否则不准上班，这就考虑了其他相关因素而侵犯了公务员的工作保障权。

（5）比例原则。比例原则的审查标准：①是否在于追求正当目的；②是否为达成此目的所必要，与目的之价值成适当比例，不得对基本权利进行过度限制。③政府行为涉及公共利益的范围过分宽泛，须考虑政府行为是否与公共利益密切相关，对公民权利的限制是否超过必要的限度。除非政府行为要满足的利益是迫不得已的，或者对于政治体系而言是极其重要的。即使如此，政府在实现这种利益时所选择手段也要符合最小限制

---

① 唐纳德·E.克林纳、约翰·纳尔班迪：《公共人力资源管理》，江大树、吕育诚、陈志玮译，台北韦伯文化国际出版有限公司，2003，第445页。
② 陈新民：《德国公法学基础理论》（下），山东人民出版社，2001，第478页。
③ 吴庚、陈淳文：《宪法理念与政府体制》，台北三民书局，2013，第172页。

的原则。① 依比例原则,限制公务员基本权利时,国家须对不同公务员区别对待,越是职务高或关键岗位公务员的权利受限程度越高,普通公务员权利受限程度要较少且不得超过必要的限度,并明确说明限制公务员基本权利的各种情形是符合最小限制原则的理由。

(二) 公务员权利限制的规则

对公务员基本权利进行限制时应当遵循如下规则。①比较保障基本权的必要性和维持增进全体国民生活利益的必要性,以确立两者之间能够达到适当平衡,来确定公务员基本权限制的限度。②考虑基本权直接关系到公务员的生存权,且是保障生存权的重要手段,因此对其限制的程度应当合理而尽量达到最小化,即适用比例原则,在限制公务员权利时,不可为达到目的不择手段;对宪法权利剥夺的"范围"必须从为实现相同的基本目的而采取的"最不激烈的手段"角度进行分析。② ③任何对公务员基本权的限制,都或多或少损害了其切身利益,因此国家应当给予适当的补偿或给予一定保障。④如果公务员在行使基本公民权时超过了必要的限度,或者行使程序失范,但只要其违法程度较弱,即可适用纪律或行政处分,不应对其进行刑事制裁。⑤根据公务员职务和业务的性质,对其进行分类,分别确定对其基本权的限制原则及限制幅度,此时可以借鉴德国学者洛舍尔德(Loschelder)的排除法则。洛舍尔德关于公务员权利的限制,研究出了一种特殊方法,共分三步。③

(1) 排除法则。指处于特别权力关系下的成员,因其特殊情况和特定职务对某些基本权利从一开始就不能适用。例如公务员不能以职权谋求私人的利益,因犯不能享受人身自由,军人不能逃避兵役义务。

(2) 抽象法益的位阶顺序。在此阶段内就特别权力关系下所涉及的法益进行排序,应依其执行职务的特殊性进行排序。例如在一般情况下,生命权高于一切其他的权利,但对于执行危险任务的警察和军人来说,基于

---

① 〔美〕戴维·H. 罗森布鲁姆等:《公共行政学:管理政治和法律的途径》,张成福译,中国人民大学出版社,2002,第529~532页。
② 〔美〕戴维·H. 罗森布鲁姆等:《公共行政学:管理政治和法律的途径》,张成福译,中国人民大学出版社,2002,第529~532页。
③ 蔡震荣:《行政法理论和基本人权之保障》,台北五南图书出版公司,1988,第264~265页。

职务的需要有时甚至要牺牲生命，这时生命权就要降到较低的位阶上。

（3）具体冲突下法益比重的确定。前两阶段都是静态的，最后一阶段涉及动态解决具体情况下的问题，即如何达到个别正义。例如公务员能否罢工，这涉及公民的劳动权利和政治自由权利与国家行政管理的正常秩序间的法益冲突。在这些情况下，就需要个案以比例原则审慎地衡量冲突的法益，以达到不同法益间的实质的平衡。

四 公务员权利限制与公务员义务设定

公务员义务设定是指对公务员权利的限制与约束。公务员是行使国家权力，执行国家公务的人员，对其手中掌握的权力如果不设定一定的义务性条款加以限制与约束，就会有被滥用的危险。所以，法律在设定公务员权利的同时，必须设定相应的义务和责任及执行程序以保证公务员合法执行公务，履行职权。权利和义务二者是互相关联的。互相关联即对立统一，权利与义务一个表征利益，另一个表征担当；一个是主动的，另一个是被动的。就此而言，它们是法这一事物中两个分离的、相反的成分和因素，是两个互相排斥的对立面；同时，它们又是相互依存、相互贯通的。相互依存表现为权利和义务不可能孤立地存在和发展，它们的存在和发展都必须以另一方的存在和发展为条件；相互贯通表现为权利和义务相互渗透、相互包含以及一定条件下相互转化。① 从这个层面上说，限制公务员的公民权利也就是增加公务员的义务，二者可以互相转换。

从本原上看，权利与义务是一元的，即都是以利益为基础，以权利为单元，义务不过是权利的对象化，是特殊形态的权利。但是一般说来，人们比较注意权利与义务的区别，以及相辅相成的这种联系，而较少注意它们之间更深一层的同一关系，即在本原上的一致性；事实上，义务并不是独立于权利之外的一种异在物，它是发轫权利大树上的一簇分枝，是权利的一种特殊形态，是对象化了的权利，是主体和内容发生了转化的权利。

公务员权利与义务，原则上是相对立、相互转变的。一种权利对于权利承担者来说是一种特定的身份或价值；就其对某些人（或群体）的属性

---

① 张文显：《二十世纪西方法哲学思潮研究》，法律出版社，1996，第 503~504 页。

的保护能力而言，权利表明了具有那些特征的实体的特殊重要性，但是对于消极者而言，权利更多地反映出某种责任；他们不仅表明某种责任以及受到保护的利益和能力的特殊重要性，而且也表明了权利承受者的特殊身份。① 换言之，通常公务员义务即属其职务长官权利，公务员权利即属其职务长官义务。因此，公务员所拥有的与其权利不对应的义务，也可以从职务长官权利角度来衡平处理。

公务员行使权利的规则与公民行使权利的规则不同。一个人所行使的权利与他所履行的义务，是他自己能够自由选择的：他能够放弃所享有的一些权利而使其所行使的权利小于所享有的权利。不难看出，一个人所行使的权利应该至多等于所履行的义务；换言之，一个人所行使的权利应该等于或小于而不应该多于他所履行的义务。② 这情形适用公众权利行使，对公务员而言却不适用。公务员权利包括政治权利、经济权利、人身权利、文化权利及其他权利等须有法律明确规定才可行使的权利。换言之，一般公众在法律没有明确禁止或强制的情况下，可以作出权利推定，即推定为公民有权利去作为或不作为；而公务员应该是法律允许才能作为或不作为，不得进行权利推定，权利受法定限制。

有学者提出与公务员权利限制概念相近的公职人员人权克减的概念，认为基于特定范畴主体人权限制的研究，公务员权利限制具有"特殊限制"的含义，以区别于一般公民权利限制以及法规范的常态限制，而使用"克减"（derogation）一词；概括的权利限制与"克减"之间，存在着本质的联系：它们是如此接近，并非两种不同的限制种类，而是一般与特殊的关系。③ 首先，与一般限制（ordinary limitation）不同，克减属于非常限制（extraordinary limitation），它是在特定时期，并在一般限制不能实现预定目的的情况下临时适用的特别措施，其适用时间比较有限，适用条件更加严格，但其对人权行使的限制程度更为严重。其次，人权克减概念仅从人权法角度上论证公职人员宪法上基本权的克减，没有揽括公务员其他权利的限制，如职务上权利（职务豁免权、职务抗辩权）的限制与规范。最

---

① 〔英〕费利登：《权利》，孙嘉明、袁建华译，台北桂冠图书股份有限公司，1998，第15页。
② 孙英：《权利义务新探》，《中国人民大学学报》1996年第1期，第37~38页。
③ 陈刚：《公职人员人权克减问题研究》，苏州大学博士学位论文，2013，第12页。

后，使用限制一词比克减更容易让公众与立法机关所接受。因此，就公务员权利而言，使用权利限制概念比人权克减概念无论是在内涵还是外延上都更有说服力。

基于我国公务员义务规范的不确定性与模糊性，使用公务员权利限制一词比使用公务员义务设定更准确、合理。

首先，正如前所述，我国公务员义务涉及法定义务、纪律义务、政治义务以及伦理义务，甚至工作上操作规程要求都可为其承担的义务；可以说，与公务员权利相对应的义务及不相对应的义务种类繁多、浩如烟海。诸多义务杂糅难以区分，让公务员无所适从，也给其所属机关任意设定公务员义务提供充足的理由，导致社会和公务员自己对义务的本质无法深入理解，也给公务员权利义务理论深入分析带来困难。因此，从规范公务员行为角度，用公务员权利限制的概念来论述公务员须多承担责任，比只规定公务员义务更容易让公众及公务员理解和接受。

其次，从权利来源而言，使用权利限制概念可以清晰地反映出公务员是先有宪法的基本权利，由于其身份或职务要求才给予限制，体现了公务员义务本位向公务员基本权利本位与职务义务为先衡平的理念。

最后，公务员行使权利须以法律明文规定为限，在将来立法上，权利限制以公务员权利上但书的形式加以规定，而不在义务规范中规定，有利于公务员更清楚和了解自身的权利，以均衡公务员权利义务。公务员权利限制的内容将在以下几章中分别论述。

第三章
公务员政治权利

第一节 公务员的被选举权

被选举权是指公民被选任为国家权力机关的代表或其他公职人员的权利。被选举权是联合国通过《公民权利和政治权利国际公约》第25条确定的一项公民的基本政治权利。与该公约所规定的其他权利不同的是被选举权的权利主体只能是缔约国境内具有缔约国国籍的公民,而不是该公约所规定的在缔约国境内居住和生活的所有自然人,因此,相对于其他政治权利来说,被选举权是作为现代民主社会中的一项特殊权利而存在的,是一种只有公民才能享有的"特权"。

一 公务员被选举权与晋升权

一般而言,被选举权与选举权同时受到法律的保护,在一般情况下,享有选举权的公民同时可以享有被选举权。选举权指向表达自由,即通过自由平等地投票来表达个人意愿,选举其代言人;公务员被选举权指向参与国家管理权,即通过被提名和当选公职来实现对公共事务的参与决定和管理。二者体现着参政权的不同层次与功能。[1] 由于被选举权具有不同于

---

[1] 钟丽娟:《被选举权的设置应更加科学合理》,http://theory.gmw.cn/2011-05/03/content_1914017.htm。

选举权的权利功能,因此,享有被选举权公务员的资格往往要比享有选举权公务员的资格更加严格。选举权通常只涉及个人的政治表达,而被选举权不仅涉及享有权利的主体能够自由地表达自己的政治主张,而且还要求其能够依据宪法和法律行使一定管理职权,具备必要的品德素质、知识和职业能力。所以,在宪法制度上,公务员被选举权是比选举权受到更多的法定条件限制的政治权利。

(一) 公务员被选举权

被选举权在公民的政治权利体系中占据非常重要的位置,它既是公民直接参与公众事务权利的核心权利内容,也是连接选举权和担任公职的权利之间的桥梁。被选举权与担任公职的权利具有密切的联系,是担任公职权利的一种法定要件。能否享有担任公职的权利首先取决于能否在法律上获得担任公职的机会。在现代法治社会中,大量的公职是通过选举程序来产生的。当然,担任公职可以依据多种形式来实现,通过选举程序来担任公职只是担任公职权利实现的一种方式,担任公职权利还可以通过被任命、参加考试录用、公开选拔等一系列法定程序来实现。

(二) 职务晋升权

公务员职务晋升权是指公务员根据国家有关法律、法规和政策的规定,基于国家管理的需要和公务员本身的德才表现情况,提高自身职务与级别,从较低的职务升任至较高职务的机会或资格。公务员一旦担任公职,职务晋升就是公务员的一项基本"不言自明"的权利。被选举权与职务晋升有密切关系。在民主政治中,公务员晋升本质是授权,可分为被选举和受任命两种基本途径。被选举自然就要涉及通过选票获得职位;而受任命则是坚持从实际出发,综合运用会议投票、推荐、个别谈话、延伸考察以及沟通协商等多种方式得以晋升。根据我国《公务员法》的规定,领导职位和助理调研员以上的非领导职位出现空缺时,主要是通过晋升的方式从下级公务员中选拔,使公务员的职务晋升到更高级的职务。因此,在我国,公务员的被选举权更多体现在公务员晋升上。

一般而言,公务员由初级开始,经考核及考绩,逐级向上等级晋升。如依台湾地区"公务人员任用法"第3条规定,"官等"(rank)是指任命层次及所需基本资格条件范围的区分；职等（grade）是职责程度及所需资格条件的区分。职等分第1至第14职等，以第14职等为最高，委任官等为第1至第5职等，荐任官等为第6至第9职等，简任官等为第10至第14职等。其中，简任官须经"总统"任命，如台湾地区的各部次长、司长、厅长等；荐任官，由各主管长官推荐，由"中央政府"任命，如台湾地区各部、局的科长，各省的县长等；委任官，由所属长官委用，如台湾地区的各部的科员、县的科长等。根据台湾地区规定，高等法院及其分院的法官和检察署检察官达到简任第11职等后，继续服务两年以上者，有机会晋叙到简任第12职等至第14职等；"地方"法院及其分院的法官和检察署检察官，曾任高等法院或其分院的法官或检察署检察官2年以上，调任"地方"法院或其分院法官或检察署检察官者，可以晋叙至简任第12职等至第14职等；"地方"法院及其分院法官或检察署检察官，实任法官或检察官继续服务10年以上，成绩优良，经审查合格者，可以晋叙至简任第12职等至第13职等；继续服务15年以上，成绩优良，经审查合格者，可以晋叙至简任第12职等至第14职等。

二 我国公务员晋升制度

我国《公务员法》第43条规定，公务员晋升职务，应当具备拟任职务所要求的思想政治素质、工作能力、文化程度和任职经历等方面的条件和资格。级别晋升不单纯是为了提高待遇，它还是能力建设的一个重要载体；这种晋升也不是依靠资历增长的自然晋升，而应该是体现能力、业绩的竞争性晋升。[①] 公务员晋升职务，应当逐级晋升。特别优秀的或者工作特殊需要的，可以按照规定破格或者越一级晋升职务。2008年中组部印发的《公务员职务任免与职务升降规定（试行）》（以下简称《规定》）规范了公务员职务任免与职务升降工作。《规定》只适用于委任制公务员；选任制公务员以及法官、检察官职务的任免、升降按照有关法律、法规和章程的规定执行；聘任制公务员的职务任免与职务升降另行规定。

---

① 宋世明：《解析〈公务员法〉中分类制度之设计原理》，《法商研究》2005年第4期，第76页。

（一）考绩与年限

公务人员任职满一定期限后，由所属机关就其工作、操行、学识、才能予以考核而定其成绩，作为奖惩晋升的依据，即所谓考绩。我国对公务员实行定期考核与不定期考核相结合的考绩方法；通过领导与群众考核相结合，定性与定量考核相结合，在德、能、勤、绩全面考核的基础上，重点考核公务人员的实绩。《规定》第18条规定，公务员晋升职务须在规定任职资格年限内的年度考核结果均为称职以上等次才可。由于考绩结果经常被用作各种人事措施的主要参考，既为法律所明文规定，又为公务员的重要权利。

年限为公务员晋升职务最低任职时间的限度，是晋升的必要条件。《规定》明确晋升乡科级领导职务的公务员的年限为：①晋升乡科级正职领导职务的，应当担任副乡科级职务两年以上；②晋升乡科级副职领导职务的，应当担任科员级职务3年以上。晋升综合管理类非领导职务须具备下列任职年限条件：①晋升巡视员职务，应当任厅局级副职领导职务或者副巡视员5年以上；②晋升副巡视员职务，应当任县处级正职领导职务或者调研员5年以上；③晋升调研员职务，应当任县处级副职领导职务或者副调研员4年以上；④晋升副调研员职务，应当任乡科级正职领导职务或者主任科员4年以上；⑤晋升主任科员职务，应当任乡科级副职领导职务或者副主任科员3年以上；⑥晋升副主任科员职务，应当任科员3年以上；⑦晋升科员职务，应当任办事员3年以上。

（二）评价指标

考核公务员评价指标涉及公务员的德、能、勤、绩、廉、健6个方面。德的考核主要是看其是否坚持党的基本路线，是否忠于国家，是否遵纪守法、办事公道、行为廉洁，品德是否高尚。能力评价是考核公务员在工作过程中显示出来的能力，根据标准或要求，确定其能力发挥得如何，对应其所担任的工作、职务，能力是大还是小，是强还是弱等，作出评定。勤是考核其工作态度、在本职工作岗位上的勤奋敬业精神和劳动工作纪律情况。绩是考核其履行职责情况、完成工作任务情况，数量、质量、效益、成果的水平等情况。廉的判断主要考核执行党和国家清正廉洁的有关规定和严格要求自己的情况,有无违纪现象。健的考核不仅是身体健康,还表现在自强、务实、宽容的精神上。以上 6 个方面全方位地勾勒出公务员考核指标,但以下几个因素也值得探究。

(1) 政绩。政绩是从政、施政的业绩。由于公务员主要是从事公共管理事务,其社会效益难以计算,因此,与企业业绩以利润多少来衡量可以量化直观的工作量相比,公务员工作量的多少与产出效益不成正比。我国人事评价主要是依据地方领导的政绩表现,往往最主要的是依据他(她)对于地方经济发展作出的贡献,即最常用的衡量指标就是比较直观、易比较的地区 GDP(国内生产总值)指数。地方公务员特别是领导职公务员大都竞相追求更高的 GDP 增长,以期能得到提拔。2013 年中组部《关于改进地方领导干部政绩考核的通知》明确规定地方各级党委政府不能简单以地区生产总值及增长率排名评定下一级领导班子和领导干部的政绩和考核等次。但在仍以解决财政收入为首要任务的地方政府里,其执行情况还需要进一步观察。

(2) 能力。依据原人事部《国家公务员通用能力标准框架(试行)》(国人部发〔2003〕48 号),公务员能力包括政治鉴别能力、依法行政能力、公共服务能力、调查研究能力、学习能力、沟通协调能力、创新能力、应对突发事件能力、心理调适能力。不同职务的晋升要求公务员的能力也不同,越是高层的职务要求的思想理论和党性修养能力、政治鉴别能力、领导能力、决策能力、协调能力越高。公务员能力建设是构建现代化国家治理体系的要素之一。中国社会科学院的一项调查显示,八成基层公务员存在不同程度职业倦怠,其原因包括个人抱负与现实情况落差,工作负荷大和内容僵化,职务晋升和薪酬激励失效。[①] 没有成就感、事务性的工作多、考评的平均主义等是公务员系统中普遍存在的问题。[②] 在简政放权的背景下,公务员急需淡化管理控制能力,强化公共服务能力的建设。

(3) 学历。现代公共管理越来越需要学历、学术化和专业化。我国强调学而优则仕。如 2015 年 2 月福建省面向北京大学、清华大学、中国人民

[①] 胡颖、廉叶岚:《基层公务员被曝升迁比例低:干几十年仍是副科级》,http://news.xinhuanet.com/legal/2014-04/15/c_126391729.htm。

[②] 孙小金:《习近平忆宁德往事:最怕别人介绍我时称我习仲勋之子》,http://news.ifeng.com/a/20140808/41494970_0.shtml。

大学、复旦大学、上海交通大学选拔引进一批博士、硕士优秀毕业生，依据《中共福建省委、福建省人民政府关于引进高层次人才和青年专业人才的若干规定》聘用后，由省委组织部统一安排挂职锻炼两年。挂职期满，经考核合格者，转为综合管理类公务员后，博士按副处级安排，硕士按正科级安排，工资待遇按所任职务执行，原则上纳入相应的后备干部管理。又如台湾地区高级公务员，学历之高世所罕见，"博士司处长"应运而生，"硕士司处长"稀松平常，可谓是社会重视或崇拜高学历价值取向的行政映象。①

（4）专业。从现代政务体系的角度看，部门领导未必一定要具备部门专业性；部门领导的主要任务是确保上级路线、方针、政策在本部门的贯彻和实施。至于部门的专业性，则可由其副手们的专业素养来体现。当然，如果部门首长是本部门、本专业的专家，那再好不过；如果不是，也没什么。② 但是在专业性部门的领导选拔任用上，还是应该尽可能选拔任用内行，以免外行管内行。某种意义上，专家学者从政是引进新思维、新人才的措施，改变了行政领域中专家学者比重偏低的状况。这种做法，在国外是一种常态，我国也有不少实例。中共中央办公厅印发的《2014—2018年全国党政领导班子建设规划纲要》提出，注重从国有企业、高校、科研院所等企事业单位领导人员中培养选拔党政领导班子成员。关键是需要对专家学者从政进行常态化规制，设立政学互通的旋转门制度。在政界、学界、企业界高级官员的互换方面，有必要出台一些相关的法律法规，不妨出台与《公务员法》《党政领导干部选拔任用工作条例》相适应的二级、三级法规，来规范干部流转工作的全过程。③ 强调专家学者和企业界高管必须具备专业管理能力；同时必须遵循法定程序，不能因为某个领导的一句话就可随意转任，甚至抛开原有法定的干部转任程序。

（5）其他因素。其他因素包括年龄、履历、性别、地域以及领导熟悉程度。年龄是公务员晋升的重要参考。近年来，优化干部年龄结构要求每

---

① 赖维尧：《高级文官生涯特征》，载彭锦鹏主编《文官体制之比较研究》，台北"中研院"欧美研究所，1996，第130页。
② 林海东：《畜牧兽医局长转任教育局长的风险》，http://blog.ifeng.com/article/33896967.html?touping。
③ 李天锐：《还原"跨界者"：主流很给力，如何迈过那道坎？》，http://news.ifeng.com/a/20151218/46731047_0.shtml。

个班子都要硬性配备年轻干部，不同层级领导班子干部年龄层层递减。具有年龄梯队结构的领导班子体现我国国家治理的延续性，是我国人事队伍建设的鲜明特色。履历，即公务员历练职务的经过。晋升高层公务员须经过逐级职务和多部门、多地域的历练，例如注重多地区任职的锻炼等，这也是我国高级别领导成长的必备条件。2014年中央修订的《党政领导干部选拔任用工作条例》在领导干部选拔来源一项规定，要拓宽选拔渠道，强调基层经历，即"注意从担任过县、乡党政领导职务的干部和国有企事业单位领导人员中选拔"。性别和地域也是决定公务员晋升的因素之一；至于领导熟悉程度因素，坦言之，领导者身边的人或熟悉的人，容易被提拔使用。

在我国，公务员破格晋升存在较大争论。干部年轻化的必要性和利弊屡屡被媒体和学界讨论，有人认为现在人才梯队结构趋于合理化，没有必要再强调干部年轻化，这样也会杜绝借此名义而发生升迁腐败案；但舆论的另一极还是认可年轻化的必要性，因为知识结构和对新技术的适应度决定了年轻人更适合现代化的管理岗位。"破格用人"在政治观点上或许很迫切，但从法的观点上看则有问题，因为"格"字在我国法制史上的确有当今法令的意义，破格就是破了"法"的限制而用人，这样显然与法治的实施和理想是有冲突的；若用来作勉励之辞或尚可，但不能让它成为真正实践的内涵。①《党政领导干部选拔任用工作条例》第3条规定，"应当注重培养选拔优秀年轻干部"，鼓励选拔年轻干部，但前提是优秀；第9条规定，"特别优秀或者工作特殊需要的干部，可以突破任职资格规定或者越级提拔担任领导职务"，这可以视作在文件中明确了破格提拔的依据，但是有两个附加条件，分别是"特别优秀"和"工作特殊需要"。破格提拔的特别优秀干部，应当德才素质突出、群众公认度高，并且符合下列条件之一：①在关键时刻或者承担急难险重任务中经受住考验、表现突出、作出重大贡献；②在条件艰苦、环境复杂、基础差的地区或者单位工作实绩突出；③在其他岗位上尽职尽责，工作实绩特别显著。因工作特殊需要破格提拔的干部，应当符合下列情形之一：①领导班子结构需要或者领导职位有特殊要求的；②专业性较强的岗位或者重要专项工作急需的；③艰

---

① 城仲模：《行政法之基础理论》，台北三民书局，1994，第57页。

苦边远地区、贫困地区急需引进的。破格提拔干部必须从严掌握，任职试用期未满或者提拔任职不满一年的，不得破格提拔。不得在任职年限上连续破格；不得越两级提拔。所以，应在特别优秀和工作特殊需要两个条件基础上进一步细化、程序化破格提拔机制，并公开、公示，以提高破格提拔的确定性，从而构建明确而具体的提拔程序和公开而透明的破格晋升机制。

实务中，公务员自己对职务晋升因素有自己的看法。2012年福建省基层公务员队伍（10853人）调查显示，目前的职务晋升，应该有重点考核的因素。其中认为工作能力为重点考核因素的有5491人，占50.6%；认为个人品德为重点考核因素的有3634人，占33.5%；认为工作资历为重点考核因素的有1260人，占11.6%；认为学历为重点考核因素的有381人，占3.5%；认为其他为重点考核因素的有87人，占0.8%。[1] 因此，大部分基层公务员认为职务上升应该是德才兼备的缘故，而对工作履历、学历等的认同感较低。

（三）公务员晋升的理念与程序

我国公务员职位的晋升应坚持"信念坚定、为民服务、勤政务实、敢于担当、清正廉洁"的理念，这五点成为新时期"好干部"的标准。公务员在职位晋升过程中要坚持德才兼备、注重实绩、民主公开、平等竞争等原则，从而有效克服按照服务年限长短、资历深浅来论资排辈的弊病和公务员"熬年头"的消极心理。不仅如此，《规定》还规定，对少数因工作特别需要、德才表现和工作实绩特别突出的公务员，在相关部门审核同意的情况下，晋升时可以适当放宽学历、资历方面的要求。

在我国，公务员的被选举权的自主性受到限制，并不是由公务员自己决定职位升迁，而是须通过严格晋升的程序。我国《公务员法》第44条规定，公务员晋升领导职务，按照下列程序办理：①民主推荐，确定考察对象；②组织考察，研究提出任职建议方案，并根据需要在一定范围内进行酝酿；③按照管理权限讨论决定；④按照规定履行任职手续。公务员晋升非领导职务，参照前款规定的程序办理。《公务员法》第45条规定，机

---

[1] 资料来源：2012年福建省公务员局《基层公务员队伍建设》课题组问卷调查结果。

关内设机构厅局级正职以下领导职务出现空缺时,可以在本机关或者本系统内通过竞争上岗的方式,产生任职人选。

三 被选举权保障机制的完善

在全面推进依法治国的背景下,深化公务员选拔任用和考核评价制度改革,须用法治方法解决依靠个别领导、隐秘地晋升公务员职务的问题,保障公务员能公平、公正、公开地行使被选举权,依法依规地获得职务上的晋升。

(一)提名的标准化或程式化

从公务员晋升整体链条上看,提名环节具有重要导向功能。被提名权作为被选举权的重要内容,是被选举权中最为重要的权能。如果被提名权存在着制度设计上的瑕疵,那么,尽管选举过程中严格地遵循选举制度所规定的公平和公正的程序,其选举结果也可能是不公正的。[①] 公务员晋升的首要环节直接决定人选确定等问题,对于后续的民主推荐、组织考察、候选人产生等环节具有重要的导向作用。将提名环节列为公务员晋升的必经过程,在提名过程中对提名主体、提名范围、资格条件等要素作出明确界定并公示;在人事酝酿主体、权责及追责等方面作出明确规定。这有利于在更大范围内甄别干部,真正实现在多数人中选多数人、在同级人员中选优秀人才的目标。

(1)提名公开化。当前公务员晋升领导职务过程中有一个明显缺陷,就是本单位人员及相关群众不知情。法律规定民主推荐,但群众对被推荐者履行职责的能力缺乏了解,对被推荐者的政绩了解得也不充分。在不知情或者基本不知情的情况下,让群众民主推荐,而且要根据推荐票数确定考察对象,这就会带来一定的盲目性。建议在保证有选举权的群众知情的前提下,公开职位空缺情况、所拟任职务所需条件、申请提名时序、申请被提名人的资料等,逐步解决在民主推荐过程中信息不对称问题,更加注重公务员个人

---

① 莫纪宏:《认真地对待被选举权》,http://www.china.com.cn/chinese/zhuanti/xxsb/895626.htm。

竞职的陈述，确立被选人的完整履历、政绩及考核结果公开制度。

（2）提名程序化。目前，被提名人产生资格和程序在立法上均显粗疏和简单，提名权相关设计应该更科学、更细致一些。将组织部门的调查、领导的推荐和单位同事的评价提名程序化，应将所有的参选条件和程序明晰化，减少主观判断和暗箱操纵，增加公开的客观条件的限制。被提名人的产生应增设程序条件，包括要求被提名人自主报名以表明其服务群众的意愿，组织部门与单位备案审查并排序被提名人以防止提名的随意，被提名人与相关群众见面以确保单位对被提名人的了解，被提名人提交履职承诺以增强其责任意识等；将"选拔"和"选举"结合起来，通过明确的资格和程序限制，推进公务员被提名的科学化、规范化、透明化。近年公务员晋升领导职位由公开考试竞争和内部竞争取代凭资历自动晋升的形式，这就意味着公务员的晋升将更加重视能力，而不是资历。

（二）选拔公开化与定期化

公开选拔是比较科学的公务员晋升机制，关键环节是在透明的状态下进行。西方政务类公务员经过残酷的竞争，在竞争预演展示的才能和政见说服公众，方能上任；事务类公务员按年功或业绩和程序晋升。台湾地区"公务人员升迁法"第7条规定，各机关办理本机关人员之升任，应注意其品德及忠诚，并依拟升任职务所需知能，就考试、学历、职务历练、训练、进修、年资、考绩（成）、奖惩及发展潜能等项目，订定标准，评定分数，并得视职缺之职责程度及业务性质，对具有基层服务年资或持有职业证照者酌予加分；必要时，得举行面试或测验，如系主管职务，并应评核其领导能力。在我国实践中，有一种走偏的运作方式：领导晋升下属公务员，虽有《规定》要求的程序，但更多是出于自身利益的考虑，有时以能否听话来选择晋升下属，而不考虑公众的意见。在这种机制的作用下，公务员的晋升就陷入了一个被长期质疑的漩涡，质疑公务员的家庭背景，质疑与领导关系密切程度，从而质疑公务员本人的素质能力。其根本原因在于公务员晋升不公开、不透明。隐秘的晋升问题须通过公开选拔机制来解决，即采用符合程序正义、公开透明的选拔机制，让所有的升迁路径都昭示于广庭之下。

晋升定期化可以让公务员在公开竞争中体会晋升职位的确定性。定期的公开选拔可突破"不跑不送，原地不动。又跑又送，提拔调动"的官场潜规则。2004 年中共中央办公厅颁发的《公开选拔党政领导干部工作暂行规定》规定，为改善领导班子结构，领导职位出现空缺或本单位无合适人选，选拔专业性较强职位和紧缺专业职位的领导干部等情形应公开选拔，并逐步做到经常化、制度化。但有些地方不定期地来一次公开考试选拔干部，之后就没有下文，让期待晋升的公务员愿望落空，有违平等对待公务员之嫌疑。当然，通过公开招考形式来确定选拔也会陷入一个极端：当下的不少年轻公务员都是通过公开考试考上的，这种"考试型年轻官员"在处理实际问题时总会捉襟见肘。理论解决不了复杂的局面，只有经验才能化解，所以二者结合才是未来的出路。[①] 通过考试考上的公务员个人素质能力不是问题，缺少的是经验；只要通过多岗位锻炼、多地区锻炼就可积累更多化解矛盾和困难的本领。

（三）被选举的法治化

将提名的标准化或程式化，选拔公开化与定期化，拟任人选无记名投票表决、差额选举等机制写进法律，通过立法保障公务员的被选举权，以实现选人、用人的科学化、法治化。将《规定》上升到法律层面，全面推行党委全委会通过无记名投票，表决下一级党委、政府领导班子正职拟任人选和推荐人选制度，并进一步扩大差额推荐和差额选举的范围和比例。从任职年限、任职经历、专业资质、任职培训、文化程度、身心素质和考评结果等 7 个方面，对公务员任职晋升资格作出系统规定。

（四）升迁考试与组织考核相结合的选拔机制

公务员提拔晋升的标准为德、能、勤、绩、廉、健 6 个方面，以德为第一考量标准，这本无可厚非，然而在实际操作过程中，往往以上级领导的好恶为评判标准，缺少明确的客观标准和统一的具体细则，这样公务员晋升过程中不正之风就难以避免，暗箱操作、裙带之风日盛，帮派主义严重。[②] 在

[①] 马俊茂：《港媒关注青年入仕 678 三梯队构筑中国政治基石》，http://politics.people.com.cn/n/2014/0504/c1001-24972849.html。

[②] 耿相魁：《目前我国公务员晋升机制的不足与建设思路》，《厦门特区党校学报》2008 年第 6 期，第 63 页。

年度考核上，许多单位的公务员考核跟平常工作的勤勉度、工作成绩并没有真正挂钩，常常是"优秀"轮流当，不能体现出考核的激励功能；年度不称职和基本称职的情况也非常少见，体现不出考核的"罚劣"功能。因此，引入升迁考试机制让公务员获得人事晋用资格实属必要。

通过公务员升等考试与组织考核相结合的升迁考试机制，一方面有利于形成公开、公正的公务员晋升机制；另一方面，只能在有晋升资格的公务员中间晋升，能一定程度上防止领导随性提拔，限制慵懒不思进取的公务员获得晋升。台湾地区公务人员考试将考试及格结果作为升迁、升等资格的制度值得借鉴。台湾地区公务人员各等级考试及格取得的任用资格如下。①高考1级考试（或特考1等考试）取得荐任第9职等资格。②高考2级考试（或特考2等考试）取得荐任第7职等资格。③高考3级考试（或特考3等考试）取得荐任第6职等资格。④普通考试（或特考4等考试）取得委任第3职等资格。⑤初等考试（或特考5等考试）取得委任第1职等资格。跨官等的晋升要经过升官等考试及格或升官等训练合格后，才取得高一官等的任用资格。委任要晋升至荐任职务时，必须经过升等考试及格或受过晋升荐任官等训练合格后，才取得荐任职务的任用资格。

此外，台湾地区培训机构（"国家"文官学院）具有对公务员的职等能力、发展潜能进行评鉴的权力，给予公务员升等的建议和深造机会，从而形成了台湾地区公务员的考试晋用制度、职能评鉴制度与考绩制度相结合的较为独特的选拔机制。

（五）公务员晋升衡平机制

（1）扩大聘用制的范围。扩大我国综合管理、执法类和专业技术类非永业人员聘任录用的范围，解决能上不能下的体制。将高级公务员职位分为永业保留职位和一般性职位。永业保留职位指需永业人员出任的职位，欲担任此职位须经法定机关依其所订资格条件和程序的审核同意；一般性职位指永业保留职位以外的任何职位，可由永业任用人员、非永业任用人员、限期紧急任用人员或限期任用人员出任。① 永业保留职位须严格按人员编制管理，而一般性职位可以试点聘任制。

---

① 施能杰：《美国政府人事管理》，台北商鼎文化出版社，1999，第308页。

(2) 在职务之外开辟职级晋升渠道。按照我国《公务员法》和《规定》的规定，公务员工作满3年可以晋升一个级。但在理想状态下，一名基层公务员从普通办事员晋升到副科级干部需要8年，从副科晋升到正科需要3年，从正科晋升到副处需要7年，从副处晋升到正处同样需要7年。据此推算，某22岁大学毕业生考取公务员，47岁晋升正处级领导职务，在正处岗位干10年转为非领导职务后退休。除极个别人可能成为副厅级干部外，上述路径是基层公务员可以期望的最佳政治生涯。然而在现实中，大部分基层公务员是在办事员和科员两个级别上走完全部仕途的，约九成公务员是科级以下干部。[①] 公务员晋升更多地倾向官阶本位，大量出现职务到顶的"天花板"现象。解决基层公务员晋升渠道狭窄问题，更要解决其工资和福利保障问题，即用职级替代职务晋升机制，通过晋级，解决基层公务员因无法晋升而待遇较低的问题，给予其相应的工资和福利晋级保障。2014年12月中央全面深化改革领导小组审议了《关于县以下机关建立公务员职务与职级并行制度的意见》，提出在职务之外开辟职级晋升通道，有利于调动广大基层公务员的积极性。此外，基层公务员在晋升渠道上还应有协调和保障机制，如落实公务员公开遴选机制和基层艰苦地区的公务员转任上级机关的机制。

(3) 严格规范借调和考核淘汰机制。目前，我国被辞退的公务员少之又少，其退出机制落实不畅，在很大程度上催生了数量众多的"幽灵公务员"。在公务员编制总量控制的情况下，退出机制落实不畅使得很多机关难以补充人力的新鲜血液，地方政府采取了临时聘请编外人员或从下级机关或所管辖单位借调方式以解决人手不足问题（借调指对政府委托或授权具有行政执法能力的单位和不属公务员系列的人员），导致基层政府混编现象严重，编内人员应干不干，累活脏活由借调或编外人员干。这不仅浪费公共财政支出而且造成政府人浮于事的弊端，因此，须严格规范编外人员使用和机关人员借调制度。同时，人事、监察部门要加强公务员考核，严格落实公务员不称职与平常工作的勤勉度、工作成绩真正挂钩的考核淘汰机制，及时淘汰不合格的公务员，严厉对超编、超职权使用编外人员的

---

① 言莹：《是什么促使公务员离开体制"围城"》，http：//www.jfdaily.com/guonei/bw/201405/t20140519_353255.html。

主要领导进行问责。

（4）落实公务员能上能下的机制。2015年7月，中共中央办公厅印发了《推进领导干部能上能下若干规定（试行）》，重点解决干部"能下"问题，促使干部管理的制度链条进一步完善。现在，有的干部身居领导岗位，但缺乏强烈的事业心、责任心，碌碌无为，贻误工作；有的遇到困难和问题，推诿扯皮，敷衍塞责，缺乏担当；有的虽没有严重违法违纪，但能力和素质很不适应岗位要求；有的目无法纪，滥用权力，以权谋私，给党和人民事业造成重大损失。对于这样的领导干部，就要坚决将其从领导岗位调整下来，采取调离岗位、改任非领导职务、免职、降职等方式及时进行组织处理，严重违纪违法的要绳之以法。① 此机制执行的关键是要建立公务员能上能下的公正调查、确认的程序，公开的公务员能力和素质不适的评价机制，对公务员改任、免职、降职情形进行说明理由制度，让"能下"成为一种制度的常态。

第二节　公务员示威和罢工权利

集会自由是政治自由权的延伸。根据我国《集会游行示威法》第2条规定，集会指聚集于露天公共场所，发表意见、表达意愿的活动；游行指在公共道路、露天公共场所列队行进、表达共同意愿的活动；示威指在露天公共场所或者公共道路上以集会、游行、静坐等方式，表达要求、抗议或者支持、声援等共同意愿的活动。集会与游行示威的重要区别在于：后者是不特定的多数人向他人尤其是国家机关表达共同意愿即对外表达意愿；前者则并不对外表达意愿，而是参与集会者在相互间即对内表达意愿。这一区别显示游行示威以影响他人为目的，集会则重在相互间的沟通。② 集会通常包括抗议活动、行动和言论表达；集会以及游行示威行为蕴涵于集体行动权之中。从这个意义上讲，集会、游行、示威是言论表达、行动、多人以上的共同意愿的集体权，而不是单独的个人权利。在今

---

① 陈磊：《栗战书撰文指出四种干部要坚决调整》，http://news.ifeng.com/a/20151105/46121202_0.shtml。

② 李琦：《作为人权的联合行动权》，《法商研究》2003年第5期，第56页。

天，结社、集会、游行示威、罢工、表达意见已经作为法律上的权利而存在，甚至被认为是人权清单中不可缺少的；这些权利构成了权利的一种类型——联合行动权，区别于那些以个人行动而享有和行使的权利。①

一 公务员集会、游行、示威权利限制

公务员能否参加与集会、游行、示威权利密切相关的政治活动？一般而言，各国基于国家政治和管理秩序需要对公务员参加与集会、游行、示威密切相关政治的活动进行限制。

英国《文官管理法典》第4章第4节主要对英国公务员的政治活动参与作出规范，其重要内涵包括如下。②

（1）将参与政治活动明确定义，分为全国与地方两大层次的政治生活。

（2）依是否具有自由参与政治活动的权利，将公务员分为三大类。①政治限制类（politically restricted category）：包括高阶文官及次一级的公务员，以及被纳入快速晋升发展方案的公务人员。凡此人员，不得参与全国性政治活动；而参加地方性政治活动必须先取得部会或机关的许可，并严守部会或机关提出的要求与条件。②政治自由类（politically free category）：此类人员包含任职于国营事业与非部局职等（non‑office grades）的公务员。此类人员可以参加全国性及地方性的政治活动。但文官长得对此类人员的认定进行核可。③其他文官：凡非归上述二类的公务人员，皆属此类。此类人员除经部会或机关的特令许可，欲参加全国性或地方性政治活动，均须事先取得许可，并严守部会或机关提出的要求与条件。事实上，该法典还进一步授权部会与机关针对可能影响文官中立原则最甚敏感职位，行使必要之裁量予以否决。

（3）对公务人员平时应有的政治中立素养进行规范。①公务人员于值勤、身着制服或于官方场所时，不得参与政治性活动。②公务人员不得以官方身份参加政党组织召开或主办的会议与集会。考虑到上述政治活动或

---

① 李琦：《作为人权的联合行动权》，《法商研究》2003年第5期，第57页。
② 台湾地区"行政院"研究发展考核委员会编《综合性政府伦理法治之研究》，台北："行政院"研究发展考核委员会，2008，第152~154页。

行为已属高度政治性活动，为避免不当政治力介入，影响公务人员职务的行使，应给予适度限制。

明确政治活动定义及公务员进行分类做法是西方国家实现"政治中立"原则的具体体现，同时，在法律层面上，限制公务员参与集会、游行、示威权利。此做法恰恰是为了公务员免受政党更迭造成的政治迫害而建立的衡平制度设计。

二　各国对公务员罢工权的限制

各国根据自己国情创造性地解决公务员有无罢工权问题，即通过主权因素来限制公务员的罢工权。主权是国家拥有的至高无上决策与执行的权威，具有绝对性与不可分割性。国家主权集中表现在政府公权力独占行使上，公务员不能像企业员工一样对雇主施压以改善工作条件，否则将损害国家主权及政府威信。公务人员基于职业公务员制度原则，有忠诚、服勤之义务，必须负国家任务连续、顺畅运作的义务，这是各国基于公务人员职务特性限制其罢工权的主要理由。

（一）德国

德国学者认为德国公务人员无团体协商权，也不可罢工的理由为：公务员对国家有忠诚与服勤义务，宪法上已有确保公务员适当生活水准的照顾及情事变更调整原则，由此可导引出公务员罢工、怠工的禁止。除此之外，公务人员须为"全民福祉"努力奉献；传统职业公务员制度内含对公务员忠诚、节制及保守义务的要求；对国家无间断履行其行政义务的要求等也可作为支持的理由。公务人员的甄补与培育是依据宪法和法律经公开竞争而完成，一旦被选任为公务员，其身份地位将受到法律的特别保障，非经正当法律程序，工作权利不能被剥夺，因此公务人员具有不可替代性。而企业雇主可以自定任用条件进行甄才，一旦发生罢工或紧急事故等人员匮乏事件时仍然能从社会及时补选，确保事业运作。

（二）日本

依日本《宪法》第15条及第73条第5款规定，有关公务员特别法律关系的存在与自律性，乃是宪法秩序的构成要素。公务员服勤义务与公共利益有关，且基于其与国家的关系，对其职务有"自律性"的特殊要求，如果要求公务员与一般公民行使相同的集体劳动权，是与上述公务员关系的存立性及自律性不符合的；而此"自律性"是确保行政维持继续性与安定性的要素。对于正在讨论的国家公务员制度改革，日本政府已决定，将不赋予公务员罢工权。①

（三）美国

即便以民主自居的美国也否认公务员的罢工权。美国联邦公务员是不允许罢工的，只在部分州允许，如明尼苏达州、宾夕法尼亚州、夏威夷州等以制定法方式赋予公务人员罢工权外，其余各州，均明文禁止公务人员行使罢工权。美国联邦政府对于是否赋予公务人员罢工权，有赞成与反对两种意见，其中反对的理由有三：①罢工为反对政府的行为，为法所不容许。联邦政府所提供的公共服务，多为基本服务性质，罢工有碍这种服务的提供、有损于人民福祉。②联邦的劳资争议，可通过替代性方式来解决，如调解、发现事实、强制性的利益仲裁等，并非仅有罢工这一途径。③美国虽未赋予公务人员协会罢工权，但已参照工会法、劳资争议处理法的立法体例，设计出一套兼顾协商、调解与争议裁决的机制，以消解劳资争议。美国学者 Jay M. Shafritz（杰伊·M. 沙夫里茨），Norm M. Riccucci（诺玛·M. 里库奇），David H. Rosenbloom（戴维·H. 罗森布鲁姆）及 Albert C. Hyde（阿尔伯特·C. 海德）对公务员不应享有罢工权问题进行了如下分析：② ①没有必要将罢工合法化，缔结团体协约并不需要在罢工的威胁下才能达成；②同意罢工权将会减少合理政治力量的运作，将投票权给予公务员工会组织来控制政治的运作是可怕的；③罢工无疑是一种强而有力的武器，甚至可以说是致命的，当警察和消防员举行罢工时，将会产生一种高杀伤力的效应，整个社会将会变成公务员工会的"人质"；④罢工与停工乃是一体之两面，既然前者已不适合政府机构，后者更没有必要而且不可期待。

承认罢工权的理由可以从以下几方面归纳。①长久以来，民间部门劳工

---

① 宗和：《日本将"禁止"公务员罢工》，《新京报》2011年1月11日，第A26版。
② 黄骏逸：《美国联邦公务人员劳动三权之研究——兼论我国考试院公务人员协会法草案》，台湾政治大学公共行政学系硕士学位论文，2002，第122页。

的罢工权一直获得承认。既然政府与民间部门工会，提供相同的服务与类似的功能，如福利社、公益社团等，逻辑上自不能与民间部门工作做不同的对待。②禁止罢工和强制政府公务员坚守工作岗位，并不是有效率地处理劳雇争议的办法，有时罚金和拘禁反而会坚定公务员罢工的信念。③在没有罢工的威胁性之下，谁能保证公务员可以获得政府部门善意（good faith）的咨商？④罢工并非意图造成毁灭性的损害。⑤一旦罢工合法化，政府机关将会花更少的力气来阻止他们罢工，而会转向实质的争议，以协商方式解决。

尽管没有充分的理由剥夺公务员的罢工权，但美国政府仍然以公务员的罢工只不过是法律上而非宪法上所赋予的权利为由，对罢工权加以保留、取消或废止。

（四）法国

与其他国家严格限制公务员罢工权相比，法国在禁止公务员罢工权方面是一个例外。公务员罢工可以说与政府的利益直接冲突，法国对此尚未有一部法律作出详尽的规定。在1946年以前，法国法律认为公务员罢工是违法行为，因为公务的实施直接影响公众的利益，必须继续进行不能间断；再者，公务员组织是一个层级结构，下级需服从上级，罢工则是下级强迫上级的一种手段，破坏行政机关的组织原则；当时刑法中对公务员罢工有惩罚的规定，但少有适用。1946年法国《第四共和国宪法》在序言中写道："罢工权利在法律规定的范围内行使。"① 从此，罢工不再仅仅是一种劳动冲突的事实，而是上升为公民的一项法定权利。1950年法国最高行政法院在一项判决中，对此持肯定见解，认为依宪法前言，公务员已有罢工的权利，若要对此权利加以限制，应由法律明定之。② 由此，法国确认了公务员享有宪法赋予的罢工权。罢工权并不是基于劳动契约（contrat du travail）而存在的，罢工权的合法存在与"工会权"并无绝对的必然关系，且没有任何宪法条文或立法规定罢工必经由工会而为之。③

---

① 王名扬：《法国行政法》，中国政法大学出版社，1988，第279页。
② 王名扬：《法国行政法》，中国政法大学出版社，1988，第269~271页。
③ François Luchaire, Le Conseil Constitutionnel Tome II—Jurisprudence, Paris: Economica, 1998, pp. 102 - 103. 转引自周家寅《公务员罢工权之法理初探——以法国宪法理论与实践为中心》，http://blog.xuite.net/noeljou/twblog/122402855。

从各国的通行做法看，除法国于法律明确规定公务人员有权依有关法律规定的范围行使罢工权外，其他国家多以涉及国家安全及社会公共利益为由，加以禁止。① 罢工是比较激烈的形式，各国对此比较谨慎。因为公务员所提供的服务及管制活动多缺乏替代品；公权力行使的停顿事关民众的自由与社会秩序；公务员罢工引发的社会成本高，且容易赋予政治意义的解释等理由，各国对公务员罢工一般持保留或反对的态度。

三 我国对公务员示威、罢工权利的规范

（一）公务员集会游行示威的规定

由于我国实行中国共产党领导下的多党合作制，因此不存在西方多数国家对公务员确立的"政治中立"问题。但出于公务员工作性质的考虑，也应对其政治基本权利进行限制，如集会、示威等权利，因为如果不对此类权利进行限制，就可能威胁到社会主义国家的行政管理秩序。示威行为的特点是直观、有感染力，有时还能拉拢一些政治立场中间人士或不明真相的公众，扩大社会同情面。由于街头运动站在"直接民主"的道德高地，政府如何平息它们就成为一种考验；一旦处理失当，政府的支持面就会快速萎缩。无论街头运动在历史上扮演过什么样的角色，如今它对大多数国家带来的政治损害都超过了正面作用。

1. 公务员不准组织或参加违反政治纪律的集会、游行、示威活动

我国《国家公务员暂行条例》第31条规定，国家公务员必须严格遵守纪律，不得有下列行为：①散布有损政府声誉的言论，组织或者参加非法组织，组织或者参加旨在反对政府的集会、游行、示威等活动，组织或者参加罢工……2006年《公务员法》在第53条中延续了该规定。《中国共产党纪律处分条例》第48条规定，组织、参加反对党的基本理论、基本路线、基本纲领、基本经验、基本要求或者重大方针政策的集会、游行、

---

① 程武龙：《公务员劳动基本权研究》，吉林大学博士学位论文，2008，第133页。

示威等活动的……对策划者、组织者和骨干分子，给予开除党籍处分。对其他参加人员或者以提供信息、资料、财物、场地等方式支持上述活动者，情节较轻的，给予警告或者严重警告处分；情节较重的，给予撤销党内职务或者留党察看处分；情节严重的，给予开除党籍处分。对不明真相被裹挟参加，经批评教育后确有悔改表现的，可以免予处分或者不予处分。2007年6月1日施行《行政机关公务员处分条例》第18条第1款第1项规定，公务员散布有损国家声誉的言论，组织或者参加旨在反对国家的集会、游行、示威等活动的，给予记大过处分；情节较重的，给予降级或者撤职处分；情节严重的，给予开除处分。属于不明真相被裹挟参加，经批评教育后确有悔改表现的，可以减轻或者免予处分。

2. 公务员可参加经过许可的集会、游行、示威活动

1989年颁行《集会游行示威法》第7条规定，举行集会、游行、示威，必须依照本法规定向主管机关提出申请并获得许可。下列活动不需申请：①国家举行或者根据国家决定举行的庆祝、纪念等活动；②国家机关、政党、社会团体、企业事业组织依照法律、组织章程举行的集会。该法第8条规定，举行集会、游行、示威，必须有负责人。依照该法规定，需要申请的集会、游行、示威，其负责人必须在举行日期的五日前向主管机关递交书面申请。从上述规定内容来看，我国并没有禁止公务员所有的集会、游行、示威行为。公务员可以参加国家举行或者根据国家决定举行的庆祝、纪念等活动；参加国家机关、政党、社会团体、企业事业组织依照法律、组织章程举行的集会；参加经过许可的集会、游行、示威活动。因此，公务员参加集会、游行、示威等政治性活动是法律允许和可能的，这反映了我国社会主义政治制度的优越性。

3. 公务员不得组织、参与群体性事件

与集会游行示威相近的行为是参与群体性事件。群体性事件属于政策用语而非法律用语，是具有中国特色的词汇。2005年时任中组部副部长的李景田在新闻发布会上曾使用"群体性事件"一词，当时他是为了纠正和替代外国记者使用的"骚乱"一词。2006年10月，中共十六届六中全会将"积极预防和妥善处置人民内部矛盾引发的群体性事件"写入中共中央《关于构建社会主义和谐社会若干重大问题的决定》。自此，"群体性事件"成为中国官方、学界和媒体的固定用词。党的文件将"群体性事件"定性

为"严重危害人民群众生命财产、扰乱社会治安秩序的群体性行为,以及造成重大社会影响的群体性行为",并将其细分为十类:①违法聚众上访、请愿;②非法集会、游行、示威;③罢工、罢课;④聚众围堵、冲击党政机关、司法机关、军事机关、重要警卫目标、广播电视台、通信枢纽、外国驻华使(领)馆以及其他要害部门或单位;⑤聚众堵塞公共交通枢纽、交通干线、对外开放口岸,破坏交通秩序或非法占据公共场所;⑥造成重大人员伤亡、财产损失的聚众械斗及打、砸、抢、烧事件;⑦影响社会稳定的非法宗教活动;⑧严重影响民族团结的大规模事件;⑨重大文体、商贸活动中发生的大规模群体性事件;⑩敌对势力和邪教等非法组织策划组织的较大规模非法聚集活动。根据我国《集会游行示威法》规定和实施标准,"未经批准"的"集会、游行、示威"显然是非法的。近年来,一些公务员为了个人利益和家族利益,参与、支持或幕后操纵群体性事件,应通过纪律或立法严格规范之。

(二) 罢工禁止的规定

我国公务员能否罢工?我国法律已经赋予劳动者、工会以团结权、集体协商权,却对集体行动权中的罢工权闭口不谈。自从1982年宪法颁行之后,罢工成为法律的禁语,代称之为停工、怠工事件。根据我国《工会法》第27条规定,企业、事业单位发生停工、怠工事件,工会应当会同企业、事业单位行政方面或有关方面协商解决职工提出的可以解决的合理要求尽快恢复正常生产秩序。我国《宪法》与《劳动法》虽没有规定公民罢工权,但事实上,企业员工罢工情况并不少见。针对罢工行为,从权利的行使规则而言,企业员工可以选择,法无禁止即自由;但公务员则是法无明文规定即禁止。公务员代表国家行使统治权,为国家代理人,公务不容中断,公务员行为规则不同于企业员工,所以不能行使罢工权。因为,公务员负有确保国家生活延续的义务,若其竟率性罢业不干,当然应视该公务员与国家间契约已被破坏,此时间国家无须寻求任何法律依据,即得予以解职公务员。[①]

[①] 城仲模:《行政法之基础理论》,台北三民书局,1994,第99页。

第三节　公务员言论自由权——言论规范与限制

一　言论自由的界限

言论自由是按照自己的意愿自由地发表言论以及与听取他人陈述意见的权利，是宪法规定的公民基本权利之一。言论自由通常被认为是现代民主自由中一个不可或缺的概念。对于言论自由，原则上不得针对言论内容加以限制。

（一）公民言论的边界

言论自由是构成社会的基本价值所不可或缺的概念，是民主制度的关键。几乎所有国家都将言论自由的相关内容写入宪法。言论自由是有边界的，拒绝言论自由任何边界的存在属于非理性甚至是胡搅蛮缠。在我国，宪法确认公民享有言论自由，公民有通过语言或其他形式表述各种思想和见解的自由，这是言论自由的肯定界限；但同时规定，公民在行使言论自由权利时，不得破坏社会秩序，不得违背宪法和法律，不得损害国家的、社会的、集体的利益或其他公民的合法的自由和权利，这就是言论自由的禁止边界。

在法治社会，言论的限制有如下原则。[1] ①公共利益原则，言论表达损害公共利益时，应受到限制；国家基于公共利益的考虑，可以限制言论；同时，言论表达如是为了公共利益，则不应受到限制。②较少限制原则，即如有必要对言论进行限制，须选择对言论限制最少、最轻或最小的手段。③"明显而即刻的危险"原则，只有公民的言论造成明显而即刻的危险时，政府才应予以限制或制裁，否则就应予以保护。④法律明确、精确限制原则，对言论的限制须有法律的明确规定，且规定是精确的。当然，政府可以区别对待，而且在一个人的言论是清楚地实质地侵犯他人和

---

[1] 展江：《如何保护公民的言论表达权》，http://news.nandu.com/html/201311/08/473984.html。

他人的财产，而当时又没有其他更好的办法阻止他时，政府可以阻止他的言论。① 除此之外，任何政府都无权禁止他人的言论自由，公民的言论自由特别是对政府和公务员的批评则无限制，更不能因言获罪。2010 年美国联邦最高法院的加利福尼亚州政府签署的一项关于电子游戏的法案——第1179 号议会法案判决，重申了一项基本原则：政府无权限制他人在观点、观念、题材与内容上的不同表达，除了少数不受保护的言论，如淫秽、挑衅或仇恨等；立法机关亦无权创造一个新的不受言论自由保护的类别，以此为依据，判定某类价值观是否应受保护，并惩罚那些不符标准的言论。如果言论超越自由边界，国家可通过行政处罚（但非禁止）或刑罚来处理某些具有破坏性的表达形式，如明显地煽动诱惑叛乱、诽谤、披露与国家安全相关的秘密等，只有严重危害社会秩序和国家利益的诽谤案件才可以采取以刑事公诉的方式，进行刑事处罚。随着社会的发展，公民、人大代表、公务员因身份的不同，其言论的边界也有所不同。

（二）人民代表的言论免责权

政治生活中，言论自由发展成为言论免责权。"言论免责权"是世界各国议会议员或代表履行职责的法律保障的一项通例，我国也不例外。1982 年宪法总结新中国成立以来的历史经验，首度确立了人大代表的"言论免责权"，即宪法赋予人大代表享有言论自由特殊保护。全国人大代表在全国人民代表大会各种会议，包括大会全体会议、代表团全体会议、代表团小组会议上的发言和表决不受法律追究；同时，全国人大代表在列席原选举单位的人民代表大会各种会议上的发言，也不受法律追究。此外，地方各级人民代表大会代表在人民代表大会会议上的发言和表决，也不受法律追究，其目的在于要体现"中华人民共和国的一切权力属于人民"的宪法精神，保证人民当家作主的权利。要保证人民当家作主的权利，就必须要维护人民代表大会作为国家权力机关的地位和权威，也就必然要求保证各级人大代表（包括中共党员）在人民代表大会制度体系下，有充分的发言权和表决权，使其真正能够代表人民参与国家事务的讨论和决策、管

---

① 〔美〕罗纳德·德沃金：《认真对待权利》，信春鹰、吴玉章译，中国大百科全书出版社，1998，第 268 页。

理国家事务、行使国家权力。

人大代表的"言论免责权"也是有限度的。人大代表是代表人民进入国家权力机关行使国家权力的,因此人大代表的权利是公权利,人大代表的"言论免责权"也是公权利;人大代表只有在执行代表职务,行使公权利时才享有"言论免责权",例如人大代表参加人民代表大会会议期间,出席相关会议的发言和表决,有关机关不得追究其法律责任;反之,人大代表非执行代表职务的言论不受"言论免责权"的保护,因此人大代表的言论也不得损害他人权利。从以上表述可以看出,公民和人大代表的言论自由是以不得损害他人权利为界限。

(三) 公务员有言论自由权,更有言论谨慎的义务

一般而言,公务员个人言论也有自由,但公务员不属于普通公民,其言论权利不同于公民的言论自由,公务员的身份限制了他的言论自由度,对公务员的言论自由并不能仅以不得损害他人权利为界限,在范围上应有更多的限制。

法律对所有公务员规定了某些克制义务。公务员必须遵守纪律,不得散布有损国家声誉的言论,泄露国家秘密或者工作秘密。在入职时,公务员已经通过某种形式(宣誓)被告知需要履行这些义务,所以在执行公务时他就要严格地履行,至于公务之外是否履行这种义务可以灵活些。但是,公务内、外是很难区别的,在某些情况下,行政机关对某些主观的、客观的情况进行法律意义上的评判可能引起公众误解,公务员都应该避免在语言、文字和行为上产生极端和违反规定的现象发生,甚至在公务之外,公务员至少要保持自己的克制义务。

对某些职业范围的公务员而言,这种克制和稳重义务的要求更加严格。例如法官,从司法伦理上,法官有个理念价值即"法官不语",即除裁判书外,法官不许在听审过程中透露心证,亦不应在审判后对该案件发表裁判书之外的任何言论;法官不可评论某些特定议题,亦不可加入争辩。因为法官不能在案件还没有形成结论前就预判或形成先决。台湾地区"法官伦理规范"第17条规定,法官对于系属中或即将系属的案件,不得公开发表可能影响裁判或程序公正的言论;但依合理的预期,不足以影响

裁判或程序公正，或本于职务上所必要的公开解说者，不在此限。①

英国《文官管理法典》第 4 章第 2 节特别规定了对公务员言论的限制。②①不得在未受合法授权的情况下，公开政府内部讨论或其他来源的机密资讯。②公务员即便离开公职，亦须遵守此一保密责任。③公务人员不得在未取得部会或机关的授权情况下，以任何的活动或公开声明的方式，揭露官方资讯或因公职经验所得资讯。④公务人员不得于任职期间，公开发表或散布关于公职经验的个人回忆录，或承诺是类行为；离开公职服务后，亦须在承诺公开此类回忆录前，取得部会首长及文官长许可。⑤公务人员不得以运用或揭露因公职所取得的资讯，作为阻挠政府政策或决策之途。⑥值政府更替期间，公务人员必须维护英国政治的长久惯例，即新政府无法使用不同政治属性的前任政府的文书资料。此项惯例特别包含了内阁大臣的商议内容，以及官员所提供的建言；但法律官员已所提供之书面建言，及前政府已公开的文书资料，则不在此限。

综上所述，公民有言论自由权、人大代表有言论免责权，公务员虽然有言论自由权，但更有言论谨慎的义务。

二 公务员言论自由的冲突与限制

近年，我国公务员不当言行只要被媒体一公布，当事的公务员就被追查；公务员因此被追责或调离岗位或被免职甚至被撤职的情形时而发生，造成公务员面对媒体的"恐惧症"。这反映出我国在公务员言论自由与禁止之界限、公务员何种言论要被追责、追责主体是谁、追责标准如何确定上，无论是法律规定还是纪律规范上都比较模糊，没有形成系统的制度规范。纵观各国对公务员言论的规范，结合我国国情，我国公务员的言论除承担一般公民的言论限制外，基于其与公务员身份的冲突，还要承担以下言论限制。

---

① 《法官伦理规范》，台湾地区"行政院"台厅司一字第 1010000646 号令，2012 年 1 月 5 日，http://www.judicial.gov.tw/revolution/judReform09.asp。
② 台湾地区"行政院"研究发展考核委员会编《综合性政府伦理法治之研究》，台北："行政院"研究发展考核委员会，2008，第 146 页。

(一) 公务员政治言论限制

由于政治言论直接涉及利益问题，对处于执政地位的集团持批评态度的言论就成为言论自由最敏感的部分。① 德国《联邦公务员法》规定公务员应负忠诚义务，不仅在对国家及其现行有效的宪法秩序时应予以肯定，甚至在宪法修正变更时亦同，而且此种要求不限于口头上的表达，特别当该公务员从事公务时，更须注意并实现现存宪法上及法令上的规定，且应按法规的立法意旨去从事其职务。公务员在政治方面必须站在国家的立场上和宪法、法律、国家政策的准则上行事。这一点与公务员的身份有关，公务员作为履行国家公职的人员，一切言行都应当站在国家的正面立场，不得站在国家的反面立场。《中国共产党纪律处分条例》规定，党员不得通过信息网络、广播、电视、报刊、书籍、讲座、论坛、报告会、座谈会等方式从事下列行为：①公开发表违背四项基本原则，违背、歪曲党的改革开放决策，或者其他有严重政治问题的文章、演说、宣言、声明等的。②妄议中央大政方针，破坏党的集中统一的。③丑化党和国家形象，或者诋毁、诬蔑党和国家领导人，或者歪曲党史、军史的。公务员不得以负面评论领导形象，以各种道听途说的传闻，堆砌所谓的"证据"，极力"抹黑"领导形象，破坏执政团体的威信。④在国（境）外公开发表反对党和政府的文章、演说、宣言、声明等。⑤在涉外活动中，其言行在政治上造成恶劣影响，损害党和国家尊严、利益的。公务员发表以上政治言论无论是否造成不良社会影响，都不得为之。

公务员能否对政策进行批判？② 有学者认为不行，理由是在公法上，公务员与服务机关的关系是一种特别关系，此种属于"家内事"，除非涉及"违法性"的问题，可以通过"内部检举人"（吹哨人）提出检举，但针对没有明显是非对错的政策，不可以公务人员身份公开表示

---

① 朱征夫：《公民的权利》，法律出版社，2006，第185页。
② 毕节公安局政委郭少全曾言：为什么要出台这五条禁令呢？这五条禁令从严格上来说是违法的，它们并非经过人大常委会讨论通过。经调查，郭少全因发表不当言论，引发社会不良影响，不适宜担任公安机关领导职务，决定免去其毕节市公安局政委职务。参见《贵州毕节公安局政委被免职》，《西宁晚报》2011年7月20日，第A06版。

不满。① 公务员也不可公开表达对职业的不满及消极言论。例如河南洛宁县城乡规划局副局长吉明照此前面对媒体采访,该局长直言工作不好干,多次向上级打报告请示辞职都没有获批准,而最终被撤职。② 在制定重大方针政策方面,中央通过不同的渠道和方式,征求意见建议时,公务员可当面、会上、台上提出相应的意见和建议;但公务员在背后、会后、台下,在公开场合上乱发表意见和建议就是违背中央精神的言论。《中国共产党纪律处分条例》第 46 条规定,"通过信息网络、广播、电视、报刊、书籍、讲座、论坛、报告会、座谈会等方式……妄议中央大政方针,破坏党的集中统一的"视情节予以处分。

(二) 与行政机关言辞的一致

公务员是公共职务行使人,讲任何言语都要站在其职务角度考虑发出话语的社会后果。公务员须遵守国家机关的办事规范和程序,在执行职务的过程中不能泄露他们所知道的实情、文件和情报,但是经机关特别允许的不在此限。《新加坡公务员行为与纪律规范》第 8 条规定:①职员受邀在广播或电视节目上接受访问前,必须得到管理委员会主席许可,在广播或电视节目上提供其职务相关的题材前,也必须得到许可。②若广播与电视节目的内容涉及清真寺的工作及政策,或官方任命职员宣布该内容,其管理委员会主席在决定该职员是否应接受访问时,必须确保以下几点:第一,演讲或谈话内容不可违反公共利益或不符合清真寺行政局官员身份;第二,演讲人必须资深,足以代表其官方头衔发表演讲或谈话。③ 台湾地区"公务员服务法"第 4 条第 2 款亦规定,"公务员未得长官许可,不得以私人或代表机关名义,任意发表有关职务之谈话"。因此,凡涉及机关业务、职权的议题,如需对外发言,应由机关指定人员为之,避免因个人不当言论造成误解或谣传;而公务员就机关应守秘密的事项为证言时,亦应申请机关首长核准后,始得为之。

---

① 李惠宗:《公务员的言论自由》,载《保障法制座谈会、研讨会及专题讲座记录汇编》,台湾地区"公务人员保障暨培训委员会"编,2011,第 422 页。
② 参见曹中原《河南洛阳一副局长因公开称工作不好干被停职检查》,http://news.xinhuanet.com/2012-12/07/c_124061632.htm。
③ 台湾"行政院人事局"编《新加坡公务员人事法令汇编》,2009,第 5 页。

20世纪80年代我国推行新闻发言人制度。新闻发言人制度发挥着引导社会舆论、改善政府形象的特殊功效,对改善政府的管理和公众知情权的实现也有着不可替代的重要作用;新闻发言人制度的另一功能是由专业人员统一向外发布信息,避免政府各机关部门口径不一,造成公众误解。站在新闻发言人的岗位上,其实是站在维护真相、维护法律、维护民众利益的发言席上。① 当前政府新闻发布工作仍存在着不敢说、不愿说、不会说等亟须解决的问题。② 新闻发言人是受命发布信息,但不等于政府要求他说什么就说什么,其应当遵守相关法律、纪律规定和站在引导社会舆论、改善政府形象的立场上发言。

(三) 与公务员身份一致

公务员的立场和言语会影响公务员形象。公务员基于身份,不能随便作出任务范围以外的规范性言论,不能加入任何情绪性或自我判断的言论高调地表现他的情绪及判断。公众会根据说话者的身份、名气、地位等判断是否相信他们的言论。表面看,在同一个国家,不同的人群都在使用同样的语言来交流想法、阐述问题、表达观点、回复的立场和用语问题。但实际上,由于社会阶级的分化,不同阶层使用的话语体系和语言风格差异颇大,折射的价值观也大相径庭。③ 公务员依身份其言论须注意以下几点。

(1) 遵守法定程序,不能武断。例如证明犯罪嫌疑人有没有犯罪是要靠证据来说话的,云南省巧家县公安局原局长杨朝邦在公共场合表示:"我可以以一个局长的名义和自己的前程担保,赵登用就是犯罪嫌疑人"。这导致质疑之声不绝。④ 法治社会要求讲证据,不宜草率武断。

---

① 2011年7月24日22点40分,在温福事故答记者会上,铁道部新闻发言人王勇平用激昂的语调做寸土不让的自我辩护,而后被媒体狂轰滥炸,最后陷入僵局。2011年7月27日《环球时报》社评有一段话值得公务员思索:"可以预见,将不断有与政府相关的部门和机构卷入公共危机中,它们在舆论面前的笨拙将不断显现。这些笨拙将给中国的大形象抹黑,并将一点点损耗中国的政治资源。因此这个问题应当受到中国官方的高度重视。"
② 王珏:《国新办部署做好政府新闻发布工作》,http://politics.people.com.cn/n/2013/1017/c1001-23229133.html。
③ 田文林:《习主席讲话为何群众爱听》,《人民日报》(海外版)2013年5月18日,第5版。
④ 参见王传涛《以"局长身份和前程"担保何其荒唐》,《西安晚报》2012年5月16日,第2版。

（2）平等对待公众，客观如实陈述。尤其在一些本就很脆弱和敏感的关系中，像官民、医患、贫富等，公务员尽可能去还原真相和客观描述，而不能为了吸引眼球而夸大其词，如将冲突描述为"群殴"，将推搡描述为"砸抢"等。公务员发布涉及职务范围内的言论比普通群众更具舆论导向性和影响力，故公开发表意见或评论时更应注重客观事实，措辞应尽可能准确、适度。

（3）真实具体，不说官话套话。2014年1月9日《人民日报》登出读者反感的官话套话，比如"高度重视""亲自过问""现场指挥""积极、及时、立即、确保"等。公务员应多说民众要听、听得懂的实话，要少说官话、套话和空话。一些公务员之所以热衷于说官话套话，正是因由其没能力抓住事物本质，才会言不及义，多生枝节。

（4）保持品位。与公务员身份保持一致的言论就要体现公务员素养，说话有逻辑有顺序且使用文明用语；满嘴脏话，话糙理不糙，效率虽高，但也会影响身份。官员在公开场合骂粗口，既有失身份，又有侮辱人格之嫌。与公务员身份保持一致，要求公务员不得向有关人员关说、请托或以其他不当方法，图其本人或他人的利益。台湾地区"公职人员利益冲突回避法实施细则"第4条规定，关说指内容涉及机关业务具体事项之决定或执行，且因该事项的决定或执行致有不当影响特定权利义务之虞者。①"关说"，乃是用言辞打通"关节"、搞定某种"关系"。关说属于公务员利用职权干扰正常司法、执法或行政活动，与"说情"意思大抵相近。

（5）特殊身份的公务员更要求言语谨慎。公务员基于职业身份，言论受到严格限制。如德国《法官法》第39条规定，"法官原则上与国民一般，亦享有政治活动自由，自亦得于职务外发表言论，惟必须节制与保守，以维护对其独立性之信赖不受损害。"法制对法官言论自由限制，目的在维护国民对法官的独立的信赖；法官的言论是否动摇人民对争讼案件将被公正裁判的信赖，即成为法官发表言论的界限。②

---

① 台湾地区"法务部"政风司：《政风工作手册》，台湾地区"法务部"，2010，第2页。
② 黄金石、庄秋桃：《法官伦理之研究》，台湾高等法院高雄分院2011年度研究发展项目研究报告，2011，第89页。

(四) 与公序良俗一致

公序良俗，即公共秩序与良善风俗的简称。所谓公序，即社会一般利益，包括国家利益、社会经济秩序和社会公共利益。所谓良俗，即一般道德观念或良好道德风尚，包括社会公德、商业道德和社会良好风尚。违反良俗的行为主要包括：①反人伦和有违正义的行为；②有损人格尊严的行为；③非良心交易行为，包括乘人之危的行为、显失公平的行为、欺诈行为、意思表示心中保留的行为、虚假陈述和不实表示行为等；④危害家庭关系的行为，约定代替他人怀孕的所谓"代理母"协议，以及代理母中介协会等，亦属此类型。① 从世界各国的法律规定、司法实践以及人们的思想观念来看，违反良善风俗的表述主要是猥亵表达或称色情、黄色或淫秽表达，对于某些媒介来说，还包括了下流或不良等程度轻于上述表达的种类。② 公务员言论须考虑与公序良俗一致。

（1）言论必须体现社会主流价值观。主流意识形态和价值观被奉为神圣不可侵犯的信条，容不得质疑和反对，凡不符合主流意识形态的就被视为"政治不正确"。同主流价值观对立的必受公众的谴责，表达意见也有最基本的原则，包括不应口出恶言或人身攻击，这应是主流认同且接受的底线。

（2）公务员须遵守公序良俗，不得表达出种族歧视、反历史潮流。③ 种族、性别、性取向、生理等歧视都不应表达。有的公务员言语中经常包含有类似命理学说、风水迷信等内容，这也与我国社会公序良俗意识形态背道而驰。

（3）不得违反常识、突破底线、冒犯公众。公务员必须时刻以文明理性的底线提醒自己，不能违反常识；法律是公民最低道德底线，公务员言论不能突破法律规定。作为公务员，尤其对个人道德要求更高，时刻不能

---

① 梁慧星：《市场经济与公序良俗》，《民商法论丛》（第1卷），法律出版社，1994，第57页。
② 甄树青：《论表达自由》，社会科学文献出版社，2000，第301页。
③ 如日本大阪市市长桥下彻无视历史，在慰安妇问题上大放厥词，一再发出影响恶劣的言论，表现出无视战争罪行的傲慢态度，激起全世界有良知人士和传媒众口一词的谴责。又如麻生太郎的"纳粹言论"受到了日本国内和国际社会的强烈谴责，是对人类公理和良知的公然挑衅。

忘了自己的公职身份,要清楚自己在所有场合的不当言论的行为,都会因为公职身份而承担更严重的后果。因言论悖谬而辞职的高官,各国都有。

(五) 公务员网络言论的限制

面对当前人人都拥有麦克风的"自媒体时代",公务员能否借助媒体(包括报刊、书籍、电视)、网络(微博、微信、短信、QQ)等,针砭时弊、评政议政?随着微博对中国社会影响力的日益增强,微博舆论也逐渐引起各级政府部门的重视,大量的政府机构、公务员纷纷入驻微博,开启了公务员与公共舆论真正"打成一片"的新时代。公务员在微博等公共平台发言,是言论自由的表现形式,但公务员要掌握语言分寸、熟悉语言规律、把握语言策略;处理得不好,表达得不好,政府的公信力就会被削弱。公务员不能发表可能使其公正性遭质疑的言论,即使公务员在网上不使用真实身份,也可能被辨认出来。有些细微事件通过网络放大,会有远远超出事件本身的传播力和影响力。而当这些孤立的事件在网上不断出现,也会在潜移默化中影响公众的判断趋向,互联网就有可能发酵公众对政府的不信任情绪,形成"塔西佗陷阱"的舆论土壤。

公务员对自己在网络的言论须承担社会责任。2013年8月10日国家互联网信息办公室举办的"网络名人社会责任论坛",就承担社会责任,传播正能量,共守"七条底线"达成共识。与网络名人一样,公务员言论自由也不得超越此底线,即:法律法规底线、社会主义制度底线、国家利益底线、公民合法权益底线、社会公共秩序底线、道德风尚底线和信息真实性底线。

三 公务员不当言论追责制度建构

法治社会中,一般社会公众可以评论政府及其公务员的行为,反之,公务员并不能随心所欲地评论社会公众的言行。公务员言论自由的限制是来自宪法上衍生出来的忠诚要求,或者是法律上要求的公务员保持品位或者是忠实、谨慎义务。限制公务员的言论自由,应综合考虑国民对于公共事务实际运作的知情权、国家机关公关工作的权限、公务员在政党政治运作中的地位、大众传播时代信息传递之快速性等因素，不过度膨胀在民主、多元与开放的社会中公务员发表言论的影响力，以致对公务员言论形成不必要的过度限制。[1] 目前，我国缺乏明确的、可供操作的制度规范来追究公务员不当言论行为。公务员不当言论只能依靠社会舆情的反应来事后追责，其结果是公务员动辄得咎，而使之无所适从，因此，构建明确而具体的公务员不当言论的追责机制是当务之急，也是衡平公务员言论自由权利与义务的重要举措。其可以比照违法构成要件，进一步强化追责的正当性，通过法律明确不当发言责任界限究竟是什么？何种情况下应被追究责任？具体追究什么责任？

（一）不当言论的构成要件

1. 主体是公务员

受追责主体是所有公务员。公务员级别越高，其承担的责任越大，言论自由受到限制也越多。因为公务员级别越高，他的职权与裁量权限就越高。一个领导职的公务员，其言行跟一个初等考试及格任职的公务员，在视听与传播造成的社会影响上，有相当的差别。

2. 客体是法律所保护的而被不当言论行为所侵害的社会关系

公务员不当言论违反了公务员言论权利限制的内容或本应遵守的义务，侵犯了公共利益目的。这种公共利益目的有多种可能，可能是公务员品位的义务，可能是公务员宪法上的忠诚义务，可能是公务机密，可能是行政伦理义务。公务员应勤勉尽责地发表言论。勤勉尽责是指公务员应当本着对公众高度负责的精神，对与事件分析、预测及咨询服务相关的一切问题进行尽可能全面、详尽、深入的调查研究，切实履行应尽的职业责任。谨慎原则要求公务员言论须维护政府的声誉，不得出现重大遗漏与失误，从而向公众提供具有释疑性的信息。公务员应当对政府信息披露的真实性、准确性、完整性、及时性、公平性负责，但有充分证据表明其已经履行勤勉尽责义务的除外。

3. 主观方面

是指公务员对自己的危害社会的言论行为及其危害社会的结果所持的

---

[1] 张永明：《公务员之言论自由》，台北：《月旦法学杂志》2011 年第 5 期，第 81~96 页。

故意或者过失的心理态度。是否故意或过失应以一时起意或无心之言，公众场合与私人场合、主动言论与被引诱说出、是具名还是匿名的情节来判断公务员言论主观恶意程度。如果没有匿名，某些人可能不愿意发表会引起争议的言论，因此，就维护人们自由谈论的权利而言，匿名可以说是极为重要的。[①] 以区分上班与下班的场合来界定公务员的言论的恶意程度为例，公务人员上班从事公务期间，由于其处于行使国家公权力阶段，公务人员发表与职务相关的不当言论恶意程度就大。如 2009 年通过、2014 年修订的《中国人民政治协商会议全国委员会大会发言工作规则》要求，委员在大会发言不能涉及党和国家秘密；国家法律、法规和政策禁止的；委员对其所在组织、单位有关组织事宜和人事安排等方面的意见；进入民事、刑事、行政诉讼或者行政复议、仲裁程序，尚未结案的；为本人或亲属解决个人问题的；宣传、推介作品、产品的；指名举报的；纪检、监察机关或审判、检察机关正在审理的违纪违法问题。[②] 公务员发表涉及以上方面内容的言论就显得恶意程度相对大。

4. 客观方面

公务员的不当言论造成国家、组织或个人的损害事实。损害事实可考虑公务人员身份、时间、地位、地点以及他的言论内容、社会影响力等因素造成的后果；在判断上，应该采取什么样的立场，采取什么样的基准来审度公务员言论的后果，在公务员言论自由和同勤务关系限制其言论之间要求衡平的基点。一旦确定公共职员的言论是针对公共事务，因而同公共利益相关，就要考虑发表言论的方式、时间和地点。[③] 考量此公务员的身份、表现的方式、行为的地点，是在勤务内或勤务外的时间，是否利用公共设施，以及在从事这个行为时，主观上是否有特定支持某一些政治意图的存在，以判断对公共利益的损害程度。

不当言论损害应以一般民众普遍观感为准，此标准建立在一般通情达理的公民判断上，以此标准检视公务员的言论内容是否恰当。公务员不当

---

① 〔美〕丹尼尔·沙勒夫：《隐私不保的年代》，林铮顗译，江苏人民出版社，2011，第 214 页。
② 袁静伟：《登上参政议政"最高讲坛"要过任"关口"》，http：//enews. xwh. cn/shtml/xwhb/20150309/159413. shtml。
③ 〔美〕罗森布鲁姆、奥利里：《公共管理与法律》，张梦中等译，中山大学出版社，2007，第 185 页。

言论损害认定可遵循言论自由保障的层级化规定:① 层级化规定以双阶理论（two-level theory）为指导,指各种不同类型的言论内容,并非均受到宪法一样程度的保护,而应区别言论的内容作差别性的处理,换言之,将其区分为"高价值言论"与"低价值言论"两种类型。美国法院将所谓的低价值言论,以列举的方式确定其范围,其所认为的低价值言论,主要有：①猥亵、色情言论；②诽谤性言论；③挑衅性言论；④煽动违法行动的言论；⑤商业性言论。而除上述所列举者之外,均属于高价值言论。区分言论价值的目的在于：对于低价值言论,虽仍受到宪法上的保护,但其所受到的保护程度较低,如在美国法院会采取"类型化的利益衡量",即法院会依照低价值言论的不同类型,衡量所涉及的利益,而界定在什么情况下得对低价值言论为特定的限制；相反地,对于高价值言论的限制,即应用以"严格的审查标准"检视。② 对"言论内容"中的"高价值言论"进行管制时,基本上是适用严格的审查基准（the strict scrutiny standard）,进行审查。③

（二）责任的追究主体

目前,公务员不当言论都是靠媒体曝光,公众谴责,有关部门才被动开始追究。对违反公务员言论权利限制的行为应作预先设定,杜绝"边捕鱼,边织网"式的做法。要做到立法在先,防患未然,就应构建公务员言论问责的追究主体体系。依据我国现行法律和政策,公务员不当言论责任的追究主体有以下几种：①党的追究。是指中共中央和县级以上地方各级纪律检查委员会对公务员党员应承担的责任发动的追究。②立法机关追究。是指全国人大及其常委会和地方各级人大及其常委会对其选举、决定、任免的公务员应该承担的责任发动并实施的追究。③上级追究。是指在具有等级结构特点的政府机关中,政府机关及其领导人员对下级公务员应该承担的责任发动的追究。④自我追究。是指公务员对其履职情况和其

---

① 许育典：《以宪法架构检讨公务人员行政中立法》,《台大法学论丛》2010年第4期,第105~106页。
② 吴庚：《宪法的解释与适用》,台北：作者自刊,2003,第217~220页。
③ 刘静怡：《言论自由的双轨理论与双阶理论》,台北：《月旦法学杂志》2005年第28期,第44~48页。

言行进行自我评价，认为没有认真履行职责或言行违背民意，而自我承担伦理责任的追究。⑤社会追究。是指民众、社会对应该承担责任的公务员直接发动的声讨活动。

(三) 课责原则与责任形式

不当言论课责的原则是采用违法事实行为的单一性原则，这些行为不管是触犯哪些义务，会整体地在违法上作单一的评价。

公务员不当言论须承担的责任形式有以下几种。

(1) 政治责任。政治责任就是政治主体的分内应做之事以及没有做好分内之事所应受的谴责和制裁，即公务员有关职务的言论违反了其身份应做之事而要承担的责任。① 所谓有关职务的言论，指该言论内容涉及其个人职务执行上的相关信息。公务员多余的言论会使他变成"政治家"，一般公务员对当前的政治判断不能"外显"出来。我国香港地区一般公务人员不被要求到议会接受质询，只有高级公务员才能被要求到议会接受质询。因为无论如何，这都是"政治场合"，有政治责任。② 在我国，应区分领导序列公务员与一般公务员的言论不当的政治责任。领导序列的公务员应承担不当言论的政治责任；而一般公务员可以通过部门首长来追究其不当言论的其他责任。

(2) 民事责任。公务员一旦出现不当言论，由自己或追究主体责令其在媒体上公开道歉、认错。赔礼道歉关涉个人事小，关涉社会事大。向公众道歉，并不意味着对公务员声誉、政府公信力的一种损害，相反，它清晰地传递着政府把民众当成衣食父母的诚恳态度，反映政府公信力的核心价值。

(3) 行政责任与刑事责任。公务员言论自由权利受法律保障，凡法律

---

① 2005年5月11日，谷内正太郎在接见访日的韩国议员代表团时称，日本政府每天都会从美国方面得到大量的有关朝鲜的情报，但是因为美国对韩国心存芥蒂，日本不能将这些情报与韩国共享。韩国总统府青瓦台26日发表声明，要求日本政府追究最近就韩美关系发表不适当言论的日本外务省事务次官谷内正太郎的责任。认为谷内正太郎的言论不仅不符合事实，而且从外交礼仪上说也是无礼的行为。声明最后说，韩国政府将高度关注日本政府对此事的反应，并视情况而采取应对措施。参见《韩国敦促日本追究发表不当言论官员的责任》，http://news.xinhuanet.com/world/2005-05/26/content_3005914.htm。
② 苏伟业：《公务人员执行任务当中的政治责任问题：方仰宁事件的评论》，http://bennisso.blogspot.tw/2014/04/blog-post.html。

上评价相同的事项,对公民行政处罚须以明确授权的法律、法规予以规范的,对公务员当然亦得以公开的法律或纪律规范性文件为之,而此授权发布的法规性条款,应符合明确性原则。因此,公务员因不当言论而承担行政责任和刑事责任的方式、内容等都应当被明确规定。公务员言论如违反保密义务,依法给予处分。如违反纪律失言的,公务员应受行政处分,包括警告、记过、记大过、降级、撤职、开除等。如违反伦理义务,采取以下行政措施:①责令改正;②诫勉谈话;③出具警示函;④将其违法违规、不履行公开承诺等情况记入诚信档案并公布;⑤认定为不适当人选等。公务员如果散布谣言,谎报险情、疫情、警情或者以其他方法故意扰乱公共秩序的,或者公然侮辱他人或者捏造事实诽谤他人尚不构成犯罪的,要依据《治安管理处罚法》等规定给予拘留、罚款等行政处罚。公务员不当言论涉及渎职或侵权,达到犯罪的,以职务犯罪论处。

第四节 公务员结社权

一 公务员结社权

人民的结社,可以分作两类:一是以营利为目的的结社,各种商业结社(合伙与公司等)属之;二是不以营利为目的的结社,各种政治、宗教、学术、慈善等结社,以及各种职业团体(如劳工、教员、律师、医师等团体)属之。[①] 公务员结社权是公务员享有的依法成立或参与维护自身合法权益的社会团体的权利。台湾学者将公务员结社权归属为公务员劳动基本权,为学理上公务员团结权、协议权及罢工权之一种。[②] ①团结权,也称自由结社权,指雇员有自愿团结起来,建立或参加工会等劳工团体的权利。②团体交涉权,也称集体谈判权,指雇员有通过工会等代表,集体和雇主交涉、谈判雇佣合同的权利。③团体争议权,也称罢工权。三种劳动权中的罢工及缔结团体协约的交涉权,影响层面深广,故欧洲多数国家

---

① 王世杰、钱端升:《比较宪法》,商务印书馆,1999,第122页。
② 林腾鹞:《行政法总论》,台北三民书局,2012,第332页。

仍不许之，但为保障公务员的共同利益，承认公务员的结社权，得以分别组成全国性或地区性的公务员利益团体。①

我国宪法把结社权划入政治权范围而非劳动基本权，结社权属于集体权，而不是单独的个人权利，因此从政治权利角度分析结社权更符合我国法律现状与社会现实。我国宪法并未对结社权主体作特殊限制。我国公务员的政治权利保障与公民权利保障基本一致，不同之处主要体现在公务员的劳动权上；劳动权利是宪法上规定的政治权利，公务员也当然享有该项权利。②结社包括政治结社、经济结社、社会与文化结社等多领域，因而，公务员结社权理应涉及上述领域。

二 各国和国际劳工组织关于公务员结社权的规定

对于公务员有无结社权，不同国家的看法不同。③有谓一切公务员俱不能结社者。他们认为公务员的地位，与从事其他职业者不同；倘令公务员得以成立职业团体，便不啻鼓励他们利用团体的名义与势力，向政府或社会有所索要，甚或对抗政府或社会；所以于社会秩序与行政纪律，可能发生重大危险。有谓应按公务员所司职务的性质，而分别承认或不承认他们有成立职业团体之权者。如公务员所从事的职务属于事业的性质，如邮、电、铁路等机关，则应许其组织职业团体，与工会同样看待。如果公务员所从事的职务严格属于行政或司法等性质，则不应许其组织职业团体。有谓凡是公务员，俱应许其有结社之权者，因为如果不能结社，则公务员受雇主（政府）的压迫时，将无以自卫。

西方公务员制度大多实行"政务官"与"事务官"相分离的管理机制。因此，公务员结社权主要涉及事务类公务员的结社权利。

（一）德国

依据德国《基本法》第9条有关结盟自由的原则，公务员有权利组织

---

① 吴庚：《行政法之理论与实用》，台北三民书局，1999，第255页。
② 谭宗泽：《国家公务员法之公务员保障制度研究》，载台湾行政法学会《公务员法与地方制度法》，台湾行政法学会，2003，第203页。
③ 王世杰、钱端升：《比较宪法》，商务印书馆，1999，第125~126页。

工会或职业联盟,《联邦公务员法》第 91 条第 1 款规定公务员通过选举工会代表或职业代表,来行使其权利;相对应的,公务员亦有权不参与工会或职业联盟。换言之,即有所谓消极的结盟自由。职务长官不得因为公务员加入工会或职业联盟,或担任工会或职业联盟的干部,而遭受法令上或事实上的不利或特别优惠。① 根据德国《民法》第 21 条规定,"公务人员基于其职业(分业、专业)之不同,有权组织成立各类型的职业团体"。德国公务员根据其所从事业务不同而分别组成的团体,称为"职业协会"。这种抛开个别行政机关而组织成立的职业协会,与一般劳工法上的工会有很多相同点。目前在德国,已成立并存续的与公务员职业有关的工会,主要有下列 8 个:德国公务员联盟(DBB)、煤矿及能源工业工会(IGBE)、德国铁路工会(GDED)、教育暨学术工会(GEW)、园艺、农业暨森林工会(GGLF)、公共服务、运输及交通工会(OYV)、德国邮务工会(DPG)、警察工会(GDP)。其中全国性的最高组织是德国公务员联盟。

(二) 英国公务员的团体协商 ②

(1) 公务员争议协商组织。由公务员团体及政府指派代表组成的全国惠特利(Whitley Council)会议及各部惠特利会议处理全国性或部别性的有关公务员待遇及工作情况争议问题。其中公务员代表与政府代表处于平等地位。英国"公务争议协议制"规定,凡政府与公务员因工资、津贴、休假等发生争议,公务员可以通过他们所参加的各种协会和工会直接与政府谈判,也可交惠特利委员会与政府就工资、福利待遇、工作条件等相关事项进行协商。在惠特利会议中,如无法达成协议,则其争议最后可上诉于公务仲裁法院。

(2) 协商的事项。可提请惠特利会议协商的事项如下:①公务员的服务事项,如征募、工作时间及俸给原则等;②晋升案件,以涉及破坏晋升原则者为限;③惩处案件,以涉及惩处原则者为限;④其未涉及原则性的个案,均不在协议之列。

---

① 林明锵:《公务员法研究》(一),台北:作者自刊,2003,第 504 页。
② 参见台湾地区"考试院"编《各国公务员权利保护概况》,http://www.exam.gov.tw/public/Attachment/011414265648.doc。

（三）美国

美国《联邦公务员劳雇关系条例》（Federal Service Labor Management Relation Statute，FSLMR）共计 35 条，现编入《联邦法典》第五篇第七十一章，作为规范现行联邦劳雇关系的重要基础。所有联邦政府机关公务员均适用。

1. 主要规定

①公务体系的劳工组织和团体协商是建立在公共利益之上，以建立效能及效率政府为基本前提，并设计一套符合政府特殊条件和需要的程序。②正式赋予公务员团结权，即公务员无须担忧惩罚或报复，有权自由地组织、参加或协助任何工会组织，或回避上述活动。③公务员有权代表工会向机关首长或政府行政首长、其他官员、国会或其他相关机关表达意见，并参与关于雇佣条件事项的团体协商。④联邦公务员僵局处理小组（FSIP）解决团体协商过程中所产生的僵局。⑤公务员遭受不公平劳动行为，可以依法按照协商的程序或向功绩保护委员会提出申诉。⑥不允许罢工；非法罢工，工会将遭解散，其成员也会受到纪律上的制裁等。

2. 团体交涉事项①

劳工团体可与机关进行交涉的事项，包括人事政策、涉及工作条件的各种措施，但其仍受法律的限制，且不包括整体适用规章。主管机关发布整体适用规章时，需与工会协商。政府机关有下列权限：①可以交涉，但并非必须交涉的事项，包括员额的分配、职位分类、职等、人员的调派、执行工作的技术或方法等；②禁止交涉事项包括机关的任务、预算、员额、组织及内部安全等。

3. "不公平劳动行为"禁止的规定

机关或公务员工会组织均不得从事不公平劳动行为。机关的不公平劳动行为包括：①妨碍、限制或威吓任何公务员行使《联邦公务员劳雇关系条例》所赋予的各项权利；②以任用、就任保障、升迁或其他雇佣条件的差别待遇作为鼓励或不鼓励公务员参加任何工会组织；③以财务支持、控

---

① 参见台湾地区"考试院"编《各国公务员权利保护概况》，http//www.exam.gov.tw/public/Attachment/011414265648.doc。

制或其他方法协助任何工会组织,或对工会组织所提供请求性、习惯性、经常性的设备与服务,非将其他工会组织视为同一地位而基于不公平的基础上;④因公务员提出陈情、宣誓或诉愿,或依条例提供资讯或证明而惩处或歧视该公务员的行为;⑤拒绝以诚信的态度依条例办理或协商;⑥未能或拒绝依条例之僵局程序及僵局决定进行合作;⑦团体协约有效期限内,订颁与团体协约相冲突之规则或章程;⑧其余拒绝遵守条例法定的情事。

工会组织的不公平劳动行为包括:[①] ①阻止、限制或胁迫公务员行使《联邦公务员劳雇关系条例》任何权利;②因公务员行使《联邦公务员劳雇关系条例》任何权利而导致或可能造成机关予以差别待遇;③以恐吓、惩罚或罚款,或倾向威胁工会会员作为惩罚或报复手段,或以阻碍或阻止工会会员的工作绩效或生产力为目的,或不鼓励会员恪尽责任;④基于公务员之种族、肤色、信仰、原始国籍、性别、年龄、是否具有公务员优惠资格、政治隶属、婚姻状态或身体残障等理由,作为得否成为工会组织成员条件而予以差别待遇;⑤拒绝以诚信的态度依《联邦公务员劳雇关系条例》办理或协商;⑥未能或拒绝依《联邦公务员劳雇关系条例》僵局程序及僵局决定进行合作;⑦当劳雇发生争议时,提议或参与罢工、妨碍工作、怠工,或监视会员上班而影响机关运作,或未能采取阻止或预防上述行为发生的渎职举动;⑧其余拒绝或未能遵守《联邦公务员劳雇关系条例》法定的情事。

(四) 国际劳工组织的规定

国际劳工组织于 1978 年 6 月 7 日通过了第 151 号公约,即"劳雇关系 (公共服务) 公约"[Labour Relations (Public Service) Convention, 1978 Number 151],该公约是专门针对公务员的规范,其对第 87 号公约和第 98 号公约中有关公务员团结权部分规定进行了补充和修正,并作出了总结性规定。该公约第 3 条规定,所谓公务员组织是指"以促进与保护公务员利益为目的的任何组织"。第 5 条规定,"公务员组织应完全独立于政府当局

---

① 参见黄骏逸《美国联邦公务人员劳动三权之研究——兼论"我国考试院"公务人员协会法草案》,台湾政治大学硕士学位论文,2002,第 113~114 页。

的支配";"公务员组织应享有充分保障使其设立、运作及行政不受政府机构之干涉";"凡促使公务员组织受到政府机构的支配，或以财政及其他方法支持公务员组织，进而达到为政府机构所控制的目的，均应禁止"。这些规定保障了公务员的团结权，并将公务员组织立于与政府机构平等的地位，与劳工工会采取同样的处理模式，以确保公务员组织的自主独立。

综上，国际劳工组织与英、美、德等国家对公务员团结权给予认可，通过组织或团体与机关进行协商或交涉争议事项，保护公务员职业免受不公平劳动行为的侵害，在维护公务员的群体利益中发挥了重要功能。

三 公务员结社权限制

（一）参加政治组织的限制

政治结社是公民及公务员政治参与的途径和形式之一。一般而言，政治结社包括参加政党和参加政治社团活动两大类。公民加入该组织以后，不管他是否参加了该组织影响政府的活动，参加这种组织的事实本身就构成了一种政治参与方式。

1. 参加政党的限制

西方的公务员基于"政治中立"一般被限制参加政党，以保障公务员免受专横行为或个人好恶之害，亦使公务员不被迫为政党的政治目的而从事活动，同时也禁止公务员使用权力及影响力去干预或影响选举的结果或竞选提名的结果。在西方国家，法律规定公务员在国家政治活动中要保持"政治中立"原则，公务员不得加入政党、政治团体，或与这类组织保持联系，也不得参加、捐助和以其他任何形式支持政治运动和政治活动，不得组织或参加违背有关法律法规规定的国家机关工作人员职责、义务的集会游行示威活动。实行政党选举的国家和地区，要求事务类公务员的行为具有非政治性，导致这部分公务员的某些公民政治权利的丧失，主要表现在担任政党职务、组织竞选活动、发表政治演说、谋求政治捐款、取得公选公职候选人的资格、参加偏激性政党、抨击政治领导人和公共政策等政治权利方面的限制。

虽然政治选举的国家和地区都赋予公务员以恪守政治中立的义务，但对公务员政治行为的限制程度各有不同。在美国，政治中立是其公务员制度的基本原则之一，公务员不得为政党政治目的而从事活动，不得使用其权力或影响力去干预、影响选举结果或竞选提名的结果。在日本，根据《国家公务员法》规定，公务员不得成为政党及其他政治团体的官员、政治顾问以及其他具有相同作用的成员。英国《公务员管理法》规定，属于"政治受限"范畴的公务员不得参与全国性政治活动；不属于"政治受限"范畴和属于"政治自由"范畴的公务员一般应经批准才能参加政治活动；不属于"政治自由"范畴的公务员，不得表达个人政治观点；公务员不得参加某个党派组织或受其保护的活动。

西方公务员的政治中立主要是预防新政党上台后，政府队伍不稳，国家机器不能正常运转，因此，公务员参加执政党或在野党的权利受到严格限制。西方公务员制度对事务类公务员参与政治的限制，恰恰证明公务员制度是国家政治的工具，具有鲜明的政治性，因为政务类官员是一定选民也是一定社会阶层和阶级的利益代表，各国要求事务类公务员对行政长官决策的忠实执行，这本身就具有鲜明的政治特色，就是对事务类公务员的政治性要求。[1] 可见，对公务员参加政党等权利在内的政治权利进行限制是西方国家的通常做法。

2. 公务员行政中立

在西方，公务员是一个独立的利益集团，受雇于政府。公务人员应严守行政中立，依据法令执行职务，忠实推行政府政策，服务人民。公务人员应依法公正执行职务，不得对任何团体或个人予以差别待遇。我国香港地区公务员表达政治意见之行动须以不丧失"政治中立"立场和职务上的保密义务为前提。[2] 我国台湾地区"公务人员行政中立法"第5条规定，公务人员可加入政党或其他政治团体，但不得兼任政党或其他政治团体领导职务；公务人员不得介入党政派系纷争；公务人员不得兼任公职候选人竞选办事处的职务。该法第7条规定，公务人员不得于上班或勤务时间，从事政党或其他政治团体的活动。但依其业务性质，执行职务的必要行

---

[1] 姜海如：《中国公务员管理机制研究》，华中师范大学博士学位论文，2002，第10页。
[2] 张学仁主编《香港法概论》，武汉大学出版社，2004，第88页。

为，不在此限。前项所称上班或勤务时间，指下列时间：①法定上班时间；②因业务状况弹性调整上班时间；③值班或加班时间；④因公奉派训练、出差或参加与其职务有关活动的时间。该法第8条规定，公务人员不得利用职务上的权力、机会或方法，为政党、其他政治团体或拟参选人要求、期约或收受金钱、物品或其他利益的捐助；亦不得阻止或妨碍他人为特定政党、其他政治团体或拟参选人依法募款的活动。该法第9条规定，公务人员不得为支持或反对特定的政党、其他政治团体或公职候选人，从事下列政治活动或行为：①动用行政资源编印制、散发、张贴文书、图画、其他宣传品或办理相关活动；②在办公场所悬挂、张贴、穿戴或标示特定政党、其他政治团体或公职候选人的旗帜、徽章或服饰；③主持集会、发起游行或领导联署活动；④在大众传播媒体具衔或具名广告；⑤对职务相关人员或其职务对象表达指示；⑥公开为公职候选人站台、游行或拜票；⑦其他经"考试院"会同"行政院"以命令禁止的行为。前项第1款所称行政资源，指行政上可支配运用的公物、公款、场所、房舍及人力等资源。从行政法角度来看，广义的行政中立，与"公正执法""依法行政"理念接近，是指公务人员在处理公务上，在执法与执行政务人员的政策上，其立场应超然、客观、公平、公正对待任何个人、团体或党派，其重点在遵守平等原则。[①] 行政中立可谓当代公务员所应遵循的义务，但可能因为公务员种类及性质的不同，而有不同的宽松程度。

3. 允许成立公务员协会团体

不论在宪法上有无社会权条款，英、美、德、法等国家都肯定公务人员的结社权，允许公务人员通过协会结社争取经济利益；但对于团体协商权及争议权，政策上都基于公共服务的特殊性加以限制或禁止。在团体协商权部分，私部门领域当然包括签订团体协约，以作为劳资双方权利义务的依据，但在公部门领域，公务员团体可以进行有限度的协商或其他形式的参与，但不必然包括签订团体协约。[②] 一般劳工法上的集体劳动权，在

[①] 徐良维：《"我国"独立行政机关权力分立与行政组织法之观察》，台北：《文官制度季刊》2010年第4期，第100页。
[②] 杨戊龙：《论公务人员的劳动结社权与"我国"公务人员协会》，台北：《公共行政学报》2007年第22期，第47页。

劳工法上已有其固定意义及重要的地位，但是，公务员的集体劳动权，迄今为止，仍常被忽视，甚至被称为只是公务员法中常被忽略的附从物。①事实上，公务员一般性结社并不因特别权力关系的存在及工会法的限制而受到禁止，例如公务员加入政党，依人民团体法成立"法官协会"或加入其他宗教团体等，都是结社的事实。②

在社会主义国家，政治性社团是社会团体中参与政治比较显著的部分，它们由在某些方面具有共同利益的社会成员所组成。在我国，参与政治的社团一般是政治社会团体，包括工会、共青团、妇联、工商联等。这些团体分别代表社会上不同成员的利益，又在根本利益上具有共同性，因此成为参加国家事务管理的重要组织形式。公务员只要参加了这些组织，也就意味着进行了政治参与活动。确切地说，应为归属于公务员的政治结社权。公务员的结社权不能狭义地理解为组织或加入工会或协会的权利。平心而论，公务员组织团体，以维护其本业的利益，虽或不免妨害国家行政纪律，而使行政长官的约束较先前困难，但这种团体的存在，可使国家机关的行政用人减少徇私、受贿、专横等弊病。且仅承认公务员有结社权，未必即致危及社会秩序与行政纪律。③

（二）社会结社的限制

公务员社会结社自由包括组织结社和参加社会组织的自由。社会组织是国家治理的重要组成部分，因此，公务员在社会组织任职是允许的，但要经所属部门首长的同意。公务员不能组织反政府的社会团体，即便是在西方国家，公务员社会结社自由等权利也要受到诸多限制，这些政治权利源于公务员的特殊身份而异于一般公民。在西方，政务类公务员普遍参加各种利益集团或接受游说集团安排，并从受益集团获取经济利益。④ 西方

---

① 转引自《德国公务员之劳动权——兼论"我国"公务人员基准法 1995 年 1 月草案》，载林明锵：《公务员法研究（一）》，台北新学林出版股份有限公司，2000，第 248 页。
② 杨戊龙：《论公务人员的劳动结社权与"我国"公务人员协会》，台北：《公共行政学报》2007 年第 22 期，第 54 页。
③ 王世杰、钱端升：《比较宪法》，商务印书馆，1999，第 126 页。
④ 如美国－以色列公共关系委员会（AIPAC）是美国一个非党派组织。长期以来，从事美国针对以色列政策游说活动，其目标是建构美国对以色列的永久性支持，是美国外交政策领域对美国国会最有影响力的组织。

政务类公务员由选举产生，决定了其必须有巨额的选举资金，而唯一有能力提供的只有财团，那些获得财团青睐的候选人才可能脱颖而出；他们选举胜利后，当然必须进行回报。为防止利益冲突，奥巴马2009年1月21日，宣誓就职美国总统后的第一天，当即签署了一项名为"行政部门人员操守承诺"的行政法令，禁止行政部门工作人员接受注册说客的礼物，并为曾担任说客的人加入政府设下两年禁期的严格限制，以减少他们在工作时出现利益冲突的风险；该行政法令还规定，在政府工作的人员离职后两年内不得为私人企业游说，禁止官员离职后转任与其在政府工作有关的说客。[1]

（三）经济结社的限制

一般而论，各国对公务员经济结社都有严格限制，以防止公务员个人经济利益与公共利益冲突的发生。事务类公务员不得参与经济结社（办企业、入股等）；政务类公务员当选之前须终止其在经济结社的职位和利益，即使工商业人士，也要在担任政务类公务员时与其所属公司、协会切割，并公布个人财产。

综上，无论是政治性结社，还是经济性结社，其成员目的都在于追求各自利益的最大化。限制公务人员结社权的理由在于其作为政策执行者的身份由法律赋予，为了保证其在执行公共任务和履行职责时只能以国家利益为最高指引，不受其所在团体宗旨和理念的不当影响和干涉，所以公务人员的私人空间应当受到比公众更加严格的限制。[2] 因此，西方各国在公务员政治结社上和经济结社上给予严格的限制。在公务员社会结社上有所限制，而在成立公务员协会组织上一般给予支持，以保障公务员集体行动。

四 我国公务员结社权的完善

我国《宪法》第35条规定，"中华人民共和国公民有言论、出版、集

---

[1] 赵可金：《美国游说集团为何管不住》，http://news.xinhuanet.com/globe/2009-03/12/content_10998945.htm。
[2] 王国锋：《论结社权》，吉林大学博士学位论文，2010，第247页。

会、结社、游行、示威的自由"。结社权是我国宪法赋予公民的基本权利，公务员作为公民也享有宪法赋予的结社权。我国公务员结社权有自己的特色和优势，应发挥公务员政治结社权优势作用，同时，对不完善的方面给予完善。

（一）依法政治结社无限制

相比西方公务员制度，我国并未设立"政务官"与"事务官"相分离的制度。原则上，公务员可以加入我国任何合法的政治社团。《中国共产党党章》规定，共产党员不得参加民主党派，而民主党派可以参加共产党。在我国，共产党是执政党，各民主党派是参政党，公务员参加共产党或者民主党派，都是政治参与，其主要活动包括参与执政、政治协商、提供建议批评等，总起来可概括为参政、议政、评政三大方面。选择加入何种政党是结社自由的表现。西方政党为竞选执政而设置，我国政党除执政、参政、评政外，还有领导全国各族人民向中华民族伟大复兴而奋斗的远大目标。能申请加入政党是我国公务员制度区别于西方公务员制度的最大不同。我国《公务员法》要求公务员制度必须贯彻党的干部路线和方针，坚持党管干部原则。这是建立高素质公务员队伍的重要保证，这是与西方公务员制度的本质区别，也反映出我国公务员队伍的政治先进性。我国公务员队伍是党的干部队伍的重要组成部分，要接受党的领导，坚持社会主义方向。在我国，公务员不仅可以参加政党和政党的活动，而且应积极参与国家的政治生活，对机关及其领导人的工作提出批评和建议。同时，公务员中的共产党员，根据党章的规定，还有贯彻执行党的基本路线和各项方针、政策，自觉遵守党的纪律，执行党的决定，服从组织分配，积极完成党的任务，参加党的组织生活，接受党组织的监督并宣传党的主张的义务。公务员还起着集体考察领导的作用，特别是政治考察（包括政治方向、政治立场、政治观点、政治纪律、政治鉴别力、政治敏锐性等方面的考察）。

我国公务员制度坚持党性原则，实行党管干部，没有规定公务员政治中立的义务。但要求公务员"遵守宪法和法律"，不得"散布有损国家声誉的言论"和不得"组织或者参加非法组织"等方面的规定，与西方国家要求公务员不得图谋破坏宪法、限制公务员公开发表政治言论和要求公务员不得组织或参加偏激性政治组织具有某种程度的一致性。[①] 我国公务员强调坚持党管干部原则。有人将其与前述公务员政治中立原则相对立，主张这是中国公务员制度的特色，坚持排斥"政治上的中立性"；实际上，这是一种误解；"政治上的中立"强调的是每个公务员在具体执行公务时必须做到一视同仁，不得对不同的政党或不同政党的支持者进行差别待遇。[②] 即要求公务员在依法行政中，无偏见、公正地对待任何政党、组织与个人，不得歧视弱势群体。西方某个政党往往是某个阶层或某个方面的代表，而中国共产党必须代表全体人民，为此，我国公务员须全力拥护共产党的领导。强调党员公务员比一般公务员的政治标准更高，就是要求政治系统内成员（党员）对系统的心理绝对认同和群体忠诚；它是政治系统赖以存续并维持长久生命力的基石。

在我国，公务员须严格遵守政治纪律，不得参加未经批准的社会团体或私下结盟，不得拉帮结派、搞利益交换，对抗组织、欺瞒组织。党员公务员如违反《中国共产党纪律处分条例》第 49~52 条规定，即组织、参加旨在反对党的领导、反对社会主义制度或者敌视政府等组织；组织、参加会道门或者邪教组织的；在党内组织秘密集团或者组织其他分裂党的活动的；在党内搞团团伙伙、结党营私、拉帮结派、培植私人势力或者通过搞利益交换、为自己营造声势等活动捞取政治资本的，根据情节，分别给予严重警告、撤销党内职务、留党察看或者开除党籍处分。

（二）参加经济社团的限制

我国《公务员法》规定，公务员不得从事或者参与营利性活动，不得在企业或者其他营利性组织中兼任职务；因工作需要在机关外兼职的，应当经有关机关批准，并不得领取兼职报酬。即使公务员辞去公职或退休的，原系领导成员（是指机关的领导人员，不包括机关内设机构担任领导职务的人员）的公务员在离职 3 年内，其他公务员在离职两年内，不得到与原工作业务直接相关的企业或者其他营利性组织任职，不得从事与原工作业务直接相关的营利性活动。

[①] 刘俊生：《论公务员政治权利的冲突与限制——比较的视角》，《国外社会科学》2010 年第 1 期，第 128 页。

[②] 杨建顺：《行政规制与权利保障》，中国人民大学出版社，2007，第 198~199 页。

对公务员离职限制的规定宜引进利益冲突规定和比例原则,对宪法权利剥夺的"范围"必须从为实现相同的基本目的而采取的"最不激烈的手段"角度进行分析,即冷却效应。首先要问政府的行为是否侵害了个人的宪法权利,即使是间接地侵害个人的权利;除非政府行为要满足的利益是迫不得已的,或者对于政治体系而言是极其重要的,即使如此,政府在实现这种利益时所选择手段也要符合最小限制的原则。①

(三) 加入职业团体的规范

我国《公务员法》对于公务员劳动团结权的问题没有提及,但《工会法》对公务员团结权进行了规定。我国《工会法》第 3 条规定,在中国境内的企业、事业单位、机关中以工资收入为主要生活来源的体力劳动者和脑力劳动者,不分民族、种族、性别、职业、宗教信仰、教育程度,都有依法参加和组织工会的权利。任何组织和个人不得阻挠和限制。《工会法》第 10 条规定,企业、事业单位、机关有会员二十五人以上的,应当建立基层工会委员会;不足二十五人的,可以单独建立基层工会委员会,也可以由两个以上单位的会员联合建立基层工会委员会,也可以选举组织员一人,组织会员开展活动。女职工人数较多的,可以建立工会女职工委员会,在同级工会领导下开展工作;女职工人数较少的,可以在工会委员会中设女职工委员。因此,我国公务员劳动团结权有法律依据。

我国法律对公务员能否加入职业团体缺乏规范,如团体协商权和争议权。从职业角度而言,劳动法和公务员法均是用来实现宪法劳动权之法,但传统观点把劳动法视为私法或社会法,把公务员法视为公法,从而造成了对公务员劳动权保障的不足,只强调其义务,而忽视其权利。② 在公务员团体协商权和争议权上须制定相应规范加以明确。

(四) 参加社会组织的规范

为了加强对社会组织的管理,国务院 1998 年颁布《社会团体登记管理暂行条例》,同年还颁布了《民办非企业单位登记管理暂行条例》和

---

① 〔美〕戴维·H. 罗森布鲁姆等:《公共行政学:管理政治和法律的途径》,张成福译,中国人民大学出版社,2002,第 529~532 页。
② 程武龙:《公务员劳动基本权研究》,吉林大学博士学位论文,2008,第 58 页。

《事业单位登记管理暂行条例》，确立了政府管理民间组织的基本框架："分级登记、双重管理"——任何民间组织都必须同时接受同级民政部门和主管部门的双重领导。由此，政府对社团管理政策的基调一直以限制为主，任何社会团体只有到政府分级登记，才具有合法性。现行的社会团体登记管理办法将社会团体分为学术类、行业类、专业类、联合类等几大类，而没有将社会团体进一步区分是"互益性"还是"公益性"的组织。虽然《中国共产党纪律处分条例》规定，党员违反有关规定在社会团体等单位中兼职，或者经批准兼职但获取薪酬、奖金、津贴等额外利益的，给予相应纪律处分，但此款中"违反有关规定"还须进一步明晰并界定哪些社会组织是公益的，哪些是互益的，以便让公务员能清楚自己组织或参加社会组织的权利与义务。

在我国，公务员基于自身的素质和对国家政策的理解，在参与社会事务、维护公共利益、救助困难群众、帮教特殊人群、预防违法犯罪等方面的社会组织有便利条件和优势。只要不存在相关的利益冲突，就可允许公务员参与公益非政府组织。公务员在业余时间，加入公益组织从事公益活动政府应给予鼓励和奖励。因为这也是服务人民大众，符合人民公仆的身份。例如隋双戈为深圳市检验检疫局公务员，利用业余时间做义工，创办深圳知名NGO组织"春风网——心理创伤援助公益平台"；自创办后至2010年，以援助性侵害为主的这一NGO公益组织已为求助者提供心理、法律帮助500多人次，社区服务、培训1000多人次。其后因求助渠道和服务范围的拓展，人数已无法统计。① 在我国，只有在法律中明确规定公务员社会结社权的范围、公务员可参加的公益组织种类及各种情形，才能确定公务员的权利义务，为公益事业提供便利条件和发挥优势作用。如果还是通过目前的政策或纪律来约束公务员的结社权，有违反宪法和依法治国基本方略之嫌。

至于在职公务员是否能在工作时间兼任所管辖的行业性组织或公益性社会组织负责人仍存有质疑。相应职务的公务员担任所管辖社会组织负责人，虽然可以获得一定的行政资源，但会造成官民不分，以权谋组织之

---

① 张玮：《让"春风"吹散她们的阴影——公务员业余时间自办NGO，帮助上百受性侵女性走出阴霾》，《南方日报》2012年7月2日，第SC01版。

利，造成社会组织公信力下降。目前，公务员兼任社会组织负责人在我国民政部制定的政策中还有一个缺口，即组织部门同意的还可以继续兼任。因为政府在治理非政府组织上应成为一个裁判者，而不是参与者。法律应对在职公务员可兼任社会组织负责人的社会组织类型、利益冲突的回避及不得领取任何的报酬或补助作出规定。

第四章

公务员人身权

第一节 公务员人格权

一 公务员人格权

人格权是社会个体生存和发展的基础,是整个法律体系中一种基础性权利。现世界各国宪法均将人格权的保护放在重要位置。一般而言,公务员人格权包括生命健康权、姓名权、肖像权、名誉权、荣誉权、信用权、隐私权等权利。

（一）生命健康权

生命健康权是指公民享有生命安全、身体健康、受法律保护的权利,任何组织和个人都不得非法侵害。有关公务员的健康维护,目前我国法律并没有正面明定,仅在《公务员法》第13条第1项规定,公务员享有获得履行职责应当具有的工作条件的权利。第84条间接规定了公务员生命健康保障权,有下列情形之一的公务员,不得辞退：①因公致残,被确认丧失或者部分丧失工作能力的；②患病或者负伤,在规定的医疗期内的。我国台湾地区"公务人员基准法"草案中规定：①国家应提供公务人员执行职务的必要措施及良好工作环境；②公务人员应维护身心健康,如罹病致影响职务的执行时，应即就医或就养，服务机关于必要时亦得命其接受健康检查或疗养。此类直接或间接的规定，对于公务员健康的维护，有相当助益。

（二）姓名权

公务员有决定、使用和依照规定变更自己姓名的权利。姓名权的核心是专有权，他人不得享有、使用，只能是权利人自己享有和使用。姓名权是绝对权、对世权，除了姓名权人之外，任何人都是义务主体，都负有不得侵害其姓名权的义务。侵犯姓名权形式有：①干涉他人决定、使用、改变姓名。②盗用他人姓名，指未经他人同意或授权，擅自以他人的名义实施某种活动，以抬高自己身价或谋求不正当的利益，如打着公务员旗号从事商业行为。③冒用他人姓名，指使用他人的姓名，冒充他人进行活动，以达到某种目的。

公务员姓名权的客体是公务员对自己人格文字标志享有专有权。公务员姓名使用权包括积极行使和消极行使两种方式。积极行使指在自己的物品、作品上标示自己的姓名，作为权利主体标志；在特定场合使用姓名，以区别于其他社会成员。消极行使指实施某特定行为后，不透露自己的姓名，如在作品上不署名。

（三）肖像权

肖像权是指以公民自己的肖像为客体的权利，对自己的肖像是否公开具有自主权利。肖像权是一种标志性人格权，其基本作用在于以外貌形象标识人格，借以辨识每一个特定的自然人。肖像权也具有一定的财产利益，此种财产利益并非产生于自然人外貌特征本身，而是基于肖像产生的人格利益所派生的，并体现了不同的人格利益需求。这种财产利益是通过肖像权人的人格利益所派生的，它允许肖像权人在一定的范围内有限度地转让肖像权，允许他人制作和使用自己的肖像，并从中获得应有的使用价值。公务员有权保护自己的肖像不受歪曲、侮辱，未经本人同意，他人不得使用其肖像。是否将形象转化为肖像，由肖像权人决定，没有征得其同意或经其默认，其他任何人都不得制作肖像权人的肖像。同时，肖像权人有权制止他人擅自制作自己的肖像。

（四）名誉权

名誉是指社会或他人对特定公民、法人的品德、才干、信誉、商誉、功绩、资历和身份等方面评价的总和。名誉权为公民或法人对自己在社会上、生活中所获得的社会评价，即自己的名誉，依法所享有的不受侵犯的权利。凡败坏他人名誉、损害他人形象的行为，都是对名誉权的侵犯，行为人应负法律责任。公务员基于其身份，其名誉人格价值更须坚守。禁止用侮辱、诽谤等方式损害公务员的名誉。

（五）信用权

信用权是向银行申请授信额度或对外担保的资信资格或利益。公务员模范遵守法律和社会道德规范，且职业具有稳定性，而信用和稳定职业代表着稳定、持久的还款能力，因此，在社会上公务员拥有信用溢价的可能，较其他人群享受更多信用收益。例如申请信用卡时公务员被银行认为是优质职业，其申卡成功率普遍较高。公务员依法享有信用权，其他任何人不得非法侵犯。公务员有权查阅自己的信用记录并保证信用记录完整。

（六）隐私权

隐私权是公民享有的对与公共利益无关的个人信息、私人活动和私有领域进行支配的一种人格权。公务员隐私权的范围包括不涉及公共利益的私人信息、私人活动和私人空间。对于无关公共利益的公务员个人隐私，如个人爱好、饮食习惯、家庭琐事、生活规律、指纹信息等，法律应给予保护。本来"性"属于个人隐私范围，如果公务员与妻子以外的第三者发生性行为，这虽属个人隐私，但关系到公务员的清廉、生活作风问题，这就很难被纳入个人隐私权保护范围之内。

二 公务员人格权的限制

（一）公务员生命健康权的限制

出于国家和公共利益的需要，公务员在执行公职任务过程中即使在遭遇危及自身健康、生命的情形时也必须尽职尽责，甚至在必要时需要为此牺牲健康和生命。因此，公务员的生命权、健康权与普通公民的生命权、健康权的行使规则不同。公务员在执行公职时不得以危及自身的生命权、健康权作为不履行公务的抗辩理由，否则就可能构成失职行为；同时，国家和社会通过制度保障和精神宣导肯定公务员不顾个人安危履行职务的行为。当然，就个人内心而言，公务员要处理好以损害健康、生命为代价的履职风险。

(二) 公务员名誉权、隐私权的限制

出于维护公共利益和满足公众兴趣的需要，公务员某些特定的名誉权、隐私权应当受到一定程度的限制。这源自公众人物（public figure）理论，公众人物是指在社会生活中具有一定知名度的人，大致包括政府公职人员，公益组织领导人，文艺界、娱乐界、体育界的"明星"，文学家、科学家、知名学者，劳动模范等知名人士。[①] 公众人物是社会评论的焦点。正如美国联邦最高法院的判词所言：对公共事务的辩论应是"毫无拘束、富有活力和广泛公开的"，它可以是针对政府和公务员的一些激烈、语调尖刻的言辞，甚至是令人极不愉快的尖锐抨击；即使公众和媒体报道的一些细节失实，可能有损公务员的名誉，也不能成为压制新闻和言论自由的理由，言论自由的保护需要"呼吸空间"。[②] 伴随着政务公开，公务员的行为受到机关和公众的监督，较一般公民的隐私权获得较少的保护。

(三) 公务员肖像权的限制

基于国家形象要由公务员形象来反映，公务员的肖像权受到如下限制：①在我国，公务员不得利用自己的肖像权从事商业性质的广告、促销活动；②公务员特别是高级公务员在公开露面时，不得反对他人拍照，不得反对利用其肖像做公益广告。在许多国家，用夸张手法甚至用戏谑的手法使用高级公务员的肖像，也被法律所允许。

[①] 王利明：《公众人物人格权的限制和保护》，《中州学刊》2005年第2期，第95页。
[②] See New York Times Co. v. Sullivan, 376 U. S. 254 (1964).

(四) 公务员姓名权的限制

考虑到国家意志的整体性和行文的统一性，公务员在自己起草的文件、公文上不得署名，从而使公务员的署名权受到限制。原则上，公务员履行职务行为特别是执法时，须向行政相对人说明身份及姓名，不得拒绝透露自己的姓名。领导职公务员作为深入参与公共问题解决过程的人，属于公众人物之一。媒体对公众人物进行报道时，不可避免地要使用公众人物的姓名，社会公众也正是通过公众人物的姓名来知晓、关注、议论和评价公众人物的，因此，公众人物的姓名权应当受到必要的限制。[①] 同理，领导职公务员的姓名权与公众人物一样受到限制。

三　公务员人格权与公职冲突的解决

(一) 公务员的名誉权与舆论监督权之间的衡平

公民的名誉权受到侵害，其有权要求停止侵害，恢复名誉，消除影响，赔礼道歉。由于公务员是为实现国家某一权能而拥有特殊权力，所以其在实施行政行为时，就具有不同于一般公民的身份；这种特殊的身份要求对公务员名誉权保护作出适当的限定，以实现行政的民主、言论的自由和群众监督。[②] 但这并不是说，所有公务员的名誉都不应得到法律的保护。依实质公平的原则，公务员名誉权限制适用"职务递增，权利限制越多"原则，公务员职务越高，其名誉权限制越多；反之，如果公务员职位越低或基于某个岗位的特殊性，其名誉权受到越多保护。

舆论监督权的行使与公务员名誉权的保护之间会因为价值取向不同而发生冲突，二者衡平的关键在于以公共利益为标准来界定两种权利的位阶。在新闻侵权责任认定上确立的实际恶意、大体真实、适度容忍三原则值得借鉴。

(1) 如果明知事件不真实或者明知事件可能不真实而未作详细调查就发表言论侵害公务员名誉权的，加害方须为此负责。换言之，以是否具有

[①] 王利明：《公众人物人格权的限制和保护》，《中州学刊》2005年第2期，第96页。
[②] 王小迪：《浅谈公务员名誉权保护的特殊性》，《法制与社会》2008年第31期，第87页。

"实际恶意"这一主观要件为准。此处所指的"实际恶意"着重于加害方对言论内容是否真实所采取的态度。而这一主观要件应由被侵害方即公务员举证证明,这样可以在最大限度上保障公民的监督权利。① 美国联邦法院认为,被侵害方在社会事务中具有特别出众的作用,他们都是一些著名的、有影响的人,因此必须要由其举证证明侵害人具有实际恶意或重大过失,才能对其名誉损害进行补救。②

(2) 侵害人可以进行抗辩,包括绝对抗辩和相对抗辩两种情形。所谓绝对抗辩,指只要存在特定抗辩事由的情况下,就当然地免除加害人的民事责任,而无须考虑其他因素,尤其是不考虑加害人的主观方面和受害人是否同意。该特定抗辩事由主要指内容真实,即内容真实不构成对名誉权的侵犯。所谓相对抗辩,指存在特定的抗辩事由时,得酌情考虑减轻或者免除加害人的民事责任。在此,酌情考虑的主要是行为人的主观方面、行为的方式和场合等。侵权人非出于恶意而是基于社会公益的目的发表言论,即使事项并不真实,被害人仍不得求偿。公众依循正当途径反映的情况,如向党的组织部门、纪律监察部门、信访部门、司法部门反映,只要不存在恶意,仍可作为相对抗辩事由。但是对这一抗辩事由的应用,并不意味着任何人皆可捕风捉影或无中生有,以恶意攻击或侮辱公务员。

(3) 作为掌握一定社会资源的公权力者,公务员应有容忍雅量和大度,对公众和媒体在行使舆论监督的过程中可能给其造成的轻微损害予以理解。③ 若批评明显失实,被批评的公务员可运用信息发布平台,以公权力所拥有的资源及优势地位,对不实言论作适时澄清。公共事务攸关大多数人的利益,公众需要充分的知情和讨论,即使公民和媒体有一些不实言论与错误陈述亦应包容,不得禁止。公务员名誉权和公民监督权本身并没有何者更优越的具体定位,不过民主政治的发展趋势表现为公务员的名誉权往往要对公民和媒体的舆论监督作出让步。

公民在行使监督权时,如果主观上具有实际恶意,故意捏造事实,其行为给公务员名誉已造成一定的损害后果,公务员可对其提起民事

---

① 刘峰:《公务员的名誉权保障》,《行政与法》2001 年第 4 期,第 55 页。
② Certz. V. Robert Welch, Inc., 418 U.S. (1974), p. 323.
③ 石毕凡:《诽谤、舆论监督权与宪法第 41 条的规范意旨》,《浙江社会科学》2013 年第 4 期,第 85 页。

侵权诉讼，要求对方承担停止侵害、公开道歉并赔偿精神损害等民事责任。领导职公务员被当作公众人物对待，要成立对领导职公务员的名誉侵权，就必须具备严格的条件。一方面，行为人针对公众人物陈述的虚假事实没有任何根据，全部内容均为捏造；另一方面，行为人针对公众人物陈述的虚假事实的唯一目的是毁损公众人物的名誉，没有其他任何正当目的，只有具备以上两个条件才构成诽谤罪。① 名誉权的刑事保护集中体现在我国《刑法》第246条规定的诽谤罪上，此罪为自诉罪名；但该条但书条款规定"告诉的才处理，但是严重危害社会秩序和国家利益的除外"，即承担公诉职能的公安、检察机关，为保护社会秩序和国家利益，可以代表国家主动对诽谤行为进行控告。现关键问题是对于何种情形属于"严重危害社会秩序和国家利益"法律没有明定，这给予司法机关几乎不受约束的自由裁量权。在不少诽谤领导职公务员而被公诉的案件中，公检机关常以维护社会秩序和国家利益之名，抓捕诽谤者，将本属公务员自诉的案件解读为涉及"社会秩序或国家利益"而启动公诉程序，对公民行使监督权构成严重妨碍。② 因此，在法益衡量中，须以比例原则审慎处理公务员名誉权和舆论监督权之间的冲突，为保障公民和媒体的舆论监督权，公务员名誉权受侵犯时，有必要仅规定公务员提起民事侵权诉讼或刑事自诉即可，让诽谤公务员名誉的行为去公诉化，以遏制公权私用、压制舆论监督之不法现象。

（二）公务员的姓名、个人信息的规范

1. 以公务员的名义获得信用较高授信额度的行为规范

授信额度是考虑年龄、职业、存款、资产和住房等各种因素，对每一项都按照一定的标准予以评分，然后汇总成信用累积分，以此确定的。从风险控制角度看，因公务员工作和工资较稳定、信誉较高，是比较优质的客户，所以放贷机构在贷款利率等方面会给予公务员比较大的优惠，公务员的信用贷款更容易批准且可能是无担保的贷款。如有些商业银行对符合条件的科级以上公务员提供的无担保授信业务，无须担保，无须抵押，最

---

① 张明楷：《网络言论自由与刑事犯罪》，http://www.aisixiang.com/data/82073.html。
② 石毕凡：《诽谤、舆论监督权与宪法第41条的规范意旨》，《浙江社会科学》2013年第4期，第82页。

高可贷 30 万元,最长可贷 48 个月。这是公务员身份溢价的体现。但从公共利益出发,公务员不得从事营利性活动,公务员利用信用贷款进行投资等营利行为应给予规范。

2. 利用国家领导人和高级公务员的姓名和肖像为自己或企业争名声的规范

公务人员的姓名和肖像未经授权不得用于广告或其他营利性活动。即使可以基于公共利益和满足公众兴趣的需要而公开公务员的姓名或肖像等,也不能未经其同意就利用其姓名、肖像等牟取非法利益,否则,也构成对公务员人格权的侵害。对公务员姓名和肖像的使用要合理。此种合理使用只能限于使用人是为了维护公众利益和满足公众兴趣,在这种情况下即使使用人因主观上存在某种程度的过失而疏于审查核实,也在所不问。① 避免被合影或合影被利用的釜底抽薪之策就是规定担任领导职务的公务员少出席一些商业性活动。

3. 个人资讯的真实、完整表达的规范

对公务员的个人资讯公开立法,一般有以下两种方式:日本《资讯公开法》并不限于保障个人的隐私,只要是能识别特定人的资讯,原则上不公开,例外是因公共利益或公务员执行职务或惯例上一向被公开的资讯等,始得公开,这被称为个人识别型的立法方式;美国与我国台湾地区认为只要没有涉及个人隐私,原则上就公开,属于保障个人隐私型的立法方式。②

政府信息公开原则要求把党政领导的个人简历信息公布在网上,让公众监督。有些地方官网上只公开当地领导职公务员的名字、照片与现有职务,不公开从政履历、年龄等信息。主要是因为最近几年因履历造假、年龄造假、学历造假等落马的官员比比皆是,迫使一些在这些方面不太自信的公务员变得格外低调,不希望自己的年龄、学历、过往的从政履历等信息被公布得太清楚,避免这些信息成为对手攻击自己的把柄。公开公务员特定信息是有效监督的前提,我国公务员任职时应将年龄、照片、学历、经历、从政履历等个人信息及时公开,鼓励公众积极行使监督权利,让权

---

① 王利明:《公众人物人格权的限制和保护》,《中州学刊》2005 年第 2 期,第 97 页。
② "公务人员保障暨培训委员会"编《保障法制座谈会、研讨会及专题讲座记录汇编》(上册),台北:"公务人员保障暨培训委员会",2011,第 111 页。

力在阳光下运行。

公务员有权要求其履历档案的完整性。德国《联邦公务员法》第 90 条第 1 段规定，公务员对其所有的人事档案有权利请求阅览，此权利于终止公务员关系后仍继续存在；此一档案的内容应包含所有涉及该公务员的记录，但考试档案不在此限。申言之，公务员对涉及其权益关系的考试档案仍无阅览权；"人事档案"应作实质意义的解释，包含所有与公务员有关的职务上及个人的记录，否则人事档案的阅览权常会因为人事行政的运作而流于形式。①

（三）树立公务员生命健康的正确理念

在我国，公众普遍认为，加班加点，不计得失，鞠躬尽瘁、死而后已的"老黄牛"才是全社会学习的榜样和楷模；社会舆论也鼓励人们加班加点，对累倒甚至累死在工作岗位上的人更是褒奖有加。② 社会提倡和褒扬公务员为工作鞠躬尽瘁、死而后已，而对公务员带病上岗等生理健康的问题往往视而不见。有数据显示党的十八大以来，截至 2014 年 7 月 30 日已有至少 32 名官员非正常死亡，其中 6 月 30 日至 7 月 30 日死亡案例比较密集，至少有 8 名官员非正常死亡，其中 6 人确定为自杀。③ 公安部专家赵国秋从 2007 年开始牵头开展浙江省公务员心理援助项目，他主导的一项抽样调查表明：官员自杀原因 63% 是抑郁、压力大等，37% 是病重、欠债、夫妻吵架、畏罪自杀等。④ 从医学专业角度分析，抑郁症是一种成因复杂的"心病"，转型社会中，经济多元导致价值多元，多元价值一定会引起内心矛盾和冲突的增加，使得心理问题发生的概率上升。

我国官方将抑郁症认定为严重的心理疾病，患有抑郁症的公务员是不允许被提拔的。"抑郁症"这三个字对公务员而言绝对是退避三舍，无人会主动提及，甚至私下打听也犯了官场忌讳，所以公务员是抑郁症隐藏最

---

① 林明锵：《公务员法研究》（一），台北：作者自刊，2003，第 503 页。
② 徐华：《透视官员休假难的体制障碍》，《领导文萃》2008 年第 11 期，第 20 页。
③ 凤凰资讯：《一个月至少 8 名官员非正常死亡 自杀最多》，http://news.ifeng.com/a/20140731/41376566_0.shtml。
④ 张红光：《抑郁症官员宁死不住院——县长住精神病院不是笑话吗》，《齐鲁晚报》2014 年 6 月 6 日，第 A06 版。

深的一大群体。① 我国对公务员抑郁症群体的调查研究及早期干预鲜有提及和规范,在要求公务员注重身心健康的同时,社会和政府不要对抑郁症患者抱以先入为主的偏见,而应该树立公务员作为一般人群体,有生理和心理健康问题亦属于正常现象,须正确对待公务员抑郁症的健康理念。

(四) 构建公务员安全卫生保障法

在强调公务员对国家履行忠诚义务的同时,国家对于公务员亦有保护照顾义务。国家对于公务员的保护照顾义务当然包含公务员安全卫生相关事项。国家和公务员之间的关系同企业和劳动者之间的雇佣关系,不能再将其视为完全不相干的领域。二者在积极性保障形式上可能有差异,例如享有特定劳动条件与权利内容上,但消极性保障则应尽量趋于一致,例如安全卫生保障。不再单以身份上法律关系形式的不同(公务员或非公务员),即直接联系到实体上权利义务的差别,而是让两者在实体内容上不再作差别对待,至少在许多的事项上,试图去做一体性的对待。② 针对公务员安全卫生防护工作特性,须构建公务员安全卫生保障法。其内容应涉及职务安全保护基本原则与策略、组织、攸关健康的安全卫生事项以及特别强调人身安全事项、所在机关的义务、衔接的灾害发生后的特别机关照护义务,同时须强调安全卫生教育培训的重要性等。

第二节 公务员身份权

公务员身份权包含身份请求权和身份保障权。身份权请求权包括妨害

---

① 南方某县的一位县长患有重度抑郁症,主治医生专门为他会诊过,当时县长病情已经非常严重,医生建议县长马上住院治疗,但县长的妻子坚决不同意,说:"一个县长住进精神病医院,那不成了全县的笑话吗?"医生向其家人交代,要24小时陪同身边,不要把他当县长,就当个普通病人,切勿让他单独外出。但是,悲剧还是发生了。参见张红光《抑郁症官员宁死不住院——县长住精神病院不是笑话吗》,《齐鲁晚报》2014年6月6日,第A06版。

② 林佳和:《公务人员执行职务安全保障法制之研究》,台北:"公务人员保障暨培训委员会",2012,第142~143页。

预防请求权、妨害排除请求权和违反身份权相对效力而产生的身份权请求权。[1] 身份保障权是指公务员通过国家录用取得合法身份之后，其身份受到法律的严格保护，非因法定事由和非经法定程序不被免职、降职、辞退或受其他行政处分。公务员身份保障权是公务员身份权的主要形式，居于公务员权利体系的核心地位。其重要性在于以下方面。

首先，合法的公务员身份是履行职权的合法性基础。公务员只有拥有合法的身份，才能取得职务所应承担的行政职权并依法行使的资格，身份上的瑕疵将直接影响其行为的有效性。

其次，公务员身份是公务员行使职权时对抗非法干扰不可或缺的法律工具。公务员在行使职权的过程中，可能会触动一些个人和集团的利益，如果不通过身份保障来限制职务任免者的权力，公务员很可能在不当压力下被非法免职、降职或者处分。剥夺公务员身份保障权，必须按照法定事由和程序进行，以保证公务员队伍稳定和行政管理有效性。

最后，公务员合法身份是主张其他权利的基础。只有拥有合法公务员身份，才能进而主张其他利益，享受公务员权利，才能在权益受到侵害时进行申诉、控告，寻求救济等。公务员享有的其他任何权利离开身份保障权均会失效，身份保障权是公务员享有各项权利的源泉。[2] 公务员作为一种公民赖以谋生的职业选择，任何影响其身份存废的行为，都势必影响到公务员在法律上的基本权利。

一 公务员身份保障权

关于公务员身份保障权，各国以不同形式予以确立。

（一）德国

德国公务员职务保障权由德国《联邦基本法》明确规定，其源于魏玛时期对政党政治侵害公务员职业独立性的担忧。《魏玛宪法》提出，"公务

---

[1] 杨立新、袁雪石：《论身份权请求权》，《法律科学：西北政法学院学报》2006年第2期，第52页。
[2] 李瑞昌：《关于我国公务员身份保障的几点思考》，《广东行政学院学报》2002年第6期，第55页。

员是全国国民的公仆,并非一党之工具"。德国《联邦基本法》继承这一传统,规定了公务员职务常任保障制度,甚至把公务员职务保障权提高到宪法基本权利层次,在世界各国宪法和公务员制度中实属罕见。德国《联邦基本法》第33条第4项后段规定,"国家主权的行使,在通常情形下,应属于公务员的固定职责,公务员依据公法服务、效忠"。此项明确了公务员与国家的关系作为一种公法上的勤务与忠诚关系,是一种介乎其间的权利义务关系,颇有伸缩性,但亦表明公务员关系的两个最主要特征:勤务及忠诚。[1]

(二) 法国

法国规定公务员任职保障权主要涉及公务员在职、外调、出职、停职、服兵役、抚育假等情形;非经法定程序及法定权力机关的核准,公务员不得被选任其他职务。公务员地位的变化(升迁或降级)也必须通过相应的程序来进行,包括考核晋升、工作调动等法定形式,这些步骤和形式能够保护公务员相应的任职权利。[2] 可见,法国对公务员身份保障权有着特别具体而细致的程序规定,这无疑使得保障公务员群体的身份和职务稳定有着具有可操作性和可行性的法律依据。

(三) 英国

英国特别重视对公务员在执行公务过程中人身权利的救济保障。

(1) 任何因执行公务,或虽没有执行公务但毫无疑问与执行公务有关时受袭击致伤而导致的病假时间不计入各部门与执行机构病假方案所允许的最大期限之内。

(2) 对于公务员可能卷入法律诉讼或正式的质询活动,如果符合规定的情况,部门和机构有权自主决定为涉案公务员提供一定或全部的法律辩护费或支付其部分或全部诉讼费用;部门和机构还应为在在职期间因执行公务发生的损害而受到起诉的公务员提供法律辩护,这种辩护由律师代表王室进行,给对方造成的损害或赔偿费用也从公共费用中支出。

---

[1] 林明锵:《公务员法研究》(一),台北新学林出版股份有限公司,2005,第11页。
[2] 王名扬:《法国行政法》,中国政法大学出版社,1988,第259~262页。

(3) 部门和机构应向在执行公务中受袭击殴打的公务员提供法律咨询。对此，部门和机构有权自主决定是否在随后的诉讼中提供援助；在不存在利益冲突的情况下，允许因为公务活动而受到质询或死亡事故调查的公务员由部门或机构的法律代表代理法律辩护。

(4) 当有关正式质询可能会使公务员受到责难时，部门或机构应与法律顾问商议是否应当给予当事人法律辩护，并由公共费用负责开支；同时向相关的工会通告其临时决定，并酌情考虑他们的意见；如果是因为对执行公务中所发生的行为进行询问的调查结果所导致的起诉，则应向受起诉的公务员提供法律辩护。

（四）中国

我国虽然没有像西方国家那样明确提出公务员身份保障权概念，但《公务员法》第13条第2项规定，非因法定事由，非经法定程序，不被免职、降职、辞退或处分。此处明确了我国对公务员身份保障的内容，表明公务员的身份是一种法律身份，这在本质上可以被视为我国公务员法定的身份保障权。公务员身份保障权可以理解为其基于获得公务员身份而获得的法定保障，重点体现在公务员作为自然人和公务员身份的分离，国家专门针对公务员这一特定的身份提供了法律意义上的保护。从这个意义上看，公务员身份保障权是专属权利，非公务员身份不得享有。同时，公务员的身份和职务除非因法定事由和经法定程序不得仅由个别领导的意志而被剥夺。这在根本上否定了基于个人意志的非制度化的特权对公务员身份的肆意剥夺和恣意处置。

二 公务员身份权的限制

在法律规定公务员身份保障权的同时，基于利益冲突、国家利益和政府形象的考虑，也要对公务员身份权进行必要限制。

（一）公务员回避制度

回避指执行职务的排斥。公务员与本身接触的事件具有特殊关系，为维持行政行为或审理裁判的公平与威信，放弃对该案的决定或裁判。回避制度的设计，无非针对公务员在议决或裁判与自己有利害关系的事件时，基于利益冲突应该避嫌，用意在于确保决定或裁判的公正，以维护法律公平正义。公务员回避类型有任职回避、地域回避和公务回避。

1. 任职回避

又称职务回避，是指对有法定亲情关系的公务员，在担任某些关系比较密切的职务方面作出的限制。我国将任职回避的亲属范围限定在四类亲属上：配偶、直系血亲、三代以内旁系血亲和近姻亲。直系血亲包括祖父母、外祖父母、父母、子女、孙子女、外孙子女；三代以内旁系血亲包括伯叔姑舅姨、兄弟姐妹、堂兄弟姐妹、表兄弟姐妹、侄子女、甥子女；近姻亲包括配偶的父母、配偶的兄弟姐妹及其配偶、子女的配偶及子女配偶的父母、三代以内旁系血亲的配偶。我国法律规定，国家公务员之间有夫妻关系、直系血亲关系、三代以内旁系血亲关系以及近姻亲关系的，在以下情形须回避：①同一机关中担任双方直接隶属于同一领导人员的职务；②担任有直接上下级领导关系的职务，而直接上下级领导关系包括上一级正副职与下一级正副职之间的领导关系；③在其中一方担任领导职务的机关从事组织、人事、纪检、监察、审计和财务工作。为提高司法公信力，上海市扩大了法官、检察官的任职回避范围。2015年4月23日，上海市出台《上海法官、检察官从严管理六条规定》，严禁违反任职回避规定，法官、检察官配偶在上海市从事律师、司法审计、司法拍卖职业的，各级法院、检察院领导班子成员配偶、子女在上海市从事前述职业的，应当实行一方退出。

2. 地域回避

地域回避的主要规范对象为在原籍任职的公务员。我国《公务员法》第69条规定，公务员担任乡级机关、县级机关及其有关部门主要领导职务的，应当实行地域回避，法律另有规定的除外。其要件为：①适用的行政机关为乡级机关、县级机关及其有关部门。②适用的人员是担任上述机关和部门的主要领导职务的人员。一般包括乡、县级党政正职、纪委书记、法院院长、检察院检察长、党委组织部部长、人事局局长、监察局局长、公安局局长等。③适用的情形包括在原籍任职或在一地较长时间担任领导职务。

3. 公务回避

公务员执行职务时，所涉事项与本人或者本人配偶、直系血亲、三代以内旁系血亲以及近姻亲有利害关系的，或者具有其他可能影响公正执行公务情形的，应当回避。如我国台湾地区"公职人员财产申报法"第9条规定，公务员对其主管、监督之事务或非主管、监督之事务，有因职权、机会或身份而涉及本身、家族、财产受托人有利害情事时，应行回避。可能影响公正执行公务的其他情形包括：①公务员与相对人或相对人的直系亲属有恋爱、同事或较为密切的同学、同乡、师生关系的；②公务员或其主要家庭成员曾与相对人公开发生较大矛盾冲突或曾有较大积怨的；③公务员与相对人有其他直接或间接利害关系的。

（二）公务员出境申报批准制度

在人身自由权方面，基于国家安全利益和政府形象的考虑，公务员进出国境受到严格的限制。在我国，护照分为因公和因私两大类。因公护照又分为三种：①外交护照，供高级公务员、外交人员及其配偶、未成年子女等使用；②公务护照，供副县处级以上（含处级）公务员使用；③公务普通护照，供副县处级以下公务员、国有企事业单位因公出国人员等使用。这三种护照由外交、外事部门发放，签证申请由各级外事办统一办理。2008年我国就开始对公务员进出境严格管理，禁止其随意进出境。公务员因公和因私出国证件一律上收由政府保管，即使因私旅游也要经过上级批准。目前，只有经批准，被单位公派的公务员才能出境。

（三）公务员职务身份特定

在职位分类严格的国家机关，须严格按职位来定公务员的岗位，一般不允许公务员身兼多职，特别是审批、复查、会计、纪检等职位，应分别由不同的人担任。目前，我国地方政府对公务员身份的错位管理是相当普遍的问题，它不仅扰乱机关的正常工作秩序，也违反依法行政的要求。如湖南省临武县为了提高行政执法部门的依法行政能力，指导各执法单位依法执法，使该县公安局、法院等司法机关部分领导，在相关行政执法单位挂个领导职务，指导执法。例如，身为县法院副院长的公务人员被派到县城管行政执法局，挂职"党组副书记"。① 此种司法机关领导到行政机关兼职的情形，严重违背了职位法定的精神，尤其是法院领导兼职行政机关职务，容易造成行政监理司法的严重后果，有违司法与行政相对独立的宪法原则。有的地方政府还利用职权要求其下属公务员协助完成政府各项任务，进行亲情干预或说服工作，否则就要承担"连坐"责任，如要求有关公职人员动员、说服其亲属同意征拆工作，对于表现不积极的公务员就要调离岗位，这实质上就是侵害了公务员的身份权。

为了禁止公务员特别是领导职公务员利用身份干预司法，中共中央《关于全面推进依法治国若干重大问题的决定》提出建立领导干部干预司法活动、插手具体案件处理的记录、通报和责任追究制度。该决定要求任何党政机关和领导干部都不得让司法机关做违反法定职责、有碍司法公正的事情，任何司法机关都不得执行党政机关和领导干部违法干预司法活动的要求，此规定也从侧面反映了公务员职务身份法定，不得越权的要求。

（四）公务员辞职的限制

（1）申请辞职是公务员的权利，但必须符合法律规定。如瑞士规定公务员辞职以不损害国家利益或政府利益为前提。我国《公务员法》第81条规定，公务员有下列情形之一的，不得辞去公职：①未满国家规定的最低服务年限的；②在涉及国家秘密等特殊职位任职或者离开上述职位不满国家规定的脱密期限的；③重要公务尚未处理完毕，且须由本人继续处理的；④正在接受审计、纪律审查或者涉嫌犯罪，司法程序尚未终结的；⑤法律、行政法规规定的其他不得辞去公职的情形。

（2）公务员辞职须履行法定的程序。公务员辞去公职，应当向任免机关提出书面申请。对于公务员的辞职申请，任免机关必须认真审查。对于符合法定条件的，应当自接到申请之日起30日内予以批准；不符合辞职条件的，也要在自接到申请之日起30日内作出不予批准的决定。在审批期间，公务员不得擅自离职。任免机关超过期间没有答复的，视为同意该公务员辞职。公务员辞职或者被辞退，必要时按照规定接受审计。对于辞职

---

① 参见《湖南临武被免职"城管官员"为县法院副院长》，http：//www. legaldaily. cn/index_article/content/2013 - 07/24/content_4693423_2. htm。

或者被辞退的主管或者经管财物的公务员，应当按规定进行财务审计，对其任职期间执行财务纪律的情况进行检查，以保证本单位财务开支的合法合纪。

（3）公务员辞职后从业的限制。公务员如辞职或退休后，在特定的时间内从事原主管事务相关工作，必须获得原任职部门审核批准。其目的是确保公务员离职后从事的工作，不会涉及不恰当行为，例如利益冲突，让政府尴尬等。如2008年我国《关于规范中管干部辞去公职或者退（离）休后担任上市公司、基金管理公司独立董事、独立监事的通知》规定中管干部辞去公职或者退（离）休后3年内，不得到与本人原工作业务直接相关的上市公司、基金管理公司担任独立董事、独立监事，不得从事与本人原工作直接相关的营利性活动。

（五）公务员生育权的限制

公务员群体是最严格实行计划生育政策的群体之一。自1982年将计划生育写入宪法以来，在具体政策实施过程中，国家机关、事业单位和国有企业的工作人员需要严格执行计划生育政策。2007年实施的《行政机关公务员处分条例》第33条规定，违反规定超计划生育的，给予降级或者撤职处分；情节严重的，给予开除处分。对国家机关、事业单位和国有企业工作人员违反计划生育政策的处理实行严厉的违反者与单位"连坐"制度，即违反生育政策者，将被"双开"（开除党籍，又开除公职），所在单位的领导实行"计划生育一票否决制"而被免职，所在单位所有员工的精神文明奖将被取消。

（六）公务员婚外情或婚姻自由的限制

婚外情本是在道德上应受谴责而不受法律约束的行为。但公务员婚外情、与他人通奸、包养情妇（夫）、与他人发生不正当性关系行为，不仅要受道德谴责，而且要受纪律处分，甚至要被开除公职。2003年《中国共产党纪律处分条例》第150条规定：与他人通奸，造成不良影响的，给予警告或者严重警告处分；情节较重的，给予撤销党内职务或者留党察看处分；情节严重的，给予开除党籍处分。第151条规定，重婚或者包养情妇（夫）的，给予开除党籍处分。利用职权、教养关系、从属关系或者其他相类似关系与他人发生性关系的,给予撤销党内职务处分;情节严重的,给予留党察看或者开除党籍处分。2015 年修订的《中国共产党纪律处分条例》将原条例关于"通奸""包养情妇(夫)"的提法删除,范围扩大到"与他人发生不正当性关系",让纪律处分的面更宽更严。在中纪委对党员领导干部违纪通报表述中,最常见的就是"生活腐化",比这个形容更恶劣的是"生活作风严重腐化"或"严重道德败坏",还有就是"道德败坏"与"生活糜烂"。"生活腐化"说的是有三个以下情妇(夫);"道德败坏"与"生活糜烂",是指有三个及三个以上情妇(夫)。① 生活作风严重腐化、严重道德败坏的公务员将被撤职或开除公职。

在婚姻权方面,有的国家还限制公务员的婚姻自主权。如印度法律规定:未经政府批准,尽管现行私人法准许,任何妻子还活着的文官成员不得再订婚约;未经政府事先批准,女文官成员不得与妻子还活着的任何人结婚。②

三 公务员身份权衡平保障

(一) 执行公务表明身份

公务员执行公务表明身份既是义务也是权利。出示身份和执法证件、统一着装等是依法行政、公开行政的基本要求。有些地方政府聘用依法不符合公务员身份的人员(临时聘用人员)代表公务员执行公务,导致执法队伍的膨胀,破坏了公务员队伍的相对稳定性。河北省自 2014 年 6 月开始,对全省 317742 名持行政执法证件人员进行全面清理,共取消 81720 人行政执法资格。今后,一律取消合同工、临时工、工勤人员等不符合条件和不在岗持证人员行政执法资格,以体现公务员身份的特定性和执行公务的权威性。③ 在执行职务以外,公务员基于特殊身份也要保持一定的克制态度,因为公务员激烈的态度,足以破坏政府的威信。

---

① 参见《中纪委网站刊文解释"通奸"含义》,http://www.chinadaily.com.cn/language_tips/news/2014 - 04/14/content_17432531.htm。
② 参见《全印文官行为条例》,印度,1954。
③ 齐雷杰:《河北彻底取消合同工、临时工等人员行政执法资格》,http://news.xinhuanet.com/local/2014 - 11/16/c_1113268876.htm。

(二) 工作岗位的保障

工作保障权指非因法定事由，非经法定程序，不得将公务员调离、辞退或者作出免职、降级等处分。① 我国台湾地区司法公务员所受工作保障较为完备和细致，依据台湾地区"宪法"第 81 条规定，"法官为终身职，非受刑事或惩戒处分或禁治产之宣告，不得免职，非依法律，不得停职、转任或减薪"。公务员因机关裁撤、组织变更或业务紧缩，除法律另有规定外，其上级机关或承受其业务的机关，应依法对原机关相关工作人员予以转任、派职或退休资遣，从而在体制内沿续公务员工作保障权。我国台湾地区"公务人员保障法"第 12 条规定，公务人员因机关裁撤、组织变更或业务紧缩时，除法律另有规定者外，其具有考试及格或铨叙合格之留用人员，应由上级机关或承受其业务机关办理转任或派职，必要时先予辅导、训练；依前项规定转任或派职时，除自愿降低官等者外，其官等职等应与原任职务的官等职等相当。我国有些地方政府在人员调动中，因某领导个人意志，滥用人事管理裁量权，如将本具有公务员身份的人员，从行政机关向事业单位、国有企业调动时，违反法律规定，没有走法定程序，导致其公务员身份丢失，实际损害了《公务员法》所保障的公务员身份权利。中共中央《关于全面推进依法治国若干重大问题的决定》提出建立健全司法人员履行法定职责保护机制，这为司法公务人员职务身份保障提供了政策依据，也为公务员工作岗位的保障开辟了一扇大门。

(三) 官衔、职称使用

公务员有使用其官衔、职称的权利。此为参酌德、奥立法例，以提升公务人员荣誉与社会地位的权利。② 1949 年后，我国将"同志"作为正确甚至唯一正确的政治称呼。1965 年 12 月 14 日，中共中央发出《关于党内

---

① 江西省贵溪市政府办副主任王军华、科员丁先保于 2014 年 6 月 21 日上午赶赴现场参与搜救，经过一段漫水路段时，丁先保主动提出背王军华过去，该事件被网络曝光。贵溪市委认定王军华的行为已产生不良影响，在一定程度上损害了党员干部形象而免其职，此举值得商榷，有侵犯公务员工作保障权之嫌疑。参见江西省政府新闻办《江西回应贵溪干部免趟水要人背：同事主动提背他》，http：//news.ifeng.com/a/20140623/40843240_0.shtml#_from_ralated。

② 林腾鹞：《行政法总论》，台北三民书局，2012，第 326 页。

同志之间的称呼问题的通知》，要求"今后对担任党内职务的所有人员，一律互称同志"。2003 年，全国各地党委曾专门制定、下发《关于进一步继承和发扬党内互称同志优良传统的通知》，要求"对担任党内职务的所有人员一律称同志，不称职务"。现在"同志"作为一种社会主义传统保留下来，成为正式场合的庄重称呼。党内互称同志是党的重要政治规矩，在党内一律称同志，有助于增强党员领导干部的平等观念。提高权利意识，营造党内民主的良好风气；有助于克服封建特权思想和等级观念；有助于担任领导职务的党员，保持清醒头脑，放下领导架子，务实清廉为民，脚踏实地干事。①

某些介于正式和非正式之间的称呼，如某局、某厅等，很流行。张局、李局这种称谓，一方面保有官场认同，另一方面也可以避免因为过于强调身份而引起他人反感。② 当前，公务员群体的社会地位、个人成就感、荣誉感与其他群体仍有不同，公务员既是职业，也是事业。公务员使用其官衔、职务称谓是公务员对自我身份的认同。

（四）公务员荣誉的期待

公务员享有因自己的突出贡献或特殊劳动成果而获得光荣称号或其他荣誉的权利。荣誉本身是一种正式社会评价。荣誉权的内容包括荣誉保持权、精神利益支配权、物质利益获得权、物质利益支配权、荣誉获得权。荣誉权是一种期待权，即荣誉获得权主体在符合法定条件时，如果组织没有授予其荣誉，其可以向组织主张应获得荣誉的权利。

2008 年 1 月 4 日中共中央组织部、人事部颁布的《公务员奖励规定（试行）》第 10 条规定，对在本职工作中表现突出、有显著成绩和贡献的，应当给予奖励；给予嘉奖和记三等功，一般结合年度考核进行，年度考核被确定为优秀等次的，予以嘉奖，连续三年被确定为优秀等次的，记三等功；给予记二等功、记一等功和授予"人民满意的公务员""人民满意的公务员集体"荣誉称号，一般每五年评选一次。我国台湾地区亦有授予模范公务人员荣誉制度。对现职公务人员品行优良且上一年度有下列各款事

---

① 陈燕：《党内互称同志是党的优良传统》，《学习时报》2015 年 10 月 19 日，第 A3 版。
② 鞠靖：《官场"称呼学"》，http://news.china.com/domestic/945/20140424/18466803_2.html。

迹之一者,得选拔为当年度模范公务人员。① ①主办重要司法工作计划,遭遇重大问题能精心擘画,研提具体有效解决方案或折冲协商、消除障碍,使问题获得圆满解决,对弘扬法治,具有特殊贡献者。②执行重要政策或重大任务,能坚定立场,不屈不挠,有助于提升政府或司法人员声誉者。③对司法工作提出重大革新方案或从事有关法学研究,经有关机关审查认定,对业务或学术确有重大贡献者。④察举不法,对维护国家安全、社会安宁或澄清吏治有重大贡献者。⑤奉公守法,操守清廉或拒绝不当游说,足为司法人员楷模者。⑥执行职务,不畏艰难,甘冒险阻,圆满达成任务者。⑦其他对司法有特殊优良事迹或特殊贡献,足为司法人员表率者。

在物质和精神奖励之间,公务员更注重精神荣誉的奖励,通过授予模范公务人员荣誉制度来激起公务员个人成就感、荣誉感十分必要。

(五)停职正当程序

停止公务员身份须遵守法律保留、法律明确、信赖利益保护等原则,按照限制公务员权利规定和法定程序进行。对公务员停职须有法定理由和确切的事实;停职程序应符合程序正义的正当程序要求,遵守说明理由义务及有利不利因素均应同时考虑的原则。权利救济是公务员身份保障请求权的体现,司法救济是公务员获得独立公正裁决的最后救济手段,给予我国公务员身份保障司法救济实属必要。

第三节 公务员隐私权

公民知情权,即公民对于国家的重要决策、政府的重要事务以及社会上发生与公民权利和利益密切相关的重大事件,有了解和知悉的权利。换言之,知情权就是公民可以知晓其感兴趣的公共事务和社会事务以及与己有关的私人信息的权利。知情权作为监督公共权力的有效手段,是保障公民对政府与公务员的监督的需要,也是保护公民自身利益的需要。

---

① 我国台湾地区"司法院":《司法院公报》2014年第56卷第4期,第85页。

一 公务员隐私权与公众知情权冲突

（一）公务员隐私权与公众知情权的冲突

现阶段，我国关于公众知情权与公务员隐私权的界定尚未明晰。公务员的隐私既存在于公权力行使过程中，又存在于自身权利的行使中，而公务员的个人信息是否属于隐私权尚未界定清楚。公务员财产及相关事项往往涉及公务员个人信息，若公开毫无疑问会侵犯其隐私权，不可避免地对公务员家庭和谐和社会稳定造成影响，会带来诸如家庭变故、离婚、亲人失和等问题。尤其在现代权利观念的影响下，公务员个人隐私权受到越来越多的重视，从性质上看，隐私权作为人身自由权利首先是公民私权而不是公权。很多公务员希望自己能与社会普通公众一样隐私权得到保护。

公开公务员有关事项会涉及个人隐私，以侵犯个人隐私权为由来阻止有关事项公开就成为公务员最主要的借口。在监督公共权力过程当中，公众必然会对公务员的隐私部分进行监督。从表面上看，隐私权与知情权似乎水火不容，它们有着各自的权利保护倾向，但实际上二者在追求民主政治及廉洁政府方面有着相同的目的，因而在实践中二者的博弈必然也是一个利益评判衡量的过程。公众知情权与公务员隐私权的博弈均衡是建立财产申报制度，这彰显了对公权进行监督的要义。①

（二）公众知政权应高于公务员隐私权

当公务员隐私权与公众知情权发生冲突时，知情权所体现的公共利益的阶位高于个人隐私所体现的私人利益的阶位，公共利益衡量原则要求保护知政权阶比保护公务员隐私权更为重要。要求公务员申报的事项主要根据此目的确立。作为公务员，其工资、福利来自政府的财政，最终可归结于纳税人的纳税。公务员是政府雇员和人民公仆，其职务行为与公共利益有着紧密的联系，所以公务员负有服从公共利益、公开个人信息的义务。早在19世纪，恩格斯就曾精辟地指出："个人隐私应受到法律保护，但当

---

① 杨建国：《我国公务员财产申报制度：理据、缺失及构建》，《南京农业大学学报》（社会科学版）2009 年第 9 期，第 62 页。

个人隐私甚至阴私与重要的公共利益——政治生活发生联系的时候，个人隐私就不是一般意义上的私事，而是属于政治的一部分，它不再受隐私权的保护，它应成为历史记载和新闻报道不可回避的内容"。① 申言之，公开公务员个人信息，一方面是确保公务员在作出决定和采取行动时其动机是无可置疑的，另一方面是为了使公务员免受猜疑和舆论的攻击。

（三）公开个人信息是公务员义务

知情权是一项公民权利和公众权利，国家能否开放公众知情权，不但是检验民主政治环境优劣的晴雨表，也是检验执政党自信程度高低的试金石。个人通过加入公权力组织，获取公法规范规定之资格、地位，享有勤务身份权利，视为接受公法规范设定的特殊义务——包括放弃部分私人信息之公开自由权，承担特定信息公示之义务。② 财产公开不是对公务员隐私权的一种侵犯，而是公务员作为公权力的驾驭者应尽的义务。③ 公务员作为公共服务人员，有义务通过牺牲自己部分隐私来获得公众信赖，因为这种信赖直接关系到他能否正确有效履行职责。

（四）公务员隐私权的让渡

如果将公务员生活私密化的话，公众就难以知晓公务员会不会利用自己掌控的公权力为自己及家庭谋私，其作出的决策会不会损害公众的利益，所以，公务员特别是高级公务员的工作与生活应该向公众开放。事实上，担当公共政治人物就意味着私人生活要政治化、公开化，而且，其私人权利范围取决于他在公共事务中职位的高低，职位越高，其私人隐秘领域也就越小。目前，对公务员是否应该基于公共利益、安全的需要而让渡隐私权并未达成共识。有学者认为隐私权作为基本权利不宜让渡；而有学者认为隐私权应受到限制，公务员作为公权人物，并不能与普通民众一样拥有私人隐私权。当前社会舆论的共识是，公务员的隐私权范围应小于一般公民的隐私权，其隐私权很大程度上要受到职务的限制，应受到更多的监督和约束。

---

① 《马克思恩格斯全集》第18卷，人民出版社，1972，第511页。
② 陈刚：《公职人员人权克减问题研究》，苏州大学博士学位论文，2013，第137页。
③ 艾文波：《"财产申报"无关隐私权》，《法律与生活》2005年第11期，第19页。

在法治视野下，公务员当然拥有隐私权等民事权利，其私生活并非可以任人干扰，也并非所有私人信息都要公开。总体而言，公务员隐私权应受限制不宜公开的事务可以描述如下：它们关涉私人生活、习惯、行为以及个人关系，并且与他是否担任所寻求或被推荐担当的官职无法定联系，与他在公职或准公职职责范围内无法定关系。① 在我国公务员至少要将涉及国家安全、公务员廉政形象，与其职务廉洁性等方面相关的个人事项予以报告，纳入组织和群众监督的视野，表明廉洁自律，公平公正地履行其职责，以获得公众的信任。

二 影响公职有关事项范围

之所以要报告公务员个人有关事项，主要是由于公务员利益可能与公共利益发生冲突而影响公职的廉洁性和透明政府的实现。美国《行政官员道德行为准则》规定，政府官员报告的事项涉及外界赠送礼物、彼此间赠送礼物、利益冲突、公正执法、为亲属就业的考量，以及滥用职权和外出活动等。它所规定的一切，最终都是和职务、工作、防范公职人员借助职务便利谋取私利有关。② 2010年5月，中共中央办公厅印发了《关于领导干部报告个人有关事项的规定》，规定要求报告个人事项的范围猛增，涵盖了领导个人收入、房产，配偶、子女移居国（境）外、从业、经商、投资情况等有关事项。但这与《联合国反腐败的实际措施》中有关公务人员全面公布个人事项的要求尚有差距，例如，缺乏有关债务、社会关系、商业活动、出售或者购买超过一定数额的资产等方面情况的报告信息。③ 公开事项范围应涵盖个人可能与职务、工作性质相关的信息以及可能借职务便利谋取个人私利的有关个人事项。

（一）财产及收入

维护公务员合法财产是法律应有之义，但为了公务员清廉声誉，消除

---

① 〔美〕路易斯·D. 布兰代斯：《隐私权》，宦盛奎译，北京大学出版社，2014，第31页。
② 王英：《美国公务员的财产申报制度》，http：//www.nbcp.gov.cn/article/gjjlyhz/tszs/201003/20100300006264.shtml。
③ 袁峰：《从操作角度看公职人员财产公示》，http：//theory.people.com.cn/n/2012/1112/c49152-19552864-2.html。

公众的疑虑，公务员就应当报告自己的财产和收入，以示廉洁。公务员应当报告的收入事项有：①本人的工资及各类奖金、津贴、补贴等；②本人从事讲学、写作、咨询、审稿、书画等劳务所得；③本人、配偶、共同生活的子女的房产情况；④本人、配偶、共同生活的子女投资或者以其他方式持有有价证券、股票（包括股权激励）、期货、基金、投资型保险以及其他金融理财产品的情况；⑤用于出售和投资的收藏品以及其他任何用于投资或产生收入的财产，针对"雅贿"的隐蔽性和多样性，应增加专门报告财产项目，如收藏品；⑥公务员向利害关系人的数额较大的借款或贷款和代持他人的财产。在我国许多地方，借亲戚朋友的钱赚取利差的公务员不在少数，因此，公务员大额借贷也须报告。

报告的范围包括但不限于个人财产，还包括其配偶和抚养子女的所有财产和收益以及各种收入：从个人工资扩大到个人年收入——除工资和政府补贴之外的各种收入，譬如讲演费、稿费、电视节目出演费，还有自己从事第二职业的收入（包括淘宝开店、帮别人揽活分利等）。应当报告的不仅包括任职收入和财产性收入，也包括礼金收入和较大的支出或债务；不仅包括境内财产，还包括境外财产。如俄罗斯自2013年起，公职人员及其家庭成员在购买房产、土地、交通工具、有价证券、股份时，如果支出数额超过家庭最近3年收入总和，则必须报告并说明资金来源。①

（二）社会交往情况

公务员社会交往中尽管并不涉及经济利益，却可左右他们在执行职务时所作的判断，或令人有理由相信会影响其判断。为了确保公务人员能够公平公正地履行其职责，并且不损害公众对于政府部门的信心，公务员必须对其所接受的任何馈赠和服务作出详细的说明，接受社会监督。

（1）接受服务或馈赠。《中国共产党纪律处分条例》规定，对于可能影响公正执行公务的礼品、礼金、消费卡等一律不准收受；日常生活中收受同事、同学、老乡、朋友等赠送的礼品、礼金、消费卡等，虽与公正执行公务无关，但如果明显超出正常礼尚往来的，要予以处分。所谓"明显

---

① 盛世良：《普京反腐没有碰不得的人》，http://news.sina.com.cn/w/sd/2013-04-10/151526786179.shtml。

超出正常礼尚往来",一是指在礼节上讲究有来有往,换句话说就是你对我怎么样,我也对你怎么样,不能只来不往。二是指明显超出了当地正常经济水平、风俗习惯、个人经济能力的礼品、礼金价值。具体给予处分时应根据各种因素综合考虑,酌情处理。① 澳大利亚联邦政府公共服务委员会对于下辖公务人员在此方面的行为亦有明确阐释:"本部门的雇员,尤其是高级公务人员,与公司的管理层、高级商务代表、非政府组织的管理层以及他国官员的常规交流是不可避免的;这也意味着在许多领域提供礼品和住宿等并非特殊行为。"② 上述服务和馈赠包括:现金或股份、礼物(如酒、制造商的样品和私人物品)、促销品(如衣物、书籍、唱片或者DVD)、赞助旅行、各种可受益的会员服务(如飞行积分服务)、餐饮招待和住宿、住宿和租车折扣、各项招待(如宴请、体育比赛及演出的赠票等)、商品折扣以及与部门项目无关的免费或打折扣的培训课程。如果接受服务或馈赠者本人无法确认接受行为是否得当以及是否会损害部门声誉,则必须向其上级主管申报,由其定夺。

(2) 公务员出入赌场、高档消费场所须报告。高档私人会所、高尔夫球场、夜总会等涉及高消费的场所,公务员在此活动即使处于合法范围之内,也会影响他们的形象,引来猜忌和联想。一旦参加可能影响公正执行公务的宴请、娱乐、旅游等活动须申报。新加坡公共服务署宣布,从2013年10月1日开始,如果某公务员每月去赌场的频率高于4次,或者已经购买赌场年票,那么他们每次去赌场后的7天内必须报告这一行程。③

(3) 公务员以公职身份向外承诺、担保或给企业介绍业务须申报。为防止"权力期权化"的行为,公务员须申报以下事项:外部兼职情况包括指导性工作,在财政活动中施加影响,如见证和为企业出具证明的行为;④

---

① 参见回复选登《中央纪委法规室"两部党内法规"权威答疑(二)》,http://www.ccdi.gov.cn/xwtt/201511/t20151119_66098.html。
② 王小舒:《国外公务接待如何厉行节约》,http://www.cetin.net.cn/cetin2/servlet/cetinaction/Html。
③ 新华社:《新加坡公务员须申报"赌场行"》,http://news.xinhuanet.com/world/2013-10/02/c_125479130.htm。
④ 2006年2月15日,甘智和以国家发改委副秘书长的身份,致信安永负责破产清算的合伙人Larry Prentice:"中竹纸业是我国具有行业龙头作用的制浆造纸企业,其申报的加拿大卑诗省项目,对促进两国经贸往来具有积极作用,发改委对该项目持欢迎和支持的态度。"这种背书因涉及公职身份须向其上级报告。

退休后或离职后接受商业集团任命，任职协议与安排。香港地区规定，公务员不得或令人有理由怀疑其利用公职，为自己、亲友或任何有恩于己者图利，如有此种情形发生，需立即报告上司。①

（4）公务员还须报告在校友会、同乡会任职等情况。社会"圈子"本身并无大错，但参加者看似漫无目的，其实是醉翁之意不在酒，他们是要结交情谊，将来好相互提携。当相关监督缺位，"圈子"成为腐败交易平台时，其破坏力相当惊人。2002年中央纪委、中共中央组织部和总政治部联合下发的《关于领导干部不得参加自发成立的"老乡会""校友会""战友会"组织的通知》明确规定，领导干部（副处级以上）不得参加自发成立（未经民政部门登记注册）的老乡、校友、战友之间的各种联谊会之类的组织，不得担当这类联谊会的发起人和组织者，不得在这类联谊会中担任相应职务；不得借机编织"关系网"，搞亲亲疏疏、团团伙伙，更不得有"结盟""金兰结义"等行为。该通知所称的自发成立的老乡会、校友会、战友会，是指未经登记注册的老乡会、校友会、战友会。因此，党员公务员在正常范围内的老乡、校友、战友聚会并不违反党的纪律，只有违反规定组织参加自发成立的老乡会、校友会、战友会等才是违纪。2013年中共中央组织部印发《关于在干部教育培训中进一步加强学员管理的规定》，强调学员在校期间及结（毕）业以后，一律不准以同学名义搞"小圈子"，不得成立任何形式的联谊会、同学会等组织，也不得确定召集人、联系人等开展有组织的活动；不得利用同学关系在干部任用和人事安排以及子女入学、就业、经商等方面相互提供方便、谋取私利。当职员难以判断其对公正公务的执行是否会招致国民对此疑惑和不信任感时，应该同伦理官商谈，听从伦理监察官的指示。②

（三）与职务有关的消费

（1）公务活动须报告。2012年12月4日，中共中央政治局《关于改进工作作风、密切联系群众的八项规定》明确要求，"未经中央批准一律不出席各类剪彩、奠基活动和庆祝会、纪念会、表彰会、博览会、研讨会

---

① 台湾地区"行政院"研究发展考核委员会编《综合性政府伦理法治之研究》，台北："行政院"研究发展考核委员会，2008，第57页。
② 本书编写组《国外公务员惩戒规定精编》，中国方正出版社，2007，第24页。

及各类论坛"。国内出差要请假，因私出差特别是到旅游风景区出差要向组织申报。报告人必须报告本人及其配偶和抚养子女所接受的食、宿、行、乐方面的馈赠和款待、各种补偿、好处及其他有价值的赠品。

（2）占用或借用与本职工作有关的各类利害关系人提供的交通工具、通信工具、电脑或其他贵重物品须报告。公务员平均办公面积、公车使用记录、公务出访入住的酒店等公务支出一律被香港审计署视为"敏感开支"而严加监督，因为它关乎政府信誉。

（四）婚姻

公务员须报告本人的婚姻变化情况，即家庭发生重大变故，离婚、结婚时须报告，这是基于我国公务员回避制度要求。当某项公务涉及与公务员有夫妻关系、直系血亲关系、三代以内旁系血亲关系及近姻亲关系人员的利害关系时，该公务员不得参加这项公务的处理。因涉及国家安全，子女与外国人、无国籍人通婚的情况，子女与港澳以及台湾居民通婚的信息也得报告。

值得一提的是，公务员联姻是否会影响公务员廉洁性和政府形象还未能确定，但根据公务员避嫌精神也应报告。在中国不少地方有大家族相互提携或彼此之间联姻的传统，从不少被快速提拔的公务员身上都能看到其身后家世的影响。一旦出现"火箭提拔"，甚至"官二代"、被提拔人很年轻等，需要各地组织部门出面澄清。

（五）主要社会关系

（1）公务员应当报告配偶、子女从业等事项。为了严格执行领导干部亲属经商、担任公职和社会组织职务等相关制度规定，防止领导干部利用公共权力或自身影响为亲属和其他特定关系人谋取私利，配偶、共同生活的子女投资非上市公司、企业的情况，配偶、共同生活的子女注册个体工商户、个人独资企业或者合伙企业的情况等均需报告。把公务员配偶、子女从业情况纳入公务员财产报告制度的范畴，正是反腐斗争的"国际惯例"。

（2）公务员父母、子女可能影响廉政性的其他信息也得报告。根据《党员领导干部廉洁从政若干准则》规定，"党员干部不能大办红白喜事"，

"大办是指不能超过一定的规模和标准"。各级党委、人大、政府、政协主要负责人操办婚丧喜庆事宜，须向上级纪委报告。党和国家工作人员必须在操办婚礼5个工作日前向本级或本单位纪检监察机关（机构）报告，写明拟操办事宜、时间、地点、邀请人数等信息，并承诺遵守相关纪律和接受监督。操办葬礼的，应于事后10个工作日内报告实际情况。

（六）本人进出境及配偶和子女境外情况

本人持有因私出国（境）证件和因私出国（境）的情况须报告。配偶和子女非因工作需要均在国（境）外定居或者加入外国国籍或者取得国（境）外永久居留权的也须报告。在国外，参与竞选公职人员的人首先必须公开家庭成员信息。如果你的配偶是外籍，根本不可能被允许参与竞选。因为，公共权力的持有者，在公共权力、公共资源分配、公共政策的制定以及对外交往中，有相当大的影响，甚至有决策权，如果你的家庭成员很多都不是本国人，如何能够保证你最大限度地为本国服务？[①] 2009年，深圳市委、市政府在全国率先制定《关于加强党政正职监督的暂行规定》和《深圳市党政领导干部问责暂行规定》，凡配偶和子女非因工作需要均在国（境）外定居或者加入外国国籍或者取得国（境）外永久居留权的公职人员，不得担任党政正职和重要部门的班子成员。2014年中共中央组织部下发《配偶已移居国（境）外的国家工作人员任职岗位管理办法》，重新定义"裸官"概念，配偶已移居国（境）外的，没有配偶但子女均已移居国（境）外的国家工作人员，都属于以上管理办法监督清理之列。

（七）重要的社会活动

原则上公务员私人领域的活动不应列入报告的内容之中，但公务员的社会活动和信息因为与外界存在较多的联系，也较容易发生利益冲突，所以可纳入报告的内容之中。

（1）参与与公务员身份不相符合的活动。香港地区《公务员良好行为

[①] 张有义、李湘宁等：《中国"裸官"报告》，http://magazine.caijing.com.cn/2013-10-13/113407013.html。

指南》中列明，如果公务员以公职身份出席活动时抽中奖项，可以考虑放弃参加抽奖或把奖品交回大会重抽；如果这样做于礼不合，应把奖品带回部门，由部门首长按相关规定处理。①

（2）以公务员身份有偿地进行演讲、讨论、讲座或者对培训进行指导，或者参加广播电台以及电视节目进行访谈。

（3）获得荣誉、奖励等其他利益行为，如获取鲁迅文学奖，获得学位、各种文凭情况。《中国共产党纪律处分条例》规定，对于违纪行为所获得的职务、职称、学历、学位、奖励、资格等其他利益，应当由承办案件的纪检机关或者由其上级纪检机关建议有关组织、部门、单位按照规定予以纠正。

（4）公务员在出版著作时要报告。就某方面的知识进行传授、著作、主编、编撰等须报告。如我国副国级以上领导人出书，都需要报告中共中央办公厅。

（八）本人及其直系亲属违法行为

公务员是社会守法的模范、道德的楷模。涉及公务员以及配偶、共同生活的子女的法院民事判决、个人违法信息、欠税信息都须向组织报告，受骗、受威胁、受敲诈情形也须报告。如英国规定公务员须向其部会或机关告知其被逮捕、拒绝交保或依法判刑之可能。2016年5月18日，公安部交通管理局下发《关于在公安交通管理行政处罚法律文书中增加被处罚人有关信息采集项目的通知》，对实施酒驾醉驾、无证驾驶、与准驾车型不符、驾驶拼装改装或报废车辆、使用伪造变造机动车牌证或标识、套用机动车号牌、脱保、超速50%及以上、货车超载30%以上、客运车辆超员等"十大类"交通违法行为的中共党员或公务员，其个人面貌和职业信息被调查后，公安交管部门将及时向有关纪检监察机关进行通报。

需要指出的是，公务员报告的事项不是一成不变的，国家可根据现实情况增减报告的有关事项。

---

① 获迪：《香港"公仆"体系造就廉洁公务员》，《北京晚报》2014年11月16日，第07版。

三 公务员隐私权与应报告、公开的有关事项冲突解决途径的选择

(一) 通过自愿披露

1. 自愿报告是公务员自律意识的开端

《中国共产党党员领导干部廉洁从政若干准则》明确规定:"党员领导干部应当向党组织如实报告个人有关事项,自觉接受监督。"《中国共产党廉洁自律准则》要求党员必须自觉培养高尚道德情操,努力弘扬中华民族传统美德,廉洁自律,接受监督,永葆党的先进性和纯洁性。认识是行动的先导。"所谓自律意识是指公务员在执行公务活动或面临各种利益冲突的时候,能够自觉地运用内化于自身的价值取向和观念,正确地判断各种事件、各种行为的善恶、美丑,并决定自己应该如何做,才符合其国家公务员的身份。"[①] 事实上,公务员自愿、如实、及时报告,也是公务员对组织履行忠诚义务的体现。

2. 鼓励自愿尽可能地公开

鼓励公务员自愿公开相关事项是最节约成本的途径。美国采取公开报告与秘密报告两种方式。美国总统或内阁官员在其个人网站或政府网站上自行披露财产状况是法定的财产报告制之外的自我公示行为,其公示尺度可依个人情况放大或收窄。奥巴马的财产公示行为代表着从"强制性报告"向"自愿性更大范围公示"的更透明时代的转变。[②] 香港特区行政长官虽然不属于政治委任官员,但自愿遵循《政治委任制度官员守则》相关条文和《行政会议成员每年须登记的个人利益》的规定,每年公布其投资和利益,并上载到行政会议网页。若发现其投资或利益跟他的公职有或似乎有利益冲突时,行政长官可要求有关官员采取下述任何一项或多项措施,包括放弃所有或部分投资(利益)、避免再购入有关投资(利益)或予以出售等6条途径加以

[①] 李德志:《略论国家公务员的政治行为规范与职业道德行为规范》,《吉林大学社会科学学报》2001年第5期,第26页。

[②] 参见《奥巴马公布家庭财产目前"身背"30年房贷》,《青岛财经日报》2013年5月29日,第A07版。

处置。① 公务员自愿公开财产是德治的理想状态。行政自制的一个重要目的在于通过具体的操作来预防错误行为发生，或者使错误行为一经发现就能及时被制止，从而避免损害结果的出现或者将损害结果控制在最低限度内。② 公务员通过行政自制的约束，自觉报告相关事项有利于降低监督成本。

如果仅靠公务员的道德自律来推行公务员有关事项的报告制度，而无相关配套惩戒制度，只会让报告制度流于形式。公务员有关事项公开恐怕永远只能是在"条件尚不具备"和"正在研究论证"的借口中蹉跎了岁月。

（二）通过纪律要求公开

现阶段，我国基本上是靠党的纪律来维持公务员有关事项报告制度。纪律高效性是其他规范难以比拟的，用纪律推动公务员相关事项报告、公开不失为一种有效的方式。当前，从中央到地方已经实施的公务员报告监督措施对公务员有关事项报告的监督方式主要是以向主管机关报告为主。2013年十八届中央纪委二次全会公报指出，要"认真执行领导干部报告个人有关事项制度，并开展抽查核实工作"。从2013年起领导干部向组织报告的财产，子女配偶经商、投资等情况将首次走出"保密柜"，接受核查。核查有3种抽查办法：一是选定一定的比例随机抽查；二是采用"新人新办法、老人老办法"，对拟提拔的干部进行抽查；三是当有线索检举某些干部或存在腐败行为时，对这批干部的报告内容进行核查。只要有人投诉，又有初步证据，就要立案展开调查。但无论是启动抽查还是核实结果，都无法杜绝执行中人的主观"随意"因素。

为进一步规范领导干部个人有关事项报告材料汇总综合工作，2013年12月30日，中共中央组织部印发《关于进一步做好领导干部报告个人有关事项工作的通知》，要求领导干部要积极主动报告个人有关事项，保证填报内容真实准确。明确对无正当理由不按时报告、不如实报告或隐瞒不

---

① 参见《香港官员利益申报：梁振英收礼超400元即上缴》，http://news.xinhuanet.com/gangao/2012-05/25/c_112031601_2.htm。

② 刘福元：《行政自制视野下的公务员内部行为规范探析》，《华南师范大学学报》（社会科学版）2012年第1期，第153页。

报的，根据情节轻重，给予批评教育、限期改正、责令作出检查、诫勉谈话、通报批评或者调离岗位、免职等处理；构成违纪的，依照有关规定给予纪律处分。凡不如实填报或隐瞒不报的，一律不得提拔任用、不列入后备干部名单。《中国共产党纪律处分条例》第 67 条规定，有下列行为之一，情节较重的，给予警告或者严重警告处分：①违反个人有关事项报告规定，不报告、不如实报告的；②在组织进行谈话、函询时，不如实向组织说明问题的；③不如实填报个人档案资料的。

以上规定只是党的法规法纪，而不是人大制定的法律规定；只是政党、政府的自我监督，而不是人民监督。公务员家庭成员及收入财产等情况不会公示，只作为"组织上掌握"。在制度设计上，只有组织（人事）部门在干部监督工作和干部选拔任用工作中、纪检监察机关（机构）在履行职责时、检察机关在查办职务犯罪案件时，经本机关主要负责人批准，可以查阅案件涉及的领导干部报告个人有关事项的材料，因此，其独立性和权威性都受到巨大限制，虽然纪律挺在法律前面，现行基于党纪的报告制度只是一种妥协，其实际效果还要进一步固化。

（三）通过法律强制公开

没人愿意主动把自己放在金鱼缸里接受公众挑剔的目光。在仅仅依靠公务员道德自我公开和纪律来约束的公开无法奏效时，法治强制公开是唯一能维持基本社会秩序的砝码。法律是成文的道德，道德是内心的法律。[①]将伦理相关规范以法律或以行政规则或命令方式予以法治化，亦是各国伦理法制共同趋势之一。[②] 1883 年，美国通过并颁布实施《彭德尔顿法》，授权总统组成一个专门的道德委员会，负责制定公职人员利益报告的规则。利益报告是指具体的个人或组织在社会活动中涉及己方利益时，主动向上级或者主管部门或特定组织呈报，避免造成利益冲突和利益输送的结果。整体而言，各国对财产报告伦理法制的主要规范原则有以下几项：①公职人员负主动报告义务；②应报告对象、报告内容、报告时间（例如

[①] 参见习近平《在首都各界纪念现行宪法公布施行 30 周年大会上的讲话》，新华网 2012 年 12 月 4 日，http：//news.xinhuanet.com/politics/2012 - 12/04 - c_ 113907206.thm。

[②] 台湾地区"行政院研究发展考核委员会"编《统合性政府伦理法治之研究》（上册），台北："行政院研究发展考核委员会"，2008，第 41 页。

固定期间报告与动态报告）有具体规范；③对公开与否有规范；④对是否强制信托有规范。①

四 公务员隐私权与公众知情权的衡平——报告公开制度的推进

（一）知情和隐私各有边界

保障公众知情权须明晰公众知情、监督与公务员及其近亲属隐私之间的范围、边界。首先，区分知情与隐私要先确立公务员隐私边界范围，将涉及公务员私人生活、习惯、行为以及个人关系，并且与他担任公职无法定联系的个人资料划归为公务员隐私范围；其他范围就属于公众知情边界。其次，区分报告与公开两个过程。报告与公开分步走，报告信息的范围大于公开的范围，如香港公务员报告投资的内容属个人资料，受《个人资料（私隐）条例》所保障；除最高层职位人员可供市民查阅的报告内容外，所有报告投资的个人资料及机密内容只会由已获授权人士处理及用作报告制度内明确的目的。② 最后，法律通过界定公务员必须公开信息，保障公众的知情范围。相关机构梳理出公务员可能涉及职务便利必须公开各项事项，将应公开的公务员岗位种类，报告内容、时限，公开渠道、公开程序、公众监督、问责制度等统一标准、统筹规划，为制定全面实施公务员公开事项制度提供法律依据。在坚持以公开为常态、不公开为例外原则下，立法限制公务员个人隐私权利须符合公共利益需要的原则；限制隐私程度和手段必须符合比例原则。

（二）推进公务员报告公开的举措

（1）用纪律和行政伦理要求公务员报告，强调公务员主动报告有关事项是公务员应尽的义务。本质上，与公职人员之名誉权、隐私权相冲突的是公众的监督权，亦是公权力组织对表达自由负有高度容忍义务，并积极

---

① 台湾地区"行政院研究发展考核委员会"编《统合性政府伦理法治之研究》（上册），台北："行政院研究发展考核委员会"，2008，第51页。
② 李华：《香港公务员财产申报兼顾隐私》，http://economy.gmw.cn/2013-02/19/content_6731954.htm。

向公众和社会公开公权力运行情况及其成员有关信息之基本原因。①

（2）引入公众或人民代表对公务员报告事项公开质询制度。如香港立法会的质询会议定期在每周三上午 11 点开始，是议员问责、监督政府的重要途径。按规定，被质询的部门官员必须到会议现场做书面或口头答复，接受议员发问；并且，言之必须有物，会议全程会在香港电视台直播，若回答不慎，将直接影响被质询官员的公众形象。②

（3）增加"征得公务员同意"的程序。20 世纪 80 年代，美国法学家麦克鲁格提出"隐私合理期待"观点，称倘若有人在室外偷拍某人的活动，不论他表现得多么友善、无害，只要对方表示不愿意或报警寻求保护，这名偷拍者就应受到法律惩处。③ 美英等国开始承认公共场所保护隐私的"个人意愿原则"，即只要不是法律授权状况或对方是公众人物，在个人明确表示反对的前提下，其个人信息和隐私不得被采集、披露。公务员按照"个人意愿原则"，可以在根据晋升岗位所需公开信息与公务员个人谋求该职位的意愿之间是否同意公开其隐私作为选择条件。这一取舍衡平机制既维护了公众的正当权益，也为相应的监督公务员履行职权留出发展空间。

（三）循序改革与分级保护

（1）公务员有关事项报告、公开应循序渐进。考虑到公务员人数众多、公务员因其岗位不同而产生的贪污腐败的系数大小有别，以及寻求公务员的隐私权与个人意愿的平衡等诸多因素，可以先暂时搁置公示，退而求先报告。重点先要求公务员报告其家庭信息，包括婚姻状况、子女配偶上学就业的状况、子女配偶的居住情况等；然后，等时机成熟后再规定公务员报告其他有关事项；继而，在一定范围内公开公务员报告的以上事项，避免因对外公开而导致相关信息的过度传播引发的副作用，减少制度推行阻力与社会敏感度，有利于积极稳妥地推进公示工作。

（2）分步分类进行公开。公开制度可以采取"先易后难、先上后下、

---

① 陈刚：《公职人员人权克减问题研究》，苏州大学博士学位论文，2013，第 141 页。
② 温岭市人大常委会：《香港特首怎么花钱》，《温岭日报》2014 年 4 月 9 日，第 A06 版。
③ 凌德：《手机滥拍引发时代新争议——全球思考保护隐私安全》，http://tech.huanqiu.com/it/2014-05/4987754_2.html。

循序渐进、分步实施"的办法,明确每一步的进展、时间点和责任主体,向社会公开承诺,接受公众审视。党的十八大三中全会报告指出"完善惩治和预防腐败、防控廉政风险、防止利益冲突、领导干部报告个人有关事项、任职回避等方面法律法规,推行新提任领导干部有关事项公开制度试点"。从中可以看出三个信息:一是对现有的领导干部报告制度进行完善,会有突破性的改革,但公开没有提及;二是新提任领导干部成为"财产公示"改革的首批人群,"新人新办法、老人老办法"制度会逐步形成并走向融合;三是"财产公示"制度试点会逐步扩大区域。此外"建立个人收入和财产信息系统","建立全社会房产、信用等基础数据统一平台,推进部门信息共享"。推进不动产登记以及房地产税的开征,也会对公务员相关事项形成某种程度上的"公开",给未来全部公开奠定坚实基础。

(3) 公务员报告信息分级保护。公务员相关事项的报告、公开分等级、分层次进行。公务员分为必须公开和可公开两类,根据公开需要及出现利益冲突情况的可能性大小,把某些职位(如科级以上或拥有审批权的职位)列入必须公开主体的范围;而一般公务员容易受到隐私暴露的影响,需要尽量保护其隐私作为可以公开主体。一般公务员的财产与个人信息,仅在接受报告机构范围内公开,非经书面请求不得向公众披露;科级以上及"敏感"岗位公务员的收入、家庭财产信息,公民可以凭本人身份证明,在各廉政机关设在举报接待场所的电脑上自由查阅。有选择、有重点地推动一定级别或"敏感"岗位公务员的报告信息透明化,这不失为一条务实主义的路径。

(四) 规范非法收集与合法监督行为

进入自媒体时代,网络反腐本身在隐私权与监督权之间存在权益冲突,究竟如何选择并恰当均衡是难点,稍有不慎,后者过度滥用就有可能对前者造成损害。随着世界进入智能手机时代,用手机随时拍照已经成为许多人的"习惯",然而这一习惯也正成为个人隐私的最大威胁。[①] 目前,网络反腐既缺乏明确的立法规范,又缺乏成熟的司法判例指引。在没有规则的社会背景下,公众对监督权的公共价值衡量,明显超越了隐私权设立

---

① 苏显龙:《网络反腐须纳入法治轨道》,《人民日报》2012 年 12 月 3 日,第 11 版。

的目的，如以安装窃听、窃照设备，偷拍公务员的隐私等违法行为来监督公务员。公众对公务员穷追猛打的过程中，往往缺乏对个人隐私的尊重，变成荒谬和残暴的"扒裤子"式娱乐。

国家要立法明令禁止窃听、偷拍公民（公务员）的隐私。1982年，在中央政治局内分管政法工作的彭真申明："党内一律不准搞侦听、搞技术侦察。这是党中央决定的，是党中央多年来坚持的规定。"只有依法应用技术侦查手段获得公民的隐私记录，才能作为行政处分或定罪量刑的合法证据。①2007年7月，为了减少在互联网上非法搜集个人信息的行为，韩国政府决定分阶段废除互联网实名制；为防止恶意举报等行为的出现，瑞典规定凡有恶意举报者，一经发现就将给予其"最低信用级别"。因此，国家应规范非法收集行为，以平衡公众知情权与国家利益、个人隐私之间关系。网络揭发者若超越界限，侵犯公务员隐私，须承担法律责任。②

第四节　公务员休息权③

一　公务员休息权

《宪法》第43条规定，"中华人民共和国劳动者有休息的权利。国家发展劳动者休息和休养的设施，规定职工的工作时间和休假制度。"《劳动法》规定，我国职工每日工作8小时，平均每周工作44小时。1995年2月17日通过的《国务院关于职工工作时间的规定》规定，企业职工每周工作时间不超过40小时。无论是公务员、事业单位还是各类企业职工，全国各地统一执行的法定休息日的标准为周六、周日两天（即便特殊的工种

---

① 彭真：《在中央政法委员会扩大会议上的讲话要点（一九八二年十月四日），论新中国的政法工作》，中央文献出版社，1992，第302页。
② 全国人民代表大会常务委员会《关于加强网络信息保护的决定》规定随意收集、擅自使用、非法泄露甚至倒卖公民个人电子信息，侵入、攻击信息系统窃取公民个人电子信息，以及网络诈骗、诽谤等违法行为，严重损害公民、法人和其他组织的合法权益，危害国家安全和社会公共利益，可依法给予处罚或刑事处分。
③ 本部分发表于《福建行政学院学报》2012年第3期，作者有修改。

作息时间要求，在法定休息时间上也必须补齐)。

带薪年休假制度是保护劳动者休息权一座里程碑式的制度。它宣明了党和政府对构建和谐劳动关系以及维护广大劳动者合法权益和提高其劳动福利的决心。2007 年 12 月 7 日国务院通过《职工带薪年休假条例》规定，机关、团体、企业、事业单位、民办非企业单位、有雇工的个体工商户等单位的职工连续工作 1 年以上的，享受带薪年休假。单位应当保证职工享受年休假。职工在年休假期间享受与正常工作期间相同的工资收入。但这项与民众切身利益相关的法规实施后，似乎没有引起意料中的轰动。从近年来的实践看，带薪年休假制度存在一些问题：目前已经实行年休假制度的仅是机关、事业单位和一部分团体、企业，还有相当一部分企业、团体以及有雇工的个体工商户没有实行年休假制度；即使在已经实行年休假制度的单位，由于各种原因，许多职工实际上多年享受不到年休假待遇；职工因单位工作需要未能享受年休假的，也没有得到相应的经济补偿。这种充满断裂性的休息福利之差，让法定年休假的法律权威在民众层面遭遇信任危机。

同样作为劳动者，公务员的休息权保障也不乐观。我国《公务员法》并没有明确规定公务员休息权，这为一些上级公务员提供了侵犯其下属公务员休息权的机会和口实，其也无法成为下属公务员对抗上级任意要求其加班的维权依据。如随着公安机关社会治安管理与公共服务职能的不断外延，大量的工作和任务只能依靠加班加点来完成，公安民警尤其是基层的民警正常休息时间往往难以保证，造成民警体力消耗过大和身心素质普遍下降。[1] 作为人民公仆，公务员的确应该多一些奉献意识，但牺牲他们的休息时间提供公共服务和加班，除了直接侵害同样身为劳动者的公务员合法权益之外，也未必能提高工作成效。[2]

公务员本身就是执法者，是遵守法律的楷模。如果领导干部可以公然违反劳动法的规定，那么企业是否可以同样效仿？公务员又当如何有效保护其他劳动者的正当利益。[3] 法律的保护对象并非虚拟的劳动者，而应落

---

[1] 王永辉：《人民警察合法权益保障研究》，山东大学硕士学位论文，2007，第 27 页。
[2] 丁洪峰、童克震、丁雪辉：《山东青州机关事业单位试行周六上班引争议》，http://www.morningpost.com.cn/，2010 年 8 月 6 日。
[3] 《太原公务员加班，为何不讨好？》，《深圳商报》2011 年 1 月 11 日，第 A12 版。

实到每一位劳动者的身上,公务员休息权也应受到法律的保护。维护法律的尊严是维护社会成员共同的家园,如果放纵行政权力去侵害任何一个社会成员的法定权利,最终都将无家可归。① 任何内容良好的法律如果得不到忠实地执行和尊重,则其不但将形同虚设,更将贬损法律自身的信用与权威,降低公众对政府与法治的信任与期许。

二 公务员休息权的冲突

我国社会正处于发展的重要战略机遇期,同时又是各种社会矛盾的凸显期,社会治理面临着许多新情况、新问题。② 社会治理体系的原本目的是维稳。随着实际情况的变化,我国社会管理理念思路、体制机制、法律政策、方法手段等方面还存在很多不适应的地方,解决社会管理领域存在的问题既十分紧迫又需要长期努力。③ 社会治理还是要靠人,亦即主要是公务员及相关人员通过本职工作来引导、规制民间组织及公民社会更多地承担社会治理的责任。

(一) 应对突发性事件要求公务员延时作为

从管理时序上划分,社会治理一般可分为日常管理与应急管理两大类。应急管理是应对突然发生,造成或者可能造成严重社会危害,需要采取应急处置措施予以应对的自然灾害、事故灾难、公共卫生事件和社会安全事件的管理。④ 我国是一个自然灾害、公共卫生事件、事故灾难等突发事件多发的国家。现代社会中的突发事件,有着三个明显的特点。一是损

---

① 刘兴伟:《围观"公务员休息权"的断裂与共识》,http://news.ifeng.com/opinion/detail_2010_08/06/1895874_0.shtml。
② 现行的观点认为社会治理比社会管理更进一步;社会治理,就是政府、社会组织、企事业单位、社区以及个人等诸行为者,通过平等的合作型伙伴关系,依法对社会事务、社会组织和社会生活进行规范和管理,最终实现公共利益最大化的过程。与所有与公众日常活动的相关部门都要形成"全方位、全天候、全员化"的三全社会管理防控体制体系不同,社会治理更强调公众参与,治理主体多元化。在没有形成制度化、法制化的前提下,社会治理需要公务员比以往更多的精力和时间处理各种影响社会和谐稳定的问题。
③ 新华网:《胡锦涛主持政治局会议 研究加强和创新社会管理问题》,http://news.xinhuanet.com/politics/2011-05/30/c_121475082.htm。
④ 参见《中华人民共和国突发事件应对法》第2条。

失大。突发事件往往不仅造成财产损失，而且造成人身损失；不仅造成眼前损失，而且造成长远损失。二是影响广。突发事件不仅造成经济影响，而且会产生社会影响、政治影响。三是社会关注程度高。随着社会的发展和进步，人民对生命的珍爱、财产的关注、行为的预期、秩序的渴望，比以往任何时候都要高。因而，社会对政府如何应对突发事件的关注程度相应的也更高。

应急管理是政府社会治理和公共服务能力的重要体现。中国基本建立了"统一领导、综合协调、分类管理、分级负责、属地管理为主"的应急管理体制，并建立了涵盖中央与地方两个层面，上下统一、层级分明、职责明确的应急管理机构。全国上下形成了以公安、武警、军队为骨干和突击力量，以防汛抗旱、抗震救灾、森林消防、海上搜救、矿山救护等专业队伍为基本力量，以企事业单位专兼职队伍和应急志愿者为辅助力量的应急管理队伍体系。我国《劳动法》及相关法规规定，当发生自然灾害、事故或者因其他原因，威胁劳动者生命健康和财产安全，需要紧急处理的情形时，用人单位可直接决定延长工作时间而无须征得劳动者同意，延长工作时间的长短也可视需要自主决定。因此，在应对突发性事件时公务员按《突发事件应对法》及相关的应急预案延长工作时间是理所当然的。

但是所谓"临时"与"应急"，其决定权很大程度上属于用人单位，即由用人单位安排决定何时需要延长工作时间。立法制度在授权的同时没有对用人单位该项权力的行使进行严格的限制，且没有规定相对应的法律责任。[①] 需要指出的是公务员延时工作仅限于《突发事件应对法》所规定的突发事件应急处置与救援时期，一旦转入事后恢复与重建阶段，就应保障公务员的休息时间。

（二）提倡忘我的工作和我国作息不分传统影响公务员休息

我国目前权力运行主要靠相关部门领导个人推动，而不是靠制度机制保障。考察公务员主要是德、能、勤、绩、廉等要素，其中"勤"是比较容易量化的指标。在多数机关单位，带薪休假尚未形成风气，包括领导在内的大部分公务员没有休假，如果下属公务员要求休假，往往心中不安，

---

① 金哲：《休息权及法律保障机制研究》，吉林大学博士学位论文，2010，第79页。

也会被认为工作不积极。以"五加二、白加黑"为荣，忘我的工作历来是我国社会所提倡的；加班加点，不计得失，鞠躬尽瘁、死而后已的"老黄牛"才是全社会学习的榜样和楷模。按现行的公务员优抚法规，公务员累死在工作岗位可以被定因公牺牲，甚至被授予烈士称号。

在我国，作息不分的观念根深蒂固，工作时间与休息时间界限模糊，领导一个电话就可让其下属随时工作而牺牲休息时间，实际上，人类在进行一定期间的劳动之后，迫切需要通过一定时间的睡眠和静养，以迅速恢复自己的体力和脑力。充分调动民众的积极性进行生产建设，勤奋、进取、拼搏的精神固然重要，但是全社会应当意识到，并不是只有昼夜不分、马不停蹄才是勤奋与认真的标准。① 公务员如不顾自身身体而忘我工作，长此以往，会积劳成疾，不仅会加重社会所要支付的医疗费用，也损害公务员应有的休息权利。② 过度提倡忘我工作会让公务员身心疲惫，甚至导致过劳死，究其实质，此口号下，预示的是干不完的工作和操不完的心，因此要从根本上解决还是合理安排工作和合理调配人员的问题。积劳成疾或过劳死不仅对公务员个人或家庭带来难以避免的损失，也会加大医疗支出或社会优抚成本。

（三）社会治理目标与现行政府权力运行机制考量着公务员休息权

在中央指引下，许多地方政府将创新社会治理在政治上提到空前高度，把大量人力、财力投入各种社会治理创新实践中。在肯定创新社会治理方式的同时，我们也会看到各种不符合社会管理规律的所谓创新观念和做法，在政绩观推动之下，"大干快上"、专项"整治"、注重事后治理、看重硬性手段等运动式的治理模式不时出现。其中"运动式"的集中整治即便在社会生活中的应用也比比皆是，成为一种规律性的"创新"。专项整治活动实际上是我国权力运行机制没有制度化的必然结果。在整治过程

---

① 喻珮、袁汝婷等：《中国式"带薪休假"亟盼完善 制度保障落地》，http://news.xinhuanet.com/legal/2014 - 05/04/c_1110524471.htm。
② 2009年一份针对全国589个城市公职人员进行的调查显示，中国公职人员患脂肪肝、高血压、血脂异常及高血糖这"三高"的比例高于普通脑力劳动者，而且级别越高健康状况越差，领导岗位公职人员体检异常率高达98.5%。参见王冲《当官是个赔命的活儿》，《中国青年报》2011年9月9日，第2版。

中，违法者由于严厉的管理措施，须承担更多的义务甚至更加严重的责任而有所收敛，但整治过后如没有长效机制维持，放松管制，该违法行为就可能死灰复燃。①

专项整治活动会给地方政府讨得一时执政虚誉，主政者得到官声，但其下属公务员疲于奔命，牺牲公务员的休息权利。公务员对此做法虽有怨言却无法反抗。因为公务员都有一个服从和执行上级决定和命令的义务或者纪律，突出体现在《公务员法》第12条第5项的规定，公务员要忠于职守，勤勉尽责，服从和执行上级依法作出的决定和命令。公务员的职业特征决定了其不能像其他劳动者那样可以进行权利的司法救济。部分公务员无暇休假折射出一个不争的现实：领导者是权力的承载体，一定意义上是权力的化身；在权力边界模糊的条件下，领导者的"权威－服从"式是我国权力运行主要模式，领导的指令是其下级公务员的行动方向。

（四）现行的编制管理，制约着公务员休息时间

编制管理是严格控制公务员数量的利器。我国《地方各级人民政府机构设置和编制管理条例》第6条第2款规定，县级以上各级人民政府应当建立机构编制、人员工资与财政预算相互制约的机制，在设置机构、核定编制时，应当充分考虑财政的供养能力。机构实有人员不得突破规定的编制。禁止擅自设置机构和增加编制。对擅自设置机构和增加编制的，不得核拨财政资金或者挪用其他资金安排其经费。此项编制法规只是严格控制各地方政府的编制增长，但对各职能部门已有编制如何进行调配没有任何的具体规定，换言之，就是要求地方政府须依法增加人员编制，但要削减编制或在部门之间调配编制是几乎不可能的（地方政府没有削减人员编制的动力）。由此，地方基层政府普遍出现了行政任务轻的部门，冗员多多，无所事事，而任务重的部门，人员配备不足，疲于奔命的人事怪圈。

在既定的人员编制条件下，日常繁重的社会治理，已让现有公务员满负荷运转；如果再进行专项整治或运动式治理，公务员人手不足会愈来愈突出。在此情形下，部门领导者自然而然地为提升社会治理水平而要求公务员加班加点，从而侵犯下属公务员正当的休息权。损害公务员的正当权

---

① 沈瞿和：《政府诚信原则的适用》，《发展研究》2005年第1期，第69页。

益，一味延长其劳动时间，不是弥补政府效率低下造成的办事不力，而是造成其办事更加拖沓。① 要想改变工作与休息不分的传统，需要政府和社会倡导形成工作是工作、休息是休息，劳逸结合、办事高效的工作作风；在立法上要独立规定公务员休息权而不是将休息权仅仅作为与劳动权密切相关的权利。不专门对休息权予以规范，会使休息权的保障力度大打折扣，更会使休息权无法得到有效的法律保障。②

三 公务员休息的替代解决方式

休息权是一项宪法法定权利，保障公务员休息权，保护公务员身心健康，使之缓解、释放和宣泄在工作中淤积的压力、紧张、疲劳和烦恼，劳逸结合、张弛有度，也是社会和谐应有之义。让公民和公务员不仅周末和假日的休息雷打不动，而且每年都能安排专门时间，远离工作喧嚣，享受带薪休假，这正是以人为本的观念体现，也是完善法治而非人治的行政权力运行机制的重要体现之一。如果确因工作需要要求公务员延长工作时间，应以下列替代解决方式保护公务员休息权。

（一）轮休、调休

在我国，政府机关是最严格遵循国家法定作息时间的单位之一，公务员每周休息时间固定安排在星期六和星期日，节假日不办公。传统上，社会各方所要办理的政务都遵循这种作息安排，然而节假日和休息日往往不是公务员的休息之日，因为节假日和休息日并没有减少公众对社会安全和公共服务的需求，甚至需求有时可能更加旺盛，这客观上造成了公务员加时提供公共服务的结果。城市化的不断推进，社会流动人员的激增，隐藏着种种复杂和高度不确定性的风险。在特定环境和条件下一旦爆发，不稳定的风险很可能导致非常态扩散和放大。如群体事件、节假日等时节爆发的乱搭乱建、交通违规、事故和刑事犯罪等并非是循着固定的、一成不变的频次，如只靠平时的日常社会治理能行吗？

---

① 刘洪波：《剥夺公务员休息权不该得喝彩》，http://news.sina.com.cn/o/2010-08-06/073817922688s.shtml。
② 程思良：《基本人权视角下的休息权》，《湖南科技学院学报》2008年第5期，第88页。

针对此情形，各级地方政府可因地制宜地采取公务员轮休、调休制度，不间断地提供公共服务与管理，而不是取消公务员的休息日，延长工作时间予以应对。政府机关可以灵活调整公务员每周休息时间，节日休息时间等，但要保证公务员的轮休、调休时间和政府日常政务的正常进行不冲突。

年休假制度作为保障劳动者休息权的具体机制之一，其目的是通过休息权来实现劳动力的维持和再生产。公务员的年假可根据《职工带薪年休假条例》第5条规定，单位根据生产、工作的具体情况，并考虑职工本人意愿，统筹安排职工年休假。年休假在1个年度内可以集中安排，也可以分段安排，一般不跨年度安排。单位因生产、工作特点确有必要跨年度安排职工年休假的，可以跨1个年度安排。单位确因工作需要不能安排职工休年休假的，经职工本人同意，可以不安排职工休年休假。对职工应休未休的年休假天数，单位应当按照该职工日工资收入的300%支付年休假工资报酬。

（二）公务员应休未休的补助

为保证公务员的绩效性，还需要进一步探索建立公务员应休未休年假的补助机制。在实行阳光工资之后，应休未休的公务员，政府应支付其年休假工资报酬，此项经费应纳入政府财政预算。《职工带薪年休假条例》规定，对职工应休未休的年休假天数，单位应当按照该职工日工资收入的300%支付年休假工资报酬。如江苏省苏州市出台机关工作人员休假财政补贴制度，对机关工作人员公休假期实行标准为每天150元的补贴，按当年实际休假的天数计算，当年没休假的，不予发放。同时还要求休假的假期必须在当年使用，过期作废，对确实因工作需要或其他原因不能一次性使用假期的，最多分两次使用。①

《职工带薪年休假条例》第7条规定，单位不安排职工休年休假又不依照本条例规定给予年休假工资报酬的，由县级以上地方人民政府人事部门或者劳动保障部门依据职权责令限期改正；对逾期不改正的，除责令该单位支付年休假工资报酬外，单位还应当按照年休假工资报酬的数额向职

---

① 吴红萱、苏才、孙昂：《苏州花钱"逼"公务员休假》，《中国财经报》2004年9月11日，第2版。

工加付赔偿金；对拒不支付年休假工资报酬、赔偿金的，属于公务员和参照公务员法管理的人员所在单位的，对直接负责的主管人员以及其他直接责任人员依法给予处分。

（三）创新转任、交流、培训机制

公务员转任制度可让公务员从行政任务重的部门转任到任务较轻的部门，从而保障公务员的休息权。国家应统一规定在一级地方政府所辖公务员中实行各部门人员特别是非领导序列的公务员转任具体制度，督促地方政府在部门之间调配编制，协调行政任务轻的部门与任务重的部门人员配备平衡问题；实时根据社会发展需要及时调整"三定方案"，在编制范围内增加或削减政府部门间的人员配备，同时在公务员转岗时，应考虑工作岗位压力程度、公务员身心和能力条件与志愿。

公务员的交流，是一种横向的平级调动，不涉及公务员的职务或级别的升降问题。《公务员法》规定公务员可以在公务员队伍内部交流，也可以与公务员队伍外的其他公职人员交流。因此，完善公务员与人民团体和群众团体中从事公务的人员的交流机制一定程度上不仅可增加交流人员的阅历，而且可解决公务员休息权得不到保护的问题。

公务员脱岗学习培训，一方面可以让公务员获取职位所需要的专业知识和能力，另一方面也可让事务缠身的公务员暂时获得休整的机会。公务员调训机关如能合理分配公务员脱岗学习时间和班次，定期让工作任务繁重的公务员脱岗学习培训，也在一定程度上保障了其休息权。

（四）休养和提前退休

休养制度（政务休假）就是每年定期给从事政务的公务员，特别是高级公务员一段暂时脱离具体行政岗位管理事务的时间，使他们能不受具体工作的干扰而集中精力就一些理论问题进行系统的思考或学习、就一些实践问题进行深入的调查研究、就管理工作的得失进行总结和反思，最终达到以强化理论、积累知识、掌握信息、总结经验，进一步提高其执政水平为目的的一种制度化的措施。[①] 在特设医疗机构或休养机构里进行以休养

---

① 杨曼丽：《论休息权》，武汉大学硕士学位论文，2005，第28页。

为主的治疗，公务员可以进行学习、运动、娱乐、旅游等活动，锻炼身体。而且，休养还能够提供激发人的才能的宽松的空间，缓解工作压力，放松身心，会让人以更高的标准、更饱满的热情投入工作。问题是休养在我国已存在多年，但并不是适用于所有公务员。休养只限于有突出贡献的人群，定性于行政奖励。从休养的功能而言，政府应公开公务员休养的标准和条件，让所有尽职工作的人员都能享受到休养制度是其改革的方向。

公务员可以自愿提前退休。我国《公务员法》第88条规定，符合下列条件之一的，本人自愿提出申请，经任免机关批准，可以提前退休：①工作年限满三十年的；②距国家规定的退休年龄不足五年，且工作年限满二十年的；③符合国家规定的可以提前退休的其他情形的。针对公务员自愿退休，政府要处理好公务员自愿提前退休与被自愿提前退休之间的问题，防止以公务员自愿为由的合法退休形式掩盖让公务员腾岗挪位的现象。

第五章
公务员财产性权利

第一节 公务员财产权

公务员为政府和公众服务,履行义务,从国家获得工资、福利等,以维持生计。公务员财产性权利是公务员因公共职务关系而享有的经济利益,包括公务员任职时依法享有的工资、福利、保险以及退休金等财产权益。公务员财产权是国家给予公务员的物质保障,也是公务员法规定的基本权利。依据是否以货币形式发放,公务员财产性权利可划分为直接财产权和间接财产权。

一 公务员财产范围

(一)工资收入

获得工资权是公务员财产性权利的核心内容。从权利内容而言,这是公务员直接财产权,即公务员在职或退休(职)享有国家给付货币的权利。公务员的工资来源于国家财政,基于公务员与国家间的行政法律关系,可以看作行政受益权的体现。[①] 在一般的劳资关系中,工资基本上通

---

① 〔日〕盐野宏:《行政法》,杨建顺译,法律出版社,1999,第715页。

过雇主与劳动者之间的契约来规定；与此相反，在公务员法中，作为勤务条件法定主义的组成部分，严格规定了工资法定主义，公务员工资、津贴都以法定形式规定。

（二）福利待遇

福利是指国家为改善和提高公务员的物质文化生活水平，通过采办集体福利设施、提供服务以及发放补贴等形式，给予公务员的一种生活保障和生活享受，用以满足他们带有共同性或普遍性的消费需要。公务员合法的福利所减免的金钱给付（无须向社会购买服务而减少公务员个人支出）或因公获得的奖励或补助均可构成公务员财产。

（三）社会保障

公务员有权从国家依法建立并由政府主导的各种具有经济福利性的国民生活保障系统中获得各种生活保障。公务员有权获得养老保障、医疗保障、生育保障、工伤保障和优抚保障等可货币化的收入。

（四）住房及住房补贴

1998年以前，公务员住房由单位统一分配，按职务和工龄等因素进行福利分房。公务员对福利房只有居住权而无房屋的产权。1998年机关开始实行住房货币化改革，公务员从单位手中购买的房产归公务员个人所有；改革后入职的公务员则实行以货币补助形式给予住房补贴。私邸是公务员在市场上购买的私人房产，归公务员个人所有。党的十八届三中全会提出探索实行官邸制。官邸和私邸有严格区分。官邸只能是公务员在任职期间内有权居住，个人没有产权，离任后须搬出。"官邸制"是一种公务员住房制度，它既是中国一定级别的公务员对福利住房的一种传统继承，也是目前许多国家采用的高级公务员住房制度。

（五）投资所得

公务员投资所得包括不动产投资所得和动产投资所得。不动产投资是一种直接投资，属于传统的投资方式，包括投资商办企业，投资贵重物品，投资房产等。动产投资是随着商品经济的发展在实物投资的基础上形成的。动产投资的目的在于动产资产的增值收益，是一种间接投资，包括购买有价证券、股票（包括股权激励）、期货、基金、投资型保险和其他金融理财产品，以及购买非上市公司的股票、证券等公示财产。因公务员投资行为可能与公共利益发生冲突，所以投资事项须报告，其投资收入也受到限制。

（六）孳息

公务员存款得到的利息、出租房屋或物品得到的租金，法律上称为孳息。孳息指由原物所产生的额外收益。孳息分为天然孳息和法定孳息。法定孳息是指由法律规定产生了从属关系，物主因出让所属物一定期限内使用权而得到的收益。

（七）各种合法的补贴

对于因执行职务支出的必要费用，公务员有权请求服务机关支付。公务员在职或退职之后，在法定范围内享受国家给予的福利和补贴，如出差的差旅费、外交官奉派出国的服装费与交际费等。

（八）其他合法收入

法律规定给予公务员的除以上项目外的收入属于其他合法收入。例如德国公务员服务满一定年限者，即满 25 年、40 年及 50 年时，依《联邦公务员法》第 80b 条的规定，可给予服务奖金。[①] 公务员参与写作、科学研究、艺术创作或演说等工作，通过讲课、著作、发明等进行知识性创作或传播的，允许其获得一定报酬。

二　财产权的冲突与限制

（一）公务员兼职的限制

根据权利与义务衡平原则，公务员在取得国家给予的经济保障时，就

---

① 《德国联邦公务员及法官服务奖金规则》，载《德国联邦政府公报》第一卷，1965，第 410 页；参见林明锵《公务员法研究》（一），台北：作者自刊，2003，第 496~497 页。

得放弃从事经济活动的权利。公务员在取得国家的工资、福利、保险的同时，不得从事任何营利性的兼职活动，如担任企业的法人代表、管理人员等。在资本主义国家，政商有"旋转门"之说，指的是个人在公共部门和私人部门之间双向转换角色为利益集团牟利的机制。这种以公共资源兑换私人筹码的做法，是资本主义国家金钱政治的典型表现。由于公务员掌握国家的权力资源，如果不加以限制，公务员就可能利用手中的权力介入经济活动为自己谋取私利或其家庭成员也可能利用其公务员的身份影响交易获取不正当利益，因此，各国各地区都对公务员的经济权利予以限制。

德国《联邦公务员法》第 69 条关于公务员兼职作了如下规定：①任何工作得视为本法意义的公职或等同公职；②公务员于其公务上执行或因其机关长官要求、建议或原因而承担兼办业务，应否或于何种范围内获得报酬，或给付其应获得的报酬；③如基于公务关系的性质有所必要时，至何等官阶的公务员为第 66 条第一项第二项与第三项（行政自己或公务员利用的财产，公务员从事写作、科学研究、艺术创作或演说等工作）所指的兼任行为时须经许可；④在何种条件下，公务员从事兼职时得要求利用单位主管的设施、人力或资源，以及因此应向单位主管缴纳对价之额度，此一对价可以总体从兼职行为净所得的百分比计算，但不包括无对价而从事的兼职；⑤公务员有义务于每年年终时，向他的单位主管报告流向他的报酬与有金钱价值的利益。①

台湾地区"公务员服务法"第 14 条规定，"公务员于其离职后三年内，不得担任与其离职前五年内之职务直接相关之营利事业董事、监察人、经理、执行业务之股东或顾问"。其立法理由是一方面可避免公务员利用离职前拥有的政府丰富人脉资源，造成官商勾结等不当利益输送情事；另一方面亦可防止公务员泄露相关政府业务机密，进而图谋私人不当利益。

针对离任公务员"期权化"的不当行为，2011 年我国《廉政准则实施办法》规定，公务员离职或退休后三年内，不得接受与原任职务有关的企业聘任或从事相关营利活动。这既是对公务员的纪律要求，也符合现代

---

① 《德国公务员人事法令汇编》，程明修译，台北："台湾行政院人事行政局"，2009，第 46 页。

社会"竞业禁止"和法律精神。

(二) 投资收入的限制

公务员不得投资与其职务利益相冲突的事项。《中国共产党纪律处分条例》和《公务员法》等对此做了相关规定。

公务员不得违反规定从事营利性活动。我国《公务员法》第 53 条第 14 项规定，公务员不得从事或参与营利性活动，但并没有禁止公务员持有股票或债券，只是在任职期间必须向组织报告。如果职务与所持有股票的公司有利益关系，任职期间不得买卖。《中国共产党纪律处分条例》第 88 条第 1 款规定，违反有关规定从事营利活动，有下列行为之一，情节较轻的，给予警告或者严重警告处分。情节较重的，给予撤销党内职务或者留党察看处分；情节严重的，给予开除党籍处分。①经商办企业的；②拥有非上市公司（企业）的股份或者证券的；③买卖股票或者进行其他证券投资的；④从事有偿中介活动的；⑤在国（境）外注册公司或者投资入股的；⑥有其他违反有关规定从事营利活动的。第 88 条第 3 款规定，违反有关规定在经济实体、社会团体等单位中兼职，或者经批准兼职但获取薪酬、奖金、津贴等额外利益的，依照第 1 款规定处理。2001 年 4 月，中共中央办公厅、国务院办公厅印发的《关于党政机关工作人员个人证券投资行为若干规定》规定，党政机关工作人员个人证券投资行为是指党政机关工作人员将其合法财产以合法方式投资于证券市场，买卖股票和证券投资基金的行为；党政机关工作人员个人可以买卖股票和证券投资基金；同时，明确了多项禁止行为，如党政机关工作人员利用内幕信息直接、间接买卖股票，或向他人提出买卖股票的建议；买卖或借他人名义持有、买卖其直接业务管辖范围内的上市公司的股票。该规定第 7 条还规定，掌握内幕信息的党政机关工作人员在离开岗位 3 个月内，继续受本规定约束。由于新任职务而掌握内幕信息的党政机关工作人员，在任职前已持有的股票必须在任职后 1 个月内作出处理，不得继续持有。

一定级别的公务员除自己投资受限制外，其直系亲属的投资行为也要受到限制。《中国共产党纪律处分条例》第 90 条规定，党员领导干部的配偶、子女及其配偶，违反有关规定在该党员领导干部管辖的区域或者业务范围内从事可能影响其公正执行公务的经营活动，或者在该党员领导干部管辖的区域或者业务范围内的外商独资企业、中外合资企业中担任由外方委派、聘任的高级职务的，该党员领导干部应当按照规定予以纠正；拒不纠正的，其本人应当辞去现任职务或者由组织予以调整职务；不辞去现任职务或者不服从组织调整职务的，给予撤销党内职务处分。2016 年 4 月，中共中央全面深化改革领导小组第二十三次会议审议通过了北京市、广东省、重庆市、新疆维吾尔自治区《关于进一步规范领导干部配偶、子女及其配偶经商办企业行为的规定（试行）》后，四地均明确，市级领导干部和正局职或相当于正局职领导干部的配偶、子女及其配偶不得从事经商办企业行为。

不少地方政府为扶持产业发展或创业创新，通过所谓的规范性文件，采用让公务员"下海"又可"上岸"的做法，如安徽《关于服务民营经济发展的若干意见》在针对事业单位人员方面，对提出离岗创业申请的人员，经单位审核同意、主管部门批准，报组织人事部门备案，可以在 3 年内保留其人事关系，其间要求返回原单位的，按原职级待遇安排工作。[①] 此做法与公务员不得从事营利性活动的禁令相违背。

（三）财产处分、转移的限制

2012 年 12 月 21 日，俄罗斯立法机关国家杜马（议会下院）通过法案，禁止国家公职人员及其家庭成员在规定期限内拥有海外资产（不动产和银行存款），规定期限指的是官员任职期间及离职后 3 年以内。违者将被处以 500 万~1000 万卢布的罚款，或被判处最高 5 年的有期徒刑，并在 3 年之内不得担任公职。[②] 在我国对公务员财产转移到国外也有限制，如对"裸官"的规定。

（四）财产报告公示制

公务员财产报告公示制度是各国各地区的普遍做法，在一定程度上限制了公务员的财产权。报告的范围不仅包括任职收入和财产性收入，而且

---

① 参见安徽省《关于印发服务民营经济发展若干意见的通知》，http://www.ah.hrss.gov.cn/Root/web/templet/siteColumnContent.jsp? siteColumnContentId = 84821。
② 曹妍：《揭秘俄反腐背后：估算公务人员每天要捞 10 亿美元》，《环球》2013 年第 8 期。

包括演讲收入、课题收入、礼金收入等。

台湾地区"公职人员财产报告法"第 2 条规定，下列公职人员，应依法报告财产。①"总统""副总统"。②行政、立法、司法、考试、监察各院"院长""副院长"。③政务人员。④有给职的"总统府资政""国策顾问"及"战略顾问"。⑤各级政府机关的首长、副首长及职务列简任第 10 职等以上的幕僚长、主管；公营事业总、分支机构的首长、副首长及相当简任第 10 职等以上的主管；代表政府或公股出任私法人的董事及监察人。⑥各级公立学校的校长、副校长；其设有附属机构者，该机构的首长、副首长。⑦军事单位上校编阶以上的各级主官、副主官及主管。⑧依"公职人员选举罢免法"选举产生的乡（镇、市）级以上政府机关首长。⑨各级民意机关民意代表。⑩法官、检察官、行政执行官、军法官。⑪政风及军事监察主管人员。⑫司法警察、税务、关务、地政、会计、审计、建筑管理、工商登记、都市计划、金融监督暨管理、公产管理、金融授信、商品检验、商标、专利、公路监理、环保稽查、采购业务等的主管人员。⑬其他职务性质特殊，经主管府、院核定有报告财产必要的人员。

德国《联邦公务员法》第 69 条 a 项规定了营利行为的报备义务。① ①退休公务员或已退休领有退休俸的公务员，于公务员关系终止后 5 年内；或公务员于届满 65 岁之当月底退休，而于离开公职后 3 年内从事营利活动，且该活动与其公务员关系终止前 5 年内所执行的公务活动有相关，并可能会损及公务利益者，必须向其最后服务之最高勤务机关报备其所从事之营利活动。②若该营利活动有损害公务利益之虞，得以拒绝。③前项禁止应由最后的最高勤务机关为之；最长于公务员关系终止满 5 年时应停止该禁令。

（五）廉洁要求的限制

在社会交往中，公务员因廉洁要求涉及财产的往来受到限制。香港法律对公务员收取新年利（红包压岁钱）有着严格的规定，利如果是作为金钱馈赠，则属于利益的一种。根据香港《防止贿赂条例》第 4 条，公务

---

① 《德国公务员人事法令汇编》，程明修译，台北："台湾行政院人事行政局"，2009，第 47 页。

如果接受利是作为滥用职权的诱因或报酬，便会触犯法律。①

公务员在刑事责任上是受贿罪、渎职罪的特殊主体，须承担财产特别义务。如印度、巴基斯坦防止腐败的法律规定：对于贪污贿赂犯罪或巨额财产来源不明罪，公务员必须承担举证责任；举证不出就以贪污贿赂罪或巨额财产来源不明罪论处。对公务员还采取有罪推定：如果一个官员被发现生活阔气，消费明显超过收入，或拥有与收入不相称的财产，法院就可以此作为巨额不明财产罪的证据。有的国家如新加坡，对公务员犯贪污罪特别赋予了反贪机构无证逮捕权和特别调查权，这就使公务员在财产权上受到较一般公民少的法律保护。此外，公务员在涉及贪污行为上受到惩处的程度更严重。如我国公务员触犯受贿罪的最高刑是死刑，而非国家工作人员受贿罪则是判处15年有期徒刑；我国《刑法修正案（九）》对特重大贪污贿赂犯罪人新增可以终身监禁的规定："人民法院根据犯罪情节等情况可以同时决定在其死刑缓期执行二年期满依法减为无期徒刑后，终身监禁，不得减刑、假释。"强化了对腐败分子的威慑作用。

三　公务员财产权规范

（一）推进"八项规定""六项禁令"的立法

"八项规定""六项禁令"体现了新一届中央领导集体亲民、为民的执政新风，体现了共产党人的本色，体现了国家公权力主体的正确定位，显示了党中央整治沉疴顽疾的决心。"八项规定""六项禁令"要求党员领导干部严格执行住房、车辆配备等有关工作和生活待遇的规定；严禁用公款搞相互走访、送礼、宴请等拜年活动；提倡节俭，严禁滥发钱物，讲排场、比阔气，搞铺张浪费；严禁超标准接待；严禁利用婚丧嫁娶等事宜借机敛财；杜绝在机关收受和分发土特产的情况发生等。中央先后出台了《违规发放津贴补贴行为处分规定》《关于严禁公款购买印制寄送贺年卡等物品的通知》《关于严禁元旦春节期间公款购买赠送烟花爆竹等年货节礼的通知》《党政机关厉行节约反对浪费条例》《党政机关国内公务接待管理

---

① 获迪：《香港"公仆"体系造就廉洁公务员》，《北京晚报》2014年11月16日，第7版。

规定》《关于进一步做好领导干部报告个人有关事项工作的通知》等一系列纪律规范。从公私财产角度而言，这些规范明确了公产与私产的边界，将公款消费与公务员个人消费进一步分开。一旦公务员违反上述规定，《中国共产党纪律处分条例》坚决予以查处，为明晰职务消费行为与个人消费行为及以权谋私奠定了制度基础。现在关键是要将纪律转变成法律，由党的意志上升到国家意志，以法律制度巩固公务员作风建设成果，实现反对"四风"，改进作风规范化、常态化。

（二）强化审计监督制度

强化审计监督对于公务员和政府财务管理，促进作风建设和反腐倡廉具有重要而深远的意义。公务员在财经行为上的审计要求有：①公务员不得隐瞒、截留、挪用、坐支应当上缴国家的财政收入以及应缴入财政专户的预算外资金；②公务员不得不按照预算核拨或者挪用、克扣、截留国家财政专项经费、资金；③公务员不得侵占、截留国家和单位收入；④公务员不得私设"小金库"，或将收入转交非财务机构管理；⑤国家行政机关及其内设机构、派驻机构不得以个人名义存储公款；⑥公务员不得违反国家规定，擅自提高职工个人补贴标准、扩大补贴范围或者以其他方式滥发奖金、实物、津贴、补贴；⑦公务员不得擅自运用国库库款或者擅自以其他方式支配已入国库的库款；⑧国家行政机关不得为他人的经济活动提供担保；⑨公务员不得走私、贩私；⑩公务员不得骗购外汇、非法套汇、逃汇或者非法买卖外汇；⑪公务员不得非法集资、高息揽存进行中介活动；⑫公务员不得从事高利贷活动，或以转贷牟利为目的，套取金融机构信贷资金高利转贷他人；⑬不得伪造、变造、隐匿、销毁凭证、票据，经税务机关通知报告而拒不报告或者进行虚假报告，不缴或者少缴应纳税款；⑭公务员不得欠缴应纳税款，采取转移或者隐匿财产的手段逃税；⑮公务员不得有其他财经方面以权谋私的行为。因此，我国须完善"三公"经费预算管理和公开制度，将政府所有开支纳入预算之中，并向社会公开，凡未经预算和决算的政府开支不得支出；控制预算总量，细化预算项目，严格规范预决算程序，增强各级人大的刚性约束；审计部门严格执行预决算，严禁超预算或无预算安排支出，不得报销任何超范围、超标准及与相关公务无关的费用；强化对违规使用公共财产的问责和惩处的力度，以防止以权谋私、公财私用。

（三）完善政府工作之外兼职收入的规范

公务人员从事第二职业，原则上不得请求报酬；但于例外情形，得由法规明确规范。德国《联邦公务员法》第65条规定了公务员从事兼职不须事前申请并经许可；但主管机关可基于第65条第2项规定拒绝许可，其理由有下列几种：①依兼职内容与范围所需的劳动力，对公务员于公务时间履行其公务可能有重要妨碍；②可能与公务员的职务义务冲突；③公务员从事的兼职工作有可能与其所属机关业务范围重叠；④可能影响公务员之公正性及中立义务；⑤可能限制未来公务员职务业务的行使；⑥有损公务机关的形象。此外，为协助主管机关审核公务员兼职的申请，申请人有义务说明兼职工作的内容，特别是提供报酬给付或等同报酬给付方面的资料；兼职工作改变时，兼职者也有立即提出书面报告的义务。①

我国须明确对公务员从事第二职业及离职后的行为作出如下的限定：①公务员从事与专业相关的兼职教学或讲座不得获取报酬或其他补助；②非经政府事先批准，任何公务员不得参与或接受任何与本职工作有关的咨询、论证工作；③无论是否获取报酬，禁止公务员从事可能与职务产生利益冲突的兼职行为。

（四）完善贪渎者连坐制度的规范

公务员贪污、受贿等贪渎行为被定罪后，其单位也会受到牵连。如单位有人贪渎受刑罚，该单位不能被评为精神文明单位，其直接后果之一就是该单位的其他公务员的年终精神文明奖励被取消。同时《党政领导干部选拔任用工作条例》明确规定选人用人失察失误责任追究的形式、责任内容、责任追究组织实施细则，以预防和治理选人用人失察失误现象；建立推荐人员的终身责任追究制度及责任倒查机制，对所推荐人员行为进行"签字背书"，以强化责任主体认真履职、敢于担当、落实责任。一旦其所推荐人员有贪污、受贿等贪渎行为，根据倒查机制，领导责任人和监管责任人要被追究责任。以上规定有我国传统连坐制度之功能，对反腐及相互

---

① 林明锵：《公务员法研究》（一），台北新学林出版股份有限公司，2005，第484~485页。

监督有一定作用,但仅是政策性的,须用法律明确之。

第二节 公务员工资权

一 公务员工资权

与公务员工资权相近的概念是劳动报酬权。劳动报酬权是劳动者基于从属劳动关系而享有的获得劳动报酬权利,它是一项独立权利,也是一项复合权利。劳动报酬权的内容包括劳动报酬谈判权、劳动报酬请求权和劳动报酬优先权。劳动报酬权是私权,也是基本人权。

公务员服务公职关系与一般劳动雇佣关系有所不同。公务员与政府关系属于服务关系或委托关系而非雇佣关系。公务员工资从原则上不属于劳动等价,而是具有生活抚养性的特点,即为了保障公务员安心工作的财产性给付,是作为勤务等价性质来对待的。在公务员工资上,公务员法采用的是"薪俸法定主义",公务员并不享有与政府就工资等给付要件进行协商的权利。因此,公务员工资不同于劳动力市场上的劳动报酬,其权利保障和救济方式也不完全同于劳动报酬权。公务员为了全体国民的利益基于信托关系而工作,具有特殊的公共性品格,这与一般私营企业劳动关系对抗性不同,公务员须承担一般公共劳动应尽的义务。但不能因此认为公务员劳动关系与私企劳动关系是完全不同的,只强调两者之间的完全共通性也是不妥当的。[①] 由此,公务员工资权内容可包括以下组成部分。

1. 工资请求权

公务员工资请求权是根据《公务员法》第 13 条第 3 项规定公务员享有获得工资报酬,享受福利、保险待遇权利派生而得之。在我国台湾地区,公务员的俸给请求权性质被认为是"对待给付",即俸给是公务员执行职务所得之报酬,为国家所支付之对待给付,此乃着眼于公

---

① 〔日〕峯村光郎:《公共企业体等劳动关系法公务员劳动关系法》,东京有斐阁,1972,第 3~4 页。

务员关系与劳动契约关系的近似性而论。① 公务员所从事的公众服务，系将公众服务视为一种职业（profession），而且是可为国家和社会所作为的服务事业，因之，其具有受领薪资的权利，受薪是公务员必须尽心尽力服务的充要条件。② 该请求权不一定非得（通过诉讼或其他方式）提出不可。

2. 平等工资权

公务员的职务与级别是确定公务员工资及其他待遇的唯一依据。同一职务与级别的公务员应获得同样数额的工资；如果同一职务的公务员在同一地区得到的报酬不同，这直接违反了宪法关于同工同酬的规定。在巴黎公社中，公社的领导成员不是骑在人民头上作威作福的老爷，而是由人民选出，受人民监督，并废除了一切特权的"人民的勤务员""公务员""公仆"。因为这些勤务员经常在公众监督之下工作，他们所得的报酬只相当于一个熟练工人的收入。③ 恩格斯认为，这些措施，就能可靠地"防止国家和国家机关由社会公仆变为社会主人"，也能"可靠地防止人们去追求升官发财"。

3. 按时、足额发放权

公务员工资、福利、保险、退休金以及录用、培训、奖励、辞退等所需经费，应当列入财政预算予以保障。公务员工资是由财政发放，保障公务员工资足额发放应是不成问题的，但现实中，地方政府若出现财政紧张试图找到可行的减支办法时，往往从公务员工资入手，减发公务员工资；甚至，在不少县级和乡镇级政府，出现只发放公务员的基本工资，津补贴部分和业务经费由当地自行解决或者与执法机关的"绩效"挂钩的做法。比如有罚没权的单位，以先统一入库，再根据实际收缴按一定比例返还作为办公经费和公务员津补贴。此种考核办法导致完不成任务的单位经费和所辖公务员的工资无法按时、足额发放，这种做法需要禁止。

---

① 翁岳生主编《行政法》，中国法制出版社，2002，第440页。
② 纪俊臣：《地方公务员职等调整之研究》，台北："行政院研究发展考核委员会"，2010，第15页。
③ 《马克思恩格斯选集》第2卷，人民出版社，1972，第414页。

4. 不得强制扣除权

公务员的工资须以货币形式发放，不得以行政命令的方式强迫公务员消费或强制处置。在一些地方政府的理解中，慈善是政府的事，因此可以号召公务员捐款给地方政府或者放在地方慈善总会的户头上。扶贫或者名义上是基于自愿捐赠但实质是强制性交纳，带有征收或者对个人财产强制性处置的特征。① 此种做法，侵犯了公务员工资不得强制扣除权。财政下发的工资是公务员合法所得的工作报酬，属于典型意义上的个人财产。对自己的工资如何安排、如何处置，完全取决于工资所有人的个人意愿。德国《联邦公务员法》第 84 条第 2 项规定，除法律另有规定外，公务员可将其薪俸让与或设定抵押；此外，职务长官在薪俸可扣押的范围内，亦可对公务员的薪俸请求权主张抵消或行使扣押权。但是以故意不受允许的行为而产生损害赔偿请求权时，不得对俸给请求权人主张抵消或行使扣押权。②

5. 团体协商权

在多数国家中，传统上均将公共部门受雇者的薪资及劳动条件以法律或行政命令方式予以确定，使其身份得以稳固而无须通过团体协商争取额外权利。在我国，国家机关对公务员工资直接管理。依照国家机关工资分配的制度和方案，根据经济发展状况并参照企业平均工资水平确定和调整国家机关工资水平。在 1956 年、1985 年、1993 年、2006 年和 2015 年工资改革中，我国公务员的工资制度一般由人事部门提出，经组织部、财政部等相关部门讨论决定后，提交国务院审议，公务员工会一般不参与其中。公务员工资立法与实践表明，报酬标准由政府代表国家确立。根据政府单方意见确立报酬标准是建立在政府行为能够客观公正地代表全体国民的利益这一假设基础之上，公务员自然无权表达自己意愿，更不能有协商；对公务员工资的等级区分、考核评定属于人事管理的自由裁量权，不允许合同约定，实际上我国剥夺了公务员团体协商权，此做法值得商榷。

---

① 据中国之声《新闻晚高峰》报道，最近，有河北丰宁县的听众向中国之声反映，县政府强制要求每位职工捐出 500 元，用于救助贫困农户。对拒不缴纳捐款的，要从工资里面扣除；而且，只收现金，不收油、米、面等物品。参见肖源、孟晓光《河北丰宁强制公职人员捐款扶贫，不捐要从工资扣》，http://china.cnr.cn/xwwgf/201212/t20121223_511623812.shtml。

② 林明锵：《公务员法研究》（一），台北：作者自刊，2003，第 500~501 页。

现代社会越来越重视个人权利，如何在个人意思和政府意思之间作出平衡，这是在当代法律制度确立过程中必须给予关注的焦点之一。[①] 对管理者而言，公务员工资若是由受雇者团体来决定将侵害到行政首长的权力与公共利益；但公共部门待遇、劳动条件通过团体协商来决定，可以减少劳动斗争，提高公务体系的效率，这种做法已渐渐为实务界所接受。例如法国公务员的薪资调整通过集体谈判实现，各部门最高行政长官与工会每年进行谈判确定薪资的增长，薪资谈判主要涉及基本薪资部分；部长和有关工会通过谈判，提高某类公务员的身份级别，从而使工会成员自动提高薪资。

二　公务员工资构成[②]

1993年，国家行政机关建立公务员制度，对公务员实行职级工资制，公务员工资主要由职务工资、级别工资、基础工资、工龄工资和地区津贴构成。根据2006年7月1日起实施的《公务员工资制度改革方案》，公务员基本工资构成由职务工资、级别工资、基础工资和工龄工资四项调整为职务工资和级别工资两项，取消基础工资和工龄工资。此后公务员工资分为四块，由职务工资、级别工资、工作津贴、生活补贴共同构成；其中，基本工资由职务工资和级别工资两项构成，建立起了全国统一的职务与级别相结合的公务员工资制度，实行全国统一标准，由中央财政支付。该方案同时规定，各地可根据本地经济发展水平、财力状况制定自己所辖的公务员津补贴，由地方财政或各部门财政支付工作津贴、生活补贴、地区附加津贴、艰苦边远地区津贴、岗位津贴等津补贴，享受住房、医疗等补贴、补助。[③]

推行公务员"阳光工资"后，公务员除基本工资以外的收入（如津补贴）都纳入工资范畴内统一分类、核算。2015年人力资源和社会保障部、财政部下发的《关于调整机关工作人员基本工资标准的实施方案》着重体现了对于工资结构的优化，将部分规范津补贴纳入基本工资后，规范津补贴标准相应减少。此外，《公务员工资制度改革实施办法》第6条规定，

[①] 刘俊生：《中日公务员权利义务比较研究》，《政法论坛》2001年第1期。
[②] 以下内容曾发表于《中共福建省委党校学报》2014年第6期，作者有修改。
[③] 参见《国务院关于改革公务员工资制度的通知》（国发〔2006〕22号）。

实行公务员年终一次性奖金制度,在公务员年度考核结果确定后兑现,奖金标准为本人当年12月份的基本工资;在年度考核中被确定为优秀、称职的公务员,按照国家规定享受年终奖金。

三 公务员工资的失衡

近年国家通过简化工资结构、增设级别、增强级别功能、完善工资调整办法,在完善艰苦边远地区津贴制度、扩大津贴实施范围、提高津贴标准、增加津贴类别、力图缩小地区间收入差距等方面取得较大进步,但仍存在以下几个失衡现象。

(一)基层公务员工资天花板现象严重

现行的公务员工资待遇与职务等级相对应,却没有完全解决公务员工资与职级相对应的问题,特别是基层公务员职级达到所任职务对应最高级别后,不能再晋升级别,只能在最高级别工资标准内晋升到顶级工资的档次,没有体现真正的公平性。规模庞大的基层一线公务员,工作量大,待遇差,升职空间最小,职务与职级的天花板决定了基层公务员工资主要晋升渠道。以福建省为例,2011年基层公务员数量为64047人(县区48778人,乡镇15269人),占全省行政系统公务员队伍总数的比重为47.65%;科员所占基层公务员队伍的比例接近一半,副科级和科员所占比例接近80%。正处级人数仅占基层公务员队伍人数的1%。[①] 职务与职级工资的"天花板"让基层政府费尽心思地设置职务,部分县(市、区)直机关、乡镇(街道),科级公务员比科员、办事员都多,在个别县直单位甚至没有科员、办事员职位。虽然2015年《关于调整机关工作人员基本工资标准的实施方案》进行了工资结构的优化,基层公务员基本工资和职级工资有所改善,但效果仍须检验。

有的基层政府鼓励公务员提前退职,保留工资待遇,腾出岗位让其他公务员晋升到该岗位上。这样做的理由是:一方面,客观上基层政府需要有一批优秀的年轻干部补充到领导班子以增强改革创新活力;另一方面,

---

① 资料来源:福建省公务员局2012年统计数据。

需要给一批老同志保留原有待遇以稳定干部队伍。根据《地方各级人民政府机构设置和编制管理条例》第20条规定，"地方各级人民政府行政机构的领导职数，按照地方各级人民代表大会和地方各级人民政府组织法的有关规定确定"。此规定为领导职数确定开了口子，地方政府便依此规定自我膨胀。领导晋升职数越多，安排领导职位的机会就越多；但正职只有一个，增加的只能是副职或助理职位，于是各地市长助理、县长助理的设置非常普遍，甚至有些"泛滥"，由此带来的就是"虚职养人"的现状，浪费了公共资源。

（二）地区津贴失范

公务员基本工资标准全国统一，造成公务员地区间收入差距过大的原因主要是补贴津贴差距过大。"阳光工资"实施后，津补贴改革是地方自费承担，规范津补贴以后由"暗补"变成"明补"。各地可根据本地经济发展水平、财力状况制定自身的津补贴。公务员的一部分补贴由原来单位自己解决变成了由地方政府统一财政支出。中央对公务员津贴补贴标准有核算公式：省直机关津贴补贴标准 =（省会城市平均标准 + 全省平均标准）/2。省直机关要想达到全省的平均标准，省会城市就要比平均值高；在一个省内，补贴的金额也有不小的差距。这种制度造成了不同省之间、同省不同市县区之间津贴补贴相差巨大。不同地区因财力不同，即便排除两地物价因素，有的同一职务的公务员薪资也相差达数倍之多。这让西部地区或同省欠发达地区同样资历的公务员望洋兴叹。经济发达地区的津补贴水平较高，越是条件艰苦的地区，财政收入少，发放的津补贴也较少，导致不同地区同等级别的公务员工资待遇差别较大，同工同酬和同等级别同等待遇的原则未能真正落实。

（三）垂直管理与块块管理的工资失衡

1980年，为了调动地方政府发展经济的积极性，参照农村改革经验，我国财政实行包干制，这奠定了现在中央与地方财政"分灶吃饭"的基本格局，即"灶"里"饭"多的地方可以多"吃"，"灶"里"饭"少的地方只能少"吃"。"分灶吃饭"的财政体制是公务员队伍内部收入差距显著的制度原因；正是在这一体制下，我国史无前例地出现了同级别官员收入差别很大，甚至低级别官员收入多于高级别官员的现象。① 分税制改革推行以后，财力大部分集中到了中央，但由于事权划分不明确和转移支付政策不完善，同样的事权，不同地区的财力却大不相同，总体上看还是经济发达地区公务员的"饭"比较充足，而欠发达地区公务员的"饭"就比较少，有些县的财政甚至穷困到拖欠财政供养人员工资的地步。

垂直管理部门公务员的待遇由全省或全国统一，经费从上向下划拨，凡国家人力资源和社会保障部规定的工资项目肯定是全部兑现，不会受地方财政收入丰歉的影响。又因政府的机构有垂直管理与块块管理之分，便会出现欠发达地区垂直管理的基层公务员的工资明显高于块块管理的公务员的工资，发达地区垂直管理的基层公务员的工资明显低于块块管理的公务员工资，这违反同一职级同酬的原则，造成不公平。在机构改革中，如果将地税部门与国税部门合并属地管理，公务员工资标准制定是参照垂直管理部门标准还是参照块块管理部门标准值得思考：欠发达地区原垂直管理部门的公务员如参照块块管理部门标准收入就会明显减少；如果还是参照原垂直管理部门标准发放工资，其他块块管理部门的公务员又会不平衡。这让欠发达地区的政府处于两难境地。

（四）公务员与事业单位人员、国有企业管理人员的工资失衡

在不少地方政府，在同个单位不同编制的人员工资存在着巨大的差异。比如地方政府的城市管理执法人员分为公务员编制、事业编制、合同编制，他们工作相同，待遇却悬殊。② 公务员编制的人员实行阳光工资后，每月可明确工资的收入数量；事业编制人员特别是实行绩效工资的事业编制人员必须达到考核标准后才能拿到绩效部分；而合同编制人员和劳务派遣人员或无编制人员待遇差距更明显。特别是在事业单位进行分类改革

---

① 胡仙芝：《揭秘官员灰色收入：职位不同差别巨大》，http://politics.people.com.cn/n/2013/0709/c70731-22131610.html。

② 据新华社电，日前，一组城管到市政府门口拉横幅要求涨工资的图片在网络引发关注。济源市城管监察支队共有160多名城管队员，分为财政全供事业编制人员、自收自支事业编制和企业编制人员。其中企业编制人员110多人，平均月工资仅有1200元左右，而2013年河南省人员最低工资标准为1240元。这次拉横幅要求涨工资的队员都是企业编制人员，年龄均在三四十岁，他们上有老，下有小，家庭负担较重，在如此低工资收入下，普遍感觉生活压力较大。参见《济源调查城管集体求涨工资》，《新京报》2013年7月11日，第A23版。

后，对公益二类的事业单位实行差额财政拨款，公务员与事业单位人员工资的财政保障拨付已有明显差别，事业单位人员的相对自主绩效工资与公务员阳光工资产生了不少差异。

公务员与国有企业领导干部的工资也存在巨大差异。很多国企高管人员是行政任命的，他们在获得畸形高薪报酬的同时，还有着较高行政级别，而同级别公务员工资则是法定的。2014年国家制定了国企高管工资改革方案，在定薪具体操作上明确差异化路径：由组织部门任命的国企高管的薪酬将包括基本薪酬和中长期激励两个部分。央企负责人基本年薪将按照上年度央企在岗职工年平均工资的2倍确定；绩效年薪根据是否完成任期应该达到的企业的原定目标作为发放的标准。2015年6月，国有资产监督管理委员会（以下简称国资委）发出通知，要求中央企业全力增收节支，所有央企都要严格落实工资总额和效益挂钩机制，企业工资总额增幅不得超过效益增幅，效益下降的企业工资总额必须下降。此方案虽有助于相同级别的公务员与国企高管之间薪酬的平衡，但在实际操作上，公务员与国企高管身份如何转换，国企高管在完不成目标后想回归公务员岗位其社会保险如何计算等都需要明确。

四 公务员工资增长保障及衡平机制

公务员工资结构固化导致以上诸多的失衡，要给公务员多少工资才是公平合理，才能体现公务员作为人民公仆的身份？解决问题的关键是按照公务员自身的特性和报酬规律形成一套行之有效的保障及衡平机制以完善现行公务员工资制度。

（一）公务员工资调查比较动态调整机制

《公务员法》第75条规定："公务员的工资水平应当与国民经济发展相协调、与社会进步相适应。"公务员工资调整由国务院决定，"全国一盘棋"，由中央政府决定整体工资调整时间和幅度。国家依据工资调查比较结果，综合考虑国民经济发展、财政状况和物价变动等因素，确定调整幅度，逐步提高基本工资占工资总额的比重。[1]

---

[1] 人力资源和社会保障部：《机关事业单位调资兑现工作已经完成》，http://www.china-news.com/cj/2015/08-01/7441355.shtml。

首先，完善《公务员法》规定，实行工资调查制度，构建能较真实体现市场工资基本水平的增长动态，以调整公务员的工资标准。虽然公务员的绩效与企业员工工资计算有区别，但可以通过全社会人员工资调查统计比较取其中间值。民间薪资反映当时的经济和就业形势，还经过了劳资双方的交涉，所以，日本、新加坡以及大多数市场经济国家都制定了以民间薪资标准（即社会平均工资水平）确定公务员工资的制度，通过定时的民间薪资标准统计调查制度，形成了一套合理和系统的工资管理方法。日本公务员工资被要求与民间企业保持均衡，自 1999 年以来，日本国家公务员就仅有过一次加薪，减薪才是家常便饭。[①] 因为国有企业的业绩不仅与国有资产运作的成效及其垄断有关，而且很大程度是国家政策扶持的结果，旱涝保收，垄断企业员工的工资仍然远高于社会平均工资。[②] 因此，在我国，公务员工资调查统计比较不能简单以国有企业相当人员作为标准，而应将所有企业的相当人员进行比较。

其次，建立由独立机构进行工资水平调查比较的制度。利用调查收集到的薪酬数据，客观分析公务员和企业相当人员工资收入构成，将公务员的工资与其他相当人员的工资进行比较，遵循"同地区、同职位、同学历、同工作年限"的四同原则，建立公务员与企业相当人员的收入对应关系，并评价两者"基本平衡"的程度，作为调整公务员工资水平的依据。[③] 这样确立公务员工资比较增长更有说服力。

最后，建立刚性的工资正常调整机制。香港每年讨论一次公务员的薪酬，由香港公务员薪酬趋势调查委员会进行调查的年度薪酬趋势是重要参考因素；除了薪酬趋势净指标之外，香港的经济状况、政府的财政状况、生活费用的变动、员工对薪酬调整的要求和公务员的士气都在综合考虑的因素之内，公务员最终加薪幅度将由行政长官会同行政会议共同决定。[④]

[①] 王蕾：《为震灾筹资，日本拿公务员开刀》，http：//view.163.com/special/reviews/wage 0808. html#f＝www_news_attr。

[②] 有网站公布了 2012 年央企职工工资报告，2012 年央企及其上市子公司共 287 家在职员工平均工资超过 11 万元，同比增长 8.2%，是城镇私营单位职工年平均工资的 3.8 倍。参见《2012 央企职工工资：平均年薪 11.1 万是私企 3.8 倍》，http：//money.163.com/13/1106/08/9D02HOMC00254SU6.html。

[③] 耿雁冰：《商优？仕优？人社部比较调查公务员工资》，《21 世纪经济报道》2014 年 1 月 3 日，第 2 版。

[④] 李永宁：《香港公务员工资这样涨》，《人民日报》2013 年 9 月 1 日，第 4 版。

从近年我国几次调整公务员工资情况来看，因顾忌社会的影响，表现出相当的人治色彩，这不利于调动公务员特别是基层公务员的工作积极性。2015年《公务员基本工资调整方案》提出，原则上，今后公务员基本工资标准将每年或每两年调整一次。因此，应根据工资调查比较的结果，结合国民经济发展、财政状况、物价水平等情况，建立刚性的动态调整机制，适时调整公务员基本工资标准。

（二）由人民代表大会决定公务员工资、津贴补贴和福利同步改革的机制

社会上一般认为公务员有着相对稳定而良好的保障机制和成长通道，他们的未来是可期的；至少在"国家"的荫庇之下，他们所支出的各种成本，并不完全受制于难以预期的市场。如果人才更愿留在机关而不到社会就业，那么意味着激励机制出了问题，财富收入分配更有利于公务员而非企业员工。因此，一个尊重创造的社会，最优秀的社会分子应该去创业、去创新、去企业部门创造财富，而不是待在政府部门做事务性工作。公务员工资可与在群体的等级结构中与其工作大致相同的人进行收入的衡平比较，比收入的风险辛苦、支出成本、社会地位，以及整个人生的收益。从中可以得出公务员的工资一般居于当地中位水平。公务员工资的水平及其具体标准的确定，应该有一个综合的、体现民意的科学决策机制。[①] 公务员既然是人民的公仆，那么其薪酬待遇从根本来说应该由为其发工资的公众来决定而不是政府自己决定。各级人民代表大会是我国权力机关，应代表民意，作为公务员的工资水平与社会平均工资水平基本持平决定者，由其表决公务员工资、津贴补贴和福利同步改革方案并监督执行，这样更能体现公务员是人民公仆的本质。

现在越来越多的国家将公务员的工资、津贴、奖金及退休金的增减幅度以法律形式确定下来，如美国《联邦薪水法》《联邦工资比拟法》，都对工资标准、提薪原则、平衡办法以及工作环境、工作时间等方面做了比较详尽的规定，使联邦雇员的工资要和私营部门人员的工资相当，以保证其

[①] 胡仙芝：《公务员收入成敏感话题 与廉洁指数关系复杂微妙》，http：//theory.people.com.cn/n/2013/0718/c112851-22243284.html。

公平性与合理性。我国应通过人大将公务员的工资结构、标准、调整方式等以法律的形式确定下来，实行依法管理。

（三）公务员工资的透明公开机制

只有让公务员所有收入在太阳下曝光，才能杜绝公务员的隐性收入和灰色收入。公务员基本工资和津贴补贴增长要与包括"三公"在内"只减不增"甚至大幅"下降"的职务消费密切结合起来。香港公务员的薪酬福利完全透明，除了工资，津贴福利都严格按照法定标准执行，没有隐性收入。在这种情况下，定期调整薪酬有助于稳定公务员士气和减少社会争议，社会对公务员加薪的认受度也高。[①] 因此，在我国，公务员的岗位工资、职级工资、津贴标准、福利等都要公开透明，政府应每年核算公布每个岗位工资、职级工资、津贴、福利标准，只要知道职务和标准，就可以准确地算出各级公务员薪资。所有公务员工资透明、公开，并且保证任何公民随时可以查阅公务员的工资标准，这便于立法机构和公众舆论进行监督。

只有对公务员的工资福利进行公开透明化管理，使公务员享受正常的增长幅度，才能让公众对公务员这一职业的认识回归本身，社会也才能正确理解公务员工资的调整必要性。一旦公务员的消费水平远远超出其工资水平，那么公众就可以怀疑其是否有非正常的收入。如果没有强制公开公务员工资、福利的机制，公务员只要捂盖子就能躲避风险，那么"能捂则捂"就会成自利式选择；要让瞒报不可能，就该让捂盖子承担巨大风险和代价——以强效监督为外围环境，并构筑起对瞒报"零容忍"的问责机制。

（四）公务员工资的衡平保障机制

1. 公务员工资区域比较横向平衡机制

我国东南沿海地区经济比较发达，主要不是现职公务员队伍的功劳；中西部很多地区经济落后，是深远复杂的历史和地理因素相互作用的结果，也不是现职公务员队伍的过错。所以，公务员的收入不应与历史因素及地理因素挂钩，而只能与现在的工作业绩挂钩。政府应注重不同区域之

[①] 李永宁：《香港公务员工资这样涨》，《人民日报》2013年9月1日，第4版。

间公务员工资的均衡。如果将历史与地理因素考虑进去，也应该是在落后地区和偏远地区工作的公务员工资应相应高一些，绝对不能是相反情况。解决财政状况好与差的地方政府公务员工资均衡问题可以按主体功能区来落实公务员的工资水平。按照发挥优势原则进行功能划分，各地方政府适合发展什么就作为主攻方向，确定主体功能区。各地方公务员的工资和办公经费由原来的基层政府保障向省级财政统筹转变，以保障主体功能区发展。

基层政府公务员尤其是乡镇主要领导的工资收入只与工作业绩挂钩，与所在县乡镇的经济实力脱钩。"向基层倾斜"是2015年公务员工资调整的突出特点之一，基层资历较长的公务员虽然职务较低，但级别和级别档次相对较高，可以拿到较高的工资；对乡镇机关工作人员还建立了乡镇工作补贴制度，在乡镇工作时享受，离开时取消。① 在内部的分配结构上，公务员工资上涨应优先侧重于那些直接与民众打交道的基层一线公务员，尤其是那些长期在艰苦岗位、行政级别很低、属于"非领导"序列的普通基层一线公务员。除建立基层津补贴制度外，还应建立边远地区、特殊岗位的特别津补贴制度，让偏远地区的公务员能安心留在基层创业立功，这对稳定基层公务员队伍，调动基层公务员的工作积极性具有积极的作用。

2. 工资级别与行政职务适当分离的纵向保障机制

建立工资待遇与职务级别分离，实行基层公务员职务与职级并行工资制度，使基层机关因机构规格和领导职数限制没有晋升职务机会的公务员也能提高待遇。既可以有效减少职务晋升瓶颈，阻断"跑官要官""卖官鬻爵"的必要性，也是落实"以人为本"，遵循人力资源管理基本原则的具体体现。② 增设薪级，扩大等级工资的幅度，增强公务员工作激励，让无职务但资深且贡献大的公务员收入得到提高。

建立纵向保障机制的基本做法是：根据与现行公务员工资水平的一定比照关系，简化工资构成，将工资总额"打包"为薪级工资，并设置若干个薪级，按照综合平衡的原则确定与行政执法类和专业技术类公务员各职级的对应关系，每个职级对应若干个薪级，根据个人年功积累和现实表现

---

① 人力资源和社会保障部：《机关事业单位调资兑现工作已经完成》，http://www.china-news.com/cj/2015/08-01/7441355.shtml。

② 沈念祖：《公务员双梯制破题》，http://www.eeo.com.cn/2014/0919/266507.shtml。

情况，每年年度考核为称职以上等次的，可在其职级对应的薪级范围内晋升一个薪级，每3至5年满足条件可晋升一个职级。职级设置主要依据个人年功积累和工作业绩晋升职务；其不受机构规格限制，保证基层行政执法类公务员都有均等的职业发展机会。对县乡镇党政主要领导应高定级别，建立县乡党政主要领导（乡镇公务员）工资倾斜机制。担任县委书记、县长、乡党委书记、乡长的人员，任现职满5年并考核合格的，可从满5年的次年1月1日起在现任级别的基础上高定一个级别，如果职务变动则无权享受该级别晋升的机制。

3. 公务员工资总量控制机制

尽管我国编制内公务员总量并不算多，但是"财政供养"意义上的公职人员数量极为庞大，不仅包括千万计的事业编制人员，还包括数量同样惊人的大量编外人员、劳务派遣人员，如协管、协警等。党的十八大报告明确提出，严格控制机构编制，减少领导职数，降低行政成本。公务员工资支出必须进行总量控制，以防机构臃肿。可行的办法就是在不增加现有公务员工资总额的情况下，进行内部调整，通过精简机构，压缩编制，裁减编外人员，以及将过于膨胀的领导职务待遇和消费支出压下来，来提高基层公务员的工资和待遇。总量控制应与财政供养人员的"只减不增"密切挂钩，即通过行政责任制和行政奖励，尽可能地通过最严格的编制管理来"减员增效"而不是简单以增加财政开支的方式，来实现公务员工资待遇的提升。

绩效工资制度可以起到很好作用。绩效工资制度赋予地方政府在政策允许范围内发放绩效工资的权力，以建立公务员绩效奖励机制。制定绩效参考标准，公务员绩效工资可上升也可以下降，给予各地各部门一定的自由度，具体实施由各地、各部门负责人把握。绩效参考标准可以根据其工作对象人数和服务项目形成的人次、资金量和人均面积，以及累积的客户满意度评价结果等因素建立绩效工资计算公式；通过考核机制，明确公务员内部分工，将公务员的工作绩效与其实际收入直接挂钩，将考核结果与其职务升迁、选拔去留、奖惩褒贬等直接联系起来，最终决定其薪酬收入。同时，注重一级政府的内部垂直与块块部门的平衡，垂直管理的公务员薪酬应与当地整体效益和平均薪酬水平挂钩，与职位更要与岗位绩效挂钩，依据部门和公务员个人绩效评估结果来确定工资。通过全面深化政府审批制度改革，在简政放权的同时推进机构精兵减员，大幅度缩减公务员队伍，防止简政后公务员人浮于事，让保留下来、绩效高的公务员工资和待遇获得提高，真正实现以薪养廉。

4. 委任制与聘任制公务员工资的相互借鉴机制

《公务员法》第95条规定，机关根据工作需要，经省级以上公务员主管部门批准，可以对专业性较强的职位和辅助性职位实行聘任制。其中，专业类职位主要包括建设、规划、环境保护、法律、信息技术等专业性较强，承担一定专业管理职能的职位；辅助类职位主要包括材料受理、行政接待等事务性较强，在机关工作中处于辅助地位的职位。[①] 除对一些专业性强、技术要求高的专业技术类职位实行聘任制外，还可以对管理类和执法类的公务员实行聘任制。借鉴聘任制公务员市场化的工资、福利和社会保障，确定委任制公务员工资、福利待遇的参照标准，给在编公务员施加压力，激发委任制公务员的活力。

5. 设立离职竞业禁止保证金

我国《公务员法》第102条明文规定："公务员辞去公职或者退休的，原系领导成员的公务员在离职三年内，其他公务员在离职两年内，不得到与其原工作业务直接相关的企业或者其他营利性组织任职，不得从事与原工作业务直接相关的营利性活动。"表面上看，公务员离职以后，回归了普通公民身份，不再掌握公共资源与公权力。但客观的事实是，长期的公务员身份让公务员拥有了其他创业者无法比拟的官场人脉关系，如果其"下海创业"的领域与其原工作领域直接相关，那么这种人脉资源优势就更为明显。若公务员带着这样的优势"下海"，极易导致官商勾结，破坏市场平等竞争的秩序，挤压其他创业者的发展空间，对普通创业者造成伤害。《中国共产党纪律处分条例》中明确禁止党员领导干部私自从事营利性活动，尤其强调"不准个人或者借他人名义经商、办企业"。此规定于公方面，虽然能一定程度上制止权力交易，防止权力寻租行为；但于私方面，该条例没有规定给予离职公务员的个人补偿金，有失公平。

[①] 刘萤：《职务管理视角下中美公务员制度比较研究》，首都经济贸易大学硕士学位论文，2009，第29页。

我国《劳动合同法》第 23 条规定，用人单位与劳动者可以在劳动合同中约定保守用人单位的商业秘密和与知识产权相关的保密事项。对负有保密义务的劳动者，用人单位可以在劳动合同或者保密协议中与劳动者约定竞业限制条款，并约定在解除或者终止劳动合同后，在竞业限制期限内按月给予劳动者经济补偿。劳动者违反竞业限制约定的，应当按照约定向用人单位支付违约金。职工可以获得离职保密费。因此，公务员在离职后，政府可以结合其在机关服务的年限给予一定竞业禁止保证金，对离职后不得在原管辖区域或业务范围从事与原职务相关业务的公务员给予补偿。

（五）救济机制

目前，公务员申诉制度仅保证公务员对个人工资处理不服有申诉的权利。涉及公务员工资改革侵害公务员群体工资的权利，比如部分公务员的工资被整体调低，就没有对该种侵害群体工资权利的情况建立申诉救济的机制。因此，建立公务员工资调整方面的救济机制势在必行。当对公务员工资、津补贴进行调整时，要举行听证程序，赋予公务员参与工资协商权。即使目前不能赋予公务员就工资问题与政府的协商权，也该让公务员享有工资调整的知情权。

第三节 公务员社会保障权

一 公务员社会保障权

随着人类社会文明的进步，社会保障权已逐渐发展成为一项基本人权。我国《宪法》第 44 条规定，"国家依照法律规定实行企业事业组织的职工和国家机关工作人员的退休制度。退休人员的生活受到国家和社会的保障"。第 45 条又规定，"中华人民共和国公民在年老、疾病或者丧失劳动能力的情况下，有从国家和社会获得物质帮助的权利"。公务员社会保障权是指公务员有从国家依法建立并由政府主导的各种具有经济福利性的国民生活保障系统中获得生活保障的权利。

二 公务员保障与社会保险的比较

现行的公务员社会保障与企业人员社会保险存在着不同的运行机制，造就了公务员群体自成一体的与社会保险相分离的保障制度。

（一）养老保障

计划经济时期，我国企业基本上属国有性质，企业职工为"单位人"，在职时工资和退休后养老完全由单位负责保障。1991年国务院颁布了《关于企业职工养老保险制度改革的决定》，规定社会养老保险费用由国家、企业和个人三方共同负担，实行社会统筹。企业职工养老从"单位保障"迈向了"社会保障"。与此同时，机关、事业单位养老保险制度仍实行单位退休养老制。公务员养老与企业职工养老两种制度在筹资方式、待遇计发调整和管理方式上均不同，即公务员、事业单位职工的养老金主要由国家财政统筹，个人不用缴费，全部由政府当期财政预算支出；而企业员工和个体劳动者的养老金则是社会统筹与个人账户相结合，形成了现今所谓的养老"双轨制"。按照2006年原人事部、财政部《关于机关事业单位离退休人员计发离退休费等问题的实施办法》规定：公务员退休后的退休费按本人退休前职务工资和级别工资之和的一定比例计发。工作满20年以上的公务员，退休后收入至少按照退休前职务工资和级别工资的80%计发。2015年国务院出台了《机关事业单位工作人员养老保险制度改革的决定》，自2014年10月1日起机关事业单位工作人员实行养老保险制度；决定实施后参加工作、个人缴费年限累计满15年的人员，退休后按月发给基本养老金。公务员基本养老金由基础养老金和个人账户养老金组成；退休时的基础养老金月标准以当地上年度在岗职工月平均工资和本人指数化月平均缴费工资的平均值为基数，缴费每满1年发给1%。个人账户养老金月标准为个人账户储存额除以计发月数，计发月数根据本人退休时城镇人口平均预期寿命、本人退休年龄、利息等因素确定。但对已退休公务员退休金仍实行由财政承担，而对已参加工作、未退休的公务员如何补缴个人账户养老金未作出规定。

从以上内容可以看出，原先公务员个人不缴费，公务员退休金却比企业职工的养老金多。改革后，企业职工的养老缴费由企业和职工个人分担；公务员的养老缴费由政府和公务员个人分担。已退休的公务员养老金全部来自当期财政支出而不靠公务员个人缴费积累而成，因此，公务员退休金实质上并不是养老保险而是一种实在的福利。

(二) 医疗保障

20世纪50年代到80年代国家干部实行免费医疗，企业和事业单位的职工分别实行劳保医疗、合作医疗。改革开放后，有的省份公务员仍然沿用公费医疗保障制度。有的省份即使实行公务员社会医疗保险，其待遇标准仍有别于普通人员的社会医疗保险：在门诊和普通病种中，公务员个人起付金额、自付比例都低于其他人群的社会医疗；其他群体医疗报销依不同标准有不同的报销比例，但公务员最高，公务员医疗报销的比例能达到90%。由于公务员医疗没有实行大病统筹，不能享受社会医疗救助，在大病救治中，超出公费医疗目录的材料、药品、服务项目费用，要全部由个人或单位承担。同时，各地对高级公务员实行专门医疗卡的医疗待遇（在报销比例、用药、医疗项目、住院等方面都更加优惠）。以北京为例，具言之，就是可在指定医院的干部门诊就医，可报销的病房标准和床位标准要比普通公务员更高。

(三) 工伤保障

工伤保险是社会保险中认定标准最宽、待遇最优渥的保险类型，职工只要在从事与工作相关的行为时受到身体伤害就可以认定为工伤。目前，公务员尚未纳入工伤保险体系。公务员发生工伤，医疗费用单位负担或已办理公务员医疗保险的地方先从个人账户和统筹账户支出，不足部分由单位支付。公务员无法享受工伤保险基金中列支的一次性工伤医疗补助金和伤残就业补助金。由此，公务员比工伤参保者享受到的待遇相对要低。

(四) 生育保障与失业保障

我国《社会保险法》第53条规定，职工应当参加生育保险，由用人单位按照国家规定缴纳生育保险费，职工不缴纳生育保险费。目前并不是所有的地方政府都将公务员与参公管理人员一并纳入生育保险范围。公务员单位和参公管理单位缴纳的生育保险费仍由财政预算原渠道安排解决；企业、自收自支、企业化管理的事业单位、民办非企业单位和个体经济组织按在职职工缴纳基本养老保险费的基数作为缴纳生育保险费的基数，按照比例缴纳生育保险费。凡是参加社会保险的劳动者，因失业导致经济收入受到影响时，国家按规定在法定时间内补贴其因失业而损失的部分经济收入，从而保障其基本生活。目前，因公务员职业有法律保障，还没有真正纳入社会失业保险。公务员如被辞退只能得到单位给予的一次性补助，而无法享受失业保险的待遇。

综上，可以看出公务员在养老、医疗、生育上的保障待遇确实比其他群体高，但在工伤、失业方面的待遇不如其他群体，因此，公务员的保障与社会保险相比有自身优势，亦有弊端。

三 公务员保障向统一社会保险改革的现实困境

（一）统一社会保险制度的难点

2010年颁布的《社会保险法》以法律形式确立我国覆盖城乡全体居民的社保体系，解决了各种社会保险分散的局面。党的十七大明确提出到2020年要基本建立覆盖城乡居民的社会保障体系。2015年国务院出台《机关事业单位工作人员养老保险制度改革的决定》规定，基本养老保险费由单位和个人共同负担。单位缴纳基本养老保险费的比例为本单位工资总额的20%，个人缴纳基本养老保险费的比例为本人缴费工资的8%，由单位代扣。该制度的实施需要突破三大难点：体制内的公务员过去从未自己缴纳过养老金，自然也没有什么结余，如何重建能与社会接轨的养老体系是个考验；更重要的是，体制内存在"老人""中人"和"新人"之分，前两者都有社保并有持续缴费的年限，如何统筹安排并保证"中人"的权益不受损还需要后续出台相关细则加以明确；最突出的难点则在于目前公务员不用缴纳养老金却能享受到80%甚至90%的养老金替代率如何解决。①

---

① 石述思：《养老金并轨与公务员加薪》，http://blog.ifeng.com/article/34740665.html?touping。

（二）提前退职与延迟退休的纠结

按《公务员法》规定，公务员工作满 30 年可以选择退休，或到 60 岁（以男性为例）必须退休。公务员可以根据自身情况作出选择。由于基层公务员基数大、职数少，不少公务员到科级职位后就很难再有发展空间，即"天花板"现象——年龄大的公务员没有继续上升的通道，年轻人因为职数限制难以发展，但不愿意舍弃公务员身份。自 20 世纪 90 年代机构改革以来，许多县级政府遵循一条不成文的规则：科级干部满 53 岁须让位退居二线，实际上就是回家赋闲，到退休年龄（男 60 岁，女 55 岁）时再办正式退休手续，退居二线的这几年拿工资占编制但不干活。这其实就是提前离岗退养，导致大批未到退休年龄的干部占编不谋事、在编不在岗，形成人才浪费，这意味着政府用财政来供养很大一部分"光吃饭不干活"的离岗、退养的公务员。离岗退养公务员不仅导致政府行政成本增加，而且也导致公务员编制数量产生挤出效应，减少了公务员编制岗位。提前离岗既非退休，也非提前退休，这些政策大都是各地党政命令，没有法律依据。其本质是地方政府对现行公务员养老保障机制的无奈抉择，是公务员编制"资源"使用的最大化问题：一方面内退的公务员"吃空饷"，另一方面政府又超编用人、编外用人。

与此同时，社会上因社会养老金负担过重，不少学者提出延迟退休的观点。如果国家推行延迟退休政策，公务员通常会选择延迟退休，因为自己的能力和经验还可以为社会多做些贡献，也有可能是为自己谋取更多的利益。60 岁本该退休的公务员就有名正言顺的理由继续任职，保留在职公务员的各种利益，尸位素餐。如果考虑到此种情况可能会导致腐败问题，严重影响社会公平正义，那么，对于公务员推迟退休就需要十分慎重。[①]
2015 年 3 月 1 日起，我国党政机关、人民团体和事业单位中的正、副县（处）级女干部，以及具有高级职称的女性专业技术人员，退休年龄将延

[①] 中国青年报社会调查中心通过搜狐新闻客户端进行的一项题为"你对延迟退休持什么态度"的调查显示，62.9%的受访者主张，在延迟退休问题上不能"一刀切"。公务员的退休政策都是依据公务员法和其他法律来执行，延迟退休年龄是社会总体政策，而不是单对哪一群体来研究；但对于公务员应严格禁止延迟退休。参见向楠《万人民调：94.5%受访者反对延迟退休》，《中国青年报》2013 年 8 月 29 日，第 7 版。

至 60 周岁，但这一规定并不具有强制性，本人可以申请在年满 55 周岁时自愿退休。"自愿延退"的结果必然是逆向选择——对用人单位而言，性价比高的女处长可能自愿退休，而性价比低的女处长反而更可能自愿延退，成为最不优的社会政策。① 在相对统一的退休年龄门槛前，公务员本人自主选择考量的不只年龄因素，还有在位资源的占有与精力及相应领取退休金的阶梯式额度之间的博弈因素。

（三）公务员医疗保障向医疗保险过渡的差别待遇

在中国，几乎所有的三甲医院都设有干部病房，其共同特点是配备最好的医疗设备、最好的医生护士，为干部提供最好的医疗服务。干部病房内部也分成三六九等，不同级别的官员住不同规格的病房，享受不同标准的医疗待遇，公务员医疗费用报销额度和程序也不同。以北京的部级干部为例，正部级所有医疗费用都可以报销，副部级干部个别进口药的报销则有限制；二者报销范围也不一样，正部级的费用直接由卫生部门与医院结算，副部级的费用则要到原单位报销；副部级每年体检一次，正部级每个季度体检一次。② 高级干部的药费可以全额报销。很多特权者即使不需要某种服务（例如药品），但出于自私心理，他们也往往会根据规定而变相地享受这种服务（如把感冒药换成其他的营养药品），从而造成严重的浪费。③ 一些研究表明，中国每一年新投入的公共服务费用主要是社会保障和医疗卫生）中的绝大部分，被政府内部的某些人消耗掉了。④ 这不仅因为它关系医疗服务的公平性，而且因为如果这种浪费不被及时遏制，意味着公务员和公众的医疗服务就被隔离开来。

随着公费医疗改革的开展，公务员医疗保险改革水到渠成，各地纷纷启动公费医疗改革，将公务员并入职工社会医保。继我国明确机关事业单位工作人员必须参加养老保险后，2015 年中央在京公务员的工资条上再增

---

① 钟茂初：《我的政策主张，自愿延退是最不优的社会政策》，http：//zhongmaochu.blog.sohu.com/308036710.html。
② 钱昊平：《退休干部享受什么待遇》，http：//www.infzm.com/content/95337。
③ 郑永年：《改革中国的特权制度》，http：//zhengyongnian.blog.sohu.com。
④ 郑永年：《改革中国的特权制度》，http：//zhengyongnian.blog.sohu.com。

加一项"医疗保险"的支出,在京中央公务员也要和企业员工一样,自己支付相应的医疗保险费,并通过医保来报销就医费用。① 但内蒙古、辽宁、安徽、福建、青海等省、自治区,公务员在参加医疗保险的基础上,还规定了公务员医疗补助方案。

(四) 公务员工伤与企业人员工伤的差别对待

目前,机关聘用人员有工伤保险而行政编制公务员则没有工伤保险。工伤保险被称为待遇最优渥的社会保险,《工伤鉴定标准》是为处理工伤事故和因职业病致残职工而制定的,一定程度上体现了国家对职工的爱护,较之《道路交通事故伤残鉴定标准》在伤残等级认定上明显较为宽松。同一种损伤在鉴定伤残等级时比照《工伤鉴定标准》要比比照《道路交通事故伤残鉴定标准》高一级甚至两级,有的甚至比照前者可以构成伤残,比照后者却根本构不成伤残。为了获得更多的赔偿,相关人员常常是人为地、主动地选择《工伤鉴定标准》进行鉴定,然后依据一般人身损害赔偿标准索赔。公务员一旦出现严重工伤事件,其医疗费须由单位财政承担或予以补助,个人与机关负担沉重。

四 公务员社会保险改革困境的成因分析

公务员社会保障体制难以向统一社会保险迈进,其理论原因主要是我国公务员作为人民公仆理论异化而产生恩赐施惠思想,将公务员作为组织内部的人员,在公务员社会保障的仁慈、施舍和恩赐中获得了道义。只要进入体制内,公务员从生到死由国家承担,让其专享的待遇无处不在,国家为政治精英也愿意承担此费用。

造成公务员社会保障休制与社会保险休制隔阂的直接的法源在于《社会保险法》第10条第3款的规定,"公务员和参照公务员法管理的工作人员养老保险的办法由国务院规定",这为公务员游离于统一社会保险之外提供了法源借口。这种授权性立法的后果是政府基于公务员自身利益设立

---

① 赵鹏:《中央在京公务员有望入北京医保估计约百万人》,http://news.xinhuanet.com/politics/2015-02/02/c_127446480.htm。

社会保障而无任何监督，从而使得公务员保障改革随意性大，具体制度设计常以公务员自身利益为出发点。受特别权力关系理论影响，各级政府在公务员管理上拥有的权力过大，如对公务员退休的审批权，公务员自身权利得不到司法保障。现行预算由政府主导，政府自说自话；在经费预决算上，各级人民代表大会无法对行政部门权力形成制衡，因为预算编制时间与财政年度衔接不顺，议事表决时间安排短等都使各级人民代表大会难以有效监控政府人员经费的预决算。

造成公务员社会保障体制与社会保险体制分际的深层原因在于公务员的等级观念。公务员群体自身作为制度设计者和裁判员，利用国家财政保障和制度设计的便利，最大限度地保护了自身的利益。任何有损于其保障的改革都会受到抵制，他们担心这种改革深化后会对自身不利，无法弥补原来的可得利益。而目前这种"权力自肥"的机制并没有被打破，要求其放弃"自肥"的欲望，完全是不可能的，改革的推进，也就成了缘木求鱼。

公务员社会保险改革之所以步履维艰的机制原因在于公务员保障承袭原来国家保障的传统，制度化、程式化的行政机制使政府因循守旧，没有改革的动力。如果没有强大的外在压力，政府一般不会主动寻求改革。由于各种改革方案都需要经过上级审批，地方并无主动改革社会保障制度的任务，但只要要求改革，地方又可以自主设计社会保障改革方案，这种似统非统、似放非放的格局实际上是一种统放不分的无序格局，它不仅损害了中央政府的权威性与社会保障改革的统一性，也损害了地方改革的积极性与主动性。①

从后果上看，公务员一旦选择向非公务部门流动，便要冒着社会保障能否接续和如何接续的风险，对于大多数公务员来讲，既不愿意或不习惯从事公共事务，也不愿冒这样的风险。如果公务员选择辞去公务员职务后到非公务部门工作，便面临其社会保险金如何计算或是否被认可的问题。有的公务员甚至超过年限无法进入社保系统，从而成为无任何保障的"流民"。② 因为普通人员缴纳养老保险不满15年就无法享受每月领取养老金

---

① 郑功成：《从国家—单位保障制走向国家—社会保障制——30年来中国社会保障改革与制度变迁》，《社会保障研究》2008年第2期，第16页。
② 杨文浩：《推进社保改革，对公务员也是福音》，《法制日报》2012年1月19日，第7版。

的待遇。此外，因犯罪或违纪被开除的公务员甚至无法享受公民基本养老保险和医疗保险，而刑满释放的其他公民则有，形成不公平对待所有人的社会现象。

五　公务员社会保障的衡平对策

公务员社会保障的衡平就是在既得利益群体和其他社会群体之间寻求平衡点，找到"最大公约数"，废除原有特权，改变原有不均衡的利益机制和长期制度安排的惯性，从而形成防范和规避利益固化的公务员社会保障长效机制。

（一）统筹公务员基本养老、基本医疗、工伤、失业、生育保险的联动改革

公务员社会保险的基本思路是"一个统一、五个同步"。今后公务员基本医疗、工伤、失业、生育保险的调整也要实行统一、协同性改革。一方面，社会服务的均等化要求给予社会各成员相似的保障起点，公务员、事业单位人员、企业员工应享有大致相同的基本社会保险。在制度安排上应选择"调低就高"，把机关、事业单位、企业整合成一个全国统一的国民基本保险制度。所谓"并轨"并不是简单地把公务员退休制度"并入"企业养老保险制度，而是朝着一个共同的方向改革和推进，最终取消"双轨制"。取消双轨制的实质是用统一的制度来消除两大群体社会保障权益的不平等，建立公务员与企业职工相似的社会养老保险制度，真正实现缴费义务平等、制度结构相同、待遇计发办法一致。[①] 这样做的好处是无须建立专门的基金管理机构，也无保值增值压力，管理与经办简明，效率较高。

另一方面，统筹兼顾公务员各项保障的系统性、整体性和协调性，形成一揽子的社会保障制度。公务员养老保险金注入社会统筹账户能充实全社会保险基金，个人账户归自己也有激励作用；失业保险金的注入

[①] 索寒雪：《养老金改革方案最早年底公布　逐步缩小双轨差距》，http://finance.people.com.cn/n/2013/0914/c70846-22921154.html。

也有利于失业保险金的筹集进而提高失业人群的待遇；以社会医疗保险取代公费医疗，整合公务员和社会医疗保险的经办机构，形成责、权、利的统一，抑制特殊医疗服务，建立防控道德风险、防止医疗的不公平的公务员医疗保险制度。如果不同步联动改革，必然会引起一系列不公平问题。公务员的社会保障与其他人群的社会保险只要不在同一个制度下运行就可能产生不公平。

（二）落实公务员新人、老人的过渡机制

"老人老办法、新人新办法、中人有过渡办法"是顺利推进公务员社会保险改革并最终消除与普通人员差距的合理取向。破除公务员社会保障单列的体制，将其纳入统一社会保障体系，并不是一蹴而就、毕其功于一役之事。推进公务员社会保险改革，一方面要考虑公务员现行保障制度已实行60多年的现实，从以往的经验看，要对"老制度"进行彻底改革，必须是循序渐进的改革方式，才能实现制度的平稳过渡，减少社会震荡；另一方面，只有兼顾新、老人的公平和政策的延续性，才能确保公务员保障制度改革的顺利进行和可持续发展。公务员社会保障制度应按照"老人老办法、新人新办法"的改革原则落实。

以养老金为例，已离退休公务员（老人）的待遇按照原来由各级财政拨付退休金的办法统一安排；新进的公务员（新人）按规定缴纳个人养老金；剩下处于老人与新人之间的"中人"，因新制度推行前有若干年没有缴费，"中人"的养老保险社会统筹基金和个人账户基金形成缺口，产生了基本养老金和职业养老金隐性债务，这部分资金构成了转制成本，必须由国家统一制定养老金债务弥补方案进行弥补。在任何一个国家，要把一个现收现付的制度转化为统账结合或完全积累型制度安排，一定会出现空账，如智利在将公共养老金转变为私人养老金制度时坐实了个人账户，是以政府发行特种长期国债即政府的空账为条件的。① 《机关事业单位工作人员养老保险制度改革的决定》（以下简称《决定》）规定，对改革前参加工作、改革后退休的人员，通过实行过渡性措施，保持待遇水平不降低，即在发给基础养老金和个人账户养老金的基础上，再依据缴费年限长短发

---

① 芦垚：《未富先老怎么办》，《瞭望·东方周刊》2013年第41期。

给过渡性养老金。然而，对于过渡性养老金的发放问题，《决定》并没有明确。对此，为了确保"中人"退休待遇不降低，国家采取将 2014 年 10 月 1 日前的工作年限按原公务员退休办法折算成期权养老金，计入账户，作为未来发放的依据。即把制度实施前的工作年限视为缴费年限，按一定的系数折算金额，将公务员基本养老保险补助和职业年金补助资金划转至社会保险经办机构，逐年补充到公务员个人账户并坐实个人账户，待到公务员退休时按总额计发养老金。

（三）完善公务员社会保障统一公开机制

建立以主要由中央和省级政府承担责任的均等化的以个人身份证号为账户号的统一各人群基本社会保险账户。其内容包括：个人所缴纳养老保险、医疗保险费及补贴保险关系随本人转移；工伤、失业、生育保险由所在机关统一支付，最终纳入并登记在全国社保中心，这些待遇都记录到统一的个人社会保障卡中。按公务员的工作地区，工作单位（机关、事业单位、企业）就业，工作时间分段计算登记在个人账户。退休时，按国家基本养老金标准和缴费年限，由各缴费地分段计算、退休地统一支付。公务员社保待遇与缴费长短、多少紧密联系：多缴费者、多工作者享受更高的社会保险，从而对参保人员形成延长缴费年限的激励机制。当然，公务员实行"无过失长期任职"的职务常任制，工作职业相当稳定，退休年金要高于私营部门。

公务员在同一制度和标准条件下，实现养老、医疗、失业、工伤等保险权益的均等化，透明运行势在必行。即公务员社会保障过程和内容应该透明；公务员的社保水平和社会平均社保水平相挂钩指标应公开；杜绝和惩处公务员各种隐性的社会保障行为。

（四）健全公务员社会保障补偿机制

各国在公务员退休金的筹集上主要有两个途径。[①] 第一，全部由政府财政支付。这种筹集方式不需要公务员个人负担，而是由国家将公务员的退休金所需款项全部列入国家财政年度预算，如瑞典、泰国、中国等，

---

① 苏红：《发达国家公务员社会保障制度》，时事出版社，2001，第 135 页。

其退休金的筹集主要来自国家税收。第二，一部分来自政府拨款，另一部分是公务员在退休前缴纳的保险金。英国、美国、加拿大、瑞士、日本、澳大利亚、新加坡等国家采取这种退休金筹集方式。英国规定，政府工作人员退休金一半由政府提供，一半由政府机关工作人员在职时从工资中缴纳。我国《公务员法》第 77 条规定，国家建立公务员保险制度，保障公务员在退休、患病、工伤、生育、失业等情况下获得帮助和补偿。全面补偿的合理性在于它不仅对劳动结果进行当期补偿，也对劳动者基本生活需要和深层心理需要进行外在与内在结合、当期与延期结合的补偿，体现了对劳动者的尊重和保护。[①] 因此，公务员社保应实行统一基本社会保险由单位和个人缴存，补充社保资金由中央定期财政转移补偿的机制。

（1）省级政府和中央财政多渠道筹集资金，协商解决在职公务员的空账资金，补足公务员个人账户以前的空账资金，将社会保险各险种缴费比例之和按记入个人账户比例，全部记入个人账户。

（2）公务员养老金尽可能实现中央财政统一支付，在中央和地方、老人和新人、发达地区和欠发达地区中保持一种平衡，确保机会均等。适当提高省级保险调剂资金上缴比例，公务员跨行政区流动时补贴由省级政府和中央政府承担，按人头实行均等定额补贴。虽然中央对老少边穷地区的财政实行专项转移，但老少边穷地区公务员基础养老金没有专项转移。欠发达地区并不是因为经济不发达就不需要政府和公务员存在，所以可针对欠发达地区公务员进行公务员商业保险的补贴试点改革。

（3）在取消公费医疗后，由机关单位缴纳公务员工伤保险和酌情提供补充医疗补助，为公务员需自付超额医疗费用部分进行补助，使其医疗待遇不会明显降低。

（4）明令禁止违法提前退休、提前离岗的做法，并对违反者进行严肃问责。[②] 在现有的法律框架下，及时出台符合《公务员法》第 88 条规定的基层公务员提前退休细化的规定。纠正提前离岗退养的地方政策，及时清理长期离岗的公务员，对已不在机关工作的，允许其自谋职业或责令其辞

[①] 苏海南、杨燕绥等：《中国公务员福利制度改革》，中国财政经济出版社，2008，第 161 页。

[②] 刘武俊：《延迟退休要多听公众的意见》，《法制日报》2013 年 8 月 30 日，第 8 版。

职；加强擅自实行提前退休、离岗问责力度，使超出法律权限、违法实行提前退职的地方政府及时纠正并追究责任人相应的责任。

（五）廉政保证金制度与公务员年金相结合

统一基本养老保险体现国家责任和社会公平原则，确保其覆盖全民并使之均等化。差异化的补充性职业养老保险则应强调效率，可以和个人的职业、贡献及其缴纳的养老保险金额等挂钩。① 公务员职业年金制度作为基本养老保险制度的补充，既是对机关工作人员服务社会事业的激励，实行年功积累，体现其服务贡献程度，也保障了其合理的退休待遇。职业年金制度在国外非常普遍。以美国为例，联邦公务员和各州公务员参加基本养老保险，但基本养老保险替代率在美国只有40%，于是为了稳定公务员队伍，各州建立了职业年金制度，甚至有的州建立职业年金制度的时间比基本养老保险制度还要早；美国公务员退休金主要来源于公务员每月按基本工资的比例缴纳的数额、公务员服务机关提供的与公务员缴纳储金大致相当的数额、公务员自愿提供的养老储金等。② 2015年我国决定机关事业单位在参加基本养老保险的基础上，应当为其工作人员建立职业年金。单位按本单位工资总额的8%缴费，个人按本人缴费工资的4%缴费。③ 通过立法强制，保证每个公务员在参加基本养老保险的基础上，强制公务员个人缴纳一定比例的年金费用，建立个人账户，形成职业年金，以保障公务员将来退休后的生活水平不会断崖式下降。

在职业年金之中实行廉洁年金制度是反腐机制与公务员廉洁自律相结合的创新举措。严格说来，廉洁年金制度是一项经济奖惩制度。其实质是在公务员基础退休金之外，在职业年金之中增设一种专项公积金，用以奖励廉洁奉公的公务人员，以增加其贪腐的成本。通过廉洁年金保证公务员清廉，既体现出公务员职业的特征，又体现出促进廉洁的功能。根据责任越大、风险越大的管理原则，廉政公积金的缴存标准按现任职务拉开档

---

① 罗宇凡、赵宇航:《养老金改革：十连涨之后还需破题双轨制》，http://news.xinhuanet.com/fortune/2014-01/14/c_118959991.htm。
② 苏红:《发达国家公务员社会保障制度》，时事出版社，2001，第135页。
③ 国务院:《机关事业单位工作人员养老保险制度改革的决定》，http://politics.people.com.cn/n/2015/0114/c1001-26385090.html。

次。按照职级不同设计不同的保证金总额,并使这个保证金足以抵制不良诱惑。① 当个人职务发生升降时,廉政公积金缴存标准随职务变化作相应的调整。单位在办理公务员工资变动时,同时办理缴存标准变动手续,并且廉洁年金中途不能提取和使用。站在保证公务员廉洁这个层面来看,公务员廉洁年金即使是纳税人的钱,也不失为一个必要的成本。廉洁年金的制度价值在于对拒绝同流合污者以正激励;打造合法期权制度,阻遏以权"捞现"动机;固化利益剥夺机制,让贪腐成本显现;再辅以有效的反贪机构、财产公示和阳光问责等机制,听上去"有点贵"的年金制度其实很亲民。②

此外,政府可通过降低现行的行政成本,将节约出来的财政开支作为廉政保证金,比如在规范各级政府公车改革后节省下的资金用作廉政保证金的本金。当然,在实行廉洁年金制度的同时,必须以财产透明作为前提,否则廉洁年金很容易演化为变相福利。新加坡、我国香港地区的廉洁年金制度能够有效实行,与其严密的公务员财产公开制度是分不开的。

(六) 构建争议的司法解决机制

《社会保险法》第 83 条规定,用人单位或者个人认为社会保险费征收机构的行为侵害自己合法权益的;用人单位或者个人对社会保险经办机构不依法办理社会保险登记、核定社会保险费、支付社会保险待遇、办理社会保险转移接续手续或者侵害其他社会保险权益的行为,可以依法申请行政复议或者提起行政诉讼,这构成了普通人社会保险权的司法救济机制。

公务员社会保障权是公务员一项非常重要的权利,但我国受特别权力理论、管理内部人主义的影响,规定公务员权利受侵犯时只能通过机关内部的申诉和复核程序解决争议,缺少作为最后公正的司法救助。如公务员受工伤时对行政机关核定的医疗费用和伤残补助不服时,无法向法院请求司法救济。因此,须进一步健全公务员社会保障争议的司法解决机制。

---

① 据 2004 年 3 月 6 日《团结报》报道,全国政协委员万鄂湘等在这次全国政协大会上提交了一份《关于建立在职干部廉政保证金制度的建议》,主张借鉴国外反腐败的成功经验,通过设立廉政保证金,建立一种与在职干部的经济利益挂钩、使其不愿意违法违纪的机制。

② 高波:《设计廉洁年金,也要防"只廉不勤"》,http://opinion.huanqiu.com/opinion_china/2013-10/4495642.html。

第四节 公务员福利[①]

除工资和社会保险外，国家为改善和提高公务员的物质文化生活水平，通过建设集体福利设施、提供服务以及发放补贴等形式，给予公务员的一种生活保障和生活享受，用以满足他们带有共同性或普遍性的消费需要，即福利。公务员福利的内容较多，各国也不统一，但共同的一点是，比起各自国家的民间企事业的员工，公务员的津贴补贴是较多的。[②]

一 公务员福利种类

公务员福利依照不同的标准，可以分为不同种类。以存在形式分类，公务员福利包括公开福利、隐性福利和潜在福利。

（一）公开福利

公开福利是指法律、法规和政策文件规定，各行政机关可以依据规定建立和发放的福利。其包括为满足公务员共同需要、减轻家务劳动、方便生活并使公务员获得优惠服务而建立的福利设施，如内部食堂、机关幼儿园、疗养院、老年医院等；为满足公务员的不同需要、减轻其生活负担而设立的福利补贴，如上下班交通费补贴、防暑降温费、房租补贴、地区补贴、生活困难补助、异地安家费、探亲假路费和带薪年休假待遇等。相较于普通民众，公务员的政策性福利有着得天独厚的优势，如公务员住房往往有另外一种补偿机制。

（二）隐性福利

隐性福利是指政府不公开或隐藏于职权行为的福利项目。在正常福利范围之外，公务员福利中还存在大量难以统计的不公开福利项目，其

[①] 本节发表于《福建论坛》2012年第5期，作者有修改。
[②] 石剑、吴质：《中国官员的工资——过去、现在、未来》，改革出版社，1993，第79页。

中与执行公务相关的职务消费性福利的设置更是隐性化。政府机关利用所掌握的权力为职务消费性福利的转化或转嫁提供了宽阔的操作平台，各种各样的变通办法都可以使职务消费性福利项目的设置继续得到隐性保留，如差旅费津贴、误餐补助等。这些支出大多不在其本单位福利支出中体现，而多在其下属单位的行政经费或其他预算外支出中列支，因而具有更大的隐蔽性。公务接待在我国政府机关普遍存在，上级政府公务员到下级单位检查和巡视，除可以由下级单位款待和迎送（按接待标准）外，回原单位后还可以报销一笔符合出差规定的费用，报销所得就成为事实上的生活补贴，且这些补贴还可以免税。2015 年我国政府对公车使用进行改革，此改革的逻辑前提是：预先承认配置专车为既成事实，"车补"的性质视同对既得利益的"赎买"。不分官阶高低，不分是否有资格参加"车改"的"车改"，事实上已变味为公务员人人有份的一项新增福利。

（三）潜在福利

潜在福利是指凭借公务员身份能带来的现在和将来的利益和便利。公务员拥有较其他人群更多的社会资源。在中国，就业者的家庭背景是非常重要的因素，并出现了一定程度的阶层固化。调查发现，父母拥有更高的教育水平和党员身份有助于子女进入高收入行业。[1] 在教育投入方面，政府过多地重视公办园中的示范园，义务教育中的重点小学、初中，而在示范园中入托的和重点小学、初中入学的多是公务员子女。公务员子女参加录用考试可以加分。[2] 为了发展当地经济，有的地方政府让公务员从事经营性活动并可以创收。公务员可保留公职及各种福利待遇，同时按原岗位进行履职考核。[3] 对于公务员而言，如果升职无望或者退休后，去企业任职是一个

---

[1] 陆铭：《垄断行业高收入成因解析》，《人民论坛》2010 年第 8 期。
[2] 2010 年 8 月，《鄂尔多斯东胜区公安系统公开招录文职工作人员公告》中政策性照顾条件及分值中的第一项。"区直行政、事业单位在职、离退休职工子女；东胜区所辖国有集体企业（包括东胜区原国有、集体企业）在职、离退休干部职工子女；各镇、街道办事处辖区农民子女在笔试成绩上加 10 分。"
[3] 2009 年 11 月，云南省大姚县政府表示，为发展核桃产业，县政府首次颁布了"公务员带薪休假种核桃"政策，并取得了很好的效果。据了解，开展形式是干部职工通过转让、租赁、承包等流转方式取得土地或林地使用权，享受带薪请假或带薪离岗发展核桃产业的政策。

非常好的选择。在政府，公务员福利相对较低和固定，而在企业，则可以获得非常高的薪水。公务员职权可以进行期权交易，可以发挥曾在政府获得的社会资源的优势，将潜在福利变现为正常的福利，为企业谋取利益的同时也能为自己谋取更大的经济利益。公务员职位越高，就拥有越多的垄断性信息，也就越有可能获取更多的报酬。

二 公务员职业稳定性与高福利的原因与后果分析

（一）公务员职业稳定性

公务员收入与福利虽然比不上企业中高级管理者的收入与福利，但公务员获得的益处是一般企业员工无法比拟的，如名声好听、可以建立起人脉关系、假期多、工作稳定、失业概率小等。在汉语语境中，公务员是"铁饭碗"的代称。整体来看，公务员的收入虽不是最高，却是最稳定的。公务员的"低付出"主要表现为工作稳定，公务员每天工作不足 8 小时并非某个地方特有，而是一种普遍现象。普遍来说，公务员经济收入在当地居民中属于中等偏上水平，能维持一种中等偏上的生活质量，而且其工作环境相对优越（因为公务员办公场所是公共财政支付修建的）；最重要的是福利，公务员享有最完善的社会保障，在户口、住房等方面也享有许多补贴和优惠，这是其他企事业单位所不能比拟的；此外，公务员可利用公共资源为自己建立广泛的人脉，且随着职位上升其社会交往空间也越大。

公务员相对于其他行业，投入小、风险低、收益大，被整个社会视为个人成功的"捷径"。[1] 这足以体现公务员职业高稳定性与低风险性的特征。[2] 公务员职务行为由国家承担责任，职业风险小。公务员是政府行为的代理人，按《国家赔偿法》第 7 条之规定，其职务行为的后果归政府承担。公务员行使公共职权时侵犯公民、法人和其他组织的合法权益造成损

---

[1] 史哲：《"公务员热"让人又羡又厌》，http://www.infzm.com/content/53373。
[2] 2010 年 8 月，人民网进行的一项"最想去的工作单位"网络调查（共有 7056 人参与）显示，63% 的人选择了政府机关，其次是国有企业。只有不到两成的人选择了自主创业、事业单位，合资、外资或私营企业。

害的，由该职权机关作为赔偿义务机关，赔偿费用列入各级财政预算。换言之，国家赔偿的开支都来自纳税人，就是拿纳税人所提供的财政开支赔偿给被公权力伤害的人。

（二）高福利的原因

就单纯福利而言，我国的公务员福利并不属于"过高"行列，问题的关键在于我国公务员的名义福利与实际福利有很大的差异，制度内收入与制度外收入也有很大的差异，福利收入与职务消费之间也极不规范，这导致了公务员的福利收入无法进行准确测算。① 公务员这种"先天下之利而利"的动机为自身带来各种显性或隐性的福利甚至非法暴利。

从制度层面上追究造成公务员超福利状况的原因，主要有以下四个方面：② ①公务员福利和福利制度有欠缺、不协调；②管理监控、措施、办法缺位、不到位；③公务员现行福利法律、法规体系尚不健全；④相关制度、工作等方面不衔接、不配套。以上原因综合作用的结果就是导致公务员福利支出行为的扭曲和异化，造成福利支出混乱和失控局面。

（三）高福利产生的后果

目前公务员自成体系的福利制度使公务员群体成为权力自肥、与其人民公仆形象背道而驰的分裂阶层。与企事业单位不同，企事业单位职工福利高低取决于企业单位经营者的意志及相关法规和规范性文件的规定，而公务员是社会福利规范文件的制定者，又是执行者和监督者，在各种制度规章的制定和执行上，也确实存在诸多造福于自身的便利。利益直接支配着人的行动，而权力是利益得以实现的保证。在福利政策制定方面，公务员已经成为一个自我循环的利益集团，这造成了行政编制、事业编制和企业等群体之间的相互隔阂。正如奥尔逊（Mancur Olson）所言，即使在开放社会，利益集团也经常会演变成既得利益集团或者"分利性"集团，垄断机会，驱使社会向封闭性发展。③ 上级为了提高其

---

① 赵婧：《浅谈公务员工资制度改革》，《理论界》2010 年第 8 期。
② 苏海南、杨燕绥等：《中国公务员福利制度改革》，中国财政经济出版社，2008，第 15~17 页。
③ 转引自郑永年《如何重建中国包容性社会》，http：//www.zaobao.com/special/forum/pages8/forum_zp101130.shtml。

下属人员积极性和政绩，提高本单位的福利待遇，且提高本单位的福利会得到其下属的普遍赞同和拥护，也有提高福利待遇的动力。当员工感知到组织对自己的贡献做出赞赏或组织做出对员工关心等的行为后，会以更积极的心态和行为给予组织更多的回报和忠诚。公务员在占据极高比例社会资源的同时，也挤占了其他人的发展空间，降低政府在民众中的公信力。国家的兴衰往往决定于分利集团的情况，分利集团的自然倾向是宁可牺牲国家前途，也要为自己争取利益，因此，分利集团势力越强，国家就越容易衰落。[①]

公务员福利过高不利于人才流动。公务员群体中正日益形成一种多休息、高福利、低工作压力的现象，这很容易造成公务员队伍养尊处优、工作涣散、相互推诿、人浮于事，从而造就优越感很强、工作效率低下、严重脱离群众的特殊人群。就职业而言，公务员仅是一种职业，公务员为了高待遇、高福利而赖在职位上不走，会造成机关活力的丧失。一个单位要想保持旺盛的活力，必须让职员流动起来，有进有出，对行政管理机构来说，每年应保持25%~30%的人员进出。[②] 在一个规范衡平、保障健全、法制体系完备的社会环境里，公务员仅仅是比较稳定的职业，并不适合那些创业心很强的人才。如果中国所有有才能的年轻人都首选在政府机关工作，那么私营等其他领域只有能力稍逊一筹的人。如果太多有才能的年轻人都选择政府的安逸生活，而不是投身于创造社会财富的工作中去，那么中国将变成寄生型国家，社会将停滞不前。

三 对公务员福利的规制

公务员福利改革仅靠政府机关自律和纪律是行不通的。只有在人民主导和参与下，改革才能越改越好；反之，如果官员主导了改革，人民不能通过宪制制度有效防止官员滥用公权和贪污腐败，那么官员就难免利用改革为自己谋利，而这样的改革只能越改越糟。[③] 因为既得利益者不会轻易放弃手中的既得利益，公务员高福利、泛福利的根本原因不在于公务员福利的失范，

---

① 徐德信主编《政府经济学基础》，北京大学出版社，2005，第36页。
② 刘植荣：《美国公务员工资制度探析》，http://www.cnpension.net。
③ 张千帆：《如何让改革越改越好》，《中国改革》2011年第3期。

而在于缺乏一种制度的制衡力量。总体来看，从任性福利到规范福利，从隐性福利到显性福利，从个性福利到普遍适用的福利，从单位福利到社会福利，这是社会公平的要求、现代化进程的必然，也是公务员法、劳动法中"福利"的本意。① 因此，须以法律手段为主，以纪律手段为辅，通过法律与制度约束和规范公务员的福利，让公务员的隐性福利显性化，显性福利规范化，具体到对公务员福利的调整方式上，则应该是向规范化、透明化、货币化的方向发展。

（一）公务员福利制度应设置法律保留制度

公务员的福利标准通过法律来规定，实行利益回避原则。公务员无权也绝不允许自己给自己定福利，公务员福利标准和福利项目必须经过人民代表机构批准，任何福利变动也必须报人民代表机构批准，并向社会进行公示，公示在先，增加福利在后，实行法律保留制度。公务员的福利增长必须涨在老百姓之后，先涨百姓福利，后涨公务员福利，而且公务员福利的涨幅需低于当地百姓平均福利增长水平。未经全国人民代表大会或者地方人民代表大会批准，行政机关不得擅自动用预算外资金增加自身的福利，确保公务员福利标准的合法性和唯一性。这不仅体现了公务员是人民公仆的本质，也会促使人才在全社会范围内合理流动。

（二）公务员的福利规范化

我国《公务员法》虽然有对公务员的工资、福利作出的原则规定，但对其福利的标准、调整程序等内容却没有具体规定，造成我国公务员福利发放标准和福利范围缺乏硬性的规范，尽管2013年6月监察部等四部门公布的《违规发放津贴补贴行为处分规定》以及《中国共产党纪律处分条例》有对违规发放福利作出处理，但没有形成系统法律制度进行规制。因此，我们应该从立法上进一步规范，完善我国的公务员福利制度。

（1）将公务员福利性补贴纳入福利法定标准。将公务员的住房、医疗、交通以及公务等方面的补贴，由过去的暗补改为纳入福利的明补，建

---

① 范正伟：《我们该有怎样的"福利期待"》，《人民日报》2015年1月30日，第5版。

立起与市场经济相适应的住房福利、医疗、交通补贴以及公务消费的货币化模式。这里要特别指出的是，明确停止公务员福利项目之后，如果公务员福利既没有政策法律依据，也没有在各级人大审议的财政预算报告中列支的支出，就应当属于私分国有资产的行为。

(2) 明确职务消费与个人消费的界限。现有政府预算中应保证政府机关合理的行政经费支出，包括职务消费支出。在我国香港，公务接待与"公"相关的开支按要求都需慎之又慎，其核心是香港特区政府制定的"适度与保守"原则；比如香港的所有公务接待都必须提前申请报备，表格内容包括：宴请人数、宾客名单、宴请缘由、陪同人员、预计费用、人均支出以及按照香港环境保护署保护鲸的要求所签署的一个"未点鱼翅"的声明。[①]

(3) 所有政府福利开支都要纳入政府预决算，禁止地方政府利用预算外收入发放福利。地方政府预算外收入在体制外循环，该"小金库"成为一些公务员获取不正当福利的主要渠道，因此，将预算外收入全部纳入预算内收入进行管理是当务之急。

(三) 公务员福利公开透明

为保障公众的知情权，可采用任何公开方式对政府发放公务员的福利进行公开，保证任何公民随时可以查阅公务员的福利标准和数量。公开作为一种刚性的防腐制度，已成为社会共识。推动公务员福利透明的唯一途径就要让任何一项行政性支出都进入预算，职务消费和福利费用单列预算，具体金额、福利支出的详细情况和数字能让公众看得懂，能细化到每一笔用度，每一分钱，以便于公众识别和监督。一般而言，预算收支编列从粗到细分为"类、款、项、目"四个层次，近几年来一些地方政府的"其他支出"占财政总支出的比重非常高，有的在30%甚至40%。在"其他支出"类别里面，还有"其他"项，凡是不好处理、超标的费用都罗列其中。"其他支出"的名目使用频繁，金额很大，尤其在基层政府的财政开支中更加严重。根据预决算支出分类，"工资福利支出"类科目下设基

---

① 潘晓凌、赵蕾：《香港官员如何花公款：吃不完还要打包》，http://news.xinmin.cn/domestic/gnkb/2011/05/27/10941807.html。

本工资、津贴补贴、其他工资福利费等款级科目。公务员福利标准、支出数量等应当在预决算中条理分明地示人并形成固定制度。

鉴于公务员福利的特殊性,其预算透明度要提升到"目"的层次,应当公布一个统一的格式,表明具体公开的范围以及进行相关的文字说明。财政改革正向着精细化管理的角度深入,以制度创新与制度细化为基础,给未来的公务员福利公开立个新标杆。不仅要公开公务员个人福利,还要公开行政机关和公务员的职务消费情况。与职务有关的消费包括出国出境、出差、公务接待、公务用车、会议等支出,此消费记入行政开支项目,在财政预算分类科目中列出职务消费这一科目,让公众能看到职务消费支出的项目和数量。全面推行公务员的职务消费一卡化、统一报销制度,进而实现职务消费的公开化。

福利公开不仅要公开职位低的公务员的福利,还要公开职位高的公务员的福利。例如公开国家领导人的福利内容和标准,以及其用来弥补因公事而产生的私人开销。一般而言,公务员退出公职后即成为社会上的普通公众,享有社会保障,不需要特殊照顾;但高级公务员有特别的规定。基于打破领导干部终身制的目的,1979 年中共中央、国务院《关于高级干部生活待遇的若干规定》出台,从各方面对高级干部的生活待遇作出了具体规定。1998 年以来,中央有关部门先后制定下发若干文件,对离退休高级公务员待遇作出规定。但是,随着时间的推移,国家物质生活的日益丰富,一些未曾预见的干部"待遇"形式不断出现,超出了原有的限制规范,有的甚至被利用来牟取私利。不少地方政府擅自安排一定级别公务员使其作为特殊人群,享受特别待遇。尤其是干部待遇,由于其长期以来缺乏透明度,不便于反腐监督的开展,以至于形成待遇超标的现象。①

当下,要让高级公务员待遇回归其正常水平,应统筹制定并公开高级公务员办公用房、住房、秘书配备、警卫、休假、社会保障、医疗等工作生活待遇标准,以确定相应级别的公务员能够享受哪些待遇以及何种程度的待遇的生活保障制度,切实做到有章可循、有规可依。对离任国家领导人的生活保障也应该明确而细致,包括什么场合应该有什么规格、警卫安

---

① 肖畅:《以规范的官员待遇摆脱特权色彩》,《长江日报》2013 年 12 月 13 日,第 4 版。

全等待遇；明确时限上哪些待遇是终身的，哪些待遇是有限期的；明确适用主体，比如有的只适用于本人，有的可涵盖配偶或全部家人。

（四）依法实施公务员福利监督机制

目前，对我国公务员福利的监督来自党政机关自身监督，这种自为的监督作用可大可小，难以形成长期、有效的内部监控。美国学者威廉·埃米克（William Eimicke）就说过："倘若政府大门敞开，可却没有人去瞧瞧，那么情况还是和大门紧闭时一样。"2014年修订的《预算法》从法律上规定预算的透明度，保证了人大和公众监督的权力，并规定了财政信息公开的范围、时间和方式。人大应根据《预算法》《各级人民代表大会常务委员会监督法》有关监督公开规定的要求，设立专门公务员福利监督委员会，严格约束相关行政部门的福利预算和决算，遏制公务员职务消费。对公务员福利支出进行监督的目标主要有三个：福利支出资金来源的合法性；福利支出项目设立的合法性、公平性和科学性；福利、津贴和福利的界限是否清晰，各自之间的比例是否合理，以及在薪酬中所占比例是否合法合理。[①]

各级人民代表大会是监控政府机关福利支出的法定外部主体，因此，发挥人民代表大会的监督作用，让各级人民代表大会及其常务委员会、人大代表履行宪法和法律所规定的其应有的权力，确保其成为名副其实的最高权力机构，使其能够对行政权力进行有效的约束，就成为有效监督的关键。当然，就人大及其常委会而言，其自身建设也存在不少缺陷，地方人大尚未实现宪法和地方各级人民代表大会和地方各级人民政府组织法规定的真正意义上的普选化，如代表产生方式的先定性。地方特别是县级人大的代表也未实现真正意义上的直选制，导致目前地方人大及其代表对监督行政权力所取得的实际效果与立法所绘制的蓝图还有不小的距离。[②] 由于对公务员福利预算收支状况的审议和监控是一项专业性非常强的工作，而人大代表多数为非专业人士，专业知识的欠缺也使其

[①] 罗桂连：《如何改革中国公务员福利制度？》，《中国劳动保障报》2008年3月29日，第4版。

[②] 张千帆、赵娟、黄建军：《比较行政法——体系、制度与过程》，法律出版社，2008，第192页。

难以履行预算监控职责。公务员福利预算和决算公开、各级人大对公务员福利预算的外部严格监控,并依托现代信息技术和传媒力量,充分发挥新闻媒体的作用,在全社会建立起立体的监控网络,就能确保公务员自身福利增加过程的规范性、程序性和透明性。

规制公务员福利不但需要出台各项严格的福利制度保障机制,还需要在公务员福利政策制定过程中,逐步健全各项监督、听证机制,以及具有威慑力的刚性问责机制。制定公务员福利时要严肃法纪,只有加大法律、纪律惩罚力度,才能让福利制定者在其震慑下不敢为牟取私利铤而走险。2013年监察部、人力资源和社会保障部、财政部、审计署四部门联合发布《违规发放津贴补贴行为处分规定》,针对存在违反规定自行新设项目或者继续发放已经明令取消的津贴补贴的、超过规定标准、范围发放津贴补贴的、违反规定发放加班费、值班费和未休年休假补贴的、变相向职工普遍发放现金、有价证券或者与活动无关的实物的等12种违规行为之一的,给予警告处分;情节较重的,给予记过或者记大过处分;情节严重的,给予降级或者撤职处分。但该规定仅是一个部门规章,其法律位阶过低,面对复杂艰巨而普遍的违规发放津贴补贴问题,可能存在力不从心的问题。《中国共产党纪律处分条例》也规定了对上述违纪行为的惩处方式;但其作为党和组织的纪律,并没有上升到国家层面,因此,须在法律位阶上提升该规定,建立刚性的法律追究机制。如果公务员违法收益远远大于其付出的代价,就很难抑制公务员谋求高福利的冲动,绝不能让执行环节的变通和"上有政策下有对策"破坏落实效果。

同时,还应从行政伦理道德方面促使各级党政公务员树立正确的权力观,大力弘扬勤俭廉洁的光荣传统,重塑人民公仆形象,完善行政伦理监督与评价机制,努力提高公务员的道德自律,使公务员自觉制止各种不合理的公务消费行为。

第五节 公务员优抚权

公务员优抚权是特定公务员有权获得国家给予优待和抚恤的权利。我国《宪法》第 45 条第 2 款规定，"国家和社会保障残废军人的生活，抚恤烈士家属，优待军人家属"。优抚特定公务员是国家和社会的责任。

一 公务员优抚

公务员优抚是公务员职业保障制度的重要组成部分，又是公务员获得国家帮助的重要形式。与公务员社会保险不同，公务员优抚有以下特征。

（一）优抚对象具有特定性

优抚对象是为革命事业、保卫国家安全和公共利益作出牺牲和贡献的公务员群体，由国家对他们的牺牲和贡献给予补偿和褒扬。在我国，优抚对象是因公伤残人员（残疾军人、伤残人民警察、伤残国家机关工作人员、伤残民兵民工）以及烈士遗属、因公牺牲军人遗属、病故军人遗属等。

（二）公务员优抚待遇的标准较高

优抚与工伤保险不同，企业职工因"工作时间、工作地点、工作原因"负伤致残，根据《工伤保险条例》享受工伤保险待遇，待遇为"保险待遇＋工资"；而公务员因公致残的待遇保障是"保险待遇＋特别抚恤＋工资"。其中，保险待遇是医疗、康复及伤残就业的基本保障，特别抚恤是体现国家对公务员因公负伤致残的褒扬。优抚具有补偿和褒扬性质，因此，公务员优抚待遇高于一般工伤保险标准，获得优抚的公务员能够优先优惠地享受国家和社会提供的各种优待、抚恤、服务及政策扶持。

（三）优抚优待的资金由国家财政支出

公务员优抚是国家一项重要帮助制度，优抚优待的资金主要由国家财政提供支持，列入公共财政预算，同时以社会捐赠形式作为补充，只是在医疗等方面由个人自付一部分费用。抚恤金是国家按照相关规定对特殊人员抚慰（抚慰包括精神抚慰和物质抚慰等）和经济补偿。2015 年 10 月国家自改革开放以来第 22 次提高残疾军人残疾抚恤金标准，第 25 次提高烈属定期抚恤金标准和在乡退伍红军老战士生活补助标准,也是近年来优抚对象提标幅度较大的;此次提标由中央财政承担,全年共安排优抚对象抚恤和生活补助经费337亿元。①

(四)优抚内容具有综合性的特点

公务员优抚与公务员福利不同,优抚是特别针对特殊身份或特别贡献的人群而设,公务员优抚内容涉及本人抚恤、优待、就医、生活安置、遗属照料、子女就学就业、就业安置等多方面的内容,属于一种综合性的制度。

二 我国公务员优抚的现状

(一)公务员至今未建立统一独立的社会优抚制度

关于公务员优抚的规定主要散见于各种法规政策之中。公务员优抚规定主要是按照民政部《关于国家机关工作人员、人民警察伤亡抚恤如何办理的通知》(民〔1989〕优字34号)和国家有关优抚法规、政策处理,其评残条件与范围、伤残抚恤(保健)金标准、补办评残手续和伤残抚恤关系转移等,参照《军人抚恤优待条例》及其解释的有关规定办理。公务员优抚参照军人标准,既体现不出公务员的职业特点,也容易被人为地滥用,为社会所诟病。

2011年,我国修订后的《工伤保险条例》开始施行,该条例附则第65条规定,"公务员和参照公务员法管理的事业单位、社会团体的工作人员因工作遭受事故伤害或者患职业病的,由所在单位支付费用。具体办法由国务院社会保险行政部门会同国务院财政部门规定"。我国《公务员法》第77条第1款规定,国家建立公务员保险制度;其第2款规定,公务员因公致残的,享受国家规定的伤残待遇;而我国在2010年10月28日通过的《社会保险法》仍没有将公务员因公致残纳入统一工伤保险之中,至今针对公务员因公致残情形仍是沿用旧的办法。

---

① 参见《10月1日起国家再次提高部分优抚对象抚恤补助标准》,http://www.gov.cn/xinwen/2015 – 09/29/content_2940445.htm。

(二) 抚恤的对象与情形

(1) 抚恤对象。公务员抚恤对象主要是因战因公负伤时有行政编制的人民警察和公务员以及参照公务员法管理的国家机关工作人员。[①] 实践中,并不是所有的人民警察都有行政编制,还有事业编制或聘用的辅警,不同编制的人员因同一事件因公负伤的抚恤待遇会有不同。[②] 因此,2014 年《人民警察抚恤优待办法》第 37 条规定,未列入行政编制的人民警察的抚恤优待,参照本办法执行,其抚恤费由所在单位按规定发放。

(2) 因公致残。人民警察因公致残情形根据《人民警察法》参照军人的规定执行;其他公务员因公致残评定依据是《公务员法》《伤残抚恤管理办法》,因公致残具体情形由民政部门参照《军人抚恤优待条例》关于军人的规定认定。民政部《关于国家机关工作人员、人民警察伤亡抚恤有关问题的通知》(民函〔2004〕334 号) 再次明确规定:国家机关工作人员、人民警察因战因公负伤致残,其伤残性质的认定和伤残等级评定标准、伤残抚恤金标准、补办评残手续和伤残抚恤关系转移等,参照《军人抚恤优待条例》及《伤残抚恤管理办法》的有关规定办理。实践中,国家机关工作人员的伤残由县级政府的民政部门受理,设区的市的人民政府的民政部门审查,省级人民政府民政部门批准,发给《国家机关工作人员伤残抚恤证》。

(3) 因公牺牲。因公牺牲与"因公死亡"概念不同。二者都属于因公范畴,虽然牺牲和死亡本质属性相同(都是失去生命),但牺牲的内涵和外延大于死亡。一般牺牲,场面壮烈而凝重,且有献身者的主观性,按照牺牲一词原意,主观性非常重要;而因公死亡,有死亡者的非主观性,即无意性。因公牺牲一定是因公死亡,而因公死亡不一定是因公牺牲。在我国,为保卫或抢救人民生命、国家财产和集体财产壮烈牺牲的行

[①] 参见《伤残抚恤管理办法》第 2 条,民政部令第 34 号,2007 年 7 月 31 日公布。
[②] 2015 年 8 月天津港爆炸事故中,遇难者中有公安消防人员 23 人,天津港消防人员 74 人。据央广网报道,天津港公安局消防支队并不属于公安消防系统,而是港务局所属的一个企业性质的消防组织;有人说他们是"编外消防员"。8 月 16 日下午,国务院总理李克强来到天津滨海新区临时灵堂,向在救援中牺牲的消防官兵和企业消防员遗体鞠躬致哀;并表示牺牲的现役和非现役的消防人员履行同样的职责,也应一视同仁对待,让他们得到同样的抚恤和荣誉。参见《天津港事件首批 19 名消防官兵被追认烈士》,http://www.infzm.com/content/111499。

为，称为"因公牺牲"。

（4）评定烈士。《烈士褒扬条例》规定了公民牺牲符合下列情形之一的，评定为烈士：①在依法查处违法犯罪行为、执行国家安全工作任务、执行反恐怖任务和处置突发事件中牺牲的；②抢险救灾或者其他为了抢救、保护国家财产、集体财产、公民生命财产牺牲的；③在执行外交任务或者国家派遣的对外援助、维持国际和平任务中牺牲的；④在执行武器装备科研试验任务中牺牲的；⑤其他牺牲情节特别突出，堪为楷模的。但何种牺牲可谓"情节特别突出"？什么样的牺牲算"楷模"？这些条件应该由谁判定？该条例没有明确规定。对牺牲的公务员等人员评定烈士，由民政部批准。但实践中，评定烈士审批一般由县市一级政府报省级政府，由省级政府批准，民政部只作最后备案，这为地方政府评定烈士留下了很大的自由裁量空间。

（5）特别安葬。2013年4月我国民政部通过《烈士安葬办法》，其第2条规定，烈士在烈士陵园或者烈士集中安葬墓区安葬。其第4条规定，烈士骨灰盒或者灵柩应当覆盖中华人民共和国国旗。需要覆盖中国共产党党旗或者中国人民解放军军旗的，按照有关规定执行。国旗、党旗、军旗不同时覆盖，安葬后由烈士纪念设施保护单位保存。其第5条规定，烈士安葬地县级以上地方人民政府应当举行烈士安葬仪式。烈士安葬仪式应当庄严、肃穆、文明、节俭。烈士安葬仪式中应当宣读烈士批准文件和烈士事迹。

三 我国公务员优抚存在的问题与原因[①]

（一）政策实施方面

公务员因公致残情形是根据民政部的一个规范性文件《关于国家机关工作人员、人民警察伤亡抚恤有关问题的通知》，参照军人的规定执行，即《军人抚恤优待条例》第21条第2款规定援引的第9条的情形，包括"在执行任务中或者在上下班途中，由于意外事件致残的""因患职业病致残的""因医疗事故致残的"以及"其他因公致残的"等。这些条件是基于军人身份和活动的特殊性而设定的，并不完全适用于所有公务员。因

---

① 本部分内容主要参考陈小勇《公务员因公致残抚恤制度研究》，民政部政策法规司，http://zfs.mca.gov.cn/article/llyj/201102/20110200134417.shtml。

此，公务员因公致残情形参照原则和参照方法没有明确。有一种意见还认为，民政部规定公务员因工致残抚恤参照军人的规定执行没有上位法的依据。由此，有公民还以《关于国家机关工作人员、人民警察伤亡抚恤有关问题的通知》无权规定有关国家机关工作人员的伤残抚恤，其属越权规范性文件，向国务院申请对其合法性审查。公务员因公致残参照军人规定执行还会造成以下后果。

（1）公务员将所有与工作有关的致残情形都申请评定因公致残。由于前述制度方面的不明确，公务员认为只要是"工作地点、工作时间、工作原因"致残的，都应当评定为因公致残。如果没有被确认，则诉诸控告、申诉或者信访。

（2）公务员在因公致残评定过程中有造假问题。为获取因公致残评定，个别公务员出现伪造致残证据和谎称致残经过，影响了政府形象和公信力。

（3）个别公务员利用身份和地位优势，以"人情关系"疏通，获取因公致残抚恤。

（二）公务员所在机关方面

目前，公务员因公致残抚恤金由中央财政负担，地方财政不承担责任，公务员所在单位也不承担责任。此种经费渠道不能形成上下有效的制衡机制，从而影响地方及相关部门办理因公致残评定的把关积极性，导致公务员所在单位不严格审核公务员的致残性质和致残经过。在现有政策下，对于公务员因公致残抚恤的认定实际上是由公务员主管机关进行，这导致一些地方在处理干部醉酒死亡事件时，涉事单位往往会凸显"人文关怀"，称其系"因公"牺牲，追认其为"烈士"，使公众愕然，使这一光荣称号失去了严肃性和公信力。①

（三）评残机关方面

（1）评残机关负责评残的工作人员严重不足。根据《伤残抚恤管理办

---

① 如2009年10月，深圳市宝安区西乡交警中队警长陈录生与领导在酒楼应酬，席间喝下大量洋酒醉酒而亡；西乡交警中队将陈录生上报为因公牺牲的烈士。参见戴佳《烈士评定质疑频现 评定标准、程序模糊化亟需立法明确》，http：//news.jcrb.com/jxsw/201207/t20120730_914801.html。

法》，公务员因公致残抚恤的办理实行"三级审核"制度，即由县级人民政府民政部门审核后报送市级人民政府民政部门，最终再报省级人民政府民政部门。这三级民政部门都没有专职从事公务员因公致残评定的工作人员。

（2）评残机关对涉嫌造假行为制约薄弱。省级人民政府民政部门作为公务员因公致残最终评定机关，面对有些国家机关及其工作人员的不配合，调查取证压力大，制约手段少。

（四）复议机构和司法机关方面

（1）复议机构与民政系统分歧较大。人民政府法制机构对公务员因公致残评定案件复议中、人民法院在审理涉及公务员因公致残评定的诉讼案件中，对因公致残认定上，坚持"行政相对人合法权益最大限度保护"原则，对"在执行任务中或者在上下班途中，由于意外事件致残的"情形从文义、法理上理解。而很多地方民政部门从制度本意的褒扬性进行答辩，与法制机构、人民法院意见不一致。

（2）个别地方法制机构、人民法院对公务员因公致残情形的理解采取"工作时间、工作地点、工作原因"的评判标准，极个别地方出现以换位思考的方式评判，即审理案件者将案件的情形假设在自己身上，得出的结论是"我如果遇到这种情形，我也应该被评定为因公致残"。

造成公务员优抚出现上述问题的原因在于行政机关实行"内部人主义"，其一般会对公务员伤残情形采取宽容态度，尽量照顾公务员评残要求；而优抚资金来源于财政且无第三方的有效监督更会凸显机关的"人文关怀"。

四 我国台湾地区的公务员优抚

我国台湾地区在公务员优抚制度方面比较完善，可以为我国大陆公务员优抚制度改革提供参考。

（一）因公负伤

因公负伤是指因执行职务过程中发生危险或积劳过度，在办公场所发生意外或办公往返途中遇意外危险，以致伤病情形。2014年5月8日台湾地区"考试院"修正的"公务人员退休法施行细则"第6条规定，执行职务发生危险，以致伤病是指于执行职务时，遭受暴力、发生意外危险，或猝发疾病，且其伤病与所受暴力、所生意外或猝发疾病具有相当因果关系；在办公场所发生意外，以致伤病是指在处理公务之场所，于办公时间内或指定之工作时间内，因处理公务而发生意外事故或猝发疾病，且其伤病与所生意外或猝发疾病具有相当因果关系；因办公往返途中遇意外危险，以致伤病是指发生意外危险必须在合理时间，以适当交通方法，前往办公场所上班及退勤之必经路线途中，遭受暴力、发生意外危险或猝发疾病，且其伤病与所受暴力、所生意外或猝发疾病具有相当因果关系。但因公务员本人交通违规行为以致伤病者不适用以上情形。前往办公场所上班及退勤之必经路线途中，包含下列情形：

（1）自居住处前往办公场所上班途中；

（2）在上班日之用膳时间，自办公场所前往用膳往返途中；

（3）自办公场所退勤，直接返回居住处所途中；

（4）自办公场所退勤，直接返乡省亲或返回办公场所上班途中。

尽力职务，积劳过度，以致伤病，指同时具备以下条件者。

（1）由服务机关证明平时执行职务的具体事迹。

（2）服务机关附有其最近三年年终考绩一年列甲等、二年列乙等以上；无最近三年年终考绩者，以平时考核资料及服务机关出具之证明核实认定，但已因病连续请假者，以其开始连续请假前三年的年终考绩或服务成绩证明认定。

（3）由服务机关举证其职责繁重以致伤病，且其伤病与职务间具有相当因果关系并由卫生主管机关评鉴合格医院开具医疗证明书记载之疾病或伤害原因证明。因公伤病之认定遇有疑义时，应遴聘学者及专家组成公务人员因公命令退休及因公抚恤疑义案件审查小组进行审查。

（二）因公死亡

台湾地区"公务人员抚恤法"第3条规定，公务人员有下列情形之一者，给予遗属抚恤金：①病故或意外死亡；②因公死亡。

因公死亡人员，指有下列情事之一者。①冒险犯难或战地殉职。②执行职务发生意外或危险以致死亡。③公差遇险或罹病以致死亡。④于执行职务、公差或办公场所猝发疾病以致死亡。⑤戮力职务，积劳过度以致死亡。⑥因办公往返，猝发疾病、发生意外或危险以致死亡。

（三）遗族抚恤

台湾地区"公务人员抚恤法"第9条规定，遗族年抚恤金，自该公务人员死亡之次月起给予。其年限规定如下。①冒险犯难或战地殉职者，给予二十年。②执行职务发生意外或危险以致死亡者、公差遇险或罹病以致死亡者，给予十五年。③于执行职务、公差或办公场所猝发疾病以致死亡者，给予十二年。④戮力职务，积劳过度以致死亡者，给予十二年。⑤因办公往返，猝发疾病、发生意外或危险以致死亡者，给予十二年；但因防（救）灾赶赴办公发生意外或危险者，给予十五年。⑥病故或意外死亡者，给予十年。请领前项年抚恤金之遗族，系无子（女）之寡妻（鳏夫）者，得给予终身。领恤子女于第一项所定给恤年限届满时尚未成年者，得继续给恤至成年；子女虽已成年，仍在学就读者，得继续给恤至取得学士学位止。所定在学就读者，以就读国内学校具有学籍学生，且在法定修业年限的就学期间为限；就读大学或独立学院者，以取得一个学士学位为限。

综上，台湾地区制定了专门公务员优抚的"公务人员抚恤法"，在因公伤病认定、因公死亡、因公抚恤、遗属优待等方面有明确的规定；在举证方面规定由服务机关举证其职责繁重以致伤病，且其伤病与职务间具有相当因果关系。因公伤病认定遇有疑义时，遴聘学者及专家组成公务人员因公命令退休及因公抚恤疑义案件审查小组进行审查，以保证公务员因公伤病认定、抚恤的客观性和公正性。

五 我国公务员优抚的完善[①]

针对公务员因公致残抚恤制度的不完善、性质不清晰等问题，结合我国历史和现实，应建立一套独立的、科学的公务员因公致残抚恤制度。

---

① 本部分内容主要参考陈小勇《公务员因公致残抚恤制度研究》，民政部政策法规司，http://zfs.mca.gov.cn/article/llyj/201102/20110200134417.shtml。

（一）构建独立的公务员因公抚恤立法模式

根据《公务员法》的规定，国家应当建立公务员因公致残抚恤制度。在现阶段，必须改变以一般规范性文件形式规定公务员因公致残抚恤参照军人办理的现状，采取立法方式对该制度予以明确。公务员因公致残抚恤制度可以由民政部制定部门规章或者其会同有关部门联合制定部门规章；也可以由国务院直接制定或者在条件成熟时制定行政法规；必要时也可以在相关法律中进一步明确。无论是部门规章还是行政法规，都应当明确公务员因公致残抚恤的目的、管理体制、适用对象、认定条件、评定程序、抚恤方式、资金保障、法律责任等内容。公务员在因公致残性质上可参考台湾地区的做法，统一规范公务员的抚恤优待。

（二）进一步明确公务员因公致残抚恤的性质

从新中国成立初期确立的革命工作人员褒恤制度到《公务员法》，公务员因公致残与工伤两项制度混行，国家一直坚持公务员因公致残抚恤的性质为"褒扬"，目的是"激励、鼓励"。公务员因公致残抚恤的性质和目的不能改变，应当回归其制度本意。公务员因公致残的褒扬，应当与烈士的褒扬具有类似性，是一种足为楷模的褒扬。国务院 2011 年公布的《烈士褒扬条例》明确了烈士的评定标准，除规定因执行反恐处突、救援抢险、维和、科研等任务而因公牺牲的人员外，还规定其他牺牲情节特别突出，堪为楷模的才可以被评定为烈士。

公务员因公致残的情形远比牺牲来得多，其中应当对属于因一般工作原因或上下班途中遭受事故伤害的进行分流处置，将公务员工伤纳入社会保险中的工伤保险，由工伤保险制度保障，只享受工伤保险待遇而不是既享受保险待遇又享受定期抚恤的双重待遇。

（三）明确公务员因公致残抚恤工作的管理体制

未来优抚保障制度的基本模式应是：在国家引导和管理下，以市场为运作主体，调动社会积极地参与。[①] 公务员因公致残抚恤工作是民政部

---

① 尹传政：《当代中国的优抚制度研究》，中共中央党校博士学位论文，2013，第 215 页。

门承担的一项传统工作，加之民政部门的抚恤职能，立法可以进一步明确民政部主管全国公务员因公致残抚恤工作、地方民政部门负责具体工作、地方有关部门在职能范围做好相关工作。公务员因公致残认定具有复杂性和严肃性等特点，该项工作必须有专业机构和专业人员来从事，可委托独立有资质的第三方机构来认定；在因公伤病认定遇有疑义时，应遴聘相关学者及专家组成审查小组进行审查，保证认定结果的客观性和公正性。

（四）明确公务员因公致残适用的统一对象、抚恤方式和统一抚恤标准

国家对因公致残公务员的褒扬，体现在精神上和物质上。《伤残抚恤管理办法》规定了"因战因公负伤时为行政编制的人民警察"和"因战因公负伤时为公务员以及参照《中华人民共和国公务员法》管理的国家机关工作人员"可以申请因公致残评定。各地在操作过程中，应当以申请人是否在《公务员法》施行后被人事部门重新统计、登记为公务员作为评判标准，而非行政编制的工作人员则通过工伤来认定。

对物质上采取的抚恤，应当改变不分残疾等级一律实行定期抚恤的方式。可以参照工伤保险区别等级，对一级至六级的伤残，实行定期抚恤；对七级至十级的伤残，实行一次性抚恤。例如烈士按上年度全国城镇人均收入的20倍加40个月工资计发为最高等级一次性抚恤金标准，按因公致残等级依次逐减发放。同时，明确遗属抚恤的相关规定，对其遗属在就学、就业、生活上给予优待。基于公务员因公致残褒扬性和社会示范性，抚恤资金保障仍应维持现行由中央财政支付的体制。

（五）进一步明确公务员因公致残的认定情形，统一工伤认定和评定程序

公务员因公致残抚恤的褒扬性，决定了因公致残评定应当从严审核。因公致残情形可以从两方面进行规定。一是明确因公致残的含义。因公致残是指公务员执行公务时负伤致残。"因公"必须强调履行公职、执行公务，非因履行公职、执行公务的情形不能认定为"因公"性质。二是列举因公致残的具体情形。因公致残情形根据性质可以从以下方面确定：①执行侦查、逮捕、维护社会治安等高风险公务活动负伤致残的；②执行抢险

救灾等突发性事件负伤致残的；③其他行政执法过程中负伤致残，足为楷模的情形。原有参照军人的"上下班途中由于意外事件致残""因患职业病致残""因医疗事故致残"等情形不应再适用，此等情形应属于公务员工伤的范围。

公务员因公致残评定程序应在以下方面予以加强。①加强公务员所在单位及其上级主管单位对公务员资格、致残性质和致残经过的审核。公务员因公致残评定是依公务员本人申请而启动，但本人申请必须附有相关证明，即所在单位及上级主管单位出具的有关证明。②依据医疗卫生专家小组意见作出决定，如有疑难，须遴聘学者及专家组成公务人员因公命令退休及因公抚恤疑义案件审查小组进行审查，审核重点与公务员所在单位及其上级主管单位的审核重点基本一致，即对公务员资格进行形式审查，对公务员致残性质和致残经过进行实体审查。③在完善程序的同时，还应当明确申请人、相关单位在每个程序、每个环节应当提交的证明材料，如因公致病的，应由评残公务员所在服务机关举证其职责繁重以致伤病，且其伤病与职务间具有相当因果关系。④设立因公致残评定的救济程序，允许公务员不服因公致残评定而提起申诉和司法救济。

（六）明确公务员因公致残抚恤工作中的法律责任

针对公务员因公致残抚恤工作中监督管理弱化、法律责任弱化的情形，必须从三方面强化有关单位及有关人员的法律责任。一是公务员方面，必须明确其骗取因公致残抚恤待遇的行政责任和民事责任；二是所在单位及其上级主管单位方面，必须明确主要负责人和直接责任人审核不严的行政责任；三是评残机关方面，明确评定机构评定不符合优抚事实的负责人和直接责任人的行政责任。

第六节　公务员财产报告公开制度[①]

公务员财产报告公开制度作为反腐败的重要举措已在多国建立，且被

[①] 此节内容发表于《福建论坛》2013年第5期，作者有修改。

证明是有效规范公务员行为的一项基本制度和国际惯例。

一 公务员财产报告制度的发展

1978年美国通过《政府行为道德法》（Ethics in Government），1989年修订为《道德改革法》（Ethics Reform Act），其规定总统、副总统、国会议员、联邦法官以及在行政、立法和司法等机构的事务官员，须在任职前报告自己财产状况，任内还须按月报告；同时，财产报告还必须包括其配偶或受抚养子女的相关情况；财产公示以政府公报形式发布，任何公民都可以随时查阅。韩国于1981年制定《公职人员伦理法》，其主要内容之一是财产登记制度，但登记的结果不公开，实际上摆脱了国民监督；1988年卢泰愚作出修订《公务员伦理法》指示，并带头公开总统的财产，如此，官员财产报告才成为常态。[①] 韩国对高层公务员适用"无宽容原则"，只要被揭发，哪怕是轻微的不正作风，都会按照原则予以惩罚或进行司法处理。2008年俄罗斯制定《反腐败法》，要求国家公务员公开报告他们本人及其配偶、子女的收入、房产和资产，并要求公务员汇报所有涉及腐败和潜在腐败行为的有关情况。可见，公务员财产与相关事项报告公示制度以及严格问责机制，是各国规范政府公务人员行为、实行廉政监督的关键制度之一。

早在1994年我国就将"财产收入报告法"列入全国人大常委会立法项目，但未能进入立法程序，至今还未完成立法。1995年5月我国发布《关于党政机关县（处）级以上领导干部收入申报的规定》，开始推行收入申报制度。2001年6月中共中央纪委、中共中央组织部联合发布了《关于省部级现职领导干部报告家庭财产的规定（试行）》，对高级干部报告家庭财产提出了要求。2009年1月1日新疆阿勒泰地区率先在地方实行《领导干部财产报告规定（试行）》，在以下方面取得了突破：①报告对象增加了领导干部的配偶以及共同生活的父母、子女；②报告内容不只局限于个人收入，还包括全部财产；③财产报告程序公开透明，不封闭进行，通过网

[①] 朱四倍：《韩国公务员财产公开制度的启示》，《北京纪事：纪实文摘》2008年第6期，第77页。

络与媒体向公众展示并接受监督。2010年7月中共中央办公厅、国务院办公厅印发了《关于领导干部报告个人有关事项的规定》，要求处级副职以上领导干部须报告家庭财产。当下，公务员财产和有关事项报告、公开制度已经是公众关注的焦点，将其实效视作真反腐还是假反腐的分水岭和试金石。

二　财产报告、公开是公务员应尽的义务

1988年我国就提出公务员财产报告制度的立法动议，但一直到现在仍无实质性的进展，其阻力之强可见一斑。国家社会科学基金项目，"新世纪惩治腐败对策研究"课题组所做的一项调查表明：93%的调查对象认为目前实行财产报告制度的阻力主要来自领导阶层，领导阶层中一些尚未暴露的腐败分子作为权力的拥有者和腐败的受益者，支持实行财产报告制度无异于搬起石头砸自己的脚。[①] 由此看来，我国公务员财产报告制度进展缓慢的真正症结在于公务员群体对制度缺乏认同并由此产生实际阻力。事实上，任何国家公务员财产报告制度的建立都需要排除既得利益者的阻力。[②] 财产报告是公务员作为公权力掌握者应尽的义务。

（一）公务员身份有别于普通人，具有双重性

公务员既是普通公民，又是行使权力的公职人员。公务员基于两种身份关系产生两种权利义务，即公务员一方面基于公务员的身份产生国家赋予其管理国家和社会公共事务的权利和义务，亦称国家职务权利义务；另一方面基于自然人的身份产生宪法赋予公民的基本权利和义务，亦称公民基本权利和义务。两种权利义务共同存在于一个主体之中。从理论上说，一个国家在设计法律制度时必须充分考虑行政权力的扩张性质，使行政权力受到有效制约。行政权力的行使必须经过公务员个体行为才能实现，鉴于公务员职务行为所特有的双重属性，这就使得现实中公务员利用公权为自己谋利成为无法避免的问题，何况公务员所处的社会环境和自然环境具

[①] 王明高：《中国新世纪惩治腐败对策研究》，湖南人民出版社，2002，第152页。
[②] 黎慈：《论我国公务员财产申报制度的有效构建——兼评新疆阿勒泰地区的领导干部财产申报制度》，《新疆社科论坛》2009年第3期，第48页。

有复杂多样性，公务员个体的行为动机、心理素质、行为能力、道德水准和法律意识水平又存在较大差异，因此制度必须作出规定，限制公务员所享有某些公民自由（影响职务廉洁性的财产权）并制定相应的罚则以确保公务员职务行为后果处在合理的偏差范围之内。

（二）公务员报告财产符合分配正义

从法定资源需要原理来说，法定资源的取得与法定耗费的支付是辩证统一的。公务员在取得行为所需的国家权力过程中，一方面获得法定职权，其行使职权的合法性得到切实可靠的保障；另一方面根据权利与义务不可分离原则，公务员享有职权的同时，公务员个体也应相应地作出各种必要支付。换言之，公务员在取得职权时，依照法律规定必须作出一定既得资源的付出以及一定行为机会的放弃。如果这种关系遭到破坏，就会导致法律秩序的混乱，就会出现权利与义务相脱离现象。因此，公务员在取得稀缺性资源（权力），受到法定物质保障和身份保障的同时，也应对公务员的公民资源、公民权利进行合理限制。公务员作为切蛋糕（安排国家资源）的人，应是最后一个拿蛋糕者。得到多少就要失去多少，这才符合现代公平正义。

（三）维护政府廉洁和良好信誉必须公开公务员财产

从国家利益来看，国家利益是一个国家的核心。当国家利益与公民利益相冲突时，一般情况下公民利益应服从国家利益。公务员手中的权力是人民赋予的，他们行使权力的唯一宗旨是代表国家维护国家与人民的共同利益。作为公务员，他们的待遇由纳税人供给，这与公共利益有着紧密的联系，公务员任何行为都应避免与公共利益相冲突。当出现公务员职权与公民权冲突情况，对公务员的公民权予以必要的限制是解决冲突的有效途径。[①] 公务员较一般公民更容易获得国家资源和信息，其行为有可能招致公众的疑惑和不信任，这要求公务员承担说明不是利用国家资源和信息为己谋利、权钱交易和不廉洁行为的义务。因此，报告财产和相关事项是公

[①] 沈瞿和:《解决公务员职权与公民权冲突的有效途径——对公务员公民权利的限制》,《福建行政学院、福建经济管理干部学院学报》2000 年第 3 期，第 27~28 页。

务员作为国家公职人员应尽的义务,将公务员有可能损害廉政形象的各种行为进行报告并公开以维护政府廉洁和良好信誉,是非常必要和现实的。

三 公务员财产报告、公开的立法要点

《领导干部报告个人有关事项的规定》(以下简称《规定》)将监督对象扩展到了几乎所有处级以上领导干部,要求领导干部要如实报告有关事项,接受党组织监督。它是对应国际社会和公众关切的承诺,是促进国家工作人员廉洁自律的制度创新。但《规定》仅是党的规章,而不是人大制定的法律,换言之,只是政党、政府自我监督,而不是人民监督。《规定》主要针对县处级副职以上领导干部而对县处级副职以下公务员只是参照执行,因此在适用范围上不够全面;在制度设计上,只有组织(人事)部门在干部监督工作和干部选拔任用工作中、纪检监察机关在履行职责时、检察机关在查办职务犯罪案件时,经本机关主要负责人批准,可以查阅案件涉及的领导干部报告个人有关事项材料。这与真正意义的报告公开制度还有差距,群众监督、社会监督并未提及,因此,其独立性和权威性都受到巨大影响。《规定》是一种妥协,其实际效果依然有限。

《规定》如果本身内容不完整,缺乏配套措施,就会很容易流于形式。严格意义上的官员财产报告制度至少有四个重要特点。一是将规定提升到法律层面,有一部官员财产报告法律;或在反腐败法中专设官员财产报告章节。二是对于报告内容进行审查的环节。三是进行公示的环节。四是对于谎报、瞒报行为进行严厉惩治的环节,一些国家(如韩国)甚至设立了瞒报罪。[①] 因此,参考和借鉴国外公务员财产报告制度经验,结合我国国情,由全国人民代表大会制定专门、统一的"公务员财产报告公开法"势在必行。该法应明确以下要点。

(一) 财产报告主体应是科级以上或敏感岗位的公务员

我国《规定》为了突出监督重点,主体限于县处级副职以上领导干

---

① 王鹏善:《反腐专家林喆:现行官员财产申报须克服三个缺陷》,http://theory.gmw.cn/2014-03/15/content_10681172_2.htm。

部，而没有将县（市）直属机关的科级领导干部、乡镇领导干部等主管人员纳入报告主体范围。考虑到我国乡科级干部的数量比较庞大，统一报告会造成工作量大，工作成本比较高的现实，以及科级干部的越轨行为比较容易通过自上而下的监督和司法手段来防止的情况，《规定》将科级干部是否纳入报告主体范围的权力赋予了各省级党委、政府，有利于各地因地制宜，作出相应的规定，切实解决问题，增强实效。① 然而，科级干部特别是县（市）直属机关科级领导干部和乡镇领导干部，大多主管人、财、物方面的实际事务，在基层更容易产生权钱交易和不廉洁行为，同时，乡镇科级干部大多直接与人民群众打交道，其行为关系党的形象和党群干群关系，关系一方和谐稳定，因此更有必要对乡镇领导干部加强监督和管理。科级、乡镇领导干部未能纳入报告主体与我国现行干部选任制度的精神显然不相符。② 领导干部财产报告内容是考察干部的重要依据之一，从科级干部队伍中选任处级干部时，这项内容会缺失，这对全面了解和掌握干部的情况非常不利，也不符合全面考察干部的精神。

涉及可能利用权力谋利、敏感岗位的公务员，其财产也要报告。如我国台湾地区"公职人员财产报告法"规定，各级政府机关的首长、副首长及职务列简任第十职等以上的幕僚长、主管；公营事业总、分支机构之首长、副首长及相当简任第十职等以上之主管；代表政府或公股出任私法人之董事及监察人；各级公立学校的校长、副校长；其设有附属机构者，该机构之首长、副首长；军事单位上校编阶以上之各级主官、副主官及主管；依"公职人员选举法"选举产生的（镇、市）级以上政府机关首长；各级民意机关民意代表；法官、检察官、行政执行官、军法官；政风及军事监察主管人员；司法警察、税务、关务、地政、会计、审计、建筑管理、工商登记、都市计划、金融监督暨管理、公产管理、金融授信、商品

---

① 《中纪委、中组部负责同志就〈领导干部报告个人有关事项的规定〉答记者问》，http://news.xinhuanet.com/politics/2010-07/12/c_12325682.htm。
② 陕西省检察院反贪污贿赂局侦查查明，渭南市住房和城乡建设局建筑业管理科原科长侯福才利用其负责工程建设项目报建、施工许可证发放、工程竣工验收和建筑质量安全生产管理等项工作的职务之便，在6年多时间内索贿受贿、非法敛财5500多万元，成为陕西贪腐公职人员职位最低、涉案数额最大的案件。参见《陕西"小官巨贪"侯福才受审——身为科级干部索贿受贿2191万，另有3380万来源不明》，《深圳特区报》2013年10月26日，第A7版。

检验、商标、专利、公路监理、环保稽查、采购业务等的主管人员；经主管府、院核定有报告财产必要之人员。以上范围涵盖了几乎所有能利用职权谋私、敏感的职位。

（二）财产报告的客体（范围）应是与廉洁性相关的财产

公务员财产报告性质上属于廉情报告，因此，涉及公务员廉政和影响公信力的相关事项均属于报告范围。公共权力的廉洁性要求公务员不管职务多高、收入有多高，都必须报告。除《规定》中要求公务员应当报告的收入、房产、投资等事项外，还应附带报告公务员近亲的财产。近亲包括父母、岳父母、配偶、子女及与其共同生活的其他家庭成员。

立法须明确公务员与廉洁性相关的财产范围。《规定》要求领导干部应当报告薪金收入、劳务所得以及投资所得，住房、股票投资以及子女海外工作和投资等内容，并没有要求报告公务员的全部收入。在现实生活中，赠予所得、偶然所得（彩票等）以及职务消费中食宿、交通补贴等；与职权有关的单位或个人赠送有价物品或好处；与职务有直接或间接关系，可能影响公正执行公务的交往接待；各种利益关系人给予的可能产生利益冲突的补偿或优惠和向直接或间接关系人借贷数额较大的债权债务等均是公务员财产性收入的组成部分，也应纳入报告客体。

（三）报告财产的公开程度

报告是手段，公开和监督才是目的。《规定》将原《关于党员领导干部报告个人有关事项的规定》第10条规定的"对报告的内容，应当予以保密。组织认为应当予以公开或本人要求予以公开的，可采取适当的方式在一定范围内公开"删除，更改为"应当设专人妥善保管"。此条规定公务员的财产报告仍是属于内部报告，仅限于组织、纪检部门和检察部门掌握信息，属组织监督或机关内部监督，缺少了公示关键环节。这让最有力的监督——公众监督和舆论监督缺位，使得财产与相关事项报告的实际意义并不显著。只有公示制度，才能拯救官员的合法财产。[①] 公众对官员的真实财产收入无法做到真正知情，也就无从监督，导致财产报告制度最终

---

① 邓海建：《公示才能拯救官员的合法财产》，《中国青年报》2012年10月11日，第2版。

流于形式。① 只有透明度增加，报告事项的真实性和可信度才会得到增强，报告事项才有实质意义。

公开与否须由立法规定。立法须明确公务员的哪些财产要公开，哪些不宜公示及相关人员可查询的范围与程度。在财产主要依赖公务员本人报告的情况下，公示可让公众监督、比对公务员财产，多渠道消除公务员"报告不实"的情况，即通过让渡公职人员的部分隐私而引入的"公众核查"。② 1988 年法国《政治生活资金透明法》规定，除总统外，其他人员财产报告情况由政治生活资金透明委员会按法律要求保密，这些报告信息除涉及司法机关根据法律程序而要求查询外，不接受任何组织和个人的查询；任何将相关信息违法公布者将面临刑法惩罚，即 1 年监禁和 4.5 万欧元罚款；政府公报在公布涉及财产报告总体情况时不得含有任何指向性名称。③ 因此，财产报告须坚持公开与保密相结合的原则，凡是列入报告范围的项目，必须按法定程序限期、全部地公开。鉴于现实的公开难度，可以先实行选择公开，如在公务员晋升或离任时要公开其报告的事项；设定全部公开的过渡期限，让公务员有心理准备；设置专门机构和人员负责整理公务员财产和有关事项的工作，按时限向社会公开，并允许公开查询；将公开程度和公开情况纳入部门的绩效考核指标体系。

（四）监督机制

公务员管理机关自我监督力度小，难以形成有效的内部监控。各级人大代表是监督公务员的法定主体，因此，人大代表可以依法提出咨询议案和要求政府有关部门公开特定职务公务员的财产。④

要真正发挥社会公众的监督作用，一方面有赖于信息公开制度的有效

---

① 毕晓哲：《官员财产申报的两个不足》，《四川党的建设》（城市版）2009 年第 2 期，第 29 页。
② 陈利浩：《收入分色，名单管理，自动监控——公职人员财产定性、核查、处置新思路》，http：//www.infzm.com/content/90257。
③ 刘卓：《国外公务员如何申报财产——法国：申报范围涵盖十三大类》，http：//news.xinhuanet.com/world/2013-02/05/c_124322357.htm。
④ 2012 年 11 月 21 日，越南国会通过《对由国会、人民议会推选或批准的领导人投信任票》决议。根据该决议，越南国会将对由国会、人民议会推选或批准的越南政府高级领导人的任务落实效果、权限执行、政治品质道德、生活风格将展开信任投票，以确保由国会、人民议会推选或批准的领导人须具备的标准等。参见张喆《越南立法要高官公开个人财产》，http：//d.youth.cn/shrgch/201211/t201211252647568.htm。

运转，另一方面就是要有相关制度保障，把信息公开和救济制度有机结合到一起，才能真正收到应有的效果。完善的收入信息统计系统是公务员财产与相关事项报告制度的前提之一，否则无法进行有效监督。2014 年我国《不动产登记条例》颁布，该条例建立的不动产登记信息管理基础平台为公务员财产公开制度奠定了资讯基础；目前在全国性公民收入信息统计系统没有建立的情况下，可率先建立我国公务员收入统计实名制。公务员收入统计实名制不仅包含储蓄实名制，还要包含证券实名制以及其他资产实名制。事实证明，建立个体行为记录与责任担当，建立起自有独立行为意识到生命终结的信用代码制度，是现代社会管理在付出沉重代价后，汲取经验教训的选择。①

新修订的《行政监察法》明确监察机关应当对举报事项、举报受理情况以及与举报人相关的信息予以保密，保护举报人的合法权益。应以容忍态度鼓励公众只要对公务员及其家属财产来源、支出情况等产生质疑的，就可以举报相关信息，并被视为公益举报；举报信息侵犯公务员及家属隐私权的可一律免责，确有诬告陷害情节的除外。②

（五）违规处置

《中国共产党纪律处分条例》第 67 条第 1 款规定，违反个人有关事项报告规定，不报告、不如实报告，情节较重的，给予警告或者严重警告处分。填报者如果填报内容所涉及事项都是合法的，他没有必要不如实填报，但如果其填报内容中涉及非法成分，他会如实填报吗？如果没有对虚假报告的严厉问责，以及对公务员财产状况的严密监控，绝大多数公务员不可能主动如实报告。

关于如何核实公务员财产报告和公开的真实性问题，实行财产报告的国家和地区都规定了财产报告义务主体不实报告的法律责任，如果出现不实报告、隐匿或转移财产等，轻则给予纪律处分，重则予以刑事制裁。在德国，如果认为登记对象财产登记虚假或由于重大过失而存在遗漏或误记

---

① 吴斌：《反腐老将话反腐：建议制定利益冲突法》，《南方都市报》2015 年 3 月 24 日，第 A17 版。
② 梁江涛：《立法保护举报人乃当务之急》，http：//www.gmw.cn/content/2010－03/02/content_1063284.htm。

等事实，应对登记对象采取警告和纠正措施；规定缴纳延迟费，通过日刊新闻的广告栏目公布虚假登记事实，解任或要求作出惩戒（包括罢免）决议。① 韩国通过的《公职人员伦理法》规定将公职者本人和配偶、直系亲属的财产事项和报告内容公开在官报或公报上；对公务员违反诚实登记义务规定了拒绝财产登记罪、提供虚假资料罪、拒绝出席罪、违反就业限制罪，并规定了相应的拘役和罚金。②

我国《刑法》中规定的巨额财产来源不明罪，其实就是涉及公务员报告财产的一种罪名。确立该罪名所遵循的思路是：作为国家工作人员，有义务说明和解释其财产来源；如果其不能证明巨额财产来源的合法性，从逻辑上只能被认定是非法收入，追究其刑事责任。问题是该项罪名是在司法机关不能查证公务员巨额财产的来源，而公务员又不愿意主动交代巨额财产的来源时所用，且经常与贪污罪或受贿罪并罚使用。因此，应在法律中，对公务员不明财产或不如实报告相关事项设置阶梯形法律责任，根据公务员不明财产数额的多少或不报、瞒报的情节轻重程度，分别给予行政处分或刑事处罚。

---

① 本书编写组：《国外公务员惩戒规定精编》，中国方正出版社，2007，第114页。
② 本书编写组：《国外公务员惩戒规定精编》，中国方正出版社，2007，第112~120页。

第六章

公务员文化教育权利

第一节 公务员学习权

在社会环境快速变迁的情况下,公众和社会要求政府服务质量和水平不断提高,而作为政府团队的公务员要符合民众的期待,必须加速提升学习能力。公务员只有通过学习才能提高自身素质、增长才干。

公务员学习权包括进修权、受训权和终身学习权。进修是公务员个体自我修养提高的重要途径;受训则是国家保障公务员接受业务、技能和理论培训。我国《公务员法》要求国家给予提供一定培训场所、经费、时间的保证,并作为公务员业务考核的重要指标之一,因此,受训权既是公务员的权利,更是公务员的义务。公务员终身学习权目前在我国还处于模糊状态,只是在政策上提倡公务员要不断地进行学习但并无硬性考核,因而,终身学习权更多是公务员的应有权利。

一 公务员学习权

(一)进修权

进修权指公务员为提高自己的政治、业务、能力水平而进一步学习(指暂时离开职位,参加一定的学习组织)的权利。进修有两种类型:选送进修与自行进修。我国台湾地区公务人员进修分为入学进修、选修学分及专题研究，其方式如下：①国内外专科以上学校入学进修或选修学分；②国内外机关学校专题研究；③国内外其他机关（构）进修。为培育具有国际视野的中高阶公务人员，选送具有发展潜力的公务人员赴国外进修，以提升其专业知识及国际竞争力。台湾地区"行政院"定期选送公务人员赴国外知名院校进修硕士或博士学位，以政府预算提供全额或部分补助的奖助学金。所推荐的人员，应符合台湾地区"公务人员训练进修法"第9条规定，并具备下列各款资格条件：国内公立、已立案的私立大学院校或经教育部认可的国外大学院校以上毕业；现任荐任第九职等以上职务并具荐任第九职等以上合格实授资格人员，年龄须在四十五岁以下，但女性有生育事实者，每生育一胎，年龄限制的计算延长二年；曾办理与拟进修研究领域有关业务三年以上；未曾领有公费补助进修取得硕士或博士学位；非属机要人员任用。① 又如台湾地区"法官伦理规范"第10条规定，法官应善用在职进修、国内外考察或进修的机会，增进其智识及能力。② 进修有助于公务人员智能的增长、技能的提升、人格的完美，更有利于公务人员的升迁及国家人才的培养。③

台湾地区"公务人员训练进修法"第12条规定，各机关学校选送或自行申请进修的核定与补助规定如下：①选送全时进修的公务人员，于核定进修期间，准予带职带薪并得给予相关补助。②选送公余或部分办公时间进修的公务人员，于核定进修期间得给予相关补助。③自行申请全时进修的公务人员，其进修项目经服务机关学校认定与业务有关，并同意其前往进修者，得准予留职停薪，其期间为一年以内。但经各主管机关核准延长者，延长时间最长为一年；其进修成绩优良者，并得给予部分费用补助。④自行申请以业余时间或部分办公时间参加进修的公务人员，经服务机关学校认定与业务有关，并同意其前往进修且成绩优良者，得给予部分费用补助；前项第一款或第三款受补助的全时进修人员，应依规定向服务

---

① "台湾地区行政院"：《"行政院"选送优秀公务人员国外进修实施计划》，http：//law.dgpa.gov.tw/NewsContent.aspx?id=385。
② 《法官伦理规范》，"台湾行政院台厅司"字第1010000646号令订定发布，http：//www.judicial.gov.tw/revolution/judReform09.asp。
③ 林腾鹞：《行政法总论》，台北三民书局，2012，第336页。

机关学校提出报告。①

（二）受训权

受训权是公务员有要求接受知识、技能的教育和训练的资格，并可根据这一权利享受相应的待遇。公务员受训权内容广泛，主要有以下方面。①获得参加各种业务培训资格的权利。②有权获得规定的学习时间的权利。对于按规定必须安排一定工作时间从事学习的，单位应当积极安排。③获得学习费用支出的补偿权。在职业培训中，按规定由单位负担的费用，用人单位应当给予支付，已经由公务员代付的，单位必须依法报销。④进行特殊业务培训的权利。从事特种岗位的公务员接受专门业务培训是权利也是职业义务。⑤获得培训证书或资格证书的权利。

法国政府把公务员培训当作一项管理战略，并从法律上给予必要的保障。《法国公务员总章程》第 22 条规定，公务员享有经常受教育的权利。公务员必须按专门章程规定的条件参加职业教育活动。在此后的实践中，法国政府又颁布了一系列关于公务员培训和进修的专门规定，从法律上确定了公务员接受培训的权利和义务。有关法律和具有法律效力的政府法令对机关的培训职责、培训机构的设立和职能权限、培训经费等都作了规定。培训成为法国公务员职业生涯中一种强制行为。完备的法律、法规保障，使法国公务员培训步入法制化和规范化的轨道，确保了公务员培训的严肃性和有效性。

为了保证公务员的培训权，我国建立了专门的公务员培训机构，如党校、行政学院、各类干部学院。机关根据公务员工作职责的要求和提高公务员素质的需要，对公务员进行分级分类培训。我国《公务员法》第 61 条规定，机关对新录用人员应当在试用期内进行初任培训；对晋升领导职务的公务员应当在任职前或者任职后一年内进行任职培训；对从事专项工作的公务员应当进行专门业务培训；对全体公务员应当进行更新知识、提高工作能力的在职培训，其中对担任专业技术职务的公务员，应当按照专业技术人员继续教育的要求，进行专业技术培训。公务员培训情况、学习

---

① 《法官伦理规范》，"台湾行政院台厅司"字第 1010000646 号令订定发布，http：//www.judicial.gov.tw/revolution/judReform09.asp。

成绩作为公务员考核的内容和任职、晋升的依据之一。2015 年 10 月 18 日中共中央印发的《干部教育培训工作条例》第 12 条规定，干部有接受教育培训的权利和义务；其第 15 条规定，省部级、厅局级、县处级党政领导干部应当每 5 年参加党校、行政学院、干部学院，以及干部教育培训管理部门认可的其他培训机构累计 3 个月或者 550 学时以上的培训。提拔担任领导职务的，确因特殊情况在提任前未达到教育培训要求的，应当在提任后 1 年内完成培训。

（三）终身学习权

终身学习权是公务员为适应社会发展和实现个体发展的需要，贯穿于人的一生的，持续的学习过程的资格或可能性。在终身学习的理念和主张下，人人对学习应有全新的观点：①学习是持续一生的历程；②学习的管道和方式是多元化且弹性的；③学习强调自主的精神；④学习的内容无所不包，是一种全面发展的教育；⑤学习是一项权利而不是特权。[1] 终身学习的目的说明："个人的学习系一种权利，每个人皆应依生涯的发展、社会的变迁、职场工作知能的变化，而不断学习成长，以开展个人潜能，增进生涯成长的知能，并进而促进自我实现，创造一个学习型社会。"[2]

不少国家和地区通过立法，从法律上确立终身教育理论作为本国今后教育发展和改革的基本指导思想。如日本在 1988 年设立了终身学习局，并于 1990 年颁布实施《终身学习振兴整备法》。美国在联邦教育局内专设了终身教育局，并于 1976 年制定了《终身学习法》。法国国民议会在 1971 年制定并通过了一部比较完善的成人教育法《终身职业教育法》，而且还在 1984 年通过了新的《职业继续教育法》对一些问题作了补充规定。2012 年 3 月我国台湾地区修订"行政院及所属机关学校推动公务人员终身学习实施要点"，推动公务人员终身学习，即为提升公务人员素质及面对此一环境变迁的有效策略与做法。除明确提供训练、进修学习渠道外，还规划以学习资源的整合、管理机制的建立、学习机构质量的提升、教学方法内容的精进等为公务人员学习机制的核心策略，以全方位促进公务人力

---

[1] 蔡秀美：《终生学习社会的成长与规划》，载"中华民国"成人教育学会主编《终生学习与教育改革》，台北师大书苑，1996。

[2] 蔡培村：《终生学习与教师生涯发展》，《台湾教育》1998 年第 565 期，第 14~26 页。

资源发展革新，营造优质的学习环境；建构一个具有创新、活力、绩效、能永续学习发展的公务团队。①

党的十六大以后，中共中央政治局把集体学习作为一项制度长期坚持。通过这种学习，政治局成员获得了相关的知识。一般来说，集体学习的课题由相关部委组织课题组，选择并上报讲稿起草人和主讲人，经中共中央办公厅批准后具体操作，讲稿最后提交给中共中央办公厅和中央政研室通过后定稿，但也有中央高层领导亲自点题的情况发生。②《干部教育培训工作条例》第26条规定，坚持和完善党委（党组）中心组学习制度。中心组学习应当以党的理论和路线方针政策为基本内容，在自学和调研基础上保证每个季度不少于1次集体学习研讨。

终身学习权为公务员提供了学习机遇和保障。公务员通过终身学习可不断提高理论素养、拓展视野、开阔胸襟、积淀知识、增长才干、提高业务工作的能力和服务人民的本领。

二　公务员学习权的冲突

我国近年来虽然已颁发若干关于公务员培训的法规文件，但并没有形成体系，且贯彻落实的力度不足。《公务员法》虽然有专章就公务员培训进行了规定，但都是比较抽象的原则制度，缺乏具体的实施措施或保障措施。2015年中央颁行《干部教育培训工作条例》对公务员教育培训管理体制，培训对象，培训内容，培训方式、方法，培训机构师资、课程、教材、经费，考核与评估作出较全面的规定，但原则性相对较强且并不是以法律的形式加以规定，导致公务员学习权不能完全实现。

（一）公务员培训指令性与受训需要的冲突

《干部教育培训工作条例》第25条规定，脱产培训以组织调训为主。干部教育培训管理部门负责制定干部调训计划，选调干部参加脱产培训，

---

① "台湾地区行政院"：《公务人员终身学习推动计划》，院授人考字第0930060080号。
② 陈荞：《政治局92次集体学习幕后揭秘》，《京华时报》2014年6月3日，第5版。

对重要岗位的干部可以实行点名调训。干部所在单位按照计划完成调训任务。干部必须服从组织调训。现行公务员培训在体制上受组织部门的指令进行，公务员培训机构主要是由政府举办的各级党校、行政学院、干部学院，具有培训垄断性质。培训管理体制和培训计划缺乏应变性和制度弹性，培训机构设置和教学内部运行机制的单一性与公务员受训自主性存在着差距。随着公务员管理公共事业的进一步发展，公务员层次提高、数量增多、要求的知识面扩大，党校和行政学院的规模和软硬件等条件越来越难以满足公务员培训的需要。

（1）调训计划与公务员工作的冲突。我国《公务员法》规定，公务员晋升必须有在党校、行政学院或干部学院进修学习的记录。有些单位和部门对公务员培训的重要性认识不够，认为培训是"软任务"，可做可不做，或只是走个形式，没有将之看成对人力资源的投资，没有把公务员培训作为一项长期性、战略性、基础性的工作列入议事日程。在现实调训模式下，政府以勤务为主要目标，培训仅是应付任务的次要目标，出现了业务骨干公务员因工作繁忙，抽不出时间去受训，而去培训的是工作能抽开身的公务员，由此，去培训的公务员成了单位专门的"学习委员"的现象。受训的公务员在考核与晋升上比没有时间受训的业务骨干占得先机。

（2）培训内容缺乏应变性与公务员能力需要的冲突。目前，我国党校、行政学院、干部学院在思想政治和社会科学方面的教学实力相对较强，但在自然科学和技术方面则相对薄弱；在热点问题上，比较专注国内外热点，但在系统理论方面相对薄弱。公务员培训内容主要是突出理想信念教育和党性党规党纪教育，以宣讲中央文件、解读中央精神为主；针对不同层次公务员的核心能力的分解不足，没有针对不同能力设计不同层次课程予以提升不同的核心能力。事实上，一般公务员主要接受各类技术性与一般性的专业训练，愈是高层次的公务员愈以发展管理能力为主，并以领导效能架构和高阶公务员核心资格能力为规划依据；高阶公务员应培养"五识"能力，也就是具备知识、涉猎常识、增广见识、培养胆识、学习赏识等能力，坚守公务员岗位，努力为人民服务。公务员除具备自己业务上的专业知识外，还要能持续学习，涉猎不同领域的常识，并且要通过不同的方式，增长自我见识，培养胆识，勇于尝试没有人做过的事情，或是从事别人会犹豫很久而不敢做的事。① 现阶段，我国的公务员队伍呈现年轻化、专业化、高学历化的趋势，县处级及以上高层公务员大多经历了高等教育的专业化学习过程；拥有硕士、博士学位的公务员占的比例越来越大。他们走向工作岗位多年，既具备深厚的专业基础，又有丰富的岗位工作经验，因此，其主观能动性学习能力很强。目前干部培训师资队伍存在"先天不足"和"倒挂"现象，不少教师学科背景和知识结构比较单一、工作阅历比较简单，以致在经历和阅历等方面还不如身为领导干部的学员。因此，应针对公务员的学习能力强的特点和高阶公务员的发展管理性核心能力的需要设计培训课程和内容以满足他们的个性化要求。

（3）经验性教学与自愿化或内需型学习的冲突。现行培训部门常以经验式或按上级指令设计培训内容，比较少征求学员的意见或即便学员提出要求，培训机构也开不出学员所想要的课程，因此，培训部门经验性教学与公务员的内在需要存在一定差距。公务员的学习动机具有现实性，参加学习培训的目的有很多，大致有三类：第一类是侧重了解本系统、本领域的迁延性问题，这样可以使个人能力适应在本领域长远发展的需要；第二类是侧重了解本系统、本领域以外的社会重点或者热点问题，以适应个人未来全面发展的需要；第三类是带着工作中的困惑和急需解决的问题，希望侧重探讨解决问题的思路和对策，以适应目前岗位工作。从中可以看出，公务员学习的重点不再是学术性专业的学习，而是侧重于以解决问题为核心的系统的学习研究。他们希望能够针对社会生活中的现实问题进行学习，带有通过学习解决实际问题的强烈愿望。

（二）在职进修学历与训练目的的冲突

领导职务公务员热衷到高校或培训机构攻读在职学历，拿走"真的假文凭"。据《南方周末》报道，286名市委书记中，有本科生46人、硕士179人、博士及博士后58人。② 不过，其中73%的市委书记的研究生以上

---

① 刘兆玄：《高阶公务员应培养"五识"能力，努力为人民服务》，http://www.ey.gov.tw/pda/News_Content.aspx? n = F8BAEBE9491FC830&sms = 99606AC2 FCD53 A3A&s = 321E6B2350414F66。

② 数据来源：《南方周末》记者褚朝新根据公开材料整理统计。

学历是在职获得的；286 人中，有 78 人的学历是在中央党校和省级党校获得的。① 对于公务员攻读学位的动机，提职晋升时多一个筹码被认为是首要因素，特别是最近十年，对干部的学历学位要求越来越高。

现实中的高校热衷于与当地政府共建，以获得更多的财政和社会资源。一些教育机构专门对官员免学费，其目的无非是把官员作为招生金字招牌，搭建政学联姻的平台。② 华中科技大学曾公开宣布要清退 307 名无法按时毕业的研究生，其中相当部分是缴纳数万元学费的各地官员；被清退的官员，有的长期不到校上课，不能按期修完学分，有的派秘书上课做作业，缺乏学习能力。③ 产生上述现象的原因在于：其一，领导职公务员工作任务重，学历教育时间不能保证；其二，领导职公务员凭借掌握的权力与高校教育可能存在利益交换问题，让公众质疑。目前，我国并没有规范地方政府和高校共建行为，也没有规范公务员在职进修学历与公务员培训目的一致的要求，导致一些领导职公务员为在职学历而攻读学位。

（三）终身学习的无计划和弱考核性

2015 年颁布《干部教育培训工作条例》第 28 条规定，建立健全干部在职自学制度。干部所在单位应当支持鼓励干部在职自学，并提供必要条件。此条款仅提及建立健全在职自学制度，并无具体的强制性规范。我国应树立公务员"终身学习"的理念，全力打造学习型政府和公务员队伍，解决公务员终身教育虽有规划却无具体的计划，各地政策安排也参差不齐的问题，如福建省、上海市和太原市已完成了终身教育的地方法规制定，但执行效果不彰。同时，培训部门弱权力化，没有落实严格的考核或考试制度，培训效果评价模糊，对公务员的培训和终身学习监督走过场、形式化严重，导致公务员培训考核和终身教育的考核弱化。由于缺乏统一的终

---

① 据公开资料显示，沈培平系云南保山师范专科学校中文系专科毕业，其后就读中央党校函授学院在职研究生班。2004～2007 年，沈培平在北京师范大学资源学院自然地理学专业在职研究生学习，获理学博士学位，5 个月后获聘该校兼职教授，其学历和职称的"速成"颇为人关注。参见《教育部回应落马副省长学历"注水"》，《新京报》2014 年 4 月 2 日，第 A20 版。
② 刘宏宇、欧甸丘：《北大开 66.8 万元天价培训班　学员一半是官员》，http://news.xinhuanet.com/edu/2014 - 07/18/c_1111685623.htm。
③ 褚朝新、罗婷：《铁打的岗位流水的书记　任期制未必能有效遏制地方腐败》，http://www.infzm.com/content，2013 年 12 月 20 日。

身学习法，公务员终身学习没有法治的约束，导致整个社会对终身学习的推广力度不够。

三 公务员学习权衡平保障

（一）多种教育方式与师资保障

（1）进修、培训、终身学习相结合的模式。对不同等级、不同类别的公务员能力要求不同，其需要培训的模式和内容也不相同，因此，需要对公务员职位进行明确的能力分类，规定各级别、各职位需要的能力说明书，以便培训机构确定培训目标、区分培训对象、了解职位能力需求，增强培训的针对性。教育正经历一场前所未有的变革，如何学习，以及评价和衡量学习成果的方式也正在转变。现在世界各地出现的大规模在线教育如慕课平台（MOOC）等正在改变着已有的教育模式，中国知名高校也积极参与其中。公务员培训应充分运用现代信息技术，完善网络培训制度，建立兼容、开放、共享、规范的公务员网络培训体系，大力推行公务员在线选学、在职自学、机构培训、终身学习等相结合的方式，降低培训成本，以提高培训效率。

（2）多机构参与培训。美国联邦与地方政府各有其训练机构，训练机构亦是采取多元化。[1] 高阶行政主管职的训练除由联邦人事管理局的联邦行政学院负责外，各部自己亦会办理，另如农业部（Department of Agriculture）的研究院（Graduate School），甚至各知名大学如哈佛大学肯尼迪学院（Harvard Kennedy School）亦提供相应课程，供公务人员选择。至于中阶与基层主管的训练，亦是相同的情形。有关专业训练，或可参加前述训练机构的训练，或由各部自行办理，或与大学合作办理，亦可参加私人训练机构的训练；在地方政府方面，除可派员到联邦政府机构受训外，有些州由人事机构训练、有些州与大学合作办理训练、有些州委托民间训练机构办理、有些州则是由州内大学办理。美国公务人员的训练经费编列在各

---

[1] 沈建中：《美国公务人员培训与绩效评估制度之研究》，载《公务人员出国专题研究报告》2001，第30页，http://report.nat.gov.tw/ReportFront/report_detail.jspx?sysId=C09100628。

机关经费中；训练机构从提供的训练课程中收取学费，以维持运作，所以训练机构必须了解各单位所需，如此才能吸引公务人员到其机构训练。日后在推广职能课程时，采用将到异地中心或是其他学习机构（如社区大学、私部门训练机构、公务训练机构、大专院校等）训练的学员列为优先推广与招生对象的方法，如此，可收到事半功倍之效。我国初步形成了以党校、行政学院、干部学院为主，高等学校和其他培训机构为辅的干部教育培训体系，其有优势也有劣势，须取长补短。公务员教育培训管理部门可以委托符合条件的高等学校、科研院所、社会培训机构等承担公务员教育培训任务；通过购买服务（直接委托、招标投标等方式）鼓励高等学校、科研院所、社会培训机构参与公务员培训的竞争，实行大学教育与政府培训机构相互竞争教学，提高培训质量，形成培训资源共享、优势互补的公务员培训网络。

（3）专兼职优秀教师结合保障培训效果。美国的培训机构聘请政府部门的高级官员、企业管理专家、具有丰富实践经验的高级管理者担任兼职教师，他们不仅能上台讲授，同时也能组织小组交流、研讨、评估等活动；对于专职教师的要求也比较高，一般必须具有博士学位和较多学术成果，并在学术界有较高声誉；对于教师的选择既要求学术性又强调应用性，鼓励教师承担政府研究课题，为政府提供咨询。[①] 正是因为美国政府拥有这样优秀的专兼职教师队伍，在公务员培训过程中才有条件采取这些灵活的培训方式，因此才能收到良好的培训效果。

（4）严格规定公务员进修的专业范围。美国联邦政府法典第五编第41章第4107条规定关于学位训练的限制：除本条第②项规定外，本章规定不允许选派公务人员参加基于下列目的的训练或支付或补助该训练的费用：①训练目的是提供公务人员取得学术性学位的机会，从而得以符合担任某一特定职位的基本资格条件；或②训练目的纯系提供公务人员获取一项或更多学术性学位。[②] 国家和社会的健康发展有赖于教育资源的合理配置，而博士、硕士研究生教育资源是高等教育中最稀缺的资源，面对领导职务

[①] 《美国公务员培训及其借鉴》，http://gjzx.mof.gov.cn/zhengwuxinxi/tashanzhishi/201209/t20120912_682227.html。

[②] 施能杰：《美国公务人员训练制度及法规编译》，载《美国、法国、日本及中共公务人员训练制度及法规汇编》，台北："公务人员保障暨培训委员会"，1998，第54页。

公务员到处伸手要文凭的现象，我国有必要通过立法停止招收领导职务公务员在职读博士、硕士学位或要求公务员须辞职才允许攻读此学位。

（二）充分发动公务员自主性

经验、教育技巧和墨守成规被认为阻碍了公务员不断发展新思维和创造力。① 公务员学习具有很强的主观能动性，主要表现为：一是学习意志的坚定性，只要他们认为是有意义的学习，就会自觉地克服困难、坚持不懈；二是学习方式的自主性，他们在心理上更倾向于自主学习，自己定计划，自己选择内容，选择自己适合、喜欢的方式；三是学习态度的自律性，他们能调整自己的学习情绪，有很强的自我管理能力；四是认知过程的批判性，他们对学习培训中老师讲述的内容自觉或不自觉地抱着批判的态度，他们一般不简单认可别人得出来的现成的答案，他们要通过自己的思考和研究去探寻答案。② 基于公务员学习的主观能动性，公务员的培训方式应区别于普通高校和其他成人院校的培训，具有自己的特色，那就是要遵循公务员教育规律，将科学性、理论性与实用性紧密结合。通过加大互动式、体验式教学来进一步调动公务员发挥学习的主观能动性。2015年《中共中央关于加强和改进新形势下党校工作的意见》对主要领导职公务员到党校讲课作出制度性安排，要求每年领导干部到党校讲课总课时占主体班次总课时的比例不低于20%。这不仅会促进领导职公务员不断提高自学能力，还能提高兼职师资教学水平和教学的针对性。

（三）发挥培训部门的权威性

2015年《干部教育培训工作条例》第54条规定，干部教育培训考核应当区分不同教育培训方式分别实施。脱产培训的考核，由主办单位和干部教育培训机构实施；网络培训和境外培训的考核，由主办单位和干部所在单位实施。其第53条规定，干部教育培训考核的内容包括干部的学习态

---

① Birgitte Poulsen, "Public Administration in Team: Self-Governing Civil Servants", in *The Politics of Self-Governance*, Eva Sorensen and Peter Triantafillou (ed.), Ashgate Publishing Limited, 2009, p. 166.

② 陈岩：《干部培训揭秘：不选本领域课题学员占一半为未来发展打基础》，http://politics.people.com.cn/n/2013/1025/c99014-23325793.html。

度和表现，理论、知识掌握程度，党性修养及作风养成情况，以及解决实际问题的能力等。我国《公务员法》规定："公务员培训情况、学习成绩作为公务员考核的内容和任职、晋升的依据之一。"这从法律上对公务员培训考核进行了原则规定，但是没有对培训考核的具体方式、评估指标设计等作出详细的规定和程序上的要求，同时，各培训机构也无严格的成绩评定机制，公务员学习成绩只要到勤，一般没有不合格的。因此，国家应强化培训部门考核公务员的职能，在培训部门增设评鉴中心对具有发展潜力的公务员进行能力甄别和针对性的训练。培训机构通过网络，进行个人能力与公务员核心能力（标准）的比较测试，开出提升能力的处方，为受测公务员弱势能力提供提升的学习内容与方法。将培训部门对公务员培训期间专业知识、学习能力和在线学习态度的评鉴结果作为组织部门晋升公务员职务和岗位的必要条件。

（四）完善学习培训评估

2015 年颁布的《干部教育培训工作条例》规定建立健全干部教育培训评估制度。培训评估的内容包括培训设计、培训实施、培训管理、培训效果等；课程评估的内容包括教学态度、教学内容、教学方法、教学效果等。对培训评估的具体方式、评估指标设计还可按以下时序进行。一个完整的培训评估系统包括培训前评估、培训中评估和培训后评估三个方面。美国公务员培训评估的有效开展，不仅提高了人力资源培训活动的效果，也为政府节约了大量的培训经费。针对公务员培训的评估，其采用的评估方式包括以下几种。①

1. 反应层次（reaction levels）的评估

反应评估，旨在了解受训学员对特定训练课程的喜爱程度。所以评估的范围包括课程内容、讲座授课情形等。评估的方式则以问卷的方式进行，如：①开放式问卷调查（open-ended question）：未限制答案，问题之后留有较多空间以供填答；②以列表方式（checklist）逐项列出选项供选答；③双向（two-way question）问题，以"是"或以"否"供选答；④复

---

① 沈建中：《美国公务人员培训与绩效评估制度之研究》，《公务人员出国专题研究报告》，2001，第 41~42 页，http://report.nat.gov.tw/ReportFront/report_detail.jspx?sysId = C09100628。

选（multiple-choice question）问题：让应答者从多重选项中，挑出最正确的答案；⑤排列等级（ranking scales）：要求应答者就选项加以排列。反应评估可作为了解学员所想学课程的依据之一。

2. 学习层次（learning levels）的评估

所谓学习是指态度改变以及知识及技术得到的过程。评估的原则为量化、事前事后途径（before-and-after approach）、运用控制组与实验组、系统化分析；评估的方法可采用教室演练（classroom performance）与纸笔测验（paper-and-pencil Tests）。

3. 在职训练行为层次（on-the-job behavior levels）的评估

在职训练行为的评估，是于培训结束后，评估学员在实际工作环境的行为，也就是了解训练对工作的影响。评估的原则为对培训前后系统化的评估，从其工作环境相关人员了解（如同僚、部属与上司）、结训三个月以后评估、运用控制组与实验组；评估的方法可采用问卷调查与深入面谈方式。

4. 机关结果层次（organizational results levels）的评估

机关结果的评估，须从成本的减少、流动率及旷职率的减少、生产和质量的提升与士气的改善等方面评估。评估的方法可采用：深度访谈（depth interview）、投资回收率（return on investment，ROI）与标杆评估（benchmarking）。

一般训练绩效的评估常停留在上述第一、第二个层次，从事后问卷、事后的测验或控制组（control groups）的设计等了解训练绩效。如果训练的绩效评估要达到第三个层次，培训部门或教师就必须与学员的直接主管部门合作，评估学员学习后绩效改善的情况，以及是否将所学应用在工作上，是否达成当时设定的学习目标等。至于第四个层次的评估需要做更复杂的报告分析、绩效改善比较分析等，才能掌握训练对组织产生的影响。培训评估技术过去是凭经验进行定性研究，现在是运用数学模型和计算方法进行比较研究，做到了定性定量相结合；过去是单一环节评估，现在是全面、系统评估。

（五）终身学习的考核与奖励制度

学习型社会的启动与推进一定程度上决定于政府的执政理念，公务员是学习型社会的规范者和引领者。公务员应牢固树立终身学习的理念，不断学习，带头学习，先学一步，学深一步，把读书学习当成一种生活态度、一种工作责任、一种精神追求。因此，以法律明确规定终身学习作为公务员权利和义务，明确各种教育资源的优化配置途径，终身学习的经费来源、条件保障至关重要。

1. 导入终身学习概念。先由政府部门和公务员示范引导全社会建立终身学习社会。培训机构除开设相关培训课程外，也应着力于终身学习观念与做法的推广，教育公务员形成自我导向学习、职场非正式学习以及个人学习理念与做法，以鼓励公务员在工作、生活中主动充实工作所需知识与能力，有效利用公务机构有限的训练资源。

2. 终身学习考核制度。我国台湾地区将公务员职能提升与其职涯发展相结合，公务员定级与终身学习、进修挂钩。公务员业余学习可折合成进修课时；学习培训机构应新增入口网站、维护学习信息，并于每项学习课程完成后，翔实办理课程时数、日数或学分数登录及计算事宜；时数的计算以小时为单位者，满五十分钟得以一小时计算，连续学习九十分钟得以二小时计算；以日数登录者，每日以六小时计算；以学分数登录者，每学分以十八小时计算；学习机关（构）办理教育主管机关核定的各种教育学制或推广教育班次，须斟酌教学业务及实际学习情形登录学习时数，或于学期结束后，登录及格学科的学分数；学习课程可以多元化方式进行，以组织学习、数字学习、读书会、学术研讨会及专书阅读、研究、写作等方式进行者，其时数由学习机关（构）自行认定；但公务员于数字学习上线时间未达该课程学习总时数的半数或未通过该课程评量者，均不予登录学习时数；鼓励公务员从事义务教学活动，公务人员奉派或以公假教授课程活动，如透过教学过程，提升自身专业能力，得由服务机关（构）登录学习时数。[①] 开放的网络教育资源如果辅以大数据的算法，推行标准化的平台和个性化的教育，在线学习体验，将会除低公务员培训和学习成本。我国针对公务员因工作原因不能脱产，可将在线学习时间纳入学时统计，只要达到听课的学时或通过考核，给予颁发与在党校、行政学院、干部学院同等效力的电子化培训证明或相关证书。

---

① 台湾地区"行政院"：《公务人员终身学习推动计划》，院授人考字第0930060080号。

3. 学习竞赛机制。我国台湾地区"公务人员保障暨培训委员会"专门制定《公务人员专书阅读推广活动计划》，凡参加活动者，各培训中心及各机关（构）学校均得依规定核发给公务人员终身学习认证时数。为持续协助各机关（构）学校精进阅读活动办理方式，台湾地区"文官学院"于2005年度起，将原每月一书活动与专书阅读心得写作活动结合。在2011年度增订办理公务人员专书阅读观摩、与作者有约、人文讲堂、主题书展、读书会领读人培训及世界咖啡馆工作坊等活动，以强化公务人员终身学习的学习体系。[①] 读书竞赛活动的奖励设立个人奖及团体奖。个人奖，依"公共政策与管理知能"及"自我发展与人文关怀"两大领域分设奖项。团体奖，由活动的甄审委员会依据各主管机关配合推动计划情形综合考评后评选绩优机关若干名；建议叙奖额度为：第一名，记功二次或记功一次；第二名，记功一次或嘉奖二次；第三名，嘉奖二次或嘉奖一次。优良奖：嘉奖一次。因此，公务员培训管理部门和培训部门应通过举办常态化学习竞赛机制，鼓励公务员在职自学和终身学习，以提升公务员学习积极性。

第二节　公务员著作权

一　公务员创作职务作品的权利

公务员与公民一样享有创作的权利。与公民的自由创作作品相比，公务员更多是在履行职务中所形成与职务相关的作品，如工作报告、发言稿等。职务作品是指机关、社会团体、企业、事业单位的工作人员、借调人员和临时招聘人员，为完成该单位的工作任务所创作的作品。其特征是：创作的作品应当属于作者的职责范围；对作品的使用应当属于作者所在单位的正常工作或业务范围之内。职务作品包括单位作品、一般职务作品、特殊职务作品三类。

---

① 台湾地区"国家文官学院"：《公务人员专书阅读观摩活动》，http://www.nacs.gov.tw/05_lifelong/00_book_page.asp? ID = JNNPEQRQROONE。

（一）单位作品

根据我国《著作权法》第 11 条第 3 款的规定，由法人或者其他组织主持，代表法人或者其他组织意志创作，并由法人或者其他组织承担责任的作品，法人或者其他组织视为作者。其要件包括以下方面。

（1）由法人或者其他组织主持创作，而不是由该法人或者组织的工作人员自发进行；

（2）创作思想及表达方式须代表、体现法人或者其他组织的意志，法人或者其他组织的意志一般是通过法人或者其他组织的领导机构和法定代表人（由行政机关首长）依法或者依章程执行职务而体现出来的；

（3）由法人或者其他组织承担责任，而非直接写作者承担。

（二）一般职务作品

在我国，除单位作品外，公民为完成单位工作任务而又未主要利用单位物质技术条件创作的作品，称为一般职务作品。一般职务作品基本上是以作者自己的意志创作，而不是依照单位的意志创作。其著作权由作者享有，但法人或者其他组织有权在业务范围内优先使用。作品完成两年内，未经单位同意，作者不得许可第三人或者其他组织以与单位使用的相同方式使用该作品。作品完成两年内，经单位同意，作者许可第三人以与单位使用的相同方式使用作品所获报酬，由作者与单位按约定的比例分配。作品完成两年的期限，自作者向单位交付作品之日起计算。

（三）特殊职务作品

根据我国《著作权法》第 16 条第 2 款规定，特殊职务作品主要是利用法人或者其他组织的物质技术条件创作，并由法人或者其他组织承担责任的工程设计图、产品设计图、地图、计算机软件等职务作品；法律、行政法规规定或者合同约定著作权由法人或者其他组织享有的职务作品。特殊职务作品的作者享有署名权，著作权的其他权利由法人或者其他组织享有，法人或者其他组织可以给予作者奖励。作者所在的法人或者其他组织在其业务范围内有权优先使用职务作品。作品完成两年内，未经单位同意，作者不得许可第三人以与单位使用的相同方式使用该作品。规定特殊职务作品由法人或者其他组织享有优先使用权，是由于职务作品不是作者自发的随意创作，而是为了完成本单位的工作任务。在使用职务作品时，应当首先考虑作者所在单位的需要，而且职务作品的创作往往仅靠一两个人的努力是很难完成的，需要由法人或者其他组织提供物质技术条件，而创作出作品的有关责任，也需要由法人或者其他组织向社会承担。

此外，公务员于下班后在家中为了个人兴趣或休闲娱乐而从事创作活动，则是公务员非职务上完成的创作，属非职务上作品，在著作完成时即以该公务员为著作权人，由其享有著作人格权及著作财产权。政府机关如果要利用这类的作品，除非符合合理使用规定的情形，其必须取得该公务员的授权，否则，就有可能构成侵权。

二 公务员著作权的限制

（一）署名权的限制

特殊职务作品创作一般是公务员的集体行为，执笔的公务员不能要求在特殊职务作品上，标明他为著作权人。公务员对于职务上完成的著作，即使身为著作权人，也没有权利禁止公开发表，或要求在该著作公开利用时标明作者的姓名。因此，其任职机关如果有需要利用这类著作权人为公务员的著作，只要不以歪曲、割裂、篡改或其他方法改变其著作之内容、形式或名目致著作权人名誉受损的方式利用著作，在著作财产权属于任职机关的情形下，其实不需要另行取得该公务员的同意，也无须标明该公务员的姓名。

政府出版品若是由内部公务员所完成的，依我国台湾地区"著作权法"第11条规定，以公务员为著作人，著作财产权为政府所享有；公务员依该法第15条及第16条规定，不可主张公开发表权及姓名标示权这两项著作人格权。所以，政府机关可以自由利用这些政府出版品，要不要标示实际完成的公务员姓名，也由政府机关自行决定。因为著作财产权还是属于政府所有的无形财产权益，而归属公务员任职机关管理，基于国有财产管理的规定，其他非任职机关若有需要使用的情形应取得该任职机关的同意。

(二) 身份、职务对发表权的限制

发表权是指决定作品是否公之于众的权利。公之于众主要是指在公众场合,向不特定的多数人宣讲或展览,被多数人所知。这里包含两层含义:一是决定发表还是不发表;二是决定如何发表,即何时何地以什么形式发表,如以书籍形式、连载形式、广播形式等。发表的作品应当是尚未公开的作品原件或复制件,如果说作品已经出版或展览过,便不再有发表的问题。如果说作品只是在组织内部之间传阅,则不算是发表。

公务员的特殊身份会制约作品发表,如学者型法官的学术观点与其所承担的具体判例产生冲突的不宜发表;公务员的特定职务制约作品的发表,如有决策权公务员对国家大政方针和政府作出的决议因理解不同或因影响社会稳定而有所保留。公务员非经批准不得参与任何电台广播和电视节目或向任何报刊和刊物投稿写信,无论匿名或以他人的名义,不得在向新闻界透露的消息中陈述和发表与政府相悖的政见或使政府处于被动的实情和个人意见。这些情形都限制了公务员作品的发表权利。

(三) 保密对出版权的限制

我国对国家领导人作品编辑有严格的保密制度。副国级以上领导人出书,须报告中共中央办公厅;其程序是由领导人本人向中央立项,或是走正常的送审报批手续;选题通过后还需要送审;一般图书由国家新闻出版广电总局决定送哪个部门审阅,而领导人的书则由中共中央办公厅根据内容决定送给某一个或者某几个部门审阅;审查主要包括两个方面,一是解密问题,即某些未解密文件不适合公开出版,二是个别文字内容的调整。中共中央办公厅出具意见,国家新闻出版广电总局再按此意见给出版社一个正式的函——书能出,修改后能出,还是不能出。[①]

国家领导的作品特别是工作文稿,牵扯到一些工作秘密,作品在公开发表之前都是机密件,须履行保密义务不得公开出版。作品即使要出版,

---

[①] 冯霜晴、闵杰、陈曦、高明勇:《卸任领导人这样出书》,《人民日报》(海外版) 2014 年 1 月 3 日,第 11 版。

出版社的选择也有相当严格的规定。根据中共中央宣传部、新闻出版署1990年联合发布的《关于对描写党和国家主要领导人的出版物加强管理的规定》规定，描写党和国家主要领导人的出版物指专门描写、记述上述人物的专著、传记、回忆录、纪实文学、报告文学等。只有人民出版社、中央文献出版社、中共党史资料出版社、中共中央党校出版社、中国青年出版社、解放军出版社和各省、自治区、直辖市人民出版社等出版社才有资格出版党和国家主要领导人的出版物，其他出版社一律不得安排出版。

（四）公文表现形式对公务员著作权的限制

著作权保护的是表达方式而不是内容。公务表达方式是公文形式，公务往来的公文表达方式制约了公务员著作权。各层次各类型的公文基本上是相对固定的格式，这导致了：①公务员作品形式统一但内容有原创性的作品不能获得著作权；②公务员原表达方式不一，有原创性的作品被改编成统一形式的作品而丧失著作权；③上级领导的意向或任务，经公务员领会、创作，被领导修改、加工成为领导作品而丧失著作权。

例如地方政府工作报告是一个工作班子起草集体创作的成果。一般程序是草稿出来后，要经过向专家咨询、政府常务会议和人大常委会初审、征求人大代表和民主党派意见、党委常委会讨论等多道程序，反复修改、审阅后才能形成报告。因此，类似工作报告是集体创作的，属于特殊职务作品。把集体创作现象的实际存在作为承认法人作品的主要依据，不仅并非外国承认法人作者的版权法的实际立法理由，而且也有悖于版权制度鼓励创作的宗旨。[①]

公务员的智力成果被其领导所攫取而丧失著作权。作为领导秘书的公务员的一项重要工作是经领导授意起草文稿。不少地方领导特别是县市级领导有"秘书依赖症"，以讲话稿为例，多由其秘书代笔。虽然秘书可以经领导授意起草文稿，按照领导意图写稿，但稿子写完后，上级领导一般会在发言前看讲稿和提修改意见，当然也有领导事先不看讲稿拿过来直接读的行为，这些行为侵害了秘书的智力成果。

---

① 郑成思：《知识产权法》，法律出版社，2003，第159页。

三 公务员著作权的衡平保障

(一) 公务员职务作品的利益衡平

我国《著作权法》第 16 条第 2 款规定，主要是利用法人或者其他组织的物质技术条件创作，并由法人或者其他组织承担责任的工程设计图、产品设计图、地图、计算机软件等职务作品，作者享有署名权，著作权的其他权利由法人或者其他组织享有，法人或者其他组织可以给予作者奖励。依据该款规定，在特殊职务作品中，作者实际上只享有署名权，对作品并不享有经济权利，只能要求单位给予一定的奖励。在实践中，有时作者并不需要对该作品的署名权，若允许作者通过约定将其署名权转让给单位，则能使作者因此获得相应的经济利益，但是该条规定强行将所有特殊职务作品的署名权赋予作者，排除了双方的约定。[①] 作者只享有署名权，如果职务机关任意篡改其作品，可能损害该公务员名誉，还不如作者将署名权直接转让给职务机关。

在职务机关作为著作权人的情形下，公务员除了署名权受限外到底还有无其他的人格权？在我国，对职务作品公务员的署名权仅规定适用《著作权法》，而对职务作品其他人格权如保护作品完整权则没有特别规定。在我国台湾地区，任职机关取得著作财产权，公务员虽依"著作权法"第 15 条第 1 项但书及第 16 条第 2 项又不得主张公开发表权及姓名表示权，则该公务员著作权人还可以主张第 17 条的禁止不当修改权。然而，若不能主张姓名表示权，如何还会发生"他人以歪曲、割裂、篡改或其他方法改变其著作的内容、形式或名目致损害其名誉"之情形？如领导的讲话稿由他的秘书所写，而该讲话稿被任意篡改，导致损害该公务员名誉的情形才适用于此。

在一个劳动合同机制完善的社会中，单位需要在多大程度上控制作品的使用，完全可以通过合同与作者进行约定。法律只需在无约定时进行原则推定即可。[②] 通过合同作的特别约定，如果相关合约条款中有约定公务

[①] 杨延超、曹满贵：《我国职务作品制度的不足与完善》，《昆明理工大学学报》2007 年第 5 期，第 38 页。
[②] 李琛：《知识产权法关键词》，法律出版社，2006，第 86 页。

员职务上完成的创作，以任职机关为著作权人时，则著作权人即为任职机关，著作人格权和著作财产权归属任职机关所有，实际从事创作的公务员本身不能主张任何权利，但需给予财产或精神的补偿；或实际从事创作的公务员不能主张著作人格权和著作财产权外，公务员还可主张作品其他权利如作品完整权。我国台湾地区"著作权法"第11条规定，受雇人于职务上完成的著作，以该受雇人为著作人；但契约约定以雇佣人为著作人者，从其约定；依前项规定，以受雇人为著作人者，其著作财产权归雇佣人享有，但契约约定其著作财产权归受雇人享有者，从其约定；前二项所称受雇人，包括公务员。在著作权法的规定上，公务员和一般受雇于企业、团体的员工一样，如果是属于职务上完成的著作，而又未与任职的机关签署著作权归属的约定时，则该职务上完成的著作，以公务员为著作权人，但由任职的机关享有著作财产权。为此，特殊职务作品著作权适用约定优先原则，由著作权人与职务机关约定享有。具体细规如下：公务员完成的特殊职务作品，以该公务员为著作权人；但约定以单位为著作权人者，从其约定；依前项规定，以单位为著作权人者，其著作署名和其他人格权归该公务员享有，但约定其著作署名和其他人格权归单位享有者，从其约定；未约定的，著作人格权归公务员享有。

公务员职务作品与归所在机关所有的衡平关系体现为公务员著作权限制与政府必须公开义务的对应关系。公务员薪酬由公共财政支出，政府对公务员职务作品的利用也需无偿或只按成本发表其作品，同理，对公众而言则可免费或按成本获得使用该作品的权利。如台湾地区法规规定政府须对以下作品主动公开，并提供民众便捷之查询渠道：①刊登公报作业，如发行政府工作报告、公报等，统一刊载行政机关涉及人民权益的政策、规章制度等重要事项；②出国报告管理作业，如依据台湾地区"政府信息公开法"的规定，由政府机关编列预算派赴国外从事考察、进修、研究或实习所提出的出国报告。

(二) 公务员的著作权保障

(1) 职务作品的奖励制度。职务作品受政府预算补助或奖助，有时仅是按全部著作给予部分经费补助或奖助，或是单纯鼓励特定议题著作的研发。如果是委托外部人员完成的政府作品，在委托前，先以合同约定好其著作权归属，外部学者专家可根据合同的对价投注相应心力完成该件著作。职务作品在实质对价上，公务员未必能取得全部著作财产权，更别说著作权人的人格权。因此，政府建立内部公务员职务作品的奖励制度，在考核和记功上肯定公务员的创作十分必要，其意义在于：一方面政府能率先垂范保护著作权；另一方面能细化对参加创作人员的奖励。奖励制度包括物质和精神上的奖励。公务员创作的作品如被采纳给予相关人员合理化、改革建议奖，如形成合理制度给予创新奖，如创作成果多的可以给予记功等。

（2）给予专业刊物保障发表。相对于学术刊物强调理论性，大众刊物强调通俗性，公务员作品一般是与自身工作有关的想法和操作建议，很难在以上两类刊物上发表。现实中，我国有高层领导发表文章的渠道而没有基层公务员作品发表的专门刊物。以《求是》为例，自创刊以来，它一直是中共中央的重要思想理论阵地，作者队伍中，领导干部云集，刊发的文章若以篇目论，省部级以上领导干部的文章要占到总量的40%以上，党和国家领导人的文章约占总量的5%。① 设立专门公务员作品的专业刊物，保障公务员特别是基层公务员非涉密原创作品的发表有利于提升公务员创作热情和向公众展示公务员的辛勤成果，同时，也是对公务员著作权限制的心理补偿。

（3）抄袭追究。不少基层政府文件、报告、总结都是在前几年的基础上修改而成，更有甚者，有的领导层公务员直接将日期更换而内容不变。如山西省交城县委书记将上级市委书记的讲话稿照抄照搬一事，反映出一些公务员习惯用文件落实文件，用会议落实会议，层层"抄袭"、层层照搬。② 同时，也可看出公务员特别是领导层公务员根本没有意识到著作权保护的问题。这是基层政府懒政的表现，也是政府不重视著作权保护的后果。中纪委《关于在干部教育培训中进一步加强学员管理的规定》规定，不准请人代写发言材料、学习体会、调研报告和论文等；不准抄袭他人学习研究成果。将抄袭职务作品行为纳入公务员职业道德行为规范给予谴责

---

① 钱昊平：《〈求是〉杂志如何刊发领导人的文章》，《南方周末》总第1577期，2014年5月8日。
② 胡建兵：《县委书记抄袭市委书记讲话稿在糊弄哪些人？》，http://opinion.people.com.cn/n/2014/0328/c1003-24760322.html。

甚至党的纪律处分是必要的。唯有如此，领导才不敢抄袭或复制他人的智力成果。

（4）著作权保护的倡导。保护知识产权已成为世界的主流，政府机关作为知识产权主要保护主体应身体力行。在政府单位作品和特殊职务作品上须注意保护作者的人格权，在政府公文的附件上应列明作者和专家的观点；政府单位作品凡是引用前人（包括作者自己过去）已发表的文献中的观点、数据和材料等都要对它们在文中出现的地方予以标明，并在文末列出参考文献表。公务员署名权可以扩展到政府单位作品上，如在作品说明上标注创作者的首提权。这样做一方面，政府作为保护著作权示范部门，为整个社会的创新意识提供良好的发展环境；另一方面，也为参与政府公文的创作者提供精神的满足感，使其保持创作的动力。

第七章
公务员批评建议与控告权

第一节 公务员批评建议权

一 监督权与批评、建议、申诉、控告检举权

我国《宪法》第41条第1款明确规定:"中华人民共和国公民对于任何国家机关和国家工作人员,有提出批评和建议的权利;对于任何国家机关和国家工作人员的违法失职行为,有向有关国家机关提出申诉、控告或者检举的权利,但是不得捏造或者歪曲事实进行诬告陷害。"从制度和公民权利角度确立了"阳光政府"的原则,即行使公权的行为均应接受人民监督,国家机关和公务员应履行接受人民监督、不得打击报复的宪法义务。据此,监督权内容分为两部分:一是批评权和建议权;二是申诉权、控告权和检举权。监督权具有典型的政治性,其批评权、建议权和检举权是公民参与公共事务的权利,[1] 它们都具有监督功能,共同构成完整的监督权利群。

(一) 监督权

作为一个综合权利群,监督权所包含的批评权、建议权、申诉权、控

---

[1] 林来梵:《从宪法规范到规范宪法》,法律出版社,2001,第232页。

告或检举权等具体权利在特性上既有相同点，也有不同之处。它们的同质性决定了其作为同一类基本权利而存在，主要是针对国家机关及其工作人员的违法失职行为进行的，但并未要求监督主体是违法失职行为的直接受害者。

舆论监督权与言论自由从内涵和外延两方面看，二者虽有重叠，但价值和功能不尽相同。在内涵上，言论自由强调的是人的思想意识和精神自由，相信人们可以在意见的自由交流中修正谬误，求得真知，以促进人性的自我完善，因而它是着眼于人的自主性和人格健康发展的一项宪法权利；而监督权的直接目的是鼓励公民对国家机关及公务员违法失职行为进行揭露、建议、批评或检举揭发以促进社会健康的发展。在行使舆论监督的过程中，虽也表现为政治性言论，但公民和媒体表达言论不是目的，而是手段，即通过表达意见，形成舆论，约束权力，保护公共利益，其本质是对公共权力的监督。在外延上，言论自由比监督权的范围更广，它涵盖了舆论监督，包括以任何方式表达信息与意见的自由；而监督权只是"言论自由中利用大众传播方式揭露、批评与公共利益相关的事件或人物的自由"，外延比言论自由小得多。[1]

（二）公务员批评建议权

依据我国《宪法》第 41 条规定，批评建议是向任何国家机关和国家工作人员提出批评和建议。有学者认为批评建议权是宪法赋予包括公务员在内的每个公民的权利，显然不宜在公务员权利规范中再次予以规定。[2] 这种看法值得商榷。就公务员而言，其首先是公民，享有宪法规定的基本权利；其次作为具体政策的执行者，他们更有可能向本机关或上级机关及其领导人员的工作提出切中要害的批评和可行性的建议。这是因为公务员直接参与国家管理，在国家管理活动中具体贯彻党和国家的方针政策，而且他们对于本机关和上级机关及其领导人的情况最了解，对于国家管理活动各个环节上的缺陷比较清楚，基于行政职业伦理，提供的批评建议更具体、更有实效性。因此，强调公务员享有批评和建议的权利，具有更为重

---

[1] 周甲禄：《舆论监督权论》，山东人民出版社，2006，第 28~29 页。
[2] 燕卫华：《公务员权利救济制度研究》，中国政法大学博士学位论文，2007，第 76 页。

要的现实意义，它有利于各级机关克服官僚主义，提高工作效率，改善工作质量。

（三）公务员建议、批评与控告检举、申诉权利

公务员享有《宪法》第 41 条规定的建议、批评与控告检举、申诉权利需要进行进一步的区分。

首先，建议、批评与控告检举、申诉权利的目的不同。公务员建议权主要是针对机关和公务员的工作提出合理化建议，以期更有工作效率；公务员批评权主要是针对机关和公务员的工作作风和组织纪律进行评判，有利于各机关克服官僚主义，维护机关和公务员的良好形象；申诉权主要是针对公务员自己权益受到侵害的情况，因此要求给予正确对待。申诉权不仅体现舆论监督的内容，且更多体现公务员权利救济的特性；而控告或检举权主要是对机关和公务员的违法或重大违纪行为向有关部门进行检举或揭发。

其次，提出对象不同。公务员批评建议一般是直接对本单位及工作人员提出，公务员申诉与控告一般对其上级机关或负责人提出。

最后，处理结果不同。从逻辑上来看，《宪法》第 41 条中的但书"不得捏造或者歪曲事实进行诬告陷害"与申诉权、控告权、检举权联系在一起，而不是与批评权和建议权联系在一起。因为建议与批评只是提供参考，机关或公务员接受不接受由其自己决定；而受理申诉与控告的相关部门必须依程序启动审查程序，并作出处理决定。

二　公务员建议权

"建议"一词的本来含义是向集体或者领导提出自己的主张。建议是对公务员改进工作提出的意见，是公务员主动性的表现。我国《公务员法》只对建议权进行概括性规定，没有规定建议权的具体实施办法。公务员建议权的具体内容应包括以下几点。

（一）建议对象

公务员既可向本部门或有隶属关系的机关及其领导人员提出建议，也

可以向其他部门或无隶属关系的机关及其领导人员提出建议。

（二）建议内容

公务员既可就与自己工作、权益有关的问题提出建议，也可针对机关的工作程序、工作内容、领导人的工作方式和作风以及国家政策、战略问题等问题提出建议。鼓励公务员提出合理化建议，体现了我国公务员作为人民公仆的本色，体现了公共人事管理应该具有的谏言机制，是现代公共人力资源开发的一个有效途径。

（三）建议形式

公务员可以用书面的、口头的或其他合理的形式在任何时期（无论是在职还是退职时）提出建议。

（四）建议权限制

因涉及利益冲突与回避制度，公务员建议权应有所限制。中共中央《关于全面推进依法治国若干重大问题的决定》提出建立领导干部干预司法活动、插手具体案件处理的记录、通报和责任追究制度。2015年3月中共中央办公厅、国务院办公厅印发《领导干部干预司法活动、插手具体案件处理的记录、通报和责任追究规定》规定领导职公务员不得干预司法活动、插手具体案件规定，依此，公务员对司法活动的建议须禁止。《中国共产党纪律处分条例》第119条规定，党员领导干部违反有关规定干预和插手司法活动、执纪执法活动，向有关地方或者部门打招呼、说情，或者以其他方式对司法活动、执纪执法活动施加影响，情节较轻的，给予严重警告处分；情节较重的，给予撤销党内职务或者留党察看处分；情节严重的，给予开除党籍处分。

三　公务员批评权

批评即指出机关及其领导人员工作中存在的缺点和不足，提出否定性意见的活动。公务员行使批评权是公务员责任心的具体体现。建议批评都是向特定组织或个人提出自己的意见或见解。但批评带有批评性、指正性的特点,且大都是对已经发生的事件或行为而言,多有希望对方改正的意思;而建议带有建设性、前瞻性的特点,且大都是对尚未发生的事件而言,多有希望对方采纳并实施的意思。

(一) 批评的对象、内容与形式

公务员可向本部门或有隶属关系的行政机关及其领导人员提出批评。公务员既可就与自己工作有关的问题提出批评,也可针对行政机关的工作程序、工作内容、领导人的工作方式和作风等问题提出批评。在公务员中倡导开展相互批评,体现了民主的工作作风和情感上的关怀。公务员可以用书面的、口头的或其他合理的方式,采用调研报告形式、会议形式、座谈形式提出批评。

(二) 批评权与控告权辨析

有学者认为批评建议权中的"批评"一词是一种善意的劝告行为,应该将其纳入工作作风范畴而非权利范畴;况且,中国共产党历来倡导干部要进行批评与自我批评,这里的批评和自我批评都是作为工作作风倡导的,而非作为权利加以规范的;如果将批评建议权中的"批评"一词定义为"对机关及其领导人员的非法行为提出控告的行为",那么可以将"批评权"纳入"控告权"范畴,而没有必要单设批评权。①

此观点值得商榷。首先,公务员批评权与控告权虽属于监督权范畴,但二者有不同的领域,程序不同,侧重点不同。控告须按程序进行,而批评可以选择任意时间或方式进行。控告主要针对机关及其领导人员的非法行为,批评针对的是机关及其领导人员已经发生的行为或做法进行评论、分析并希望对方改正,二者侧重点不同。其次,控告一般是在公务员无法得到支持或救济的条件下,不得已作出的行为,批评及自我批评是公务员个人伦理上的自省行为,体现了我国公务员的传统美德;针对批评,公务员有则改之,无则加勉,体现了我党的优良传统。这有利于创造团结向上的组织文化。最后,批评权是宪法规定的基本权利,如将"批评权"纳入

---

① 刘俊生:《公务员权利规范研究——从公共服务协约关系理论出发》,《国家行政学院学报》2004 年第 1 期,第 70 页。

"控告权"范畴,则可能会因为公务员丧失批评权而出现下属公务员集体沉默的现象。不能因为批评作为工作作风的倡导或即便赋予也不能成为公务员的现实权利的理由而否定公务员应有的批评权。

(三) 批评权限制

(1) 公务员表达批评不得违反法律和政策规定。公务员必须依法、依规向本级组织或上级组织表达批评,如不得超越职权以批评名义干预司法机关办案,让司法机关做违反法定职责、有碍司法公正的事情。

(2) 公务员表达批评不得违反行政伦理和组织纪律。公务员必须遵守组织纪律、行为规范及行政伦理,而不能采取不当或不道德行为为之。公务员必须履行谨慎的义务规范,不能在公开场合批评政府和政策。以下案例说明了公务员行使批评权的特殊性。

澳大利亚移民部女公务员米凯拉·巴纳吉是澳大利亚移民部发言人桑迪·洛根手下的一名公共事务官员。她经常在推特上发文批评澳大利亚的移民拘留政策、在拘留中心工作的安全公司以及政府和反对党的前座议员。

2012年3月5日,洛根发推文赞扬格朗·达特是150年来从墨尔本大学毕业的第一个非洲移民医生。巴纳吉使用匿名的推特账号"LaLegale",事发时有700多个关注者。"LaLegale"评论称:"也许现在达特(的成就)可以弥补移民拘留中心里的种种死亡和痛苦了。这些非法的、不道德的、毁灭性的拘留中心是另一种难民营。"起初,巴纳吉否认"LaLegale"就是她。但随着有关方面调查的深入,她不得不承认。这一事件的调查员罗宾·怀特说,巴纳吉的推特评论"猛烈批评了政府、部长、移民部工作……以及桑迪·洛根"。怀特认为,巴纳吉在这两个问题上违背了澳大利亚公共服务行为规范,建议将其开除。巴纳吉说,由于她在推特评论中对政府的移民政策有所抱怨,因此遭到了洛根的欺凌,并称移民部对她进行惩罚的决定是一种报复,辩称自己拥有与其他公民同样的言论自由,请求司法干预,但澳大利亚联邦巡回法庭拒绝了她。巡回法庭方面认为,宪法并不保护公务员的言论自由。[①]

---

① 王磊编译《澳公务员批评政府遭解雇、宪法不保护公务员言论自由》,http://overseas.caijing.com.cn/2013-08-15/113175212.html。

由此，基于服务于政府需要，公务员必须履行言论谨慎的义务，不能在公开场合批评政府和政策，因而公务员公开批评权受到一定限制。

四 公务员批评、建议权行使的途径

(一) 通过工会、机关代表大会、政协委员和人大代表传递

(1) 通过工会、机关代表大会等团体传递个人对组织的建议和看法。各级政府直属机关工会、共青团、妇女工作委员会，须定期了解本单位人员对各级直属机关单位党员领导干部的意见，及时向上级党委反映各直属单位领导班子和领导干部的情况。

(2) 通过向本单位的政协委员或人大代表反映，政协委员或人大代表及时把公务员的批评、建议传递到国家机关，以便国家决策。在我国，代表选举的竞争机制尚未真正建立，然而代表候选人在当选过程中仍会或多或少地表达自己的"当选承诺"；这些承诺可以被纳入议案产生依据的范畴，促进承诺向议案的转化以强化代表的责任意识；选民和原选举单位的建议、请愿也应成为代表议案产生的重要依据，这既是代表实现"代"之职能的要求，也是代表接受监督的重要方式。[1]

(3) 自己作为代表或委员的提案权。公务员作为机关代表提出建议并向相应人大机关提案或要求咨询。《全国人民代表大会组织法》第 21 条、《地方各级人民代表大会和地方各级人民政府组织法》第 19 条和《全国人民代表大会和地方各级人民代表大会代表法》第 18 条规定，县级以上各级人大代表向本级人民代表大会或人大常委会提出的对各方面工作的建议、批评和意见，由本级人大常委会的办事机构交有关机关和组织研究处理并负责答复。乡、民族乡、镇的人大代表向本级人民代表大会提出的建议、批评和意见，由本级人民代表大会主席团交有关机关和组织研究处理并负责答复。政协委员参加政治协商会议，提出意见主要有提案方式，专门委员可采用建议、建议案、协商意见、协商纪要、视察报告、民意报告等多种表达形式。目前，对于以这些形式报送的意见，只有提案有明确而

---

[1] 胡弘弘：《论人大代表提案权的有效行使》，《法学》2012 年第 5 期，第 23～26 页。

成熟的办理和反馈机制，其他形式的意见并没有相应的办理制度要求。

（二）民主生活会上批评建议

公务员在民主学习会上向组织反映情况、提出建议。在民主生活会、群众联系会上或在党中央要求的各项活动中，常常开展批评和自我批评活动，对本人和同事、上级和下级进行批评。这是中国共产党的优良传统。作为党员公务员在民主生活会中的批评和作为民主党派、无党派公务员的批评建议也是行使批评建议权的方式。

首先，要进行自我批评。每个公务员都要严于律己，襟怀坦荡，联系自己的思想、工作实际和廉洁自律情况，认真对照检查，防止只谈工作不谈思想、只讲成绩不讲问题、只讲集体不讲个人的现象。要正视自己的缺点、不足或错误，说老实话，反映真实情况，体现真实思想。对群众反映较多的问题，特别是廉洁自律方面的问题，更不能回避，必须如实说明，自查自纠。针对存在的问题，分析原因，吸取教训，提出改进措施。不能就事论事，不能避重就轻，不能文过饰非。

其次，相互批评要讲党性、讲原则。要克服好人主义和"事不关己，高高挂起；明知不对，少说为佳"的自由主义态度。做到坦诚相见，"知无不言，言无不尽"。被批评的同志要欢迎别人批评，虚心吸取各种意见，"有则改之，无则加勉"。不能压制批评，不能打击报复批评者。

最后，批评与自我批评是我国公务员工作作风建设的优良传统。2015年王岐山同志在福建调研时指出，党内关系要正常化，批评和自我批评要经常开展，让"咬耳扯袖""红脸出汗"成为常态。领导成员之间、领导与下属之间、党员与非党员之间交心谈心，经常交换意见、沟通思想、消除隔阂和误会。将公务员在民主生活会上出现的倾向性、苗头性问题制止在萌芽状态，尽力消除"没查都是'好同志'，一查就成'阶下囚'"的现象。

（三）日常工作建议

在日常工作例会上，公务员对机关的工作内容、工作流程、工作作风提出合理化的建议，以提高工作效率和改善作风。实行日常工作例会制度，即领导班子日常工作例会制和各所属单位日常工作例会制，每月多次或一次。领导班子全体成员按时参加会议，对分管工作上半月的完成情况、取得的成绩、存在的问题、下一步工作打算进行汇报，并对工作提出好的意见和建议；各下属单位日常工作例会制要求下属各单位的中层领导干部全体参加会议，由主要负责人对本部门所承担工作的上月任务完成情况、取得的成绩、存在的问题及下一步工作打算进行汇报，并对全局工作提出好的意见和建议。

五 公务员批评、建议权的衡平保障

公务员批评、建议权的衡平保障主要通过民主协商实现的，其实际效果如何与被批评者或被建议者主观上是否接受批评建议有莫大的关系，以下仅从制度、机制上提出公务员批评、建议权的保障制度。

（一）完善开会和征求意见制度

完善公务员建议与批评的开会制度，首先要关注开会主题如座谈会、咨询会、征求意见会的改进，主要包括增加会议次数、扩大规模及结构优化。其次，公务员行使建议与批评权更要注重如何在现行框架下完善开会制度，即开会主题的明晰化，不得将座谈会、咨询会、征求意见会变成向上级的汇报会；保障参会者发表意见的权利和发言时间；改革开会流程，实现参会者、主持者、领导者的平衡，会议记录由参会代表签名，加强意见的反馈，完善联系机制等。

短期内从根本上改革会议制度并不现实，如何完善征求意见制度，在现行框架下尽可能发挥它的功能才是应该讨论的主题。我国只有在较大的运动式主题活动中才有公开征求意见的环节，如党的"三讲""保持先进性教育""群众路线实践教育""三严三实专题教育"活动中，才有反馈意见的环节。因此，对公务员的建议与批评应建立相应的常态机制和反馈机制，以方便公务员行使建议与批评权。

（二）规范公务员批评、建议的范围与责任

国家须明确公务员批评、建议的范围，公务员应在本职工作职责、范围内行使批评、建议权，公务员在职责范围之外不宜规定批评权。

规范公务员建议权，可参考我国台湾地区公务员建议时不得与"游说法"禁止性条款相冲突。台湾地区"游说法"所规定游说，是指游说者意图影响被游说者或其所属机关对于法令、政策或议案之形成、制定、通过、变更或废止，而以口头或书面方式，直接向被游说者或其指定的人表达意见的行为。① 台湾地区"公务员服务法"第 14 条、"政府采购法"第 15 条第 1 项规定，游说者除民意代表外，于离职后 3 年内，不得为其本人或代表其所属法人、团体向其离职前 5 年内曾服务机关进行游说，亦不得委托其他游说者为之，以确保公平。"曾服务机关"包括该服务机关的所属机关。公务员在离职后一定期间内，对于原服务机关仍具有影响力，对其游说予以限制，可避免其向原服务机关施压，不当影响决策，也不致使所有责任均由原服务机关承担。

设立公务员利益冲突的建议禁止的规定：禁止与利益冲突的游说，公务员不得向机关有关人员关说、请托或以其他不当方法，图其本人或他人的利益。量化和细化公务员干预司法、游说、关说的通报和责任追究制度。

（三）完善公务员批评受理机制、处理机制

批评和自我批评是解决党内矛盾的有力武器。大胆使用、经常使用这个武器，使之越用越灵、越用越有效，以促进民主集中制的贯彻执行，促进党内生活的严格规范，促进党性原则基础上的团结，切实提高领导班子发现和解决自身问题的能力。② 实行双向反馈机制，公务员提出的批评或建议及时受理，并向本人及相关人员书面通报处理情况，使公务员反映的问题事事有回音、件件被落实。坚持实事求是，依法依纪办事，自查自律与改进工作相结合的原则来处理公务员所提出的批评或建议；禁止对提出批评的公务员进行打击报复，包括隐性报复行为。

（四）公务员建议奖励机制

我国在《公务员法》《法官法》《检察官法》中规定了对公务员提出合理化建议、改革建议和创造发明的相关奖励条款。如《公务员法》第 49

---

① 台湾地区"游说法"，http：//law.moj.gov.tw/LawClass/LawAll.aspx？PCode = D0020062。
② 习近平：《在河北参加省委常委班子党的群众路线教育实践活动专题民主生活会的重要讲话》，http：//news.xinhuanet.com/politics/2013 - 09/25/c_117507853.htm。

条第 3 项规定,公务员或者公务员集体在工作中有发明创造或者提出合理化建议,取得显著经济效益或者社会效益的,给予奖励。又如《商务部公务员奖励办法》第 3 条第 5 项规定,公务员、公务员集体在工作中提出改革与发展重大思路和建议,参与重大政策的制定和重要文稿的起草,为国家取得显著经济效益和社会效益,受到党中央、国务院领导表扬的,给予奖励。奖励方式为精神奖励与物质奖励相结合、以精神奖励为主。从人力资源开发和激励的角度来看,任何追求进步的组织都会鼓励其职员提出合理化建议。政府将公务员提出的有关工作的合理化建议或改革与发展思路作为奖励项目,建立合理化建议奖励机制并使之经常化、制度化,并定期评选,这有利于保障公务员建议权的行使。

第二节 公务员控告、检举权与弊端揭露

控告、检举权是我国宪法赋予公民的一项政治权利。控告是指机关、团体、企事业单位和个人向司法机关揭露违法犯罪事实或犯罪嫌疑人,要求依法予以惩处的行为。我国《公务员法》第 93 条规定,公务员认为机关及其领导人员侵犯其合法权益的,可以依法向上级机关或者有关的专门机关提出控告。受理控告的机关应当按照规定及时处理。《公务员法》规定的公务员控告权是宪法权利的具体化。公务员控告制度的理论基础除了天赋人权、权力制衡外,还在于每个人都有监督他人和组织不危害别人和社会的权利,都有维护社会公共利益和社会正义的权利;依据这种思想建立的公务员控告制度就是为了保护公务员自身的合法利益,为了保护其他人和社会的利益不受侵害,为了维护社会公共利益和正义。[①]

一 公务员控告、检举权

(一) 公务员控告、检举的内涵、范围与功能

公务员控告、检举的内涵是指公务员对于行政机关及其领导人员侵犯

---

① 周敏凯:《公务员制度概论》,高等教育出版社,2009,第 221~222 页。

其合法权益的行为,向上级行政机关或者监察机关提出控告或检举,使自己的合法权益得到恢复和补偿,并要求对实施不法侵害的机关或人员追究法律责任。控告、检举有控诉和告发两层含义。公务员控告权是保障公务员权利不受侵犯,监督制约机关依法行政的重要措施和手段。

公务员控告权与公民控告权有联系又有所区别。首先,公务员控告权是基于其公民控告权而产生的,但又超出一般公民控告权的范围。我国《刑事诉讼法》第108条第2、第3款规定,被害人对侵犯其人身、财产权利的犯罪事实或者犯罪嫌疑人,有权向公安机关、人民检察院或者人民法院报案或者控告。公安机关、人民检察院或者人民法院对于报案、控告、举报,都应该接受。对于不属于自己管辖的,应当移送主管机关处理,并且通知报案人、控告人、举报人;对于不属于自己管辖而又必须采取紧急措施的,应当先采取紧急措施,然后移送主管机关。这里所指的报案、控告、举报就是所有公民的控告权,当然公务员也包含其中;但公务员控告权超出个人权益范围,更多的是维护社会公益。公务员控告的主要起因是所在机关及其领导人员实施了违法乱纪的行为。此处所指违法既包括一般的违法行为,也包括犯罪行为;乱纪包括违反党纪和政纪的行为。其次,公务员具有公务员和公民双重身份,这决定了公务员的控告具有双重性。控告权的政治性处于中间的游离状态,针对国家机关或其工作人员的违法或失职行为的控告属于政治性权利,针对国家机关或其工作人员对公务员个人权益的不法侵害的控告则属于非政治性的权利。①

公务员控告、检举的范围包括以下几项。①认为机关及其领导有违法或不当行为,给公务员本人的合法权益造成损害。此类控告是公务员控告的主要内容之一。合法权益是指法律赋予公务员的权利和利益,包括公务权益和个人权益两大类。公务权益即与公务活动有关的权益,主要有执行公务保障权和公务身份保障权。前者是指公务员有权获得履行职责的权力和工作条件,如排除妨害权、公款公物使用权、了解国家机密权等;后者是指非因法定事由和非经法定程序,公务员不应受到行政处分的权利。②由于机关及其公务员的违法和不当行为,给社会、公众或不特定公务员的合法权益造成了损害,公务员向控告受理机关依法控告此等违法违纪行为,属

---

① 林来梵:《从宪法规范到规范宪法》,法律出版社,2001,第232页。

于为公共利益而控告。

公务员控告、检举制度对侵权的国家机关和上级公务员具有威慑作用，因为控告不仅具有保护权益、监督权力行使的作用，而且还具有追究侵权者和危害者的法律责任的特殊功能。从这一点上讲，公务员的控告、检举制度对保护公务员的合法权益以及维护社会公共利益和正义的作用相对于普通人更为明显。

（二） 公务员申诉、控告的区别

公务员的申诉和控告虽然都是保护公务员合法权益的手段，但二者之间既有共同点又有区别。①

（1） 二者相同之处有以下几个方面。①申诉、控告的主体是法律确定的公务员，公务员是具有特殊身份的公民，它享有一般公民所没有的法定的权利和义务。②申诉、控告的对象是法律规定的机关及其工作人员。③申诉、控告的客体是公务员所在机关及其工作人员侵犯公务员权利的违法或者不当行为。

（2） 二者区别在于以下方面。①起因和对象不同。从导致申诉、控告行为的原因上看，引起申诉的原因是公务员对已发生效力的处理决定不服，要求重新审查处理结果，所针对的是人事处理机关对公务员本人作出的人事处理决定；而公务员控告的起因是所在机关及其工作人员实施了违法乱纪的行为，控告所针对的则是机关及其工作人员。②前提条件不同。公务员申诉必须以机关的人事处理决定的存在为前提条件；而公务员控告则不以机关的人事处理决定的存在为前提条件。公务员只要认为所在机关及其工作人员的行为违法乱纪，且涉及自己的合法权益，即可向有关机关告发，要求处理所在机关及其工作人员的违法乱纪行为。③目的和功能不同。申诉目的是使处理机关改变或撤销对自己的处理决定，以便恢复自己的合法权益，并使已经受到的损失得到补偿；而控告的目的不仅是使自己的合法权益得到恢复和补偿，而且还要求有关机关追究实施不法侵害的机关或人员的法律责任。控告的重点是对机关及其领导人的监督，以保证其执行政策和法律的准确性、严肃性。④受理机关不同。申诉一般是先请原

---

① 沈文莉、古小华：《公务员制度教程》，中国经济出版社，2007。

处理机关复核，原处理机关如果不予复核或公务员对复核决定仍不服，再向同级公务员主管部门或上级机关申诉。控告则可直达上级机关或专门机关。⑤申诉和控告被受理后的处理不同。申诉被受理后，受理机关一般只作书面审理并根据书面审理情况作处理决定。控告被有关机关受理后，受理机关则要立案调查，并根据违纪、违法侵权行为的不同情节予以处理：对违纪、违法但不构成犯罪的行为人可直接作出处理决定；对涉嫌犯罪的行为人，要移送司法机关依法给予制裁。

二 公务员控告、检举过程

为保护公务员合法权益，纠正违法违纪行为，受理控告、检举的机关应当按照规定及时处理公务员的控告。公务员控告的处理程序大致可分为受理控告、立案调查和案件处理三个步骤。

（一）受理控告、检举

受理控告是指控告人提出控告后，上级或者专门机关经过对控告书和有关证据的审查，认为符合控告条件，决定立案的活动。受理公务员控告的机关必须是有权惩戒侵犯公务员权益的行为的机关，即上级行政机关或者纪委、监察机关。我国法律规定，上级行政机关对于下级行政机关的活动有监督的责任；纪委、监察机关既有受理公务员控告的职责，也有直接惩处或建议有关部门惩处违法、违纪人员的权力。审查控告的成立有四个要件，即控告人具有资格；被控告人明确；控告事实清楚；控告请求具体。如果上述内容有遗漏，受理机关可以限期让控告人予以补正。如果不符合以上条件，受理机关应驳回控告，并说明理由。如果符合以上条件，受理机关则应受理控告，并确定立案调查。受理机关确定立案调查后，应立即书面通知双方当事人。同时必须维护当事人的合法权益，对控告人的情况应当保密，不准将控告、检举材料转给被控告人，也不得歧视、刁难和压制控告人。

（二）立案调查

立案调查是指上级或专门机关对控告人控告的违法侵权案件，经过一定的立案程序后进行的查证活动。其目的在于查清事实、收集证据，为严肃、慎重、准确地追究被控告人的责任奠定基础。受理机关决定立案后，应立即进行认真的调查，听取被控告人的陈述和辩解，全面收集证据。

（三）案件处理

受理机关经过检查和调查，根据不同情况作出不同处理决定。当认定被控告人没有违法违纪行为，或虽有违法违纪行为但不需要追究责任时，应撤销案件，并通知被控告人及所在单位。当认为需要依照有关规定提出处理意见时，应向有关部门或单位提出处理意见，也可以直接作出处理决定。

将处理决定以书面形式送达控告人、被控告机关、被控告人和控告人所在机关。根据有关规定作出处理决定的时限为六个月，最长不超过一年。有关机关和人员在接到处理决定后，应当在规定的期限内执行，并将执行情况通报给作出处理决定的机关。对于立案调查的案件，经调查认定违法违纪事实不存在，或者不需要追究责任的，应予以撤销，并告知被调查部门的上级机关或者被调查人员的所在单位。重要案件的撤销，应当报本级领导机关和上一级专门机关。

三 公务员控告、检举权行使的现状

（一）我国公务员控告、检举权的现行规定

我国相关法律规定，控告人享有如下权利：对党员、党组织和行政监察对象违法违纪的行为有权提出检举、控告；提出检举、控告、申诉后，在一定期限内得不到答复时，有权向受理机关提出询问，要求其给予负责的答复；有权要求与检举、控告、申诉案情有关或有牵连的承办人员回避；对受理机关及承办人员的失职行为和其他违纪行为有权提出检举、控告；因进行检举、控告、申诉，其合法权利受到威胁或侵害时，有权要求受理机关给予保护。检举、控告人在行使合法权利的同时，也要履行相应的义务：对所检举、控告、申诉事实的真实性负责；遵守党的纪律和控告申诉工作的有关规定，维护社会秩序和工作秩序；接受党组织的正确处理意见，不得提出党章、制度、政策规定以外的要求。

任何一个公务员在行使自己权利的同时，不得妨碍其他公民的权利和自由，即公务员提出申诉和控告，不得捏造事实，诬告、陷害他人，否则要承担相应的法律责任。认定公务员的申诉、控告是否属于诬告、陷害他人，可以从四个方面进行判断：第一，是否有捏造事实的行为；第二，是否根据捏造的事实提出申诉、控告；第三，是否有特定的诬告、陷害对象；第四，是否有主观故意。只有这四个条件同时具备，才可以认定为构成诬告、陷害。根据《国家公务员申诉控告暂行条例》规定，国家公务员在申诉、控告中捏造事实、弄虚作假、诬陷他人的，国家行政机关要根据情节轻重给予批评或者行政处分；触犯刑法的，要依法追究刑事责任。给国家和他人造成经济损失的，要负责赔偿；给他人造成名誉损害的，要公开赔礼道歉，挽回影响。

我国公务员检举控告权的保护主要适用中共中央纪律检查委员会、监察部1996年印发的《关于保护检举、控告人的规定》。其第10条规定，任何单位和个人不得以任何借口和手段打击报复检举、控告人及其亲属或假想检举、控告人。指使他人打击报复的，或者被指使人、被指使单位的主要负责人和直接责任人员明知实施的行为是打击报复的，以打击报复论处。其第11条规定，打击报复检举、控告人的，纪检监察机关应分别不同情况予以处理。

（1）对于正在实施的打击报复行为，纪检监察机关应在其职权范围内采取措施及时制止，并予以处理，或者及时移送有关部门予以处理。

（2）检举、控告人因被打击报复而受到错误处理的，纪检监察机关应在其职权范围内依照有关规定予以纠正，或者建议有关部门予以纠正。

（3）检举、控告人因被打击报复而造成人身伤害及名誉损害、财产损失的，纪检监察机关应在其职权范围内负责处理，或者移送有关部门予以处理。

目前，我国没有专门保护实名举报人的法律和机构。有关举报人保护的规定散见于刑法、刑事诉讼法等法律以及《最高人民检察院关于保护公民举报权利的规定》等规定中，但这些法律政策仍停留在宣示性规定上，对报复者只能进行事后惩罚，对举报者起不到事先保护作用，在司法实践中也缺乏可操作性。相互推诿、互踢皮球，形成保护真空，让举报人保护陷入"人人都管，人人都不管"的境地。①

(二) 案例②

2013年3月17日，湖南省"党网"出现一篇题为《江永县一批县官弄虚作假违法乱纪安排自己的子女》的举报信。信中揭发：6名在任的江永县级领导干部，为子女伪造在外地工作的档案，之后将其调回江永的行政或事业单位工作，以规避本应参加的统一招考。举报信的落款署名是：不是传说是腐败。2014年初，湖南省江永县，因这起"领导干部子女亲属违规调入事业单位"案，包括先后两任县委书记在内的6名官员被免职。中共中央组织部就此事向全国通报。

谁是举报者？举报者显然非等闲之辈。网帖中，6名县领导及其子女的姓名、伪造档案的外地任职单位、子女们现在江永的工作单位，都写得清清楚楚，事后也均被查实。人们分析，能搞到如此翔实的举报材料的，只能是官场中人，于是大家都剑"指"江永县交通局副局长熊国剑。

熊国剑，外号"熊大侠"。在江永县以仗义执言闻名，年轻时曾写过多篇为民请命的新闻报道，其批评对象上自县委书记，下到村支部书记。1995年至1998年，熊国剑调入《江永报》当记者。在这期间，熊国剑写了诸如《湖南江永强征"烤烟税" 干群关系如水火》《秧苗何辜 遭此劫难》等若干批评报道，发表在《半月谈》《人民日报》等中央媒体上，有的还被中央领导批示，虽未产生"严重后果"，却让县领导心惊肉跳。1998年，江永县惊曝一桩丑闻：县里招商引资引来的大台商，竟然是一个毒贩子，其在江永制冰毒期间，曾设法让县里为其配了一辆警车用以运输毒品，还将政法委书记的女儿发展为情妇。当时，已任交通局副局长的熊国剑按捺不住，调查核实之后，接连写了数篇报道，发在全国各大媒体上。《南方周末》对此亦做了报道。由于熊国剑经常作出批评报道，其常被江永干部"一语双关"地调侃为"下面批评上面"。江永县因屡屡曝出负面新闻，被一位市领导痛批"庙小妖风大，池浅王八多"。在那之后，

---

① 袁晓彬：《鼓励实名举报：让举报者成炮灰》，http：//view.163.com/special/reviews/whistleblower0911.html#f＝www_news_attr。
② 参见柴会群《举报人不是我一个基层官员的"舆论监督"》，《南方周末》2014年5月15日，经本书作者整理。

但凡江永县有负面新闻发生，无论民间还是官方，总认为是熊国剑干的，熊国剑屡屡陷入"自证清白"的尴尬境地。

熊国剑分析，举报被"栽"到他头上，其实有必然性。由于"恶名"在外，领导首先会怀疑是他干的，老百姓希望是他干的，举报者本人为了自身安全，也希望别人以为是熊国剑干的。思前想后，熊国剑认为，保护自己的唯一办法，就是尽可能地将此事公开。2013年11月15日，《中国青年报》以近整版的篇幅报道了江永县"违规用人"案。熊国剑是其中唯一公开姓名的受访者。报道还配发了一条关于熊国剑的人物稿，标题是《我不是举报人，但还是想说真话》。报道发表之后，形势大变。江永县纪委当即成立调查组调查，两天之后即宣布媒体报道属实，7名被违规招进事业单位的领导干部子女被清退。批评监督的"生存土壤"渐被铲除。在"违规进人案"被处理之前，熊国剑所写过的批评报道，处理最重的是免掉1个非法砍树的村支书。与之形成对比的是，另有3个接受他采访的村支书被免。熊国剑认为作为国家公职人员，对此事他早有耳闻，却一直保持沉默，其实他也负有责任——所有干部都负有知情不报的责任。

问题提出：

(1) 公权组织如何对待来自它内部的批评者，最终如何体现体制的正义性？

(2) 检举弊端与"保守秘密"两项伦理要求经常相互冲突，且揭发者面临机关控告、免职或上级报复的风险，甚至不宜留在政府部门继续公务生涯，[1] 如何给予检举弊端者经济补偿？

四 与检举、控告权保障相关制度——公务员公益揭弊保护

在国际上，与我国公务员检举、控告权保障制度相类似的是英美等国家和地区的公务员弊端揭发保护制度。

（一）弊端揭发与保护

弊端揭发的学术定义是指组织成员对于雇主控制下违法、违反道德规范

---

[1] 萧武桐：《公务伦理》，台北智胜文化事业有限公司，2002，第302页。

或不正当情事，向能采取有效作为的人或组织加以揭发。① 组织成员的这种特殊的不满表达方式，通说认为应包括以下四项元素：①揭弊者是组织的现职或离职员工；②该员工有意让信息公开；③该员工将信息传递给组织外的人员或组织；④信息内容涉及组织重大、非细琐的（non-trivial）弊端。②

保护公务员揭弊的实质是保护那些愿意以职业生涯为赌注，检举揭发政府重大弊端的公务员，进而维护公共利益。公务员揭弊保护制度是通过公权力积极协助，对抗政府的滥权行为，与被动、消极的工作保护制度不同；保护机制也和检举机制不同，前者的重点是反报复，为揭弊公务人员提供对抗报复行为的后盾，而后者只是单纯鼓励公务人员为揭发行为。③ 公务员揭弊保护也与公务员申诉、控告有区别，前者是为了公共利益的正当性，后者为的所在机关及其领导人的违法乱纪行为，且涉及自己的合法权益被侵害。

（二）揭弊保护要件

揭弊者必须符合以下要件，保护措施才能进行。

（1）揭弊者具名与保密。公务员揭弊保护主要是以具名检举确定身份，而对匿名者则无法提供保护。在保密义务上，受理揭弊的机关负有保密义务，若经手人员泄密即可课以刑事责任；鼓励实名举报更要强化对举报人信息的保密责任。世界上大部分国家都规定受理机关不得披露举报人个人信息或任何可能导致举报人暴露的事项。如日本的《公益举报人保护法》规定，为举报人严格保密，不得以任何形式泄露举报人的真实身份。

（2）所揭发弊端真实。若是揭弊者有不实的虚构事实，或以伪造文件揭弊，即不适用。揭发弊端是否属于事实，可依据合理确信标准判断。是否满足合理确信标准取决于："一个为揭弊公务员认为具备基本的事实知识及对厘清事实没有困难之公正无私的观察者，能否合理认为政府的作为构成重大管理不当；揭弊公务员的纯主观观点是不够的，即使该项观点为

---

① Janet P. Near & Marcia P. Micei, "Organizational Dissidence: The Case of Whistle-blowing", *Journal of Business Ethics* 4 (1985), p. 4. 转引自关中《文官治理：理念与制度创新》，台北："考试院"，2011，第23页。
② Johnson, Roberta Ann, 2003: *Whistleblowing: When It Works and Why*, Boulder, Colorado: Lynne Rienner Publishers, Inc., 2003, pp. 3 – 4.
③ 关中：《文官治理：理念与制度创新》，台北："考试院"，2011，第34～35页。

其他公务员所认同。"①

（3）公务员弊端揭发的特别事项。美国联邦政府自1970年以来，将公务员揭发弊端作为对抗弊端的手段之一，并立法或修法保护揭弊人免受雇主报复。1989年为强化对内部告发者的保护，美国制定《弊端揭发保护法》（Whistleblower Protection Act），明确规定公务员除了国防或是外交上的利益外，针对机关或上级长官违反法令或行政规则、重大失政、预算的巨额浪费、权力滥用、公众健康或者有重大安全且特定危险之事可进行告发。

英国《公益揭发法》（Public Interest Disclosure Act）规定，只有工作者依规定为"适格的揭发"（qualifying disclosure），才是受保护的揭发。所谓"适格的揭发"指工作者合理相信所揭发的信息；涉及：①犯罪；②违反法定义务；③司法不公；④危及公共健康或安全；⑤危及环境；⑥蓄意隐藏上述已发生、现在发生或将来可能发生的不法情事。不管这些不法情事是否发生在英国国内，或是否违反英国法律；但工作者不能以违法方式为之，例如违反《机密保护法》或其他保密规定，否则将会失去保护。②

（4）向特定机关告发。例如：国防、外交利益，总统行政命令要求保密事项，这些事项只能向特别检察官、行政机关的专管政风首长或首长指定的人员揭发。我国台湾地区"法官伦理规范"第16条规定法官不得揭露或利用因职务所知悉的非公开讯息；其第26条规定法官执行职务时，知悉其他法官、检察官或律师确有违反其伦理规范的行为时，应通知该法官、检察官所属职务监督权人或律师公会。③

（5）政府对揭弊者采取了不当措施。揭弊保护制度主要目的在于不得对揭弊者施以不当措施，所谓不当措施是指除常见的免职、解雇、惩戒、强迫休假、减薪、降低职务、取消奖金、取消教育培训外，亦有纳入影响

---

① 杨戊龙：《美国联邦政府保护揭弊公务员之制度与发展》，台北：《政治科学论丛》2006年第29期，第96页。
② 参见杨戊龙《保护揭弊公务员与廉正政府的追求——以美国联邦政府法制实务为借镜》，发表于廉能政府与行政伦理研讨会，中国行政学会主办，2006年12月2日；《公务员揭弊管道与保护制度探讨——以英国法制实务为主要范围》，《国科会专题研究计划成果报告》（精简版），2008。
③ 《法官伦理规范》，台湾"司法院台厅司"一字第1010000646号令，http://www.judicial.gov.tw/revolution/judReform09.asp。

工作的不利处分，如身份、薪俸、管理措施、工作条件，或施以劳动条件或者契约条件的中止、解除或变更，或是相当职务丧失人事的决定而且显有不当者。

（三）揭弊者立法保护

组织成员（吹哨人）举报内幕是重要的案件线索发现途径，是一种有效的监督机制。外部人士很难掌握某一组织或行业的内幕、潜规则。如果揭弊者揭发的是上级公务员职务违法与失职，以现有法律而言并无法对揭弊者提供保障，揭弊者还可能因此遭受排挤，因而有必要对揭发不法的揭弊者，订定专法提供更全面的保护机制。1989 年，美国参众两院一致通过《揭弊者保护法》，首次以国家法律形式将检举人保护问题确立下来，此外还制定了十几个辅助性保护措施，以保护检举人免遭报复。

1. 揭弊者保护机关与申诉途径

美国成立了一个具有独立地位的专责机关——特别检察官办公室，使之从功绩制保护委员会独立出来，并赋予其"保护公务人员，尤其是弊端揭发者，使其不会遭受被禁止的人事措施（例如报复、歧视、强迫政治活动等违反功绩原则之下发生的人事措施）"的重大责任。[1]

因揭弊而受报复的公务员的申诉途径，需视其所受报复性人事处分是否落在功绩制保护委员会申诉管辖权的范围内而有所不同。若所受报复性人事处分属于向功绩制保护委员会申诉的事项，则公务员可选择向功绩制保护委员会提出申诉救济；公务员亦可选择先向特别检察官办公室提出申诉，不服者，再遵循个人权利申诉机制，向功绩制保护委员会请求救济。若所受报复性人事处分系属不可申诉事项，则只能向特别检察官办公室提出申诉，不服者，再遵循个人权利申诉机制，向功绩制保护委员会请求救济。[2] 在向功绩制保护委员会请求救济的过程中，除非经当事公务员的同意，特别检察官并不能参加申诉程序。[3]

---

[1] 萧武桐：《公务伦理》，台北智胜文化事业有限公司，2002，第 303 页。
[2] 杨戊龙：《美国联邦政府保护揭弊公务员之制度与发展》，台北：《政治科学论丛》2006 年第 29 期，第 99~100 页。
[3] 杨戊龙：《美国联邦政府保护揭弊公务员之制度与发展》，台北：《政治科学论丛》2006 年第 29 期，第 115 页。

2. 举证责任的分担

弊端揭发者所属的行政机关承担举证责任，包括被质疑为报复行为的人事处分的合理性与必要性。只要人事处分是因为受保护的揭发而起已足够，即凡公务员用优势证据（preponderance evidence）证明揭弊是促成机关主管作出该项人事处分之"促成因素"（contributing factor），因揭弊而导致人事处分受质疑，即满足公务员的举证责任，如果行政机关要采取相同人事处分，要有明显及令人确信证据（clear and convincing evidence）的支持。① 是否符合"明显及令人确信标准的要求"，要考量下列因素："行政机关所提支持该项人事处分证据的强度"；"参与人事决定官员进行报复动机的存在事实与强度"；"及行政机关会对非从事揭弊但有相似情形公务员采取相似处分的任何证据"。② 1989 年美国《揭弊者保护法》对举证要求予以修正，公务员只要证明揭弊是受不利人事处分的促成因素，不必是实质因素，公务员所指控的报复性人事处分即告成立。如果管理者认为即使该公务员没有揭弊，还是要对其作出不利人事处分，则要提出明显及令人确信的证据，即减轻公务员的举证责任，并反转于行政机关且加重之。③

3. 揭弊者保护机制

①揭弊者隐身措施。为对揭弊者进行保护，受理机关将以代号形式制作笔录，对具有正式身份资料的笔录则予以存封，即使未来进入法院审理，亦可进行隔离作证甚至变声处理，让揭弊者身份受到保护；这样做的目的是一方面保障揭弊者的隐私，另一方面防范揭弊后被不合理的对待。②损害赔偿制度。一旦揭弊者身份曝光或雇主对其采取报复行为，雇佣关系已势难恢复，因此要求复职显得不切实际，对雇主课以惩罚性赔偿较为务实。雇主因受雇者检举不法之情事而终止雇佣契约，应负损害赔偿的责任。

---

① 杨戊龙：《美国联邦政府保护揭弊公务员之制度与发展》，台北：《政治科学论丛》2006 年第 29 期，第 98 页。
② Geyer V. Department of Justice, 70 M.S.P.R. 682, 688, aff'd, 116 F.3d 1497 (Fed. Cir. 1997)，转引自 Carr V. Social Security Administration, 185 F.3d 1318 (Fed. Cir. 1999) at http://caselaw.lp.findlaw.com/scripts/getcase.pl? court = fed&navby = case&no = 983244.
③ 杨戊龙：《美国联邦政府保护揭弊公务员之制度与发展》，台北：《政治科学论丛》2006 年第 29 期，第 116 页。

综上，公益揭弊者保护制度为公务员站出来，举报不为人知的违法内幕，让公共利益得到维护，发挥了重要作用。其规定的公益揭弊情形、揭弊者保护机关与申诉途径，特别是举证责任的分担及揭弊者保护机制，值得我国借鉴，以完善我国的公务员控告、检举制度。

五 完善我国公务员检举、控告制度

我国在法律层面还未明确举报人和受理举报机关之间的法律关系性质，未明确国家应当向举报人承担何种责任。现行保护举报人权利制度的有关规定或过于原则和抽象，或过于分散和凌乱，不利于保护举报人的权利和鼓励公务员举报的积极性。因此，须进一步明确国家对举报人承担保护的责任，健全举报人保护机制。鼓励法律架构下的揭发与保护，强化保护因公益揭发而被牺牲者。各级机关确实履行保护责任，即明确"适当的人员"（who）将"公益信息"（what），向"适当的组织"（to whom），为"适当的揭发"（test），则该人员受到保护（protection）。①

（一）公务员揭弊与政府有效运作之间的衡平取向

美国 1978 年在进行文官制度改革时，改革者已意识到政府有效运作与保护揭弊之间的冲突，无能的公务员可能通过揭弊行为而免于被所属机关处理。美国学者罗伯特·G. 沃恩（Robert G. Vaughn）归纳指出，保护揭弊制度是控制政府弊端的制度性手段，但过度的保护可能成为公务员对抗机关人事作为的庇护所，成为个人和制度冲突的宣泄口，这会严重干预行政机关的正当运作。尽管有些担忧国会仍决定立法保护揭弊公务员，但限于重大弊端，且要有合理证据的支持，对于不负责的揭弊并不予以保护，以求得政府有效运作与保护揭弊间的平衡。② 揭弊保护价值取向是保护公益不受侵犯而非个人利益受损，是维护政府清廉公正形象而非个人私利。我国政府是人民的政府，只要是为维护人民利益，

---

① 杨戊龙：《公益揭发保护立法刍议》，http://tict.niceenterprise.com/front/bin/ptdetail.phtml。
② 杨戊龙：《美国联邦政府保护揭弊公务员之制度与发展》，台北：《政治科学论丛》2006 年第 29 期，第 113 页。

政府应正确对待来自它内部的批评者，给予相应的制度保护，体现政府的人民性和体制的正义性。

(二) 鼓励署名举报

匿名举报和署名举报的结果不同。举报不署名，如果提供的线索不够完整或者说得不清楚，那么调查工作无从下手，又找不到举报人进一步了解情况，匿名举报则无法启动体制内的调查程序，当然不会有令人满意的调查结果。匿名举报对举报者而言风险也很大，虽然公众不知举报者是谁，但被举报者若利用自己的政治资源查清举报者的真实身份，随便找个借口就能整治这个"忤逆犯上"的下属，且因是匿名举报，若被举报者采取报复则毫无舆论压力。[1]

在我国现行体制下，署名举报，受理部门一般按程序都会受理；若举报属实，启动相关调查程序。2015年8月中共中央颁行《中国共产党巡视工作条例》确立了各级党委应承担主体责任，规定有关纪律检查机关、组织部门收到巡视移交的问题或者线索后，应当及时研究提出谈话函询、初核、立案或者组织处理等意见。巡视组可以采取以下方式开展工作：①听取被巡视党组织的工作汇报和有关部门的专题汇报；②与被巡视党组织领导班子成员和其他干部群众进行个别谈话；③受理反映被巡视党组织领导班子及其成员和下一级党组织领导班子主要负责人问题的来信、来电、来访等。为了切实保护检举控告人的权益，只对不惜以侵害被举报人名誉权进行举报的行为加以限制和对公务员利用举报等形式打击竞争对手的行为作严格规定并以纪律惩处，对被举报查证不属实公务员应给予公告澄清。《中国共产党巡视工作条例》第37条第5项规定，对反映问题的干部群众进行打击、报复、陷害的，视情节轻重，对该地区（单位）领导班子主要负责人或者其他有关责任人员，给予批评教育、组织处理或者纪律处分；涉嫌犯罪的，移送司法机关依法处理。

---

[1] 因不满换届时未被提拔为副厅级干部，胡健勇授意昔日的部下、某县政府办副主任派昔日的司机，到深圳匿名发帖举报市委书记用人不公等问题。举报被查证不属实，有关部门查出了匿名举报背后是胡健勇指使，胡被免职后不久，他即被查出巨额受贿被判无期徒刑。从上述案例看，若举报官员贪腐，从举报者的角度看，实名比不实名更利于自我保护。参见褚朝新《实名与匿名举报官员的不同后果》，http://club.china.com/baijiaping/gundong/11141903/20130801/17976892.html。

(三) 打击报复规定的细化

目前,我国打击报复举报人的行为呈现多样化形式,有些打击报复行为已披上合法化的外衣,很难进行界定。与显性打击报复相比更难界定的是隐性打击报复,即除明目张胆地以违法手段侮辱、伤害举报人外,借"合法"手段实施的打击报复行为,特别是那些拥有"人事调配权"的被举报人(或与被举报人具有关系的人),往往以"工作需要"名义,对举报人作出职务任命上的"调""降""停""撤"决定,或者对其提拔实施"关""卡""压"等决定。

为此,2016年4月最高人民检察院、公安部、财政部联合印发《关于保护、奖励职务犯罪举报人的若干规定》,明列违反规定解聘、辞退或者开除举报人及其近亲属的;克扣或者变相克扣举报人及其近亲属的工资、奖金或者其他福利待遇的;对举报人及其近亲属无故给予党纪、政纪处分或者故意违反规定加重处分的;在职务晋升、岗位安排、评级考核等方面对举报人及其近亲属进行刁难、压制的;对举报人及其近亲属提出的合理申请应当批准而不予批准或者拖延等十项情形属于对举报人实施打击报复行为;并规定对职务犯罪举报人信息的保密措施,对举报人及其近亲属的保护措施,在诉讼中作证时用化名、不暴露举报人外貌、真实声音等出庭作证措施,实行举报人荣誉奖励和奖金奖励及奖励资金保障制度,细化了我国禁止打击报复举报人的规定,从而有利于揭发职务犯罪。

(四) 引入举证责任倒置机制与举报者保护机制

(1) 引入组织报复举报人的举证责任倒置机制。一旦举报人申诉,由作出处理的机关承担举证责任,包括被质疑为报复行为的人事处分的合理性与必要性,人事处分须符合明显及令人确信的证明标准的要求才能处理。如我国台湾地区"法务部廉政署"提出"揭弊者保护法"草案规定,对揭弊者工作权益的保障采用"举证责任转换"机制,公务员揭弊之后,若遭遇上级施以工作调整或职务调动,则该机关必须举证该项调动,属于合理的工作需求,而非对揭弊者的报复;若无法证明,揭弊者即可通过"排除不当措施请求权"终止不当措施,除可选择恢复原有地位,揭弊者亦有权要求终止劳动或委任契约;倘若该机构拒不恢复,纪律检查机关即可处以机构负责人三年以下有期徒刑、拘役或课以 50 万元以下的罚金。

（2）检举者保护机制。实行豁免出庭和档案记录消除制度，解决检举者的身份保密问题，即应保护检举者于揭弊后的生活、工作不受任何干扰。一旦检举者身份曝光或被举报者或政府组织对其采取报复行为，适用国家赔偿制度，并对严重侵害检举者的泄露者处以刑罚。同时，为免除潜在检举者因曾参与罪行而受追究，对检举者的角色与揭弊行为的贡献提供法律责任减免，明确此行为是立功表现情节，透过减轻或免除其责任以鼓励参与或知情者揭弊。

（五）文化保障

为了政府能真正杜绝弊端，进行更有效运作，在廉政问题的补强上，不能单纯由上而下，而应经由制度的创新，由下而上形成防贪的组织文化。[①] 我国是以正面宣传为主的社会，再加上我们对公务员按照政绩突出原则进行提拔，对有问题的普遍不提拔。于是导致公务员制造政绩荫蔽问题的现象。如果有谁将问题公开，其基本成为该组织所有人的"公敌"。就我国国情而言，揭发弊端者依然须面临行政伦理的两难、世俗与组织文化层面的纠结，如何防范报复以及保护机制不完善、案件发展不一定符合期望等问题让揭弊者备受压力，不敢铤而走险。社会和政府应营造以同理心对待受到侵害和报复的公务员以及鼓励干净做人和勇于担当的文化氛围。

[①] 台湾地区"国家政策研究基金会"：《由下而上，鼓励公务人员揭弊》，http://www.npf.org.tw/post/1/11022。

第八章 公务员职务上的权利

第一节 公务员职务行为豁免权

一 公务员职务行为豁免权

豁免（immunity）一词究根溯源，通常具有"免除、免去"的意思。豁免权是免除一定主体特定的义务或责任。现代豁免制度是一套逐渐发展起来的，在适用行为范围、时间效力、处置程序等方面的灵巧限定技术，其避免了与法治所强调的责任制度的冲突，并实现了与责任制度的巧妙配合，有助于实现新宪制论者所一直强调的既制约权力又保障权力能动精神的目标。[①]

公务员可以依法享有某些职务豁免权。如《国家赔偿法》规定，公务员履行职务过程中侵犯相对人合法权益而造成的损害，由国家承担赔偿责任，而不是由公务员自己承担。职务豁免权是公务员履行公务职责时所派生的权利，归属于公务员个人而非公民的权利。它不是私人对国家的公权利而是公务员职务上的权利。

[①] 陈雅丽：《论豁免制度与法治的兼容性——兼论我国公职人员豁免制度的建立与完善》，《政治与法律》2010年第12期，第65页。

（一）公务员职务行为豁免权与执行公务抗辩权的关系

我国《公务员法》规定公务员依法履行职务的行为，受法律保护。受法律保护意味着公务员可以依法享有某些豁免权。我国《公务员法》第54条规定，公务员执行公务时，认为上级的决定或者命令有错误的，可以向上级提出改正或者撤销该决定或者命令的意见；上级不改变该决定或者命令，或者要求立即执行的，公务员应当执行该决定或者命令，执行的后果由上级负责，公务员不承担责任；但是，公务员执行明显违法的决定或者命令的，应当依法承担相应的责任。从中可以得出两种权利：执行公务抗辩权，公务员认为上级的决定或者命令有错误的，可以向上级提出改正或者撤销该决定或者命令的意见；上级不改变该决定或者命令，或者要求立即执行的，公务员应当执行该决定或者命令，执行的后果由上级负责，公务员不承担责任，此可归为公务员职务行为豁免权。

以上论述可以看出，公务员职务豁免权与公务员公务抗辩权有联系又有区别，二者都是公务员执行公务职责时所派生的权利，但二者区别在于以下方面。首先，公务员公务抗辩权是执行公务前的抗辩，是一种声请，如声请不被批准，须按令执行；而职务豁免权是执行公务后，公务员作为个人事后免责理由或由国家承担责任，是一种结果。其次，公务抗辩权一般是执行公务过程之中才享有的权利；而职务豁免权则适用于决策、执行、监督等过程。最后，在我国特有的民主集中制原则下，当组织决策表决时，如果公务员保留意见，其对决策不负责任而得豁免；但在组织作出决策后，必须坚定执行，不得因抗辩而不执行或怠于执行。

（二）豁免权分类

根据法律赋予公务人员豁免权的同时是否予以一定限制，可以将豁免权分为绝对豁免权与相对豁免权。所谓绝对豁免权，即只要是豁免权人的职业行为，无论该行为造成了何种损害后果，豁免权人均不受法律追诉；而相对豁免权，则是指法律作了限制性的规定，对于造成某种后果或者构成违法行为时，则不再适用豁免权，而应当受法律追诉。根据豁免权的时间效力可划分为暂时性豁免权与永久性豁免权。永久性豁免权是指豁免权人享有的豁免权具有永久效力，在其离任后，对于其在职期间的某些行为依然不受法律追诉。与之相对的暂时性豁免权是指豁免权人在其任上不予追究,在其离任后对于其在职期间的某些行为受到法律追诉。

依免除法律责任的主体划分,综合各国各地区的现行规定,豁免情形涉及国内法中国家代表豁免、民意代表豁免、国际公务员豁免、法官豁免以及公务秘密作证豁免等。

(1)国家代表豁免。国家代表包括政府首脑、部级行政部门的首长以及其他经授权代表国家行事的个人等。国家元首既是国家机关也是国家最高代表。国家代表豁免是给予国家的,而不是给予代表个人的;它不因有关代表官方职务的变化和终止而失效。《维也纳外交关系公约》在序言中针对外交特权与豁免指出,确认此等特权与豁免之目的不在于给予个人利益而在于确保代表国家的使馆能有效执行职务。职务终止的国家代表对其执行职务期间的公务行为始终可以援引国家豁免,只是对其执行职务期间的私人行为不得再援引国家豁免。

(2)民意代表豁免。代议机关的民意代表享受一定司法豁免权是世界惯例。民意代表享有法定的"言论免责权"和"司法豁免权",目的是为了保障民意代表发言、提案和表决的自由,避免遭到外部势力的干涉。我国《全国人民代表大会和地方各级人民代表大会代表法》第32条第2款规定,"对县级以上的各级人民代表大会代表,如果采取法律规定的其他限制人身自由的措施,应当经该级人民代表大会主席团或者人民代表大会常务委员会许可"。2012年发布的《人民检察院刑事诉讼规则(试行)》对相关规定作出了修订,该规则第132条规定:"担任县级以上人民代表大会代表的犯罪嫌疑人因现行犯被拘留的,人民检察院应当立即向该代表所属的人民代表大会主席团或者常务委员会报告;因为其他情形需要拘留的,人民检察院应当报请该代表所属的人民代表大会主席团或者常务委员会许可。人民检察院拘留担任本级人民代表的犯罪嫌疑人,直接向本级人民代表大会主席团或常务委员会报告或者报请许可。拘留担任下级上级人民代表大会代表的犯罪嫌疑人,应当立即层报该代表所属的人民代表大会同级的人民检察院报告或者报请许可。拘留担任下级人民代表大会代表的犯罪嫌疑人,可以直接向该代表所属的人民代表大会主席团或者常务委员会报告或者报请许可,也可以委托该代表所属的人民代表大会同级的人民检察院报告或者报请许可;拘留担任乡、民族乡、镇的人民代表大会代表的犯罪嫌疑人，由县级人民检察院报告乡、民族乡、镇的人民代表大会。"（如因为是现行犯而被拘留，执行拘留的公安机关应当立即向该级人民代表大会主席团或者常务委员会报告。）人大代表所享有的这种特殊的身份保障，是人大代表正常履职的前提。此制度的立法本意是防止人大代表因履行为民代言的职责而招致地方政府的打击报复。这种身份保障以人大代表履行代表职责为必备要件；人大代表在不履行其代表职责时，则不应享有未经许可不得被采取强制措施的权利。

（3）国际公务员的豁免。国际公务员的特权和豁免成为国际公务员制度的重要内容。根据《联合国专门机构特权和豁免公约》第6条第19节规定，国际公务员（专门机构职员）所享有的特权和豁免主要有以下各项：（甲）以公务资格发表的口头或书面的言论及所实施的一切行为，豁免于法律程序；（乙）其得自联合国的薪给和报酬免纳税捐，享受此项免除的范围和条件与联合国职员相同；（丙）其本人连同其配偶及受抚养亲属豁免移民限制和外侨登记；（丁）关于外汇便利，享有给予使馆相当级位官员的同样特权；（戊）于发生国际危机时，给予其本人连同其配偶及受抚养亲属以给予使馆相当级位官员的同样的遣送返国便利；（己）于初次到达关系国就任时，有免纳关税运入家具和用品的权利。

（4）法官豁免。法治要求法官应独立地并且对后果无所畏惧地自由行使他们的职权。法官对其在依法审判过程中实施的行为和发表的言论，享有不受法律追究的权利；同时，法官对于其在执行审判职能方面的有关事务，享有免除出庭作证义务的特权。此规则目的在于避免对法官行为的不当追究，免除法官的后顾之忧，以保证法官独立审判。"对法官按照正当的法律程序履行职责，不存在违法司法和枉法裁判的情况下，出于法官自身对法律的理解能力的局限和知识性缺陷造成裁判不公和错案的，只要不是出于法官主观上的故意，则应给予法官豁免权。"[1] 法官任何的故意认定事实错误、故意适用法律错误、故意捏造证据、故意违反法定程序等故意破坏司法公正的行为应当被追责，除故意偏差外的其他情形应当豁免。[2]

法官民事豁免作为一般原则在各国各地区得到普遍认可。我国台湾地

---

[1] 王潇：《走向司法公正的制度选择》，法制出版社，2005，第322页。
[2] 张太洲：《法官豁免的维度》，《人民法院报》2015年7月31日，第2版。

区"国家赔偿法"第 13 条规定,有审判或追诉职务的公务员,因执行职务侵害人民自由或权利,就其参与审判或追诉案件犯职务上之罪,经判决有罪确定者,适用本法规定,系针对审判与追诉职务的特性所为的特别规定;只规定存在犯罪行为,才予以追究。不少国家在法官民事豁免一般原则之外,还保留着或确立了法官追诉制度,例如在法国和德国。法官追诉制度即起诉有过错的法官,督促其向受害人全部或部分补偿。[①] 当然,如果法官在审判中行为不端,仍可能负法律责任,但必须经法定的弹劾惩戒程序。

(5)公务秘密作证豁免。为了保护证人在公务活动中所掌握的秘密,维护国家和政府的形象,法律免除了证人就此作证的义务,即为保障国家形象和机密而设置"公务秘密作证豁免权"。如果公务员所知晓的案件情况或所掌握的案件资料属于公务秘密,泄露这一秘密会招致公共利益的损害,则该公职人员享有免于作证的权利。这种豁免权设置的目的,在于维护特定的公共利益。日本《民事诉讼法》第 272 条、第 273 条和第 274 条规定,以官员或曾为官吏的人为证人而就其职务上的秘密进行询问时,法院应当得到该监督官厅的许可,以内阁总理大臣、其他国务大臣、众议院、参议院议员或曾任其职务的人为证人,而就其职务上的秘密进行询问时,法院应得到内阁或众参议院的许可。在德国,法官、公务员或其他从事公务的人作为证人,询问其关于职务上应守秘密的事项,以及许可其作证的问题,适用公务员法中的特别规定。

二 公务员享有职务行为豁免权的理由

从表面上看,特定公务员享有的司法豁免权与法治原则存在着较大的冲突,该冲突主要表现在两个方面。第一,豁免与责任原则的冲突。法治社会所追求的责任原则要求所有的人要对其行为承担相应的责任,对公职人员更是如此。然而豁免则意味着责任的免除或暂时免除,豁免越多意味着责任越小,赋予特定公职人员以豁免权,是否会导致对公共权力运行监督的减弱,进而有损公共利益的实现?第二,豁免与平等原则的冲突。平

---

① 周道鸾:《外国法院组织与法官制度》,人民法院出版社,2000,第 320~328 页。

等既是法治的一项基本原则,也是法治所追求的最重要的价值之一,还是法治社会中公民的一项基本权利。平等就意味着反对歧视和特权。而豁免权要求对特定主体给予特别的人身或财产保障,让其享有某种专门的或者特别的法律上的好处。换言之,这些人是某些法律适用上的例外。由此而来的疑问是,公务员所享有的豁免权是不是一种特权?豁免制度是否违背法治所要求的平等原则?上述两个方面的问题,既构成质疑豁免制度存在正当性的主要论据,又是主张设立豁免制度的人们在具体制度设计中所必须处理的棘手问题。①

(一) 豁免理念

从行政管理的角度来看,因可能犯错而被追诉这一无所不在的危险将扰乱行政管理过程,这是由于除非管理者确信其行为合理且不必担心因该行为而被起诉,否则他们很可能会犹豫不决地行使职权,因此,尽管由政府代替其公务员承担责任的制度存在一些弊病,但这样做从总体上符合公共利益,因为它保持了公共管理制度的活力。把侵权责任从专职人员转移给政府将产生积极的效果,即政府负责保护了行政管理过程,因而有助于促进公共利益,以及给予官员豁免权也只是为了体现公平。② 现代豁免制度所具备的公共利益性、非人身性以及在权利上的消极性等属性特征表明,为特定公职人员所设置的豁免权既非特权也不会造成歧视,其并没有违背法治所要求的平等原则。尽管平等原则的价值追求是尽可能地不分类别地实现同等对待,但它并非禁止差别待遇,相反,合理的差别对待是实现衡平的必要条件。

(二) 公务员个人豁免的扩大

公务员对于其执行公务的行为造成人民的损害时享有刑法和民法上的保障,刑法上的保障是对公务员执行职务时的保障,以鼓励公务员勇于执行公务,在执行职务以外,则和其他公民一样。民法上的保障表现为公务

---

① 陈雅丽:《论豁免制度与法治的兼容性——兼论我国公职人员豁免制度的建立与完善》,《政治与法律》2010 年第 12 期,第 64 页。
② [美] 肯尼思·F. 沃伦:《政治体制中的行政法》,王丛虎等译,中国人民大学出版社,2001,第 516 页。

员对行政侵权行为所产生的赔偿责任,不适用一般的损害赔偿规则。公务员由于执行职务所发生的侵权行为在法院受到追诉时,只在本人有过错时才负责任,对于公务过错则不负赔偿责任。其承担赔偿责任的界限被确定得极其狭窄,只有公务人员违反刑法的行为才可能使之承担赔偿责任。[1] 我国《国家赔偿法》第2条规定,国家机关和国家机关工作人员行使职权,有本法规定的侵犯公民、法人和其他组织合法权益的情形,造成损害的,受害人有依照本法取得国家赔偿的权利。上述归责原则修改后去掉了原法条中的"违法"二字,使得国家赔偿的归责原则不再是过去的违法原则,而是有条件的结果归责原则。我国《国家赔偿法》第16条规定,赔偿义务机关赔偿损失后,应当责令有故意或者重大过失的工作人员或者受委托的组织或者个人承担部分或者全部赔偿费用。这表明国家只在公务员本人无过错时负责任,在公务员本人有过错时则不负赔偿责任。从中我们可以看出,结果归责原则其实扩大了国家赔偿的范围,而对公务员的个人赔偿责任进行了减免。

（三）对公务侵权个人的追诉减少

自20世纪40年代以来,许多国家在国家侵权赔偿方面呈现出国家责任与公务员个人责任一体化的趋势,总的方向是扩大政府责任,减少公务员个人责任,直到公务员个人责任完全为政府责任所吸收。"在某些情况下,公务员执行职务时不问所犯过错的性质如何受害人不能追诉公务员的责任,由行政主体代替公务员负赔偿责任"。[2] 如1961年美国《联邦侵权赔偿法》(Federal Tort Claims Act)的修正案规定,对于因政府雇员驾驶机动车导致的赔偿中,被诉人只能是政府而不是雇员;1979年3月在美国国会,肯尼迪参议员提议取消官员个人赔偿责任,由国家代替赔偿,并用纪律处分取代对官员个人的追偿。[3] 总之,由官员负责转向政府负责这一趋势代表了远离主权豁免原则的倾向,而在过去,美国联邦、州及地方政府就是凭借主权豁免原则来剥夺公民因官员侵权行为而起诉政

---

[1] 〔德〕奥托·迈耶:《德国行政法》,刘飞译,商务印书馆,2013,第193~194页。
[2] 邹仰松:《域外公务员权利保障机制及启示》,《行政与法》2007年第4期,第43页。
[3] 林准、马原:《外国国家赔偿制度》,人民法院出版社,1992,第189~190页。

府的机会。① 法国行政法院对公务员个人承担赔偿责任也持反对态度,其把绝大多数公务员侵权行为归结为公务过错,拓宽了公务过错的内涵和外延,凡与公务有瓜葛的过错,均可视为公务过错,造成损害的赔偿责任均由公务部门承担。实践中,公务员个人承担刑事责任的情况也日趋减少。例如,在美国,在执法过程中每年警察都至少致死 400 人,尽管每起案件的情节各不相同,但有一件事是不变的:被大陪审团裁决应该对警官提起刑事诉讼并予以起诉的案件屈指可数。②

(四) 确立我国职务豁免权的必要性

在当代,公平、平等理念并没有完全融入我国公务员制度,上下级公务员之间只有官僚体制下的层级节制关系,下属公务员并没有完全的独立人格与尊严。我国公务员官僚制的特征较其他国家更突出。官僚制以制度形式确立了层级节制的组织体制,以此来明确组织内部上下级之间领导与服从的人际关系,即"职务等级的和审级的原则";换言之,组织中"存在着固定的、通过规则即法律或行政规则普遍安排有序的、机关的权限的原则"。③ 组织人事关系表现为人对组织的服从,即公务员成为抽象的"组织人",成为执行组织制度的"工具"。韦伯指出:"凡是彻底实行行政管理的官僚体制化的地方,那里就建立一种统治关系的实际上牢不可破的形式。职业官员——按其绝大多数——只不过是在一台机器上赋予专门化任务的一个环节……他首先被牢牢地锻造在所有被纳入这台机器的干部们的利益共同体上,使它继续运作,并使按社会化方式实施的统治继续存在下去。"④ 在人际关系上,公务员之间也形成一定程度上的依赖关系。当然,这种依赖不是人身的依赖而是心理上的依赖,即下属公务员出于自身在组织中生存与发展的考量,常常以上级的意见(包括潜在意见)为自己的意见,因此其在工作中的主动性与创造性受到明显的抑制。如果不给予那些敢于突破陈规、勇于依法执行公务的公务员一定的豁免权,传统的官僚制

---

① 〔美〕肯尼思·F. 沃伦:《政治体制中的行政法》,王丛虎等译,中国人民大学出版社,2001,第 515 页。
② 《美国警察年均射杀 400 人很少有人被判有罪》,http://world.cankaoxiaoxi.com/2014/1208/590098.shtml。
③ 马克斯·韦伯:《经济与社会》(下卷),商务印书馆,1997,第 278~279 页。
④ 马克斯·韦伯:《经济与社会》(下卷),商务印书馆,1997,第 309~310 页。

度或默示的官场文化就不可能改变。

　　实践中，我国公共管理的手段相对简单，"一票否决制"存在于社会各领域，尤其被应用于公共管理各项指标的考核体系之中，只要出现"一票否决"，公务员不但考核不称职，而且还不能评各种先进。作为处理公务员的"铁律"，一票否决制自然有利于政令通畅；然而，一票否决制与生俱来的"非对称专横性"，令其成为政府或部门简单粗糙行政中的"万能仙丹"，只要上级认为哪一项工作重要，这一工作就会被设定成"否决项"，从而达到"一抓就灵"的奇效，所以，"一票否决"的滥用也就成了自然的逻辑。它既能体现政府的宏观管理力度，又能体现政府的权威；既能体现上级领导的威严，又有利于评价下级工作，何乐而不为？一票否决制是在推定被考核的各项指标的均等性基础上的不均等处理，其放大了某单项的重要性，贬低或矮化了其他众多的重要指标。由于部门职责交叉、权责不明、不一致现象严重，诸多的因非法定事由被一票否决而免职或追责的情形时有发生，因此，我国赋予相关公务员一定豁免权也体现出实质的公平。

　　公务豁免权是鼓励公务员勇于担当激励其依法正确行使权力的必要条件。近两年来，在中央从严治吏和强力反腐态势之下，自上而下的禁令一条接着一条，制度笼子越织越密、作风的管束越来越严、工作目标任务越来越重、违规的成本越来越高；但与此同时，为官不为问题却呈现抬头之势。公务员在为与不为之间摇摆，为官不为也是腐败。对于为官不为者，视情节后果，该约谈的约谈，该问责的问责，该曝光的曝光，该处分的处分，该撤职的撤职，该法办的法办，但这仅是治标之策；如果不培植土壤，不强化约束，官场要么出强人，要么出庸人。① 让公务员勇于担当、尽心干事的长效治本之路径是赋予公务员豁免权的同时建立严格法治化的问责制度。

三　制度缺陷引起的豁免

（一）案例

地方社保审核危机：局长担忧触发骗保"地雷"。②

---

① 王石川：《中国需要什么样的改革家》，http://blog.ifeng.com/article/35151224.html。
② 资料来源：郭晋晖：《地方社保审核危机：局长担忧触发骗保"地雷"》，《第一财经日报》2014年4月25日，第4版。

刘林（化名）自从担任某地级市社会保险基金管理局（以下简称社保局）局长以来，常常觉得自己好像坐在火山口上。每天成千上万张医保报销单据涌来，刘林审不完，却又不得不硬着头皮盖章通过，否则医院和患者就会急得跺脚。维护基金安全是摆在每一个社保局局长面前的首要任务。但近年来，随着社保参保人数的大幅攀升，骗保在养老、医疗、失业三大险种中的发案率也呈现上升态势，尤其是医疗保险的骗保金额可达几十万甚至上百万元，社保基金安全面临风险。

1. 僵化编制下的基金风险

社保基金实行收支两条线和财政专户管理之后，社保基金被挤占挪用的情况得到缓解，但支付中违规违纪使用现象仍然时有发生，当前最突出的问题就是骗保，其背后反映出的是社保经办机构在基金的使用和监管方面存在漏洞。"我是社保局的法人，也是社保基金的第一责任人，一旦出现骗保等问题，我的领导责任肯定是要被追究的，更重要的是，这将导致基金的损失。"刘林说。

刘林对于医保单据真实性的质疑，部分缘于当前社保经办人员素质的参差不齐，大量的临时聘用人员承担着业务审核的工作。虽然社保有三级审核制度，全国社保中心也要求关键岗位必须是正式员工，但由于编制的增量与社保业务的增量严重不匹配，在实际业务经办过程中，不仅业务前段，甚至二级审核都由临时雇员来做，有的临时雇员甚至承担重要的管理岗位工作。人力资源和社会保障部的数据显示，截至2012年，各级社会保险经办机构数量为8411个，编制人数15.67万人，实有人数17.22万人，总计超编1.55万人。社保经办机构天天都与钱打交道，带有准金融机构的性质。雇佣人员工资薪酬水平较低、专业性差、人员流动性强，成了业务管理中的风险因素。聘用临时人员最大的风险就是不稳定，社保局对其亦缺乏有效制约手段，他们与外界合谋骗取社保基金是很容易做到的。上级社保部门风险防控上的要求与编办给予的人员编制极不匹配。"上级部门对于哪些岗位不能用聘用人员确实有明确的要求，但我们8个正式编制中，除了一正两副局长以及一个即将退休的同志，只剩下4个人，但局里有5个股，一个股长现在还是空的，找不到人来当。"手下只有临时工，股长们的作用就变得非常重要。按照当地政府反腐的要求，领导干部必须每隔三五年就要轮岗，但社保局的股长们没法轮岗，因为社保业务过于复杂，一旦轮岗，新股长到岗位不熟悉业务，社保基金就会失掉一道防线。

2. "高压线"背后的监管空白

记者在社保系统采访时发现，各级政府都将社保基金称为"养命钱"和"高压线"，都制定了表面上看似完备的监管制度，但实际上基金的安全仍然主要依靠社保经办机构的自我监管。当前对社保的监管，主要包括人力资源和社会保障局的基金监督科、社会保险监督委员会以及财政和审计等其他政府部门的监督。由于社保的专业性很强，"上级部门说社保基金很重要，一定要加强监管，但他们却不知道风险点在哪里，也不懂如何监管，往往要我们提供一个监管方案来交给他们。"一位地级市局长说。事实上，在各级人力资源和社会保障部门都设有"基金监督科"这一专门的科室来监督和维护基金安全，但实际上其发挥的作用极为有限。刘林说，基金监督科得到的基金运行数据都是社保经办机构提供的，监督科只能看到报表而不知道基金的真实用途，根本就无法进行有效监管。为了对社保基金进行监管，《社会保险法》第80条要求统筹地区人民政府成立由用人单位代表、参保人员代表，以及工会代表、专家等组成的社会保险监督委员会。全国大部分省级行政区社保监督委员会成员由财政、审计、工会、学术机构、大企业组成，但它相对较"虚"，这些人只是定期来开会，实际职能由监督委员会办公室履行，该办公室设在人力资源和社会保障行政部门里面。日常在办公室办公的主要就是财政、税务和人力资源和社会保障部门的人员，他们各有分工，但基本的原则是省财政负责监督下级财政，省税务局负责监督下级税务部门，人力资源和社会保障厅局负责监督社保部门。这种自我监督能起到多大作用，要打个问号。社保部门的自我监管同样缺乏有效的措施，更多的只是自律。每年经过刘林之手签发出去的医保基金高达100亿元。"社保基金责任太大，我特别希望有人能够监管我，也让我能够睡一个安稳觉。"他说。刘林已经多次向上级纪委申请向社保局派驻专门人员，并向人力资源和社会保障局提出设置一个总会计师职位来监控基金风险。在当前所有的政府部门中，责权不对等体现比较突出的就有社保经办机构，一方面社保经办机构管理全国13亿参保人业务以及每年5万亿的收支规模，另一方面其却只是一个二级部门，连人事权、财权、制定政策的参与权，甚至发言权都没有。责权的不对等，资源投入与任务量的不匹配，使得中国整个社保经办体系处于一种消极被动服务的状态。

(二) 问题提出：制度造成的监管缺失，责任人有无豁免权？

目前我国对公务员的追责主要有两种类型：一是事发时追责；二是终身追责。针对制度造成的监管缺失，管理者一般先会视而不见，只有发生问题，对责任人追责之后，再对制度进行修补。事发时追责须有法律和制度明确规定并遵循法定程序才可为之，如果法律和制度不明或缺失，为了给制度设计不到位进行开脱，而把责任无端地推给当事的公务员，受追责的公务员也会口服心不服。党的十八大四中全会提出建立重大决策终身责任追究制度及责任倒查机制。对公务员进行终身追责，将责任追究贯彻到底，是责任政府的应有之义。但终身追责大多属于事后追究，损害事实主要发生在有关领导和责任人离任之后，有的甚至过了很长时间，要倒查、回溯到"源头"，看有关领导和责任人在任时的履职和决策行为，与当下发生的损害之间是否存在因果关系。由于机构、人员、情事等都发生了变化，这样做在客观上存在较大的困难。如果再有有关人员主观上消极怠惰，甚至有意隐瞒或毁灭证据袒护责任人，要查清事实、认定责任就更加困难。

在制度不完善和监管不健全的条件下，制度缺陷引起的公务员责任应有豁免机制，公务员只要按程序规定进行必要的处理，如无主观故意或严重过失，就应免于被追究责任，这才体现实质的公平。为使追责制度成为可能，要先编好问责制度的"笼子"，不断细化各种问责制度，列出责任清单，进一步明确和细化各级政府、相关职能部门承担职责的责任人、问责情形和种类、问责程序和责任形式，使每一项问责情形都"抓铁有痕，踏石留印"，使之成为将来调查损害事实、追究损害责任的"铁证"。不仅要让问责的公务员心服口服，也要让公众觉得问责本身是真正的问责。

四 我国公务员职务豁免制度的衡平设计

现代行政制度改革要求的创新、效能、沟通、公开及提高人民可接受性的目标与现行行政体制僵化、公务员的保守相冲突。[①] 职务豁免制度衡

---

① 林明锵：《欧盟行政法-德国行政法总论之变革》，台北新学林出版股份有限公司，2009，第18页。

平设计的目的是既要保证公务员能无畏地履行公共管理职能，又要保证其行使职权时不至于超越法律的轨道。要达到以上衡平目的，应从以下方面来建构我国特色的公务员职务豁免制度。

（一）决策豁免

1. 对具有决策职责的公务员而言，主要是指决策中改革创新的豁免

现代社会的发展，需要敢于自我改革，敢于革新旧的思维定式和不合理的利益格局，鼓励干部敢于闯敢于试，勇于创新。创新（innovation）一词的拉丁文为"innovare"，意指"to make something new"，即创造新的事物，创新是创意加变革（革新），只有创意，尚未付诸行动，就还不是创新；不但有创意，而且将之付诸行动，带出变革，那就是创新；创新就是不但有创意，而且真的去改变原来的行为（管理）模式，换言之，管理的创新（改变，变革），必须从领导者本身开始做起，整个创新的关键端在主管思维的改变。① 毫无疑问，创新者和先行者通常是少数，不然他们也很难被认为是创新者和先行者。毕竟，没有几人有那么大的魄力能够勇于突破常轨不可避免地让自己成为人群中的绝对少数并承受其他多数人的无情打压，公务员豁免制度旨在保护公务员在作决定时，大胆果断，不必顾虑会被牵连，不必顾虑其引起的经济付出，没有这种保护，公务员不敢放手做事，这对公共利益是一种损害，为官不为也是腐败。"我们必须破除'不犯错误便是好同志'的旧观念，树立'无功即过'的观念，建立一种激励人们敢闯敢干的机制。"② 给予公务员决策豁免权主要考虑以下因素。一是基于政府自由裁量权的考虑。因为"一位公务员，被要求为了公共利益行使公共职位的权力，如果期望他行使酌处权，那么，他不可能总有一个精确界定的范围"。③ 二是基于尊重公务员对自由裁量权的行使。因为公务员在作出一个决定或者制定一项政策时，不可能不冒不确定的风险。

目前，有决策职能的公务员正处于改革创新与不作为之间的两难境

---

① 邱瑞忠：《寻找公共服务长尾新动力》，《历史馆刊》第 21 期，http：//www.yatsen.gov.tw/tw/index.php? option = com_ content&view。

② 《秘书工作》采访组：《习近平同志在福州工作期间倡导践行"马上就办"纪实》，http：// cpc.people.com.cn/xuexi/n/2015/0311/c385474 – 26677359.html。

③ 〔美〕切斯特·J. 安提奥、迈洛·R. 梅切姆：《公务员的豁免权与侵权责任》，袁宏亮译，中国社会科学出版社，1997，第 47 页。

地。2013年3月，上海市政府提请上海市人大审议《关于促进改革创新的决定（草案）》，其中明确责任豁免，以此来解决改革创新不成功怎么办的问题。此决定称依法保障改革创新、宽容失败。对依照决定规定程序决策、实施改革创新，而未能实现预期目标，且未牟取私利的，在政府政绩考核中对有关部门和个人不做负面评价，不予追究行政责任及其他法律责任。与此同时，广东省顺德市也积极探索建立试错免责机制，营造"鼓励创新、宽容挫折、容忍失败"的氛围，领导干部在改革中遇到挫折或失败时，若工作措施的制定和实施程序符合有关规定，个人和所在单位没有牟取私利且未与其他单位或者个人恶意串通损害公共利益的，可以减轻或者免除有关人员的责任。①

2. 在有法有据前提下，建立改革允许"试错"的决策豁免机制

中共中央《关于全面推进依法治国若干重大问题的决定》提出要运用法治思维、法治方式来深化和推进改革，就要实现立法和改革决策相衔接，做到改革有法有据，不能一改革就要冲破法律禁区。

首先，应当完善改革方案的决策与程序机制。任何政策在立项前都应经过严格的科学论证，明确各环节的责任，以便在具体执行过程中，能够准确辨别真改革与伪改革、好改革与瞎折腾。重大行政决策只要经过公众参与、专家论证、风险评估、合法性审查、集体讨论决定等这些法定程序，不论后果如何，决策的公务员都能豁免，豁免其法律责任、纪律责任但并不排除其政治责任的承担。确立参与决策者决策豁免、执行不豁免的原则，当组织决策表决时，如公务员保留意见，其对决策不负责任而得豁免；但在组织作出决策后，必须坚定执行，不得有抗辩而不执行或怠于执行。

其次，建立改革者是"改革失败"还是个人冒进的衡量标准。由独立第三方进行评估，改革是增益公共利益而不是图利私人的，就可免于责任追究。有人认为，"失败免责"待遇对改革者未必是一种保护，反而可能在客观上放纵了改革者的自负、非理性和盲动，对改革走向失败起到了某种助推作用。② 其实，豁免"改革失败"责任不仅要以公众民意作为试金

---

① 刘嘉麟：《广东顺德干部获"试错权"》，《南方日报》2013年5月8日，第1版。
② 潘洪其：《"改革失败"免责是否可行》，http：//www.voc.com.cn/article/201304/201304110933029181.html。

石,同时更要有改革评价、纠错机制。

再次,与改革者约定结果的承担。用奖惩机制改变公务员的懒政、怠政、惰政行为。一方面,由于改革是对未来不确定性发起的冲撞,改革者必然要承担各种未知的风险,因此需要事先约定,改革如果获得成功,改革者能够在职务上、荣誉上获得什么样的收益与奖励。另一方面,改革者也需要受到相应的责任约束,表现为在改革过程中明确改革者必须履行的责任,改革如果失败,必须依法依规追究改革者的政治责任或伦理责任。这样才既符合"风险与收益对等"的公平原则,也符合"激励与约束共存"的公正原则。

最后,设置改革的底线。审时度势、行藏自如,不拘泥于常法而有所变通,是推进改革的前提。正如《韩非子》所言:"世异则事异,事异则备变。"但是改革的底线是必须在无法律明文禁止的领域内才允许改革创新,允许在法律暂时调整期及政府公共管理自由裁量权限内进行改革创新。

(二) 执行豁免

部门首长责任制实行由首长负领导责任,对其下属在执行过程中发生的违法违规行为概括承担责任,其下属因领导的概括承担而减轻了个人责任,因而产生豁免的情形。在英国,部门首长广泛保留为公共服务的问责权,部门首长用排他权解释和决断在他所管辖部门所发生的事,而下属公务员却没有权利或义务去做;下属公务员因此责任转移而豁免,当然,部门首长会被问责。[1] 义务与问责之间的显著区别在于义务须解释或证明其合法性,然后向遭受损失或不公对待的当事人弥补损失;问责是如果已经错误或做了须承担责任的工作,部门首长出错时须主动或被动承担责任。[2]

执行豁免主要体现为公务员对行政执行时侵权行为的赔偿责任,不适用一般的损害赔偿规则,公务员由于执行职务所发生的侵权行为在法院受

---

[1] Dawn Oliver & Gavin Drewry, *Public Service Reforms——Issues of Accountability and Public Law*, Pinter, Frances Pinter Publishers Ltd., 1996, p. 135.

[2] Dawn Oliver & Gavin Drewry, *Public Service Reforms——Issues of Accountability and Public Law*, Pinter Frances Publishers Ltd., 1996, p. 134.

到追诉时，只在本人有过错时才负责任，对于公务过错则不负赔偿责任。公务员一方面有服从上级命令的义务，另一方面其又须为其所有职务行为，负个人完全责任。各国均对公务员侵权行为进行了大致划分。① 第一，与公务完全无关的公务员个人侵权行为，受害人对此类行为无国家赔偿请求权，只能通过民法向公务员个人请求赔偿，这在我国同样适用。第二，国家机关及工作人员各类执行职务过程中的侵权行为且公务员在执行职务中有故意或恶意，受害人既可向公务员个人请求民事赔偿，也可以向国家请求赔偿；司法机关不得排斥受害人选择诉讼对象的权利。第三，因国家机关及公务员的纯公务行为造成特别损害的，公务员有故意或重大过失或公务员只有轻过失，均由国家负责赔偿；受害人不得向公务员个人请求赔偿。与执行者豁免情形相比，政府更要重视对来自行政机关和上级对公务员侵害的救济。

高级公务员享有豁免使得"那些拥有最大权力去造成损害的高级公务员可以获得豁免权，而那些善意地行动的低级公务员却得不到豁免权"。② 这显然是不公平的，它导致的直接后果就是：发布违法命令的人可以不负责任，而执行违法命令的人必须受到法律追究。因此，德国《联邦公务员法》第 56 条以及《公务员基准法》第 38 条规定了命令异议制度（remonstration）。命令异议制度指公务员对于上级长官的职务命令，认为有违法之嫌，所得提起申告制度。公务员若认为上级长官的职务命令有违法之疑，应立即向其上级长官申告。若其上级长官肯定其命令的合法性，并令其继续执行时，该公务员必须向其再上级长官为命令违法的异议，若再上级长官亦肯定该命令的合法性时，再上级长官应交付该公务员书面、证实该命令合法的文书，该公务员除应执行其上级长官的命令外，并得因要求给予书面证明，而免除责任。

但是，若该职务命令有下列三种情形之一时，公务员纵有书面合法证明文件，亦难免其责：①该职务行为属刑法上的可罚行为；②该职务行为属秩序罚法上的可罚行为；③该职务行为侵害人性尊严。③ 在紧急情形下，

---

① 马怀德：《国家赔偿责任与公务员赔偿责任》，《中外法学》1994 年第 3 期，第 7 页。
② 〔美〕切斯特·J. 安提奥、迈洛·R. 梅切姆：《公务员的豁免权与侵权责任》，苌宏亮译，中国社会科学出版社，1997，第 32 页。
③ 林明锵：《公务员法研究》（一），台北：作者自刊，2000，第 183 页。

若公务员延缓执行上级长官有违法嫌疑的命令，将导致公共利益受重大损害者，其上级长官得命令公务员即时执行其指令，并同时免除执行公务员一切责任，此种情形仍是一种"缩短的程序"，因为此时执行公务员已无余裕时间，向再上级长官为异议，并请求确认命令的合法性程序。[1] 当执行公务员被免除其惩戒责任与赔偿责任后，此类责任便转嫁由其上级长官承受，而依令执行有违法嫌疑命令的公务员，得以其签署的文书中，特别载明"奉钧长指示"办理（而非受委托办理的意旨文字），而厘清其惩戒责任与赔偿责任。[2] 若公务员认为上级长官命令虽属合法，但"不合目的"时，应履行其谘商义务，没有拒绝执行不合目的职务命令的权利。[3]

（三）不同职业身份公务员的豁免

法官、公务员因执行公务特殊性的豁免。《司法独立世界宣言》（Universal Declaration on the Independence of Justice）第 20 条规定，除非有正当司法机关授权，法官有免受个人诉讼或骚扰或被公办机关起诉的权利。[4] 联合国《关于司法机关独立的基本原则》第 16 条中有明确的规定，在不损害任何纪律惩戒程序或者根据国家法律上诉或要求国家补偿的权利的情况下，法官个人应免予其在履行司法职责时的不当行为或不行为而受到要求赔偿金钱损失的民事诉讼。[5] 特定公务员因执行公务涉及国家秘密的，为维护国家和政府的形象，法律可免除其就此作证的义务。

作为人大代表或政协委员的公务员或公务员在规定场合发表建议性言论时产生的豁免。公务员按照法定程序和渠道，对党和国家的大政方针、政策进行议论和批评时可以享有豁免权。

给予从事自由裁量业务的公务员的一定豁免。在美国，联邦一级的政府官员享有有限的豁免权；虽然其主权在州，但一些州的法律都是没有豁免权的。[6] 美国最高法院在哈洛诉费兹哥洛德一案中指出，执行裁量的政

---

[1] 林明锵：《公务员法研究》（一），台北：作者自刊，2000，第 184 页。
[2] 林明锵：《公务员法研究》（一），台北：作者自刊，2000，第 183~184 页。
[3] 林明锵：《公务员法研究》（一），台北：作者自刊，2000，第 184 页。
[4] 孙伟良：《我国法官权利保障研究》，吉林大学博士学位论文，2012，第 28 页。
[5] 孙伟良：《我国法官权利保障研究》，吉林大学博士学位论文，2012，第 101 页。
[6] 〔美〕切斯特·J. 安提奥、迈洛·R. 梅切姆：《公务员的豁免权与侵权责任》，苌宏亮译，中国社会科学出版社，1997，第 45 页。

府官员，一般可以免除民事损害的法律责任，只要他们的行为不明显违反理性个人可以知道的有效法律或宪法权利即可，① 因为这些业务是为了实现更为重要的社会公共利益。

（四）设定时限终止违法的豁免

目前，我国在对公务员腐败案件的查处中存在重受贿、轻行贿的现象。受贿公务员成为办案机关重点突破对象，一些办案机关为了迅速突破案件或彻查案件，对于主动交代行贿、送礼问题的所谓"自首者"，采取网开一面的办法，达成"只要交代就不追究"的默契，而对行贿公务员从轻发落或在一定时间退赃或不再贪污，就给予赦免，此即为设定时限终止违法的豁免。② 在无法律禁止的情况下，适用设定时限终止违法的豁免具有一定现实性和实用性。

设定时限终止违法的豁免有其法理依据。法律不溯及既往原则是法治（rule of law）的本质含义，人民按行为时法律所创设的秩序规范决定其举措，因为在法治国家，不能期待人民于现在行为时遵守未来制定的法令，此为法治国家基本原则之一。依此原则，法律和制度仅能于制定后向未来生效，不得溯及既往对已完结的事实发生规范效力，原则上亦不容许国家经由立法对于既已完结的事实，重新给予法律评价。人民行为时所信赖的法秩序，如事后因立法者或政策制定者考虑予以调整，原则上不得追溯变动先前法秩序下所保障的权益，否则即与法治国的另一原则——信赖保护原则相抵触。由公务员承担因制度缺陷造成的失误，显失公正，只有下不为例才能体现法律的不溯及既往效力。

（五）严格规范一票否决制

一票否决制其实破坏了法治的稳定性。从经济学的效用上看，一票否决制的结果仍可能是负数，所以，若非必须且紧迫，而且所系重

---

① Harlow V. Fitzgerald, 73L Ed 2d 396 (1982) at p.410.
② 如"十八大后不收手"就有隐含设定时限终止违法豁免的含义，指一些公务员在十八大前已有违纪违法行为，十八大后仍未有起码的畏惧之心，继续大搞腐败交易。"十八大后不收手"虽不是一个正式的罪名，但中纪委查处违纪违法官员的正式通报明确使用这一说法，加重惩处情节，显然有着特定的意味和深远的考虑。

大公共利益，一般都不宜设定成"一票否决"，而应在"指标平等"的基础上进行综合测评，取其长项而用人，取其各方成就而评价。① 归根结底，一票否决制的本质是依权威行政、依政策行政而不是依法行政，张扬的是超越制度理性的人治权威而不是彰显法治的权威。② 并且一票否决制也侵犯了公务员的豁免权。因此，须矫正一票否决制等极端做法，严格规范一票否决制，能取消的要取消，不能取消的要给出清晰的边界，即明确公务员工作职责、工作流程、工作标准的清晰的边界才能实行一票否决制和责任倒查问责制。

（六）强化勤勉敬业义务，鼓励公务员勇于担当

从某种程度上讲，官场治懒治惰治冗难于反贪。当下社会上流行着"干的不如看的""干得越多错得越多"，只要犯错就会受到制裁，不如不犯错保平安的哲学。"不求有功但求无过"是不少公务员的想法。说到底，是私心私利消解了一些干部的勇气和担当，使他们失去了与时俱进的治理能力，成为推进改革的一大阻力。③ 要想让公务员摒弃畏首畏尾、裹足不前的心态，社会和政府及部门首长就必须树立为敢于改革创新的公务员保驾护航的职业伦理准则，但凡非故意所致的工作疏忽，就该多勉励，少责难，给予精神上支持和鼓励。树立敬业勤勉和勇于担当的职业伦理，强化相应的具体化的法定义务的配合，通过严格的奖惩机制惩治慵懒、激励先进。

第二节 公务员执行公务抗辩权

一 公务员公务抗辩权

服从命令和依法行政是公务员必须履行的两项基本义务，如果这两项

---

① 和静钧：《如何避免"一票否决"成"万能仙丹"》，《广州日报》2013年11月5日，第2版。
② 刘武俊：《滥用一票否决折射浮躁政绩观》，《法制日报》2013年11月5日，第7版。
③ 《人民日报》评论部：《别让能力不足成为阻力》，http://opinion.people.com.cn/n/2014/0331/c1003-24776164.html。

义务的意旨一致，公务员没有任何理由拒绝；但是当两项义务之间存在着尖锐的冲突时，公务员是否有抗辩权就成为问题的焦点。抗辩权最初是在政治学和宪法学的意义上使用的，它的含义主要是指"人民拥有权利，在必要时，可以对其由国家法律所产生之义务，采取不服从及抵抗之行为"。[①] 公务员抗辩权就是权力的衡平监督的一个体现。[②] 如果没有公务员行使抗辩权的规定，那么公务员会一味地盲从上级命令，忽视法律规定，从而违背服务人民的宗旨，违背依法治国的根本要求。

从历史的角度看，根据下级如何平衡上级违法命令与法律之间的冲突，公务员抗辩权经历了绝对服从说、绝对不服从说、提出意见说和相对服从说四个阶段。

（一）绝对服从说

在王权时代，统治者有绝对的统治权，下级绝对服从上级。服从是尊重、听从之意。服从的存在，必须有一个发号施令的上级，为了保证令行禁止，下级表现为不折不扣地执行。传统特别权力关系将公务员视为国家的一部分，国家对于公务员享有概括的管制权力，而公务员则负有不确定且不定量的义务，特别是为达成特别权力关系的特定目的，行政主体可依职权，以抽象的行政规则或具体的指令，形成必要的规范体制，并限制公务员的权利与自由，而无须法律的授权。所以在特别权力关系中，公务员应当服从和执行上级依法作出的决定和命令，不得有任意说不的权利；服从只是一种执行的义务，不存在抵抗命令权；服从是屈服于制度性的规定，而不是出于道德上的自愿行为。

（二）绝对不服从说

公务员作为国家公职人员，是代表国家来行使公权力的，其行使职权的目的就是为了维护社会秩序和社会公共利益，从而维护人民的根本利益。因此，法治原则就要求公务员可以对上级发布的错误的、违法的命令

---

① 宫泽俊义：《宪法Ⅱ（新版）·法律学全集4》，东京有斐阁，1974，第140页。转引自陈新民《德国公法学基础理论》，山东人民出版社，2001，第603页。
② 宋儒亮：《论公务员在执行上级决定或者命令中的角色定位——对〈公务员法〉第54条的法理解读》，《法律科学》2006年第4期，第90页。

进行抵抗，而以体现人民根本利益的法律为自己活动的最高依据。通过公务员对上级可能存在错误的决定或命令进行及时有效的反抗，使上级有一个重新审核的机会，从而可以避免由于执行错误的决定给国家和社会利益造成损害，同时也可以保护自身的合法权益。

（三）提出意见说

下级公务员对上级的命令，如认为违法，得随时向上级陈述意见。我国台湾地区"公务员服务法"第2条后段但书规定，"属官对于长官所发命令，如有意见，得随时陈述"。因此，公务人员如认为长官所发命令违法，应负报告义务，该长官如认为其命令并未违法，而以书面下达时，公务人员即应服从，其因此所生之责任，由该长官负担。但其命令有违反刑事法律者，公务人员无服从之义务。该长官若非以书面下命令，公务人员得请求其以书面为之，该长官拒绝时，视为撤回其命令。

（四）相对服从说

公务员只服从合法的命令，对不合法的命令则可抗辩。忠诚兼具道德上的自愿和制度上的强制双重性质，忠诚首先表现为道德上的自愿奉献，其次表现为制度上的强制性规定，因此，忠诚是对制度的忠诚，对于违反制度规定的行为，公务员可以拒绝执行，因为，拒绝执行也表现为对制度的忠诚。服从是忠诚的外在表现，但服从不等于忠诚。[1] 传统威权体制下的所谓的绝对"上命下从"之观念已不合时宜，因为公务员服从长官的重点不在于人，而是职务，服从义务只是一种手段，人民利益才是目的。现今对于服从义务的解释已非完全而绝对地服从，在依法行政的原则下，下级是依法而践行服从义务，而该"法"所表示的内涵，是指一个合法法律或命令，故公务员的服从义务是对于合法命令的服从。因此，下属服从长官所发的命令并非无限制，合法职务命令必须具备以下要件：①命令者有指挥监督权；②命令内容必须与职务有关且非法律上不能或事实上不能；③命令必须具备法定形式并经正当程序；④命令的事项非属应独立处理的

---

[1] 金伟峰、姜裕富：《公务员忠诚义务的若干问题研究——对〈公务员法〉第12条的解读》，《行政法研究》2008年第1期，第13页。

职务范围。

从理论层面上讲，公务员不应当执行违法的命令，因为法律的效力高于命令；但从实践层面上讲，公务员无法不执行违法的命令，因为法律并没有明确地赋予公务员享有审查命令合法性的权利。[①] 如果司法能够被授权审查政府人事行政行为，则有助于强调公务员履行依法行政的义务，否则，会导致强调公务员服从命令的义务。

绝对服从说将下属公务员当作唯命是从的工具，下属公务员即使对违法命令也不得违抗必须执行，违背公共行政的最终目的；绝对不服从说会给下属公务员提供不执行命令的借口，影响行政效率；提出意见说在实践中，基于长官威慑、下属公务员的盲从，可能造成其功能不显；相对服从说既考虑到了行政管理的上令下从和效率的特点，同时又兼顾了法治原则，从而把对公务员在行政体制的上传下达、上令下从的要求与维护法律的公平正义、捍卫公共利益之间寻求一种平衡。从各国的立法实践来看，现在世界上大多数国家采取的都是此种学说，如德国、法国等。

二 各国公务员抗辩权的规定

（一）各国公务员抗辩权综述

当今，世界上很多国家都有关于公务员抗辩权的法律规定，各国的公务员法一般都规定公务员在服从上级命令的同时也有服从法律的义务，但上级命令与法律规定发生冲突时的解决方式，各国又有不同的规定，对公务员抗辩权规定比较完善的国家主要是德国、法国、日本等。

法国、日本和德国把支持和服从上级作为公务员的一项义务（共同义务）而加以规定，同时在这方面也有一些特定义务的规定。法国法相关规定体现了首长责任制的原则，即首长公务员不能推卸他对下属所犯的责任事故的责任。他不能摆脱由于他的部下的责任而落到他肩上的责任。日本《国家公务员法》也赋予了公务员有对上级命令和决定提出意见的权利。德国强调公务员有质疑上级命令合法性的义务（同时也是权利），并且只

[①] 刘俊生：《服从命令与依法行政冲突之研究》，《中共中央党校学报》2007年第5期，第48页。

要公务员受委托执行命令的行为不会受到法律上的刑事威胁,或者是不会与秩序背道而驰,并且对他而言,还没有认识到是犯罪的,或者只要受委托执行命令的行为不损害人的尊严,他就必须执行命令。

可以看出,多数国家都要求公务员在执行上级命令时,可以根据自己所掌握的专业知识,以及日常经验等对该命令具体内容的合法与否进行判断,如果认为上级命令是违法的,而且必须是在明显违法的情况下,公务员才可以拒绝执行,否则就要承担个人责任。为维持公务体系之秩序与伦理,并发挥公务员的能力与潜力,上级长官于公务员在职场上得行种种管理措施,此等措施虽对公务员有所制约,但在合法与合理前提下,仍应予以肯认;并且公务人员于执行职务时有要求受到合法、合理管理措施保障之权。①

值得一提的是,德国《联邦公务员法》规定公务员若认为上级长官的职务命令有违法嫌疑时,应立即向其上级长官申告。通过"应为规定"的形式赋予下级公务员异议义务,借此程序提醒上级长官可能有违法情事存在,以避免长官的恣意滥权并且在下级属官依法履行此一义务时,清楚地区分上、下级公务员的责任,让下级公务员得以放心的执行职务,这是继受德国联邦公务员法上"异议义务"(remonstration spflicht)的设计,亦将此称为呈报义务。② 此种异议制度乃规定于《联邦公务员法》第 56 条以及《公务员法基准法》第 38 条之中。公务员若认为上级长官的职务命令有违法嫌疑时,应立即向其上级长官申告。若其上级长官肯定其命令的合法性,并令其继续执行时,该公务员必须向其再上级长官为命令违法的异议,若再上级长官亦肯定该命令之合法性时,再上级长官应交付该公务员证实该命令合法的书面文书,该公务员除应执行其上级长官的命令外,并可因要求给予的书面证明,而免除其责任。

可见,德国法不仅着眼于下级执行上级命令的合法性的要求和公务员执行命令的限制性的条件的规定,而且在于保证政令的畅通执行。

---

① 翁岳生主编《行政法》(上),中国法制出版社,2008,第 420 页。
② 参见吴庚《行政法之理论与实用》,台北三民书局,2007,第 265~266 页;或称"报告义务",参见陈敏《行政法总论》,台北新学林出版股份有限公司,2007,第 1101 页;蔡震荣、郑善印:《行政罚法逐条释义》,台北新学林出版股份有限公司,2006,第 84 页。

（二）我国公务员抗辩权的现状

我国《公务员法》第 54 条规定，公务员执行公务时，认为上级的决定或者命令有错误的，可以向上级提出改正或者撤销该决定或者命令的意见；上级不改变该决定或者命令，或者要求立即执行的，公务员应当执行该决定或者命令，执行的后果由上级负责，公务员不承担责任；但是，公务员执行明显违法的决定或者命令的，应当依法承担相应的责任。可以看出我国《公务员法》第 54 条规定执行上级命令是公务员的义务，公务员执行上级的命令和决定是基本原则；但公务员认为上级的决定或者命令是违法的、错误的，可以向上级提出改正或撤销该决定或者命令的意见，这是公务员特有的权利和义务，即赋予了公务员对错误命令和决定提出异议的权利。

公务员应当服从和执行上级依法作出的决定和命令有以下含义。

（1）公务员服从的决定与命令应是上级作出的。所谓"上级"，是指同一系统或组织中地位、等级较高的机构或人员。上级包括直接上级和间接上级，直接上级是指直接具有领导权、指挥权与主管权的上级，间接上级是指除直接上级以外的具有领导权、指挥权或监督权的上级。一般而言，对公务员发布命令应逐级进行。上级向公务员交代任务，一般应通过其主管的上级，但必要时也可以越级直接向下级公务员发出决定与命令。

（2）公务员服从和执行的是上级作出的决定与命令。所谓决定和命令是指上级作出的下级公务员必须作出一定行为或者不得作出某种行为的指令。就形式而言，既有抽象行政行为的形式又有具体行政行为的形式。

（3）公务员服从和执行的上级的决定与命令应是依法作出的。一方面，该决定与命令的内容应是合法的。该决定与命令应在上级的权限范围之内，否则下级公务员有权不执行；该决定与命令应与上级的职务有关，上级领导的私事，公务员就可以拒绝执行；该决定与命令不属于法律所禁止的事项，对于明显违背法律的决定与命令，公务员可以拒绝服从与执行；该决定与命令不属于下级公务员独立执行职务的事项，一些特殊的部门如监察部门、审计部门、统计部门等，一旦法律赋予这些部门的公务员独立执行职务的权力，上级的决定与命令即不能涉及其独立执行职务的范围。另一方面，决定与命令的发布程序必须合法。上级作出的决定与命令必须是依照法定程序作出的。程序合法是内容合法的重要保障，具有独立的价值。对于未经法定程序作出的命令，公务员有权不予服从。特别是强调程序合法性的执行，如行政拘留、监视居住、扣押、没收等涉及相对人人身和财产的强制措施命令时，程序合法就更应当成为公务员执行命令的前提条件。

虽然我国《公务员法》专门用一个条文规定了公务员对上级违法命令享有抗辩的权利，但仍存在以下问题需进一步明确：上级发布命令和决定的形式是什么，有没有口头或书面的限制？下级提出意见或建议的方式、程序和期限又是什么？这一系列的问题，公务员法都没有作出任何回应，这很容易使该条在现实中的实施效果适得其反。[①]

在当今我国的政务环境下，一些公务并不是个人行为，而是集体意志的决策；绝大多数公务行为是在上级"部署"下进行的，出了问题如何追究？在实践中，作为发布决定和命令的上级难免会掺杂主观因素，发生上级发布的命令与法律规定矛盾甚至是冲突的情况，此时，作为下级的公务员该如何作为呢？这就产生了法律权威与个人权威的博弈。我们不能以过高的道德标准要求一个官员以自己的政治前途为赌注忤逆自己的上司，再包含"人情"等因素，因此在意见不统一之时，很难保证下属的意见表达，上级的个人意愿往往左右下属的执行结果。如果不从职业道德的角度思考，那么至少在制度上应当有所衡平。

三 我国公务员抗辩权的完善

（一）法定职责的抗辩权

公务员一方面有服从上级命令的义务，另一方面其又需为其所有职务上的行为，负个人完全责任，因此，可在制定"行政程序法"时明确公务员法定职责抗辩权的有关内容，确立公务员对违法命令的异议或申诉制度，以便保障其执行公务的权利，免受强制性命令的困扰。

[①] 董路影：《论公务员抗辩权制度及其完善——以〈公务员法〉第54条的适用为视角》，广东商学院硕士学位论文，2012，第18页。

(1) 出台《公务员法》第 54 条相关的立法解释，明确界定"错误""明显违法"的情形，为执行公务提供细化的评价标准。立法解释须细化违背宪法及相关法律法规的、违背法定程序的以及滥用职权、超越法定职权的、显失公正的决定和命令属于"错误"和"明显违法"的具体情形。或直接从正面规定公务员不得执行上级作出的以下无效的决定或者命令：①主体不明确的；②内容对任何人都不能实现的；③内容违背公共秩序、善良风俗的；④所要求或许可的行为构成犯罪的；⑤未经授权而违背法律法规有关专属管辖规定或缺乏事务权限的；⑥法律法规规定的其他无效情形。①

(2) 确立"书面命令免责"机制。借鉴德国公务员违法存疑的申告制度，进一步明确公务员在执行公务时若发现上级错误、明显违法的决定或命令，应向上级提出改正或撤销的意见。若上级仍要求公务员执行，该公务员可向其再上级为命令违法的异议，若再上级亦肯定该命令之合法性，再上级应交付该公务员证实该命令合法的书面命令。在上级强令公务员执行时，对于服从命令尤其是服从书面命令的公务员免于承担任何不利后果的责任。

(3) "依法作出决定""明显违法"中的"法"界定。上级的决定和命令是否违法是个非常复杂的问题，需要权威机关正式审查才能认定。从法理上说，抵抗或者不服从明显违法的非法之法、恶法，建议对命令和决定的范围作如下规定：对于上级所作出的所有的违法或错误的具体命令，公务员都有权拒绝执行；对于抽象命令要区分对待，规章以上的抽象命令因为已经由《立法法》进行专门规定，是属于"法"的范畴，所以公务员必须要无条件的服从。② 规章以下的抽象命令，大多都是以"红头文件"的形式发布的，为保证行政运作仍然不可避免采取该形式，而且发布此类文件已经成为各级行政机关的普遍的执法方式，在立法实践中又没有对其进行明确的规范，所以有必要把规章以下抽象命令纳入公务员行使抗辩权的"命令"的范围。但这类命令必须符合两项要件：第一，目的

---

① 罗利丹：《公务员责任体系：上级命令执行的制度风险》，社会科学文献出版社，2014，第 178 页。
② 董路影：《论公务员抗辩权制度及其完善——以〈公务员法〉第 54 条的适用为视角》，广东商学院硕士学位论文，2012，第 30 页。

合理；第二，构成公务员基本权利限制的重要事项，仍然受"法律保留"原则支配。至于公务员的违法失职，仍得依法课以惩戒罚，但惩戒罚构成要件的规定应符合法律明确性原则，惩戒罚的实施应当践行正当法律程序。① 从法规范所应具有的行为导向功能（行为规范）来看，当服从义务与避免不法的义务相冲突时，只要行为人履行了其中位阶较高的法义务，法律就没有理由非难行为人所做的选择，亦即应将该行为评价为合法。②

当行为人遵循公法上的行为指示提出异议，而其上级亦再度证实命令内容时，其所为的执行行为在公法上即属合法。倘若下级公务员对此根本没有产生任何的怀疑，或是其主观上虽然有所怀疑，但未提出异议时，便要回归义务冲突的基本处理原则，亦即根据具体个案来衡量服从义务是否优于其他的法律义务。在进行义务的衡量比较时，首先要考虑公务员的职务种类，因为服从义务的强弱会随着公务种类的不同而有分别。③

（二）法定职责之外的抗辩权

在中国，公私不分是最大的问题：上班与下班的时间不分，领导交代的事情必须办理。当前我国行政生态中仍然流行"理解的执行，不理解的也要执行"，官大是理，人微言轻。很多人不是依法办事，而是依权力意志办事，看领导脸色行事。④ 官场其实有一套约定俗成的规矩，即领导交办的事一切照办，一些公务员认为对行政机关及其上级的服从、尊重，甚至对自己不法侵害的行政处理决定的容忍都是应该的，这折射出一些底层公务员的生存之道。目前各级"一把手"掌握着下级公务员的初始提名权，在公务员的提拔、任用、交流等各个环节，掌握着绝对的主导权，使得公务员和"一把手"之间形成了事实上的人身依附关系，跟"一把手"不搞好关系就无望获得提拔和重用，成为很多公务员的共识。公务员总在

---

① 吴庚：《行政法之理论与实用》，台北三民书局，2012，第222页。
② 蔡圣伟：《论公务员依违法命令所为之职务行为》，《台大法学论丛》2008年第1期，第198页。
③ 蔡圣伟：《论公务员依违法命令所为之职务行为》，《台大法学论丛》2008年第1期，第201~202页。
④ 赵丰：《公务员责任终身制的顾虑》，《人民论坛》2012年第15期，第5页。

潜规则与明规则冲突中纠结。因此,对于非法定职责的命令和上级下达非职务上的任务,应明确赋予公务员法外职责抗辩权,让其有权拒绝上级无法律依据的指示。

司法最终救济原则可以保障公务员在缺乏行政救济或者行政救济的结果不能满足其权利诉求的情况下,通过司法途径来进行最后的裁决。也只有建立了这样的法律保障,公务员才能够真正拒绝"执行明显违法的决定或者命令"。

(三) 公务员执行明显违法的决定或者命令的追偿

公务员因执行公务造成相对人损害的,一般由国家负担赔偿或补偿。因为要保护公务员执行上级长官所交付其执行的任务,所以由此所产生的损害,由国家负担损害赔偿责任,但公务员于执行职务时有故意或重大过失的不在此限。国家财政是由全体人民支付,如果因公务员个人的故意或重大过失导致了国家赔偿,那么,国家财政对公民承担国家赔偿责任,实质上就等于是由全体人民替具有故意或重大过失的公务员个人承担法律责任,这显然违背公平正义的自然法则。

德国《基本法》第34条第1项规定,职务长官(国家)对该损害应负赔偿的义务。[1] 德国《联邦公务员法》第78条第1项规定,如果有多数公务员共同造成损害时,原则上该公务员应视为连带债务人共同负责;第2项规定如果公务员于行使公权力时有故意或重大过失时,得对该公务员行使求偿权。第4项如果公务员就其所造成的损害已赔偿给受害人时,若该国家对第三人有损害赔偿请求权时,该请求权即转给已为赔偿的国家机关。公务员个人赔偿责任被国家责任所吸收的趋势并不排斥追偿权的存在,即大多数国家对有故意或过失的公务员享有追偿权,但在实践中,执行这种权力更多的是一种纪律手段,而不是赔偿费的追偿。[2] 因此,法律应明确,公务员应为其执行明显违法的决定或者命令或违反强制义务而有责的行为负个人民事赔偿责任。

---

[1] 林明锵:《公务员法研究》(一),台北:作者自刊,2003,第492~493页。
[2] 林准、马原:《外国国家赔偿制度》,人民法院出版社,1992,第189~190页。

第三节 公务员行政救济权

一 救济权

《牛津法律大辞典》解释:"救济是纠正、矫正或改正已发生或业已造成伤害、危害、损失或损害的不当行为。……救济是一种纠正或减轻性质的权利,这种权利在可能的范围内矫正由法律关系中他方当事人违反义务行为造成的后果。"救济权是基于原权利而派生出的权利,其目的在于救济被侵害的原权利。显而易见,法律权利与救济之间存在着辩证统一的关系。无权利就不存在救济,合法权利是救济存在的前提。公务员救济权是指公务员的权利被侵害时,依法定的方法和程序寻求说明及申辩和处理,来维护自己的合法利益。一般而言,当公务员权利遭到侵害时,他们通常会选择以下方式解决冲突:①自助行为;②逃避;③与侵权者协商;④通过第三方(含法院或其他组织)解决;⑤忍让。

法治发达的国家及地区均非常注重对公务员权利的救济。因不同国家和地区行政体制不同,公务员的救济制度也有较大差异。一般而言,公务员救济权可分为行政救济权和司法救济权两部分。行政救济权指公务员认为机关行为直接侵害其合法权益,请求有权机关依法对该违法或不当行为给予纠正,并追究其责任的权利;司法救济权则指宪法和法律赋予公务员的基本权利遭受侵害时,向司法机关诉求对该侵害行为作有效的补救,并给予必要和适当补偿的权利。

二 美国公务员行政救济权的规定

(一) 不利处分申诉

依美国1978年《文官改革法》规定,公务人员受免职或14天以上的停职,以及降等或减俸不利处分时,均可向功绩制度保护委员会申诉;如属有组织的工会团体的公务人员,可依谈判所达成的协议,请求工会进行斡旋，不必向功绩制度保护委员会提出申诉。其中针对各机关以工作不力而提请降调或免职公务人员的申诉，机关应于接到通知30日内，以书面提出最终的决定；公务人员具有四种程序上权利，分别为：①有权于机关采取降免的议前30天内收到书面的通知；②有权委请律师或其他代表；③有权在适当期间内进行口头或书面答辩；④收到叙明处分理由的书面决定书。

各机关在有效期限届满前对有关人员作降免的决定，则该当事人可向功绩制度保护委员会申诉，请求调查听证；当事人如属工会团体，须遵循劳工争议程序进行斡旋。申诉结果有：如果机关已经提出具体证据，显示该等当事人就其所任工作之一项或更多项的关键因素确不符合工作标准时，对于机关的原决定，应予以维持。如有下列情形之一者，机关的决定应予以驳回：①其决定是基于错误的程序，而应归责于机关者。②其决定是基于《文官改革法》内研定的"被禁止的人事措施"者。③其决定为不合法者。

公务员对不利处分，无论是向功绩制度保护委员会申诉或由工会团体斡旋者解决，其所依据的处分标准均属相同。不服以上种种决定或功绩制度保护委员会的命令者，均可向联邦上诉法院提起上诉，如案情与其薪俸有关时，则应向权益诉争法院提起上诉。

（二）歧视案件申诉

歧视案件程序如下。

（1）对歧视案件，应于120日内解决之，其所作之决定，当事人若未在限期内向功绩制度保护委员会提出申诉，则以完成行政程序论处。

（2）功绩制度保护委员会应于受理一般申诉案及歧视案后120日内作出决定。其所作决定，当事人若未在收到决定通知后30日内请求平等任用机会委员会再行考虑，则该案即属确定。

（3）平等任用机会委员会在接获请求后，应于30日内决定是否考虑功绩制度保护委员会的决定，如决定再付考虑，应于60日内举行听证或送回功绩制度保护委员会60日内再举行听证。如同意功绩制度保护委员会的决定，则该决定即属确立；如不同意功绩制度保护委员会的决定，则将案件交回该会。

(4) 功绩制度保护委员会应在 30 日内考虑平等任用机会委员会的决定，并决定接受其全部或一部分。

(5) 功绩制度保护委员会如不接受平等任用机会委员会的决定，应于 5 日内通知特别委员会，该委员会应于 45 日内审查全部处理过程，并作出决定，其决定具有最终的效力。

(6) 公务员遇有下列情事时，可依据有关规定向法院提起诉讼。

①机关未于 30 日内作出决定。

②功绩制度保护委员会自受理申诉案件起，未于 120 日内作出决定。

③平等任用机会委员会于受理申诉案起，未于 180 日内对功绩制度保护委员会的决定作出最后的决定。

美国的功绩制度保护委员会和平等任用机会委员会在处理公务员申诉中发挥了重要的组织和程序保障作用，其作为公务员申诉的前置处理机构，可以大幅地降低公务员的司法审查数量，以更加经济和便利方式救济公务员的权利。

三 德国公务员权利保障程序

(一) 非正式的权利保障程序

德国有法院外非正式权利保护请愿制度，即公务员个人或团体可以书面向有管辖权的机关或民意代表机关陈述其请求或进行申诉。非正式的权利保护程序的最大特色在于：无一定格式或期间的限制（只需书面提出），不发生程序上的法定效力（例如不停止请愿处分的执行效力），可由任何人提起，而且最后不全进入法院的诉讼程序。德国公务员法院外非正式权利保障的渠道有下列几种[①]。①请愿；②申诉：含请愿、监督申诉、职务监督申诉；③向公务员协会请求；④向机关公务员代表请求；⑤丧失公务员身份后赦免请求；⑥向信息保护官（使）请求保护。

请愿或申诉的最终裁决不仅无法强制执行，而且也不能成为正式权利保护程序中受撤销的对象；公务员提起请愿或申诉，纵使是为其自身的升

---

① 林明锵：《公务员法研究》（一），台北：作者自刊，2003，第 212～213 页。

迁案而提起，亦不得受到上级机关不利的处分，请愿只是要求受理机关答复而已，而非要求某一特定方法的解决。① 更高的行政上级或最高行政机关，可以随时撤销其下属行政上级的处分决定或对公务员申诉的裁决。他们可以对下级的处分决定或申诉裁决重新作出裁决或要求提出正式诉讼。

（二）正式的权利保障程序

德国公务员的正式权利保障程序主要指公务员异议程序与法院的诉讼程序。

1. 公务员异议程序

德国公务员异议程序是指公务员对于行政机关对其处理的措施或决定于一定期间内，向原处分机关所提起的正式救济程序。原决定或处分机关认为异议有理由时，应予以救济；反之，若原决定或处分机关认为异议为无理由时，原则上应将案件移送上级机关裁决。

2. 可提起异议的主要类型②

在公务员权利保障的异议程序中，主要出现的类型有以下几种。

（1）机关首长或其代理人作出负担性行政处分，例如违反公务员意愿的调职。

（2）申请授益处分被拒绝或迟未决定，例如晋升申请或特别休假、调职、协助被拒或未开始作业。

（3）未取得有利的单纯行为，例如公务员受到不利的考绩时。

3. 形式与期限③

依德国《公务员基准法》第126条第3项准用德国《行政法院法》第70条第2项的规定，公务员应以书面于行政机关作出书面决定后，自行政处分知悉后一个月内提起异议（向原处分机关提出）；异议亦可向其他有权为异议决定的机关提出（采取达到主义）。但是，如果原决定（处分）机关未正确告知或未告知当事人，须于一个月内提起异议时，则其异议期限将由一个月延长为一年。公务员提起异议时，除须亲自出现于管辖权机关前，并同时由机关作成异议笔录，如果异议人仅以电话向有管辖权的机

---

① 林明锵：《公务员法研究》（一），台北：作者自刊，2003，第210~211页。
② 林明锵：《公务员法研究》（一），台北：作者自刊，2003，第214页。
③ 林明锵：《公务员法研究》（一），台北：作者自刊，2003，第216~217页。

关提起，而受理机关对该电话异议并未形成档案文号者，则尚未充分构成该异议的形式要件。

4. 异议权限①

异议权限指提起异议人依《行政法院法》第 42 条第 2 项的规定，须因行政处分或拒绝、不作为致侵害异议人的权利，换言之，首先，在具体的争议情形中，诉愿人自身的权利有受侵的可能时，始有提起异议权限。其次，异议人主观的权利，须能援引某一法律规定，始得构成，异议人必须亦属于被保护的对象。一般而言，机关首长的措施（对其公务员而言）可以被定性为行政处分时，即可提起异议。诸如：①加给裁决；②调职；③派任命令；④俸级裁决；⑤兼职许可；⑥升等结果的裁决。但是部分未被定性为行政处分者，实务上仍许可公务员提起异议者还有职务判断（考绩评定）。

5. 异议决定的理由②

若被撤销的措施（或拒绝申请的措施）违法且侵害公务员权利时，异议裁决类推适用《行政法院法》第 112 条第 1 项结果应附具理由，说明原措施或不作为的措施是否违法，其判断标准包含事实是否错误及法令适用是否违法。在实务上，依下列顺序来审理及说明：

（1）该措施的法律基础（含法律及命令）；

（2）措施形式合法性；

（3）措施实质合法性，含法规范的前提要件及裁量的合法性。

在异议程序中，异议机关得就争议的规范是否合目的性进行审查，尤其是在裁量决定中，异议决定机关须考虑目的性后，取代原决定机关的地位，作出有优先效力的决定。德国立法者设计异议制度或异议程序的主要目的在于首先由行政机关再自我检讨或控制其自己决定；其次，如果公务员与行政主体于异议程序上达成合意或一致性的看法，亦可以减轻法院的负担；最后，与诉讼程序相较，对于异议人而言，异议制度亦可节省诉讼成本的支出。

正式权利保障程序与非正式权利保障程序两者乃处于一种互补关系，

---

① 林明锵：《公务员法研究》（一），台北：作者自刊，2003，第 217～219 页。
② 林明锵：《公务员法研究》（一），台北：作者自刊，2003，第 220～221 页。

而非互斥的关系,所以公务员可同时提起正式权利保障程序和非正式权利保障程序。只是因为正式权利保障程序较具有法律上效力,所以学理上讨论较偏重于正式权利保障程序,但实际上,非正式的权利保障程序因为迅速而且富有弹性,亦具有一定程度效力(事实上的效力)。由于异议属于行政诉讼中的"撤销诉讼"与"课以义务诉讼"的前置先行程序,所以在行政救济渠道上乃于第一线的地位。德国公务员非正式权利保障程序和正式权利保障程序构筑了公务员权利行政保障的完整程序体系,为公务员权利行政救济提供了组织和正当程序的保障。

四 我国台湾地区公务员救济权的规定

我国台湾地区公务员对管理机关的人事行政行为不服的,其行政救济程序可分为复审程序和申诉、再申诉程序两类。适用复审程序的范围主要依据1996年台湾地区"公务人员保障法"规定以及"司法院"大法官建立的三个标准确定:①须足以改变公务人员身份;②或对公务人员权利有重大影响;③或基于公务人员身份所产生的公法上财产请求权受侵害的。其余的则适用申诉、再申诉程序。

(一) 复审与申诉、再申诉

复审申请者是指公务人员认为服务机关或人事主管机关所为行政处分违法或不当,致其权利或利益损害者;申诉、再申诉申请者是指公务人员对于服务机关所提供的工作条件及其所为认为不当者。

复审程序和申诉、再申诉程序的不同主要表现在以下几个方面。[①]

(1) 不服事项或客体不同。复审程序不服事项乃行政处分;申诉不服事项则为工作条件及管理不当者,具体是指行政处分以外对机关内部生效的表意行为或事实行为,包括职务命令、内部措施及纪律守则等,不问其内容是否具体、个别或抽象及普遍性,亦不论以书面下达或用口头宣示。

[①] 参见吴庚《行政法之理论与实用》,台北三民书局,2001,第262~266页;陈敏:《行政法总论》,台北新学林出版股份有限公司,2007,第1088~1092页;林腾鹞:《行政法总论》,台北三民书局,2012,第329~331页。

(2) 有无权利保护要件不同。复审申请人须具备行政争讼权的保护要件。

(3) 处理程序不同。复审程序准用"诉愿法"规定；复审程序只有一级，而申诉程序有申诉、再申诉二级。

(4) 决定效力不同。复审决定具有与诉愿决定相同的效力，确定后，有拘束各关系机关的效力，复审决定在性质上亦属行政处分之一种，凡行政处分所应有的效力也同等具备。至于申诉、再申诉决定，其性质上仍属于行政内部行为，各关系机关虽受其拘束，但尚不能与行政处分的存续力、执行力及确认效力相提并论。

(5) 能否提起行政诉讼不同。复审程序相当于诉愿程序，对复审程序不服的，可向行政法院提起行政诉讼，而适用申诉、再申诉程序的则无提起行政诉讼的机会，再申诉决定作成之后，全部程序即告终了。[1]

(6) 提起人的范围不同。我国台湾地区"公务员保障法"第 25 条规定，公务人员对服务机关或人事主管机关所属之行政处分，认为违法或显然不当，致损害其权利或利益者，得依本法提起复审。非现职公务人员基于其原公务人员身份的请求权遭受侵害时，公务人员已亡故者，其遗族基于该公务人员身份所生的公法上财产请求权遭受侵害时，亦可依本法规定提起复审。其第 77 条规定现职公务人员或公务人员离职后，接获原服务机关的管理措施或处置者，可提起申诉、再申诉。

(二) 司法惩戒

我国台湾地区"司法院组织法"第 7 条规定，"司法院"设公务员惩戒委员会，掌理公务员的惩戒。"公务员惩戒法"第 1 条规定，"公务员非依本法不受惩戒，但法律另有规定者，从其规定"。因此，惩戒制度的积极功能是维持官箴，促进行政效率；消极功能是保障公务员的权益。公务员的法律责任分为民事、刑事及行政责任。其中行政责任又有司法惩戒处分及行政处分两种，二者的法源依据不同，分由不同机关掌理，处分的种类、法律效果亦异。理论上，主管长官对所属九职等以下公务员为记过或申诫的处分，该公务员可向"公务人员保障暨培训委员

---

[1] 吴庚：《行政法之理论与实用》，台北三民书局，2001，第 235～251 页。

会"提出再申诉。① 属于公务员惩戒委员会掌理的事项，由公务员的主管长官按法律规定行使，为足以改变公务员身份或对于公务员有重大影响的惩戒处分，受处分人可向掌理惩戒事项的司法机关声明不服。

（1）惩戒机关采用法院体制。惩戒案件的审议本着正当法律程序原则，对被惩戒人给予充分的程序保障。惩戒机关加强职权调查与言词申辩：对于案情复杂、情节重大或事实有待明了的案件，均指定若干委员会同配受委员，分赴有关机关详细查证或通知被惩戒人及其他相关人员到会陈述意见，给予被惩戒人言辞申辩、说明陈述的机会，以充分保障被惩戒人的权益。对于前来本会作证的证人、为之鉴定的鉴定人按规定给付日费、旅费。②

（2）惩戒程序原则上以"刑惩并行"为主，"刑先惩后"为例外。例外限于以犯罪为前提的惩戒处分，且非待刑事判决确定，无由或难以认定其违法责任者，始得停止审议程序。③ 即认定惩戒处分应以犯罪是否成立为判断时，议决在刑事裁判确定前，须停止审议程序，以免因刑事案件久悬不决而影响惩戒程序的进行。

综上，我国台湾地区设置复审程序和申诉、再申诉程序，将足以改变公务人员身份或对公务人员权利有重大影响的案件作为复审要件。公务员惩戒机关采用法院体制，具有相对独立性；惩戒案件的审议本着正当法律程序原则，以"刑惩并行"为主，"刑先惩后"为例外原则对被惩戒人予以充分的程序保障，这值得大陆借鉴。

五 我国公务员行政救济的现状与问题

我国公务员行政救济有申诉和仲裁两种途径。我国实施公务员法的机关与聘任制公务员之间、参照公务员法管理的机关（单位）与聘任制工作人员之间因履行聘任合同发生的争议可选择人事仲裁救济途径，而其他类型公务员只能选择申诉途径。

---

① 汤德宗：《论公务员不利人事处分的正当程序——司法院大法官释字第四九一号解释评析》，载《行政程序法论》，2003，348~349页。
② 《公务员惩戒统计年报》，台北："公务员惩戒委员会"编印，2013，第16~17页。
③ 《公务员惩戒统计年报》，台北："公务员惩戒委员会"编印，2013，第16页。

（一）公务员申诉

公务员申诉是公务员对涉及本人的人事处理决定不服，有权向原处理机关申请复核，或向同级公务员主管部门或者人事处理决定机关的上级机关申诉理由，要求重新处理受理机关必须按照有关规定作出处理。

1. 申诉是公务员的一项权利。其具体内容包括以下方面

（1）要求受理的权利。公务员对涉及本人的人事行政处理决定不服时，有权要求原处理机关的同级人民政府人事部门或行政监察机关受理，这些机关相应地负有受理公务员申诉的义务。

（2）要求变更或撤销原处理决定的权利。公务员对涉及本人的人事处理决定同事实有出入或结论有错误时，有权要求改变原处理决定；如果认为处理决定所依据的事实根本不存在，或有重大错误，有权要求撤销原处理决定。

（3）要求恢复名誉、消除影响、赔礼道歉的权利。行政机关因对公务员的错误的人事处理给公务员造成名誉损害的，公务员有权要求行政机关在一定范围内采取恢复名誉、消除影响、赔礼道歉的形式挽回形象。

（4）要求赔偿损失的权利。公务员因受行政机关的错误处理而受有经济损失的，有权要求行政机关在经济上赔偿损失。

（5）要求惩处责任人的权利。当公务员认为自己之所以受到错误处理是因为某些人或某个人的违法失职行为，其有权要求受理机关对责任人给予处理。

2. 公务员申诉以对公务员自己的人事处理决定不服为前提

人事处理决定是指公务员的管理机关对公务员的违法或违纪行为，或尚未构成犯罪的一般违法行为进行的精神处分、物质处分及职务处分等方面的处理决定。精神处分指使公务员声誉受损的处分，主要有通报批评、警告、记过、记大过等形式；物质处分是使公务员经济利益受损的处分，主要有减薪、停薪、不加薪或取消某种津贴等形式；职务处分是使公务员名誉、地位、物质各方面都受损的身份处分，主要有降级、撤职、开除等形式。公务员的人事处理决定，不论是非因法定事由和非经法定程序作出的，还是因法定事由和经法定程序作出的，公务员只要不服，都有申诉的权利，处理决定机关也有受理的义务。

3. 受理申诉机关必须是有权改变或者撤销原机关所作处理决定的机关

接受控告的机关必须是有权查处公务员控告案件，并追究侵犯公务员权益的人员的法律责任的机关。

（1）原处理机关，即作出处理决定的机关。原处理机关对案情最了解，容易查清事实，让原处理机关受理申诉案件，有利于案件得到及时处理。大部分申诉案件都可以在原处理机关处理。

（2）与原处理机关同级的人民政府人事部门。各地公务员局是公务员的综合管理部门，有权按照国家法律规定受理公务员的申诉，并有权改变或撤销其他厅局的人事处理决定。

（3）行政监察机关。我国《行政监察法》第38条规定，国家行政机关公务员和国家行政机关任命的其他人员对主管行政机关作出的处分决定不服的，可以自收到处分决定之日起30日内向监察机关提出申诉，监察机关应当自收到申诉之日起30日内作出复查决定；对复查决定仍不服的，可以自收到复查决定之日起30日内向上一级监察机关申请复核，上一级监察机关应当自收到复核申请之日起60日内作出复核决定。

（二）公务员有权提出复核或申诉的范围

公务员对以下情形不服的，可以申请复核或申诉。

（1）行政处分。我国规定行政处分有警告、记过、记大过、降级、撤职、开除等六种。公务员对本人的处分决定不服的，可以申请复核或申诉。

（2）辞退或者取消录用。辞退是机关依法解除与公务员任用关系的行为。我国《公务员法》规定有下列五种情形之一的，用人机关可以予以辞退：①在年度考核中，连续两年被确定为不称职的；②不胜任现职工作，又不接受其他安排的；③因所在机关调整、撤销、合并或者缩减编制名额需要调整工作，本人拒绝合理安排的；④不履行公务员义务，不遵守公务员纪律，经教育仍无转变，不适合继续在机关工作，又不宜给予开除处分的；⑤旷工或者因公外出、请假期满无正当理由逾期不归连续超过15天，或者一年内累计超过30天的。此外，新公务员被取消录用资格的，也可以提出复核或申诉。

（3）降职。降职即根据法定事由和程序安排公务员就任低于原职务的职务。公务员在定期考核中被确定为不称职的，按照规定程序降低一个职务层次任职。

（4）定期考核定为不称职。定期考核的结果是调整公务员职务、级别、工资等的重要依据。如果被评为不称职，就会影响公务员的职务、级别、工资的晋升，连续两年被评为不称职，就可以被辞退。

（5）免职。免职一般是因公务员的过错或不当行为而造成的，如不胜任工作、工作失误等情形。

（6）申请辞职、提前退休未予批准的。辞职即公务员因个人原因主动辞去公职。除法定不得辞退或提前退休的情形外，任免机关应当准许公务员辞职或者提前退休。如果任免机关不批准，公务员就可以提出复核申请或向上级机关申诉。

（7）未按规定确定或者扣减工资、福利、保险待遇。

（8）法律、法规规定可以申诉的其他情形。

（三）申诉程序

公务员申诉一般包括三个程序，即复核程序、申诉程序和再申诉程序。

1. 复核程序

复核程序是公务员对涉及本人的人事处理决定不服，向原处理机关陈述理由，并请求重新处理的行为。原处理机关应当及时进行复核。申请复核的期限是从公务员知道或者可以知道该人事处理之日起30日内。起算日是自该公务员接到人事处理决定之日起的次日，最后一日是法定节假日或休息日的，则可以顺延至法定节假日或休息日后的第一个工作日。申请复核是一个可选择的救济程序，公务员可以不经复核，直接提出申诉。

2. 申诉程序

申诉程序即公务员向原处理机关的同级公务员主管部门或者作出该人事处理的机关的上一级机关或者行政监察机关提出申诉的程序。公务员提出申诉应符合以下规定。①申诉人。正常情况下，被处理的公务员本人是依法提出申诉的申诉人。在公务员死亡或丧失行为能力的情况下，申诉人的资格可以由其近亲属继承或代理。②申诉形式。申诉一般应采用书面形式。③申诉要求。申诉人必须明确表达申诉的理由、申诉请求，并且能够提出明确的事实根据。④申诉期限。经过复核后，对复核结果不服的，申诉的时限是自接到复核决定之日起 15 日内；不经复核直接提起申诉的期限是，自知道该人事处理决定之日起 30 日内。

3. 再申诉程序

公务员对第一次申诉的结果不服，还可以向上一级机关提出再申诉，再申诉决定为终局决定。公务员对省级以下机关作出的申诉处理决定不服的，可以向作出申诉决定的机关的上一级机关提出再申诉。但对省政府、国务院组成部门作出的申诉决定不服的，不能再申诉。

（四）作出复核、申诉决定的期限

（1）作出复核决定的期限。公务员对涉及本人的人事处理决定不服，向原处理机关申请复核的，原处理机关应当自接到复核申请书后的 30 日内作出复核决定。

（2）作出申诉决定的期限。公务员对人事处理决定不服，无论是对复核提出申诉，还是对人事处理决定直接提出申诉，受理申诉的机关都应当自受理之日起 60 日内作出处理决定；案情复杂的，可以适当延长，但是延长时间不得超过 30 日。

（3）复核、申诉期间不停止人事处理决定的执行。公务员对涉及本人的人事处理决定不服提出复核或者申诉的，复核和申诉期间，原处理决定依然有效，有关机关和公务员本人都必须执行。

（五）申诉的处理

对于公务员的申诉，上级机关对原处理机关的处理决定和复核决定经过再复核后，必须按照全错全纠、部分错部分纠、不错不纠的原则，实事求是地作出撤销、变更和维持的处理决定。

（1）维持原决定。原决定如果事实清楚、证据充分、适用法律法规得当、结论准确、符合法定的权限和程序，受理机关应维持原决定。

（2）变更原决定。原决定如果事实清楚、证据充分，只是适用法律法规不当，有失偏颇或者有违反法定程序的情形，在这种情况下，受理机关可以建议原处理机关变更原决定，也可以直接作出处理决定。

（3）撤销原决定。原决定如果事实不清楚、证据不充分，或者适用法律法规有错误，在这种情况下，受理机关可以撤销原决定，发回原处理机关重新审查。

对于申诉受理机关复核决定的法律效力，我国《行政监察法》第42条明确规定，上一级监察机关的复核决定和国务院监察机关的复查决定或者复审决定为最终决定。

（六）我国申诉制度存在的问题

从表面上看，申诉制度为公务员提供了行政救济途径；但事实上，在我国这种制度设计较容易流于形式。首先，我国惩处公务员一般是由机关部门领导根据民主集中制作出的。集体决定虽然可以在一定程度上防止错案发生，但错案一旦形成，则难以平反。因为其后果影响面太大，不仅影响受惩的公务员、作出集体决定的各领导，还涉及机关部门公权力的威信。所以申诉部门一般不提起复查，不会为纠错而损害机关和部门领导的声誉，以牺牲一个人的利益而保护整个集体；除非有更上级领导下令或面临着外部强大压力，其才可能复查。

其次，处理结果的权威性不够。目前我国的申诉审查是封闭状态下的书面审查，这种"背靠背"的审查方式缺乏公开性。[①] 即使公务员申诉有最终处理结果，可是监察机关对申诉作出的监察建议又不具有强制执行力，而只能由作出原处理决定的机关去执行处理结果，其原处理机关是否能公正地再处理让人怀疑。

再次，申诉机构不统一。我国公务员处分一般是以纪委与监察部门联合发文方式来进行。党纪与工作纪律交织在一起，纪委与监察部门合并受理，对于党员公务员是适合的；但对非党员公务员申诉处理公文盖有纪委印章，在形式上就显得不合适。监察机关只是人民政府行使监察职能的机关，依照《行政监察法》仅对行政机关的公务员和任命的其他人员实施监察。向监察机关提出申诉的主体，仅限于行政机关的公务员；而其他机关如人大、法院、检察院等的公务员则不能向行政监察机关提出申诉，只能向其所属的原机关或上级机关申诉。此项规定导致申诉处理的后果可能因申诉机关适用标准不一而有差异。

---

① 林海娃：《公务员申诉制度若干问题研究》，吉林大学硕士学位论文，2010，第23页。

最后，我国《公务员法》颁布之后，虽然开辟一章专门对公务员的权利救济作出规定，但是这些规定都是比较原则性的，缺乏具体的可操作性，导致在具体的救济实践中存在着诸多亟须解决的问题。诸如除《公务员法》规定之外其他侵犯公务员权益的事项能否申诉（如对年度考核基本称职、职务转任、调任等人事处理）？申诉能否由他人代理？申诉机关如何做到公正？诸如此类，还需细化和明确。

六 完善我国公务员申诉制度

目前，申诉是我国公务员主要的行政救济途径。从公务员权利救济体制建设来看，充分运用非诉救济方式是解决我国公务员权利义务争议的一个现实选择。

（一）救济范围扩展

按照我国《行政复议法》第8条第1款规定，不服行政机关作出的行政处分或者其他人事处理决定的，依照有关法律、行政法规的规定提出申诉。由此可见，行政机关对公务员的人事处理决定被排除在行政复议范围之外。《行政复议法》作出如此规定，主要是认为建立行政复议的目的是为了解决外部行政争议，而行政机关对公务员所作出的行政处分以及其他人事处理决定属于行政机关的内部行政行为，不服行政处分作为一种内部行政争议与其他外部行政争议因其性质、内容的不同，其解决机关、程序等方面自然会存在差异。[①] 我国行政复议制度在某种意义上是作为行政诉讼的过滤器而设置的，所以复议范围规定并未脱离《行政诉讼法》受案范围的框架。就本质而言，行政复议和行政诉讼有着很大不同，不适合司法审查的并非都不适合行政审查，不应将复议范围与诉讼范围完全等同。就法条适用而言，除被申诉机关对公务员作出行政处分或者其他人事处理决定之外的情形，诸如被申诉机关越权或滥用职权致公务员身份丧失、人身财产损失的；公务员著作权、学习培训权利受到侵害的；工作条件与管理措施致公务员个人权益受损等情形，可通过行政复议途径寻求救济。

---

① 杨小君：《我国行政复议制度研究》，法律出版社，2002，第36~37页。

《公务员申诉规定（试行）》第 14 条规定，公务员对涉及本人的下列人事处理不服，可以申请复核或者提出申诉、再申诉：①处分；②辞退或者取消录用；③降职；④定期考核定为不称职；⑤免职；⑥申请辞职、提前退休未予批准；⑦未按规定确定或者扣减工资、福利、保险待遇；⑧法律、法规规定可以申诉的其他情形。从有利于公务员权益保护的角度考虑，将其由现行申诉制度中的涉及本人权益的人事处理决定，扩大到所有涉及公务员权益的处理决定；换言之，将公务员的财产权益的保护提高到与其人身权益相同的高度，这样方能保证申诉制度在保障公务员权利方面的全面性和实效性。① 在公务员行政救济上，要么增加公务员行政复议救济事项，要么扩展公务员申诉的事项范围，只有这样才能较全面地完善我国公务员行政救济的体制建设。

（二）申诉机构独立性建构

申诉制度中，同级公务员主管部门、原处理机关的上一级机关虽有权力审查公务员申诉控告的案件，但其独立性不够。因为其与原处理机关为上下级或管理关系，很难抛开原处理机关的人为因素，难免会考虑本部门的利益，其救济结果的公正性让人质疑。而行政监察机关目前的主要问题是法律对其权威性规定不够，同时该机关仍是行政机关的内部组成部分，很难独立、中立地审查救济案件。② 通过我国《监察机关处理不服行政处分申诉的办法》第 20 条、第 22 条、第 23 条的规定可知，监察机关受理公务员不服行政处分的申诉后，主要是通过调阅原案材料的方式进行审查。阅卷后认为有必要进行调查核实的，在拟制核查方案并报部门领导批准后才可实施。大部分情况都是由监察机关通过调阅处理解决。据不完全统计，自《公务员法》颁布实施以来，公务员申诉案件呈逐年上升趋势，"我国各级行政机关人事部门共受理了公务员申诉案件 300 余件，其中撤销或者建议撤销原处理决定的占到 20%"。③ 这么看来，还有 80% 的公务

---

① 谭宗泽：《国家公务员法之公务员保障制度研究》，载台湾行政法学会《公务员法与地方制度法》，台北：台湾行政法学会，2003，第 223 页。
② 董成磊：《我国公务员权利救济制度研究》，南京大学硕士学位论文，2013，第 23 页。
③ 应松年、宋世明、仲崇东：《公务员法释义》，国家行政学院出版社，2005；另见《最高人民法院工作报告》等参考资料，《2006 年全国法院审判执行工作统计》，第 194 页。http://www.chinaeouxt.org/publie/detail.php?id=238032。

员申诉是维持原处理决定的。

我国《行政监察法》规定,"监察机关可以直接作出变更或撤销主管机关对公务员所作的行政处分决定"。监察机关在行政机关中有相对的独立性,且在领导序列上直接对行政系统首长负责,较之人事行政部门受理公务员申诉有更大优势,特别是目前我国行政监察机关与党的纪律检察机关合署办公,相对独立于人事行政部门,处理公务员申诉会更超脱一些,会更加有利于公务员权利的保护,因此可以将行政监察机关作为公务员申诉的唯一主管机关。[1] 在监察机关与党的纪律检察机关中可成立相对独立的专门申诉机构。

我国人事部制定的《公务员申诉案件办案规则》第 7 条规定,受理申诉的机关决定立案后,应当按照《国家公务员申诉控告暂行规定》的要求,成立临时性的公正委员会,负责案件的审理和对案件提出具体处理意见等工作。公正委员会成员的人选,由工作机构提出,报受理申诉的机关审定,或由受理申诉的机关直接指定。公正委员会委员的人选,由受理国家公务员申诉案件的机关研究决定,其独立性和权威性仍显不足,因此,可借鉴以下德国做法。德国《联邦公务员法》第 95 条明文规定,设立"联邦人事委员会",在法律规定范围内独立自主地行使职权,作为德国联邦政府的人事主管机关。[2] 此种制度设计系为避免人事权由联邦政府之部会管辖而受到政治之不法或不当干预。该委员会系由八名正式委员与八名候补委员组成,委员会主席为联邦审计长。常任正式委员为担任主席的联邦审计长与联邦内政部人事法规部门主管;非常任正式委员则包括其他两个联邦最高机关人事部门主管与另外四名联邦公务员。候补委员则包括联邦审计部与联邦内政部所属之联邦公务员各一名,以及另外其他两个联邦最高机关人事部门主管与另外四名联邦公务员。其产生方式为,非常任正式委员与候补委员由联邦内政部部长提请联邦总统任命,任期四年。其中,四位正式委员与四位候补委员系由相关主管工会的最高组织,也就是工会的理事会提出人选名单。

德国联邦人事委员会委员是依据法律独立行使职权,并不属于联邦内

---

[1] 燕卫华:《公务员权利救济制度研究》,中国政法大学博士学位论文,2007,第 201 页。
[2] 德国《联邦公务员法》,http://www.exam.gov.tw/public/Attachment/01251155229.pdf。

阁的组织。在组织层级上系低于内政部等一般部会的独立机关，除任期届满之外，该委员会委员仅于主要职务被解除，或是被上述产生委员的联邦机关免职，或是具有与公务员因为纪律因素而受到具有法律效力的刑事裁判或惩戒决定而丧失职务的相同前提要件而终止公务员关系时，方可免除其职务。而且，《联邦公务员法》第97条进一步保障该委员会委员不会因为其活动而受到职务上的纪律处分或歧视；联邦人事委员会委员独立自主，仅服从法律规定。

（三）实行正当程序

不管是行政救济还是司法救济，若是没有明晰的救济程序规定，其效果也很难保证。英美等国历来重视正当程序在法律条款中的贯彻，应用正当程序条款审查行政机关的权力运作、工作开展是否符合正当程序；透过事前的、参与的以及公开的正当行政程序制度保障人民享有充分、有效且事先的权益保障程序，因此，行政程序自然可以发挥补充司法救济的功能。[①] 在申诉程序中，寻求救济的公务员有申辩权、质证权、听证权等程序权利，这些都类似于司法诉讼程序，因而决定其具有较强的效力。程序权利作为一种预防措施，通过一定的监督使行政处理决定的作出更加科学和公正，更令人信服，从而在根源上减少公务员实体权利受到侵害的可能性。

（1）公开与听证程序。公开就是要求机关作出的行政处分决定、裁定的内容公开、依据公开、论证公开。公务员的录用、降职、辞退、开除等处分决定，由于涉及公务员身份的取得、变更与丧失等重大切身权益，如果缺失听证程序，不能为权利受侵害的公务员和行政机关提供足够平等的对话机会，将导致公务员的重大合法权利得不到切实有效的保障和救济。可以说没有听证就没有了监督，也就没有了程序正当，因而也就难以保证法律的正义性。[②]

（2）说明理由制度。说明理由制度是行政程序中的一项基本制度。处分机关在作出对公务员合法权利产生不利影响的行政行为时，必须向受处

[①] 汪宗仁：《评行政法院判决对公法上职务关系之息为与应为》，载《公法上职务关系之实务与理论》，2001，第37页。
[②] 于静：《公务员权利保障制度研究》，西南政法大学硕士学位论文，2011，第37页。

分的公务员说明作出该行政行为的事实因素、法律依据以及进行自由裁量时所考虑的政策、公益、形势、习惯等因素。通过论证与逻辑的推理、判断，使受处分人在自身违法行为与责任后果之间寻找到一一对应的因果关系，了解、认识受处分的理由，也可以有效防止暗箱操作和黑幕交易。

（四）增设代理人制度

我国《公务员申诉规定（试行）》第 40 条明确指出公务员复核、申诉和再申诉，除本规定第 19 条规定的情形外，不得委托代理人代为进行。本规定第 19 条规定，如本人（即公务员）丧失行为能力或者死亡，可以由其近亲属代为提出。可见，公务员在申诉中是不允许委托律师或其他专业人员代为辩解、申诉，共同参与的。委托代理为申诉公务员因某些原因难以亲自申诉，或者因缺乏法律知识和申诉经验提供法律及程序上的支持和方便。公务员通过委托代理人进行申诉，可以充分地行使申诉权利和履行申诉义务，更好地维护自己的合法权益。因此，增设代理人制度是落实公务员申诉权的重要机制。

第四节 公务员司法救济权

一 司法救济权的必要性

诉权是当事人获得司法救济、实现权利的前提和基础，也是当代社会的一项基本人权。[①] 诉权作为保障和实现人身权、财产权等基本人权的程序性权利，它产生、服务于人权，并随着人权保护在深度和广度上的加大而不断发展扩大，并进而具体、明晰为当事人一系列的诉讼权利。

我国《行政诉讼法》第 13 条第 3 项规定，行政机关对行政机关工作人员的奖惩、任免等决定不属于受案范围。其理论源于特别权力关系理论的内部人管理主义。公务员替国家行使公权力时，其人格为国家所吸收，

---

① 齐树洁：《调解优先与诉权保障》，载《司法改革评论》，厦门大学出版社，2012，第 4 页。

无个人地位及个人权利义务可言；反映在权利救济上，公务员因违反法规、规章制度而受到行政机关的处理时，不得请求司法救济（行政诉讼），只能向本级行政机关或上级行政机关提起申诉或控告，按行政机关内部规定程序处理。由于行政机关既是处理者又是裁决者，其可能使公务员在救济上得不到应有的公平待遇。

德国原来将公务员与国家关系区分为不同的关系来判定是否可诉。①基础关系：指特别权力关系身份中会影响身份设定、变更、消灭的行为，对此行为可提起行政诉讼。如公务员的任用免职、退休、开除等。②经营关系：行政主体为达成特别权力关系的目的，所为的管理、经营行为，对此行为不得提起行政诉讼。如公务员任务分派、绩效考核、宿舍规则等。时至今日，德国联邦行政法院已不再以是否属于基本权利或经营关系为判准方式，而以相关措施是否产生某种法律效果，来判断是否为重要事项而须受法律之保护；以公务员权利是否受侵害，决定是否可提起行政诉讼。对复审（审议）之决定，仍有不服时，自得依法提起诉愿或行政诉讼。① 依德国《公务员基准法》第 126 条第 1 项规定，公务员因为基于公务员关系，可提起所有种类的行政诉讼。而基于公务员法的争议事件，除包含公务员法律事项的争议外，亦包含公务员法邻近领域的事件，诸如公务员出差费用请求、兼职或救助事件。此外，基于公务员关系的诉讼，亦包含在尚未任用前的争议事件，包含照护公务员、资遣公务员以及离职公务员，以上事件皆得提起行政救济。②

法国行政机关行使纪律惩戒权行为要接受行政法院的监督。公务员不服行政机关的纪律处分，可向行政法院或行政法庭提起撤销之诉和损害赔偿之诉。法院审查的事项包括：行政机关是否有纪律处分权限，处分的程序是否合法，是否有权力滥用情况，惩戒手段是否为法律所规定的手段，行政机关所主张的违法事实是否存在，是否具备违反公务员义务性质，惩戒的程度是否明显超过违法的程度等问题。③ 即使深受特别权力关系理论影响的日本、我国台湾地区，也曾经将公务员权利救济排除在司法救济的

---

① 张丽娟：《从各国公务人员保障制度看台湾行政法思潮的演进》，台北：《中华管理评论国际学报》2007 年第 3 期，第 8 页。
② 林明锵：《公务员法研究》（一），台北：作者自刊，2003，第 215 页。
③ 王名扬：《法国行政法》，中国政法大学出版社，1988，第 298 页。

范围之外，但是随着人权和法治观念的深入以及特别权力关系理论的发展，日本等大陆法系国家和地区也在不断地完善其公务员权利救济体系，纷纷将司法救济列入公务员权利救济的范围之内以加强对公务员权利的保障。

综上，可以看出，各国公务员的司法救济是从无到有、范围从小到大不断发展的过程。我国如果不将公务员权益争议纳入司法救济之中，会有以下不利后果。

首先，行政编制和聘任的公务员因编制不同而救济渠道不同，导致公务员权利救济上的失衡。我国《公务员法》第100条规定，聘任制公务员与所在机关之间因履行聘任合同发生争议的，可以自争议发生之日起60日内向人事争议仲裁委员会申请仲裁。当事人对仲裁裁决不服的，可以自接到仲裁裁决书之日起15日内向人民法院提起诉讼；而行政编制公务员与行政机关发生争议只能通过内部的申诉途径解决。这就导致公务员权利救济渠道分化，行政编制公务员和聘任公务员因不同受理机关作出不同处理结果而有所不公。

其次，有违依宪治国原则。从公务员与所在机关的关系上看，公务员是人民公仆而不是所在机关的仆人，公务员与所在机关之间的职务关系是建立在契约基础上的，是双方合意的结果，是一种法律上的权利义务关系，与其他公民一样亦受宪法保障与约束。公务员权益受侵害时，并非不得争讼，尤其当公务员受宪法所保障的权利受到不法侵害，得依法定程序寻求诉讼救济，不因公务员身份而受影响。①

再次，与法治时代潮流的发展不合。按法治标准，法院对行政权拥有最终司法审查权，因此，重申法律对行政的最终力量，由法院审查行政权力的合法性是理所当然的。②《世界人权宣言》第8条亦指出"任何人当宪法或法律所赋予他的基本权利遭受侵害时，有权由合格的国家法庭对这种侵害行为作有效的补救"。因此，法律在授予公务员权利的同时，也应设置相应的救济途径和救济手段，使公务员权利在受到侵害时可以凭借这些途径和手段消除侵害，而不能只因公务员是人民公仆，属行政内部人关系

---

① 吴庚：《行政法之理论与实用》，台北三民书局，2012，第222页。
② Mark Neocleous, *Administering Civil Society: Towards a Theory of State Power*, St. Martin's Press, Inc., 1996, p.163.

（即使是作为家庭保姆，与主人也是平等的劳务关系）而不予以司法救济权。这违反法治原则，有修正的必要。

二 公务员权利司法救济与行政救济

公务员权利司法救济与申诉控告的区别表现在以下方面。首先，二者的受理机关不同。司法救济的受理机关一般是人民法院；《公务员法》第90条规定的公务员可申诉情形，受理机关是行政系统内部的机构，属行政救济且不得提起行政诉讼。其次，二者追求的理念不同。一般而言，行政救济的理念是效率优先，兼顾公平；而司法救济的理念恰恰相反。申诉控告是行政内部监督制度的一环，追求的是效率优先，兼顾公平；司法救济是行政系统外部的救济，所追求的是公平，公正司法程序为追求公正即使对效率有所牺牲也是应该付出的必要代价。最后，救济效果不同。司法救济是权利获得公正审判的最后保障，而公务员申诉控告无果时，公正只能不了了之。

公务员行政救济机关是作出原决定的机关，或者是同级公务员主管部门或者作出该人事处理的机关的上一级机关。由行政机关来评判自己作出的决定，这在理论上明显违背了"任何人不能做自己案件的法官"的自然公正原则；而行政机关的上下级之间总是存在着千丝万缕的关系，由上一级机关来审查下一级机关作出的行政行为，也难以保证其公正性。公权利包括作为原权利的公权利和作为救济权的公权利两个层面。公权利理论发展至今已不仅限于抽象概念的理论探讨。公权利能否落实，到最后必须依赖于司法救济制度，所以司法救济制度的创设是公权利存在的前提条件。[①]司法救济原则最终体现了对权利较高程度的保护，反映一个国家权利救济制度的完善程度和法治水平。司法虽然未必永远是公正的，但其相对于行政的独立性和权威性可以最大限度的保护公务员的合法权利。

诉讼救济是多国公务员权利救济制度的共同选择，从基本理念、主要原则、受理范围、审查标准、审查强度、判决形式等方面体现着司法权对机关人事行为审查和公务员权利保障的介入与限制，这既体现了对行政行

[①] 姜明安：《公法学研究的基本问题探析》，《法商研究》2005年第3期，第5页。

为进行司法控制的普遍要求，也反映出公务员权利救济和人权平等的内在特点。公开庭审，确保了庭审过程一定是符合程序正义的。从整个庭审的过程看，控辩双方都在积极举证、质证，被告人所得到的待遇是公正的，也是公平的。而这一切，因为有了公开这个大前提，就有了令人信服的理由。只有将司法裁决引入公务员权利救济制度中来，才能为公务员提供一种公正独立的表达冤情、诉诸法律的基本途径，确保个人权利与上级权力和国家权力处于更加平等的地位，使个人能够与行政机构展开平等交涉、对话和说服活动。

三 德国公务员权利司法保障程序

德国《基本法》第19条第4项规定公务员所提起的异议程序终结决定后，当事人若有不服，可向法院起诉以保障其权利。[①]

（一）起诉法院与诉讼种类[②]

公务员、照护公务员、前公务员及公务员遗族基于公务员关系所生的争议，依《公务员基准法》第126条的规定、《联邦公务员法》第172条规定及《行政法院法》第40条的规定，可起诉请求法院审理。起诉法院原则上系由行政法院管辖，但是某些例外情形的争议事件则由社会法院、一般法院或惩戒法院管辖。机关向造成损害的公务员行使求偿权的争议事件由一般法院管辖；公务员违法失职行为的法院判断由惩戒法院管辖。宪法诉愿原则上并非是公务员权利保障的诉讼途径，在例外情形下，当公务员业已穷尽其他司法救济渠道之后，可提起宪法诉愿。

在行政法院管辖的事件中，公务员可提起形成诉讼，亦可提起给付诉讼及确认诉讼。在形成诉讼中，以撤销诉讼为主，多指公务员向行政法院起诉主张撤销违反其意愿的处分。给付诉讼的共同特征在于：要求事先给予公务员一个有利的行为或防御（请求不作为）一个不利的负担行为，而且这些行为大部分皆非一个行政处分。确认诉讼则是指公务员向法院起诉

---

① 林明锵：《公务员法研究》（一），台北：作者自刊，2003，第221页。
② 林明锵：《公务员法研究》（一），台北：作者自刊，2003，第221~223页。

主张，确认某一法律关系存在或不存在，或确认某一行政处分无效。

(二) 其他要件[①]

所谓其他提起权利保障的许可要件是指以下要素。

(1) 起诉的法院应具有地域管辖或事务管辖权。依据《行政法院法》第52条第4款的规定，公务员对其机关首长的诉讼，得在其职务住所地之法院提起，若无职务住所时，亦可在其一般住所地之法院起诉。若无固定的服务机关，则指经常的勤务地点。

(2) 起诉的公务员应具有当事人能力及诉讼能力。自然人依《行政法院法》第61条第1款规定，具有当事人能力，而依民法规定，凡具有行为能力者，即具有诉讼能力。

(3) 提起诉讼前，原则上皆须经过异议程序。但在例外情形下，可不经异议程序而直接起诉。《行政法院法》第75条规定，若行政机关（或原处分机关），对于公务员请求先为一处分或提起的异议程序，无充分理由的逾越适当期限，未作出实体上处理的。此一适当期限原则上不得逾三个月。提起撤销诉讼与课以义务诉讼之期间，依《行政法院法》第74条的规定为一个月内。此外，法院若就同一事实已判决确定者，公务员即不得再行起诉（一事不再理原则）。

(4) 起诉的公务员必须就请求的权利保障事项具有诉的利益（或称权利保护的必要性）。至于公务员是否有诉权存在，则与异议程序中的判断标准完全一致。

(三) 审查标准[②]

公务员起诉是否有理由得到胜诉判决的标准在于：被撤销行政处分或公务员所请求而机关不作为是否违法，以及该违法行为或措施是否侵害公务员的权利。与异议程序相比，法院仅审查行政领导的处分或决定或不作为是否违法，至于是否妥当，是否合目的性，皆非法院审究。在考绩评定的法院判断案例上，虽然实务上不认为考绩评定本身属于行政处分，但仍

[①] 林明锵：《公务员法研究》（一），台北：作者自刊，2003，第223～225页。
[②] 林明锵：《公务员法研究》（一），台北：作者自刊，2003，第225～226页。

可提起异议程序或给付诉讼。在一般给付诉讼中，审理法院却不得审理其妥当性或合目的性的问题。即所谓尊重行政机关"判断余地"的理论，因此只有在下述情形下，法院方可判定考绩评定违法，当事人的诉讼行为有理由。

（1）当判断者未对法律概念为正确的解释时。

（2）当判断者乃基于不正确的事实为判断。

（3）判断者未遵守一般有效的价值标准时（违反常理价值）。

（4）判断者未依所有相关实体及程序法的规定时。

（四）诉讼保全效力[①]

公务员提起行政诉讼或异议程序后，可能需经一段时间，才能获得一个确定终局的决定，因此，在这一段等待决定的期间内，对提起诉讼的公务员仍应予以暂时性的保护，以避免或防止"既成事实"出现，使得嗣后的决定变成毫无意义，因此，需要一种保全制度给予修正。诉讼保全效力制度包含执行停止制度与暂时命令制度。

1. 执行停止制度

公务员针对一个不利益的行政处分或决定措施，最直接有效措施就是申请停止执行该不利益（或负担性）的行政处分。依德国《行政法院法》第 80 条第 1 项规定，当公务员提起行政诉讼时，原则上应停止不利益处分的执行，在例外情形下，即因公共利益或当事人的重大利益有必要时，才能实时执行。此处的执行停止，并不影响原处分或决定的法律效力，只是其执行暂缓而已。在德国实务上，若行政机关认为有实施执行之必要时，通常于调职处分中，明示公共利益所必要，于书面中表明无停止执行的效力。

2. 暂时命令制度

如果公务员针对一个负担性的措施，或一个授益性的行政处分或其他措施，为求立即实现其效果，必须依据《行政法院法》第 123 条的规定，向法院申请发给暂时命令，始能达成此一暂时获得满足的目的。例如公务员请求行政机关给付急难救助金，或对职务调整申请暂时状态的暂时命令。申请发给暂时命令，原则上是与给付诉讼或课以义务并行提起。

---

① 林明锵：《公务员法研究》（一），台北：作者自刊，2003，第 226~227 页。

综上，德国针对公务员所提起的异议程序终结后，当事人若有不服，区分不同情形由不同法院管辖：基于公务员关系所生的争议由行政法院管辖；公务员违法失职行为的法院判断由惩戒法院管辖；例外情况下，已穷尽其他司法救济渠道之后，可提起宪法诉愿。德国建立了公务员权利救济司法审查标准以及公务员申请停止执行该不利益（或负担性）的诉讼保全制度，给予公务员司法救济权程序上的保障，值得我国借鉴。

四 我国公务员司法救济制度构建

2014年我国《行政诉讼法》修正案没有将《行政诉讼法》第12条第3款规定的行政机关对行政机关工作人员的奖惩、任免等决定不属于法院行政诉讼受案范围的内容进行修订。显然，我国立法机关及公务员主管机关将公务员视为内部人管理的理念仍然没有得到纠正。公务员在司法救济上出现明显失衡情形：一些轻微的行政行为，比如公民被行政罚款50元就可以提起行政诉讼，而比此情节严重得多的公务员遭到非法扣发工资、停职等情形却无法得到司法救济；聘任制公务员被辞退、开除，可以依照《公务员法》的规定提起人事仲裁、诉讼，员工被企业辞退可以提起劳动仲裁、诉讼；而非聘任行政编制的公务员遭到辞退、开除却不能提起诉讼。从完善法治的角度考虑，将开除、辞退等严厉的内部行政行为纳入行政诉讼的受案范围，应成为进一步完善行政诉讼法的方向。①

行政诉讼有三大功能：监督行政机关依法行政、保护行政相对人合法权益和解决行政争议，即监督、救济、解纷。我国已将聘任制公务员不服行政机关人事仲裁纳入行政诉讼的范围，由司法监督行政。由于人事争议仲裁在我国仍属一种新兴的权利救济制度，难免存在一定局限，如人事仲裁委员会的组成人员和独立性遭到质疑。通常情况下，仲裁机构按行政级别设置，隶属于各级行政机关，仲裁委员会的成员也是由公务员主管机关、任用机关和聘任制的公务员组成，在这种情况下仲裁机构能否保证其独立性和中立性令人质疑。但它毕竟开创了公务员人事行政争议可以向人民法院提

---

① 陈丽平：《白志健委员认为公务员被辞退可提起行政诉讼》，http://www.legaldaily.com.cn/rdlf/content/2014-03/21/content_5379629.htm。

起行政诉讼的先河，为公务员寻求司法救济打开了一扇窗口。公务员实施分类管理改革之后，新进入行政执法类、专业技术类职位的公务员实行聘任制，行政编制公务员提起行政诉讼在技术操作层面也不存在任何困难。

(一) 行政诉讼的可能

2014年我国《行政诉讼法》将"具体行政行为"修改为"行政行为"；其第53条修改为"公民、法人或者其他组织认为行政行为所依据的国务院部门和地方人民政府及其部门制定的规范性文件不合法，在对行政行为提起诉讼时，可以一并请求对该规范性文件进行审查"。其第64条规定，人民法院在审理行政案件中，经审查认为本法第53条规定的规范性文件不合法的，不作为认定行政行为合法的依据，并向制定机关提出处理建议。从中可以看出在《行政诉讼法》修改之后，除公务员奖惩、任免外，其他侵犯公务员基本权利（如身份确认、没有依法支付社会保险待遇的等行为）的行为并没有被司法审查所禁止。①

基本权利一开始仅具有规范的内部效力，若一般性法律并未明白地排除对个人权利的赋予时，我们可以通过基本权利的规定，解释为赋予个人行政诉讼上的诉权。② 将国家机关作出影响公务员权利和义务的行为特别是涉及宪法规定的所有公民应享有的基本权利纳入司法审查，是法治国的具体表现。在特别权力关系理论式微的当下，保障公务员司法救济权利应受到公权力的高度尊重。凡对公务人员服公职有影响的惩戒处分，皆应赋予受惩戒人提起司法救济的权利。③ 遵循依法行政原则，将国家机关对公

---

① 2014年1月，甘肃省兰州市城关区人民法院公开开庭审理了一起确认公务员身份案件。王某等8人因发现自己的公务员身份变成参照公务员管理的事业编制人员，遂以甘肃省人力资源和社会保障厅为被告，以甘肃省工商行政管理局和兰州市工商行政管理局为第三人提起行政诉讼。参见赵志锋《8人诉甘肃人社厅要求确认公务员身份》，《法制日报》2014年1月24日，第8版。
② 林明锵：《德国与欧盟行政法上主观公法上权利之现况、演变及其展望》，《台大法学论丛》2011年第2期，第885页。
③ 台湾地区"司法院"大法官释字第653号解释说：基于有权利即有救济的原则，人民之诉讼，权不因其身份之不同而被剥夺，表示在传统特别权力关系桎梏下的所有相对人，无论身份是公务员、学生、军人、受刑人、受羁押被告，或其他公营造物使用人，都与一般国民同享有宪法所保障的诉讼救济权，不容被剥夺。参见詹镇荣《公务员惩戒与行政惩处制度整合之研究》，台湾"司法院"委托专题研究计划案，http://www.judicial.gov.tw/work/work03。

务员作出的影响公务员权利义务的行政行为纳入司法审查的范围,是法治行政的必然要求。① 当今我国社会的法律基础仍比较薄弱,舆论、道德、政治、人情都在阻碍着法律制度的运行,法治真正深入人心还有待时日。一旦司法机构介入,社会各界基本是认同法院的判断,这才是法治的根本。公务员作为执法者、法官作为司法救济者一样需要司法救济。如果专门从事司法救济他人的法官,自己本身就没有司法救济权,这种悖论式结果显然需要衡平。

(二) 诉讼前置程序与受案范围

在公务员人事行政争议的诉与非诉衡平中,需要确立一个非诉救济前置程序。之所以如此,是因为公务员所属机关有权也有能力解决因自己的管理行为引起的争议,尤其是涉及人事处理的内部性行为问题,上级机关对下级机关的行政行为负有领导和监督的职责,并且致力于通过非诉救济途径先行解决,以最大可能地较司法程序更为便利和经济的迅捷解决人事争议。所以,应当明确规定公务员在寻求权利救济时,首先必须利用非诉救济存在的、最近的和简便的救济手段,然后才能请求法院救济;这一原则在保障行政机关自主性、司法职务的有效行使、避免法院和行政机关之间可能产生的矛盾等方面具有重要作用。②

尽管各国对公务员管理领域司法审查的范围有所不同,但是其有共同点:对涉及公务员法律身份及有关重大权益的管理行为可以提起行政诉讼。该诉讼主要有两类:第一,涉及公务员职务关系的产生、变更、终止的行为;第二,在年度考核中,确定公务员为"不称职"的行为。③

在《行政诉讼法》司法解释中应明确除公务员奖惩、任免外,其他侵犯公务员基本权利的行为以及作出限制该权利的其他规范性文件可纳入司法审查范围。具体而言,以下人事行政行为可以纳入行政诉讼受案范围。④

(1) 涉及公务员身份关系产生、变更、终止的不利益处分行为。主要

---

① 金国坤:《论公务员权利保障制度的完善和发展》,《北京行政学院学报》2005 年第 5 期,第 56 页。
② 王名扬:《美国行政法》(下),中国法制出版社,1995,第 651 页。
③ 谭宗泽:《国家公务员法之公务员保障制度研究》,载台湾行政法学会《公务员法与地方制度法》,台湾行政法学会,2003,第 227 页。
④ 燕卫华:《公务员权救济制度研究》,中国政法大学博士学位论文,2007,第 209~210 页。

包括公务员录用、辞退、引咎辞职、责令辞职、强制退休等人事管理行为。

（2）涉及公务员职务管理的重大不利益处分行为。对于公务员职务管理行为，一般应当由公务员所属机关享有自主管理权，可自行决定公务员职务任免和奖惩。但是，其中对公务员有重大不利益影响的管理内容（如工资档次确定、考核结果等），因为其直接影响到公务员的权益，所以应允许公务员提起行政诉讼。

（3）对公务员的工资、保险、福利的确定或给付行为。

（4）违反法律的规定，侵害或限制公务员法律规定的其他基本权利的行为。

被免职等处分不至于影响公务员身份的得失时，原则上法院还是尊重行政机关的判断，除非其违反正当法律程序、法律明确性、法律保留等。公务员身份司法救济的审查标准包括：①是否有法定事由；②是否符合法定程序；③是否超越职权，行政主体在行政管理活动中是否超越法定职权，是判断行政行为是否具有合法性的重要标准；④是否属于滥用职权。①

（三）行政审判的独立性

我国法院司法审判的独立性常受质疑，特别是行政审判中以地方政府或部门为被告的行政案件尤为突出。实践中，一些领导干部出于个人私利或地方利益、部门利益，对公务员案件提出倾向性意见或者具体要求，甚至以公文、公函等形式，直接向司法机关发号施令，以权压法，直接妨碍立案或案件的依法公正处理。为此，《中共中央关于全面推进依法治国若干重大问题的决定》提出为确保依法独立公正行使审判权和检察权，建立领导干部干预司法活动、插手具体案件处理的记录、通报和责任追究制度。《领导干部干预司法活动、插手具体案件处理的记录、通报和责任追究规定》建立了三项制度：①司法机关对领导干部干预司法活动、插手具体案件处理的记录制度；②党委政法委对领导干部违法干预司法活动、插手具体案件处理的通报制度；③纪检监察机关对领导干部违法干预司法活

---

① 陈党、刘华钧：《公务员的身份保障权及其司法救济》，《学习论坛》2012年第10期，第79~80页。

动以及司法人员不记录或者不如实记录的责任追究制度。这为独立行使行政审判权提供了政策保障。

在现行法律框架下，一些省改革法院按行政区划设置的做法，实现基层法院行政审判区域与行政区划的相对分离，尽量避免当地行政机关对司法的干预，促进平等保护公务员合法权益、监督支持依法行政，这也为公务员司法救济提供了组织保障。

第九章

公务员权利义务衡平制度构建

制度可以界定为工作规则的组合，它通常用来决定谁有资格在某个领域制定决策，应该允许或限制何种行动，应该使用何种综合规则，遵循何种程序，必须提供或不提供何种信息，以及如何根据个人的行动给予回报。[①] 制度最重要的功能就是保障公平正义。制度以其激励、约束、协调等功能，规定着人们在社会中的地位及相互关系，为人们的行为提供准则和模式。

体制与机制是较易混淆的一对概念。按照《辞海》的解释，体制是指国家机关、企事业单位在机制设置、领导隶属关系和管理权限划分等方面的体系、制度、方法、形式等的总称。体制是制度形之于外的具体表现和实施形式，是管理经济、政治、文化等社会生活各个方面事务的规范体系，例如公务员管理体制等。机制原指机器的构造和运作原理，借指事物的内在工作方式，包括有关组成部分的相互关系以及各种变化的相互联系，泛指一个工作系统的组织或部分之间相互作用的过程和方式，重在事物内部各部分的机理即相互关系。机制通常指制度机制，机制通过制度系统内部组成要素按照一定方式的相互作用实现其特定的功能。公务员管理机制与公务员体制既有区别又有联系，既互为条件又各有侧重。二者之间是一种相交关系，二者既有重合内容，也有互不包含的部分。就重合内容

---

① 〔美〕埃莉诺·奥斯特罗姆：《公共事物的治理之道——集体行动制度的演进》，余逊达、陈旭东译，上海译文出版社，2012，第60页。

而言，公务员管理规范和规则是公务员管理机制和公务员体制的重要组成部分。就互不包含的部分而言，广义的公务员体制，它与政治制度相联系，包括宪法制度，一般不能完全被公务员管理机制所包括；而公务员管理运作机制的全部过程不可能完全制度化、规范化，它只能在公务员管理原理和原则精神的指导下由操作者能动地执行，因此公务员体制也不能完全包含其管理机制。

制度是基础和核心内容，体制和机制是方法和手段。如果从管理制度和管理机制上进行分析，二者都包括管理原理、原则、规范和规则的内涵，二者的概念似乎比较接近；但二者侧重面有较大差别，机制侧重于管理系统的动力原理、管理系统内部的结构和功能原则、规范和规则对系统运行产生的作用和功效，具有总体性、相关性和动态性的特征；制度侧重于设计、规划和规范，为管理活动提供原理、原则、规范和规则，具有个别性、分散性和静态性的特征。在管理实践中，二者相互依存，有效的公务员管理机制不可能脱离科学的公务员管理制度，后者也不可能脱离前者而存在。①

从广义上讲，制度、体制和机制都属于制度范畴，既相互区别，又密不可分。在一定条件和范围内，基本制度、具体规章、体制、机制可以互相转化。

第一节　公务员权利义务制度衡平

一　构建公务员权利义务制度衡平的必要性

从我国公务员发展历史上看，自 1993 年《国家公务员暂行条例》颁行到 2006 年《公务员法》的施行，公务员越来越成为独立于其他人群的群体并不断发展。现代法治要求公务员严格依法行政、承担更多义务，但同时也要保障公务员的合法权利，而解决公务员公民权利与职权，职务上

---

① 姜海如：《中国公务员管理机制研究》，华中师范大学博士学位论文，2002，第 130 页。

权利与职务义务之间的冲突与失衡的主要思路是衡平理念与设计。

权利冲突的实质就是利益冲突,利益衡平理念是处理权利冲突纠纷的理论脉络。哲学上的衡平是这样一种境界:某一特定环境中的各事物可在共存原则的基础上依最大限度地适合其各自本性的地位和结构获得生存和发展;对它的验证依据可以广泛到生态、人体生理、生产系统、法律体制等领域。① 在西方法学中,衡平(equity)一词是个多义词,主要有三方面的含义:①其基本含义是公正、公平、公道、正义;②是指严格遵守法律的一种例外,即在特定的情况下,若机械地遵守某一法律规定反而会导致不合理、不公正的结果,因而就必须适用另一种合理的、公正的标准;③指英国中世纪开始兴起的、与普通法或普通法院并列的衡平法和衡平法院,其所涉及的衡平的含义也源于以上两种,特别是第二种意义上的衡平。② 衡平理念包含比例、诚实信用、信赖利益保护、利益衡平、合法适当裁量等法律规则。在实质公平的目标指引下,进行某种程度上的调和和妥协,即用妥协的办法来减少适用这种或那种标准的意见之间的差异。因此,我们认为衡平是以利益衡平为主线,对构成公务员权利义务冲突的制度、体制和机制进行审视,以求解决权利义务之间的冲突问题。

衡平设计(equal design)应是机制设计的思维而非制度设计的操作。③ 就行政法制度安排而言,要在兼顾公益与私益的基础上讲究权力、权利配置的适度与匹配,而非顾此失彼、或枉或纵。④ 公务员制度亦如此,因为公务员制度所体现的权力、权利关系,总要对应某种社会利益分配关系,从而对应着特定的利益群体。我国行政法上有平衡论之说。平衡论即权利义务平衡论,亦称兼顾论,是关于现代行政法理论基础的一种理论主张。平衡论者认为,行政法的内部机制设计应该通过改变行政官员个人行为选择的成本-收益结构,引导、迫使公务员将其个人目标调整为行政组织目

---

① 袁岳:《政治衡平论——一种理想状态及其对实在政治的要求》,《学习与探索》1989年第3期,第51页。
② 曹光曜、陈红:《试论衡平原则在司法实践中的运用》,《社会科学》2003年第3期,第53页。
③ 纪俊臣:《直辖市政策治理——台湾直辖市新生与成长》,台北:"中国地方自治学会",2011,第116页。
④ 宋功德:《均衡之约——行政法平衡论的提出、确立与发展历程》,http://www.calaw.cn/article/default.asp?id=2865。

标，进而与行政法目标相一致的轨道上来。平衡论者提出要注意两点：一是行政法的平衡状态并非简单地由几对不对等的权利义务关系构成，不同性质的不对等关系的存在仅仅使行政法的平衡状态成为可能，因为倒置的不对等权利义务关系的存在并不等于行政法关系之间的权利可以相互抗衡，这是定性问题与定量问题之间的区别；二是在任何一种不对等的权利义务中，一方的权利若受到过分的限制，将破坏行政法的平衡状态。[1]

制度衡平设计的核心是对与公务员权利相对应的义务给予确定化，同时，对与公务员权利不相对应的海量的义务给予规范化处理；在限制公务员公民权利的同时，扩展其职务上的权利，以寻求公务员法上的平衡状态。法律只有在对利益衡平目标的不断追求中，才能实现对有限社会资源的最合理的配置，既要能充分保障权利人的个人利益，以激发权利人通过权利获取具体利益的积极性，又要保障权利人在获取个人利益的同时，不至于危害到其他人的利益以及更广泛的社会公共利益，使法律对权利保护达到适度与合理的要求，在个人利益和社会公共利益的保护与限制之间构建利益的均衡机制。[2] 公务员权利与义务之间的衡平就是寻求公务员在权利受限、承担更多义务的过程中能自动调节、保护的制度，即在不断增设公务员的义务、权利限制过程中，寻求公务员权利的再保护体制、机制及制度。

从国家与公务员关系的角度而言，公务员行使权利与履行义务是辩证关系，既要制约又要保护，既要激励又要问责。符合社会公平就要权义相适，即公务员权利与义务二者相适。罗尔斯（John Rawls）在分配正义理念中最主要的特点是提出了补偿原则。补偿原则是建立在差别原则基础上的。由于存在着差别，而要消除差别就应该给予处境不利者以补偿，从而达到公平正义。如前所述，任何对公务员基本权的限制，都或多或少损害了其切身利益，因此，给予公务员适当的补偿或国家给予其一定保障才符合分配正义；用衡平理念检视我国现有的公务员制度和管理体制，在其占用、提供、监督和实施过程中重构公务员权利与义务之间的衡平，充分发

---

[1] 罗豪才、甘文：《"行政法的'平衡'及'平衡论'范畴"》，《中国法学》1996年第4期，第49～54页。

[2] 何自荣：《论法律中的利益衡平》，《昆明理工大学学报》（社会科学版）2008年第10期，第29页。

挥我国现有公务员管理体制的优势就显得非常必要。

二 现行公务员特别管理体制衡平检视

我国是以在国务院人力资源和社会保障部内设的国家公务员局作为公务员综合管理机构,统一管理公务员的录用、考核、职务任免与升降、奖惩、培训、交流与回避、工资保险福利、辞职辞退、退休、申诉控告、聘任管理等各项人事行政事务。

(一) 相对独立公务员管理体制的检视

中国特色的公务员管理体制有两面性:一方面,国家公务员局隶属国务院人力资源和社会保障部,是典型的部内制机构,权力有限,地位不超然,由此制约它对公务员权利实现的保障强度和对公务员义务履行的监督力度;[1] 另一方面,公务员队伍统一的内部管理体制有利于公务员职业的稳定,但其强调公务员的法律身份,身份固化也会导致一些不利的后果。

(1) 内部管理体制造就了机关自组织行为。日渐封闭的公务员管理组织与其他组织渐行渐远,一旦进入体制内,公务员的思维、工作方式、考绩及薪酬福利的标准须遵循特别的操作规则,这让公务员形成了单位人身依附。机关利用规则制定权(制度、机制)对公务员个人生育、结婚、人际关系、死亡进行关怀的同时,也可能利用潜在的规则侵害公务员应有的权利。更为极端的是,操作规则可能规定了与正式法律制度中的法理权利与义务相对立的实际权利和义务。[2]

(2) 内部的管理体制让机关出现"包庇"式选择。出于权力之间互相制衡的考虑,每一个权力机构都不允许其他权力机构的"触角"伸入自己法定权力的范围内。公务员有受照顾及受保护的权利,职务长官有保护下属的义务。职务长官的保护义务,主要是指保护公务员于执行职务时,不受其他不合法行为之侵害。[3] 职务长官照顾义务的范围,不仅包括现职公

---

[1] 刘俊生:《中日公务员权利义务比较研究》,《政法论坛》2001年第1期,第139页。
[2] 〔美〕埃莉诺·奥斯特罗姆:《公共事物的治理之道——集体行动制度的演进》,余逊达、陈旭东译,上海译文出版社,2012,第61页。
[3] 林明锵:《公务员法研究》(一),台北:作者自刊,2003,第495~496页。

务员，亦包含退职公务员；不仅包括公务员本身，亦包括公务员之家属在内。对机关而言，领导职公务员只要能控制局面，把一切不利因素、负面影响严格维系在集体内部，一切可能的行政问责、舆论谴责似乎都能侥幸躲过。受内外有别的影响，领导职公务员和公务员管理机关，一般通过拖延的方式或避重就轻方式，尽量让受惩处的公务员减少罪责。

我国已经进入全面深化改革的新阶段，基于以上公务员管理机关的自组织行为和公务员身份固化的困境，政府必须坚持系统性、整体性和协同性相结合的原则，对现行公务员管理体制作出符合现代人事发展规律特征和人才市场化、专业化的改革。

首先，加快公务员分类管理的进程。在国家公务员职位分类的基础上，深化公务员职位分类标准和管理改革。中共中央《关于全面推进依法治国若干重大问题的决定》提出加快建立符合职业特点的法治工作人员管理制度，完善职业保障体系，建立法官、检察官、人民警察专业职务序列及工资制度。因此，以此为契机，建立法官、检察官、人民警察分类管理、分类授权、确定职责、课以不同职业义务和给予相应职业保障制度。可以考虑对决策类、执行类和监督类职务实行分类管理，决策类职务更注重决策、统筹与方向的把握；执行类主要以行政效率与服务水平来评定其工作绩效；监督类主要以审查前二者的绩效和合法性为主，分别赋予各类职务上的权利与义务，以达成各类公务员权、责、利的统一。

其次，统筹协调公务员与事业单位、市场人才体制改革。随着事业单位体制改革的深入，事业单位分类后，一部分推向市场，一部分设定为公益一类和二类，另一部分则转入公务员序列管理。在公务员工资、福利、社会保障、休息、晋升机制、工作保障及救济权等方面要考虑公务员管理体制改革与事业单位、企业人才体制改革的统一协调，实行公务员与事业单位、企业人员待遇大体均衡平等的工资、福利、社保待遇，以保证党政机关、企事业单位、社会各方面人才的顺畅流动。任用公务员应引入建立永业制与任期制相结合市场用人机制，完善统一聘任制公务员的实施细则，界定专业技术类公务人员与执行类公务人员范围和聘任要件及待遇，逐渐打破公务员的终身制。

再次，完善公务员编制更新制度。公务员职数根据政府职能转变作相应增减，尽量减少永业制公务员职数、增加聘任制公务员或辅助人员职数；严格执行《公务员法》规定的公务员退出机制和淘汰机制。政府在简政放权过程中，应随政府职能削减而进行部门机构、公务员定编定员的重组或整顿，在公务员编制内部进行转岗、交流，积极消化冗员；完善公务员内部的基层职务与职级并行晋升机制，常态化降级使用的机制，扩大和常态化上级政府部门向下级部门公开遴选的制度。

最后，公务员问责的标准化和法治化。构建权力清单和责任清单制度，明确划分公务员管理机构的权力清单与自由裁量的基准、管理权限及追责机制，健全并细化公务员考核评价制度；同时，打破公务员内部人管理方式，加快完善公务员司法救济路径建设的试点工作。

（二）编制管理体制的衡平

编制通常是指组织机构的设置及其人员数量的定额和职务的分配。在我国，由财政拨款的人员编制通常分为行政编制和事业编制，根据我国《公务员法》的规定，公务员使用行政编制。行政编制是一种稀缺资源，其实质是公务员的身份户口，是公务员的保护盾牌。其有利的一面是身份恒定；不利的一面则是利益固化，造成公务员群体与其他人群分离。编制对公务员权利与义务的影响巨大。

现行编制管理有以下问题。

1. 编制管理的计划性与公共服务的冲突

编制管理实际上是一种计划性的人力资源配置行为，换言之，编制刚性管理不能很好地适应政治、经济、社会、文化不断发展变化的人员职位需求。一方面，公务员晋升领导职务需求的无限性与领导职务供给的有限性，可能是永远解决不了的矛盾。公务员系统在不断产生符合晋升条件的人，但职数不能无限制扩大，于是"非领导职务"大量产生，超职数配备干部具有强劲的动能。[1] 编制、职位已被原来公务员占用，无法吸收新的人才和提拔能力强的人员，再加上"能上不能下，能进不能出"，"新人不理旧账"等风气的存在，导致产生大量超编、超配人员。另一方面，地方经济、社会、公共服务发展也不平衡，发展快的地方政府感到编制内人员远远不够用。人员编制由省一级政府统一管理，不能及时调整编制的数

---

[1] 刘洪波：《超配干部为何屡禁不绝》，《现代快报》2014年9月28日，第A3版。

量，地方政府也就不得不根据自身财力聘任合同制或临时人员从事辅助工作甚至管理工作，即所谓的"混编"。如果政府员工有相当一部分是临时雇员，那么对公民而言，这恐怕会比平庸的永久性雇员带来更多麻烦。因为公民将不得不面对缺乏奉献精神和其他公共价值观的政府雇员，但在许多情况下这些公共价值体现了职业公务员的特征。①

2. 编制结构与基层实际需要冲突

从中央到地方的编制总量上来看，编制似乎是平衡的，但越是县级以上政府管理部门，人员配备越多、职务职位越全，而到乡镇基层，编制、职务就少，编制整体上呈现"菱形"结构。以福建省为例，2012 年福建省基层公务员数量为 63049 人（县区 47796 人，乡镇 15253 人），占全省行政系统公务员队伍总数的比重为 46.9%，乡镇公务员占县区以下公务员的比重为 24.1%。② 乡镇、街道基层事务繁重、工作条件艰苦，缺乏与之匹配的相应待遇和激励机制，难以留住经过实践考验群众信任的、能干事、会干事、干成事的人才。这意味着编制结构与基层公务员实际需要相脱节。在大城市里，连硕士、博士都来争环卫工人和城管的编制，说明我国城市与农村基层之间的人力资源配置严重扭曲。

3. 中央与地方在编制上相互博弈

在中央要求严格管理编制的现实下，面对编制刚性，不少地方政府为提升政府的级别，增加公务员的编制数和职级而想方设法地"撤县设区""撤市设区"和设置"经济开发区"。此做法导致以下后果。一方面，编制内人员不断增多。各级政府主要领导都有权力增加"吃"财政的人员，为了笼络下级、结交同级、讨好上级，每一任领导都要安排相关人员进入行政、事业机关，致使机构人员呈几何数字增长，其表现形式是乱设机构、超编进人，尤以人员的安置最为突出。另一方面，编制内人员绩效不明、激励受阻，政府不得不雇请编外临时工完成职能任务，从而导致编外人员"泛滥"。换言之，地方政府部门变相扩编、让临时工干活，把在编人员"养"起来是中央编制刚性要求与地方编制的需要相互博弈的结果。地方政府原本以节约成本、弥补编制人员不足为初衷的雇临时工行为，不仅给

---

① 〔美〕B. 盖伊·彼得斯：《政府未来的治理模式》，吴爱明等译，中国人民大学出版社，2001，第 12 页。
② 数据来源于福建省公务员局 2012 年统计。

地方财政造成了巨大的压力，而且损害了政府的公信力和形象。

2014年1月，中共中央组织部、中央机构编制委员会办公室和国家公务员局联合印发《关于严禁超职数配备干部的通知》明确对超职数配备干部问题开展专项整治的总体思路、主要任务和纪律要求。中央采取"对账"审核，建立整改工作责任机制，并给出地方整改的时间表：①严格控制增量，要求地方政府"未消化前不得新配备干部"；②要求各地各单位重点解决副处级以上领导职数超配问题，市县两级实行整改时限"阶梯"制度；③明确党委（党组）主要负责人为整改消化第一责任人。截至2014年底，全国超职数配备的4万余名副处级以上领导职数中，已消化15800多名，完成近40%。① 此轮整治并非首次，国家层面分别于2007年、2009年进行过两次专项清理。但一些地方部门的干部清理整顿工作犹如割韭菜，割了一茬又长一茬，瘦身之后又重新反弹。② 中央整治编制不可谓不严，但不少地方政府欺上瞒下、阳奉阴违，这反映出一种对立的博弈，其结果是每一次整治之后，都会带来新一轮的机构和人员的膨胀。

地方政府超编、超配的根源在于公务员已形成既得利益集团。首先，公务员群体成为我国改革的利益既得者，其缺少进取心、安于现状，任何有损其既得利益的改革就会被抵制；政府在编制上有时也会有一些"改革"动作出现，但实际上很难说这些是真正的改革，而是为了追求一些具体利益进行的"改革"。有的地方超配领导被免职后，其职级和待遇依然保持不变，这与"吃空饷"无异；有的地方超配领导被调整到其他的岗位上去；辞官不辞薪，撤官不撤权，这类现象仍普遍存在。其次，公务员的一般心态是避免风险，不得罪人是公务员的通病，领导想辞退违法、违纪的下属公务员变成非常艰难的事。再次，最关键的是公务员的薪酬由公共财政支付，不是领导职公务员自己支付的，人员多少与其无多大的关联，而且公务人员人数的增长大多是历史遗留问题，许多现任领导碍于前任的面子不会裁撤超编、超配人员。最后，基于内部人管理心理，机关对责任人进行保护性问责。所谓保护性问责，就是对被问责的对象先给个处分，以规避上级部门深究；被问责者往往暂时离开领导岗位，待风声过后再异

---

① 韩秉志：《全国超职数配备干部问题整治工作取得阶段性进展》，《经济日报》2015年1月6日，第2版。

② 姜赟：《走出干部超配"割韭菜"困局》，《人民日报》2015年1月7日，第5版。

地官复原职。

　　要想斩断地方政府超编、超配的根源，光有一阵风式的整治远远不够，必须对现行编制制度动大手术才能适应国家治理和依法治国的需要。首先，要从顶层设计上对《中华人民共和国地方各级人民代表大会和地方各级人民政府组织法》和《国务院行政机构设置和编制管理条例》等进行全面的修改。围绕政府职能权限、政府间关系、职能口径、机构数量、人员编制、岗位结构、审定程序等内容，进行全面而科学的梳理和法规制定，将机构设置和领导职数设置中那些似是而非、语焉不详的表述尽量数字化和具体化。① 大力推进编制与财政供给人员员额的法治化；配置编制使用比较强力的监督主体，从严从实对超编制、超职数、超规格配备干部问题进行查处。其次，对现有编制进行优化。公务员编制改革导入"绩效奖励"机制，允许省级政府编列编制绩效预算，授权地方政府在现有编制人员经费总量内发放奖励性质的编制渐减的绩效奖金，采取相应的公务员绩效奖励措施，促使人员向一线下沉；优化政府的岗位设置与聘任工作，调整、提高聘用岗位档次或细分级别人员，实现最大化使用专业技术岗位职数的目的。再次，转变编制管理计划性的思路。在政府转变职能、简政放权的同时，可通过政府购买服务的方式，不占行政编制而又能提供高水平的公共服务。最后，实行所有编制费用的透明公开化制度。将职位设置、员额、编制的工资福利、人员业务费等财政支出状况一律作为各级政府必须主动公开的信息，让公众监督。

（三）非领导序列制度的衡平

　　我国《公务员法》规定各级非领导职务的设置，要依据领导职务的设置情况确定适当比例限额；非领导职务根据工作需要设置，是实职，但不具有行政领导职责。设置非领导职务是我国公务员制度的特色，也是我国公务员身份保障权的具体体现。其制度设计思路是借非领导职务让符合晋升资历却不能晋升领导职的公务员，享受晋升的福利和待遇，以保持一种心理平衡。

---

① 马庆钰：《降低行政成本机构编制应立法》，http://theory.people.com.cn/n/2013/0530/c355075-21674414-2.html。

（1）现实中，我国各级政府非领导职务的安排变成了照顾符合晋升资历公务员晋级、安慰即将退休公务员的手段，有时还成为公务员受处理后安身之位。有些单位尽管给"转非"的公务员安排了工作，但没有明确责任和给予相应的工作条件；有的安排工作很少，分配任务很轻；有的甚至根本不安排工作、不分配任务，以致转任非领导职务的公务员成了机关编制内的"自由人"，权力小责任也小，但待遇比其他人员高，出现了非领导职务人员不干事、高待遇，让下属感到分配不公，这加剧了机关论资排辈、人浮于事的现状。这样做的组织后果是：一方面，非领导职务干部严重超配；另一方面，无法建立统一的管理工作规范，导致对非领导职务公务员使用上随心所欲、管理上放任自流，损害了公务员晋升的严肃性。

（2）县级机关的非领导职公务员容易触及职务顶点。县级机关中非领导职务主任科员和副主任科员的来源一般分为两种情况：下级晋升和同级改任。《公务员法》规定，县级行政机构非领导职务最高只设主任科员，因此，在县级行政机构任职的公务员晋升空间有限，且很容易触及职务的"顶点"。县级机关绝大部分的公务员一辈子只能是主任科员，这直接影响了基层公务员，尤其是中年公务员的工作积极性。虽然，实现职务与职级分开后，县级机关担任正科级公务员15年以上可享受副处级待遇，但这对广大基层机关数量众多的正科级公务员而言，仍属于杯水车薪。按照《综合管理类公务员非领导职务设置管理办法》第9条规定，县、自治县、不设区的市、市辖区机关的主任科员和副主任科员职数，不得超过乡科级领导职务职数的50%。实际上，县级机关年龄在40~45岁的领导职公务员受制于这一规定的比例较大，年富力强，转任到非领导职务后无所事事，这造成人力资源的浪费。

（3）乡镇政府在选拔任用副主任科员以上非领导职务干部问题上的矛盾突出。现实中，乡镇政府除了解决到期到龄的领导干部转任非领导职务外，已没有多余职数让下级公务员晋升到科级非领导职务。按照《综合管理类公务员非领导职务设置管理办法》第5条规定，县、自治县、不设区的市、市辖区机关设置主任科员以下非领导职务；乡镇机关设置科员、办事员非领导职务。乡镇和县直单位属同一规格，但在乡镇不设置乡科级非领导职务，这是因为一方面，乡镇领导职务在卸任之后，不可能全部到县直单位消化，更不可能以科员确定其非领导职务，造成事实上不存在乡科级非领导职务；另一方面，乡镇基层工作比较艰苦，一些公务员会因为非领导职务没有盼头，就一门心思想着往县、市上调动，这在很大程度上影响了广大乡镇、街道公务员的工作积极性。

因此，各工作部门之间、各部门内设机构之间非领导职务设置的具体职数，应根据工作需要来确定，不能平均设置。非领导职务设置重点放在两个端口，一方面"严把入口关"，对非领导职务和任职条件从严设置；另一方面对已经突破限制的，要通过竞争上岗、提前退休等方式逐步消化解决，以保证非领导职务设置的质量。①

（1）设置非领导序列应遵循以下规程：①法律保留非领导序列人数及资格条件；②将非领导序列职位工作职责明确细化；③向社会公开公示转任非领导序列人员的经历与资历，接受人民监督。

（2）非领导序列替代方式。职级是对不同类别职务进行平衡比较的统一标尺，级别是公务员职业发展的重要台阶，除了职务晋升之外，职级晋升也是基层公务员职业发展的一条重要渠道；改革县级以下公务员职务级别制度，扩大乡镇公务员级别，使级别成为除职务晋升之外公务员职业发展的重要阶梯，让不升职务、不换服务单位的公务员，也可以随着职级的晋升而提高待遇。

（3）启动并常态化长期被闲置的《公务员法》中规定的转任、调任及定期公开遴选机制，让有潜力的基层公务员有上升到地市、省及中央机关的机会，以保障其晋升权。

三 公务员退职制度的衡平

公务员权利义务制度衡平不仅涵盖现任公务员身份制度衡平，还涵盖公务员即将退职和退职后的制度衡平。

（一）构建公务员荣誉制度

国家通过奖励措施激励公务员遵守规范、主动控权、促进行政权的良

---

① 许彬杉：《走出对待非领导职务干部的误区》，http：//www.nfyk.com/nfdj/ShowArticle.asp? ArticleID = 2296。

性行使，是公务员内部行为规范中不可缺少的组成部分。① 除了物质激励外，精神激励也至关重要。研究表明，不同行政级别公务员对于为政府事业奉献、预期政府行政组织给予回报的主要形式体现在组织认可、群众认可和晋升三个方面，其内容主要涉及非物质奖励。② 荣誉制度发挥精神激励作用，给予公务员某种称号或勋章以资鼓励甚至比物质激励更有效，授予公务员荣誉激励其为国家公职事业奋斗终生，更体现其为人民公仆的本质。

我国台湾地区目前还沿用着中华民国时期的勋章体系。荣誉勋章分为文职勋章和军职勋章两类。文职勋章包括5种：采玉大勋章、中山勋章、中正勋章、卿云勋章和景星勋章。其中，采玉大勋章为最高荣誉勋章。台湾地区萧万长受励时说："一路走来受长官提携、同仁协助和家人体谅与支持；我真的心中充满无限感激。"如今获颁赠"中正勋章"，为公职生涯画上非常完美的句点，让他感到无上光荣。这是他从事公职五十年来所获得的最高荣誉。

我国《国家勋章和国家荣誉称号法》第20条规定，国务院、中央军事委员会可以在各自的职权范围内开展功勋荣誉表彰奖励工作。可根据该法制定针对公务员的功勋荣誉表彰评定细则，明确功勋荣誉表彰的类别设置、评选条件、奖励颁授等方面的工作规范和程序，对公职事业奋斗终生或有突出贡献的杰出的公务员授予荣誉称号，以示奖励。

（二）规范即将退休公务员的过渡机制

（1）规范退居"二线"制度。即将退休的领导职公务员被推荐或任命为各级人大或政协专职委员，由领导位置转到所谓的"二线"位置是具有我国特色的领导干部退休过渡机制。其有以下益处：其一，有利于领导层公务员身心健康；其二可发挥余热。但现实是，在人大或政协职位上任专职委员的公务员在职待遇不变，因此变成了许多领导职公务员相互争夺、退而不休的稀缺资源。已届退休年龄的各级人大或政协专职委员本应颐养天年但占着重要位置，降低了人大与政协在宪法上真正的代议功能。因

---

① 刘福元：《行政自制视野下的公务员内部行为规范探析》，《华南师范大学学报》（社会科学版）2012年第1期，第154页。
② 卫琳：《我国公务员心理契约问题研究》，中国科技大学博士学位论文，2007，第41页。

此，国家可按一定比例继续由传统的组织选定之外，其他名额应该鼓励社会各界人士积极参与参政议政的工作，人员应该侧重一些专家、学者、法律界人士。具体做法是鼓励自荐，公开招聘，通过政治与道德资格审查及参政意识、提案能力、表达能力、竞选答辩等考试择优选用。如果即将退休公务员认为自己有经验，还可以再作贡献，那么他们可以参加公开招聘与社会各界人士公平竞争，参与"两会"工作的年龄限制建议放宽到70岁，如果称职，可以一直连任。

（2）规范即将退职公务员进入事业单位、社会组织的行为。在事业单位、社会组织任职是领导职公务员向退休过渡的尚佳之所。事业单位、社会组织在加强和创新社会治理，繁荣文化、经济与协调社会发展等方面发挥了重要作用，弥补了一些地方社会化服务体系滞后的缺陷。即将退休领导职公务员在其主管的领域，可以算作专家，比一般的社会人士更了解该领域的情况，出任该行业社会组织的领导，有利于社团工作的开展。这些领导在任时不一定有时间对具体问题深入了解，到事业单位、社会组织后有充足时间去调研，为事业单位、社会组织作出应有贡献。但目前，我国社会组织在自身建设、规范发展、监督管理中也存在亟待解决的问题。如即将退休的领导干部，为了给自己退休后做准备，利用手中职权或影响力，为所管理的行业协会、学会拨付或筹集资金，退休后即到这些学会、协会当会长。① 一些学会、协会等社会组织仍然戴着"半官方"的"帽子"，采用行政化的管理和工作方式，甚至沦为权力延伸的"缓冲区"、不当利益的"输送带"、失去监管的"灰色圈"。因此，公务员退休进入事业单位、社会组织制度应与利益回避制度联系起来，防止以期权谋私利；只要是领导职公务员不管其退休后在社会组织中担任什么职务，都应该严格遵守利益冲突回避的原则。

（三）规范退休公务员转型机制

政府应该构建和规范机关退休公务员与高校人才流入流出的正常机制，即"旋转门"制度，要让有能力的人自由地在商界、政界、学界流动。

---

① 褚朝新：《山西清理在职官员在社团兼职情况 官员告别"二政府"》，http://www.infzm.com/content/101610。

(1) 从事咨询、讲学和科技服务是退休公务员转型的路径之一。这种转型有利于社会、国家，又能让公务员自己保持身心健康。如2012年华侨大学组建"城市建设与经济发展研究院"，出任首任院长的是厦门市委原常委、原常务副市长丁国炎。[①] 让这些有实际经验的公务员、实践工作者进入高校、咨询服务组织，能为高校等组织带来理论知识之外的补充。

(2) 退休公务员选择投身志愿服务是一种值得提倡的路径。在国外和我国台湾地区，不少退休官员选择投身志愿服务。公务员是社会精英很重要的一部分，其行为对社会具有很强的导向示范作用。公务员退休后，既有充分的时间，又衣食无忧，完全可以一心一意做志愿服务。浙江省原省长吕祖善从省长向志愿者的转换，其价值和意义，已经远远超出一个官员的个人得失，对社会有着很强的示范引导作用。[②]

(3) 退休公务员可以在公共部门和私人部门之间自由转换角色。以美国为例，很多总统顾问、部长级高官，源自企业高管或者大学教授，也有许多高管辞职后去学校任教，或去企业当顾问甚至利用在当公职人员积累的国际交往资源为某一团体服务。[③]《中国共产党纪律处分条例》第89条规定，党员领导干部离职或者退（离）休后违反有关规定接受原任职务管辖的地区和业务范围内的企业和中介机构的聘任，或者个人从事与原任职务管辖业务相关的营利活动……担任上市公司、基金管理公司独立董事、独立监事等职务，情节较轻的，给予警告或者严重警告处分；情节较重的，给予撤销党内职务处分；情节严重的，给予留党察看处分。按照我国现行的规定，党政领导职公务员退（离）休后到本人原任职务管辖的地区和业务范围以外的企业兼任独立董事、独立监事或外部董事，或者经过三年的"冷冻期"后，到相关企业担任独立董事、独立监事或外部董事，只

---

① 丁国炎在正厅级岗位上履职15年，从省里到厦门，在北京、上海、香港、福州、泉州、三明等地工作过，获评工程师、高级经济师等职称，在高校任过教，获得省市两项科技成果奖；在港口建设、国企改革、国资管理、企业管理、城市建设、项目策划和应对金融危机等方面积累了丰富经验。卸任后，仍笔耕不辍。而从拥有丰富城市管理经验的"厅官"，到研究院的院长、带博士生的教授，借大学新平台，丁国炎在退休后完成了一次人生的"漂亮转型"。参见易福进、梁静《在厦高校接连迎来"高官院长"专业对口经验丰富》，http://xm.fjsen.com/2014-05/28/content_14163869_2.htm。

② 陈芳：《浙江原省长吕祖善卸任后的回归》，http://news.ifeng.com/a/20141230/42829744_0.shtml。

③ 石述思：《外国退休老干部的身价》，http://blog.ifeng.com/article/31678828.html。

要不取酬且符合规定,是允许的。①

因此,公务员转型机制的关键是引入领导职公务员退休转型利益冲突回避制度,进一步规范退休或离职党政领导职公务员到外任职的机制。立法可以借鉴我国香港地区的规定。香港地区高级公务员退休再就业的禁制期从 6 个月至 12 个月,而管制期则从 2 年至 3 年。禁制期内,退休官员不能从事任何外间工作;而管制期内退休首长级公务员必须先取得政府的批准,才可从事外间工作。此外,由行政长官委任的离职公务员就业申请咨询委员会,就每宗高官再就业申请向政府提供咨询意见;提出再就业申请的高官,必须提供政府任职最后 3~6 年期间,与准雇主及其相关公司在合约、法律、公务及其他事务上的重要接触和往来等资料,以供负责公务员事务部门领导参考;获批准离职就业的官员需向政府提交聘用合约副本,政府会把该名退休官员需要遵守的工作限制,直接通知准雇主;首长级公务员离职就业登记册可供市民查阅,并上传至政府网站。②

(四) 构建退出公职的补偿机制

现行公务员离职流动率差,公务员的退出机制广受诟病。例如 2006~2010 年,河北省公务员仅 255 人辞职,每年仅 51 人。③ 人才对社会发展的重要意义无须多言,要想最大限度发挥各类人才的作用必须建立起有利于人才流动的机制,畅通党政机关、企事业单位、社会各方面人才流动渠道。从实践结果看,《公务员法》中缺乏一个最为关键的退出补偿机制,只进不出的做法使得我国的公务员队伍日益臃肿而且缺乏活力。为此,应尽快修订完善《公务员法》及其配套法规,从而构建公务员辞职的补偿机制。具体修改建议如下。

(1) 在《公务员法》第 13 章第 80 条中增加一款,即"已干满国家规定的最低服务年限的公务员可以辞去公职"。退职公务员给予一定离职补偿金,办理退职手续后,按照《中国共产党纪律处分条例》《关于进一步

---

① 《中组部官员就媒体报道退休官员担任上市公司独董答记者问》,http://politics.people.com.cn/n/2014/0722/c1001 - 25321155.html。
② 康殷:《香港公务员辞职后投私企最多 退休高官再就业有管制》,http://news.xinhuanet.com/gangao/2014 - 04/22/c_126416664.htm。
③ 陈斌:《公务员"减薪裁员"才是中国梦的开始》,http://bbs1.people.com.cn/post/2/1/2/131227830.html。

规范党政领导干部在企业兼职（任职）问题的意见》的相关规定，允许其到社会任职。

（2）结合公务员社会养老保险制度的改革，公务员及所在机关所缴纳的职业年金可作为公务员的离职安置补偿费。在《公务员法》第86条中增加一款即"提出辞职并经审计后合格的公务员，可以领取离职安置费。离职安置费标准由各省、直辖市和自治区政府制定实施办法"。①

（五）规范公务员退休待遇制度

老干部是我们党和国家的宝贵财富，照顾好老干部的晚年生活，是国家义不容辞的责任，也是对公务员为国家服务一生的补偿，体现公务员权利义务之间的衡平。现行老干部制度存在着规范不一、待遇不透明的问题，因此，需要进一步规范。

1. 离、退休公务员政治与经济待遇的保障

1982年前，我国党政机关的领导干部实行职务终身制，1982年《关于建立老干部退休制度的决定》建立了干部离休、退休和退居二线（包括当顾问和安排荣誉职务）的制度。各级机关事务局下设老干部服务部门为离休、退休公务员特别是离休、退休领导层公务员服务。老干部"离休不离党，退休不退志"，不仅享受经济待遇，还享受着相应的政治待遇。老干部离、退休制度的开端始于1963年12月27日，当时中央书记处会议决定，对年老体弱或长期患病而不能担任实际领导工作的省部级干部，采取离职休养、退休、担任荣誉职务等办法安排。离职后，原来的一切政治、生活待遇不变。中央政府机关设有老干部管理部门：② 一是生活待遇处；二是政治待遇处。两个处面向所有离、退休干部，部级以下老干部也享受阅读相应级别文件的待遇，但没有独立阅文室，大家合用一个；离休部长可以有专职秘书，退休部长只能和副部长一样，由老干部处统一安排人员服务。地方规定有些不同，如四川省正省级干部退休后有秘书，副省级就没有。目前，我国重视高级公务员离、退休的政治和生活待遇，而相对忽视了低级别公务员退休的政治待遇。在确保公务员特别是职务较低公务员的生活待遇，

---

① 蒋秋桃：《完善公务员退出制度》，http://theory.people.com.cn/n/2014/0318/c40531-24667485.html。

② 钱昊平：《退休干部享受什么待遇》，http://www.infzm.com/content/95337，2013-10-24。

提供社会化公共服务的同时，国家可改革和完善我国现有老干部管理机制，形成定期向退休公务员就本系统、本单位的工作、发展情况通报制度；建立退休公务员（特别是低级别公务员）参加重要决策咨询会议、论证会、机关作风建设征求意见会制度，发挥其丰富阅历作用，为组织献计献策；鼓励退休公务员参加力所能及的公益事业，发挥退休公务员的余热。

按公务员的级别确定退休的政治与经济待遇是我国现行做法，随着公务员养老制度的改革，各级公务员的住房、卫生、医疗、出行保障应统一化、公开化和社会化。经济上，高级公务员除有退休养老金和职业年金的保障外不能有其他福利待遇；虽然我国规定退休公务员在职期间或者退休后触犯刑法，被依法判处有期徒刑以上刑罚的，自判决生效之日的下月起取消退休金和其他退休待遇，但基于人道主义精神，公务员刑满释放后应给予其城市居民最低生活保障。教育上，任何公务员在终身学习上无歧视、平等对待。老年大学是适应社会老龄化、建设终身学习的学习型社会需要而发展起来的时代产物，应加强老年大学、社区大学等终身教育基础建设作为退休公务员等老人学习场所。

2. 规范身后待遇

公务员级别身份，还会影响到逝世后的待遇。国家与各地规定一定级别的公务员逝世后，生前所在单位应及时向其所在组织部、老干部局等部门报告，成立治丧组织，以组织名义安排在新闻媒体上发布讣告、敬献花圈、举行遗体告别仪式及墓地安葬等事项。国家与各地对离、退休干部逝世的丧事规格也有规定，如国家体育总局对部级干部逝世可在《人民日报》《中国体育报》、体育总局网站上发消息，司局级干部逝世只能在《中国体育报》、体育总局网站上发消息。对于党员离、退休干部，逝世后经党组织同意，可在遗体或骨灰盒上覆盖中国共产党党旗。作为一种荣誉，一定级别的公务员去世后可以进革命公墓或国家公墓安葬，如八宝山的墓穴用地，是根据干部的高低级别来划分确定的，安葬者需按照第一、二、三墓区的不同级别顺序及面积大小来使用，不得挑选和扩大；至于墓盖、石碑、月台的尺寸等方面，均针对不同级别的干部作了详细的规定。① 因

---

① 郭平：《为什么有人会把"死入八宝山"作为人生追求？》，http：//history.people.com.cn/n1/2016/0512/c372326 - 28346172 - 2. html。

此，统一规范并公开退休公务员身后的各种待遇，有利于现任和退休公务员在社会上得到人民认可的荣誉感和自豪感。

第二节　现行公务员权利保障制度的改造

我国《公务员法》《中国共产党纪律处分条例》明确规定公务员要履行多项义务、遵守各项纪律规范，从数量上可以看出，公务员义务规范明显多于权利规范。本书从第三章到第八章阐述了公务员各权利具体内容及其需要规范的内容，实质上是对公务员权利的限制或增设了公务员义务；以上仅是涉及与公务员权利相对应义务，而对与公务员权利不相对应的义务还未有涉及的。实务中，公务员还要承担与权利不相对应、不定量的义务，因此，为实现公务员权利义务的大体均衡，完善现有的公务员权利保障制度也是衡平设计的重要内容。

从制度角度上看，虽然《公务员法》专章规定了公务员的申诉控告制度和聘任制公务人员的人事争议仲裁制度，以维护公务员的合法权益，但就内在机制而言，符合现代法治需要的公务员权利保障机制还不完善，有必要对现存的保障机制、制度进行符合法治化的改造或建构，以便更好地保障公务员权利的实现。基于现实和制度延续性的考虑，改造现有的公务员权利保障机制比创建新的保障机制更加实际且阻力更小，也更能体现我国特色公务员治理制度的模式。

其一，充分发挥现有的公务员权利保障机制的衡平和救济功能，公务员所依附的内部体制、机制能更快捷、有效地平衡权利义务，可以更便捷地发现公务员权利受损的情况，及时改错纠偏，从而降低侵犯公务员权利发生的可能性。

其二，在特别权力主义理论和中国传统官僚文化的影响下，非诉救济机制（包括诉讼救济途径以外的各种组织人事解决程序和途径）相比外部的公务员权益司法保障模式，其涵盖机关组织内部救济与层级救济、独立机构救济、仲裁救济及其他方式救济，各具特点，且呈现出救济及时、成本较低、专业审查、统一协调等优势，更容易让主管机关和权益受侵犯的公务员接受。

其三，经过改造公务员权利保障体制，在组织、程序、技术和成本上能最大限度地实现公务员权利保障和机关人事管理效益的协调和处理，在一定程度上，可替代公务员权利司法救济的功能。

一 党员公务员内部维权制度的改造

(一) 纪委机关、监察部门维权机制的改造

中国共产党的各级纪律委员会和各级政府监察机关联合监察与惩处党员、公务员违纪、不法行为是我国公务员监察制度的特色。在政府机关，纪律委员会与监察部门合署办公，其主要是履行党的纪律检查和政府行政监察两种职能。纪律委员会、监察机关一方面是惩处公务员的机关，负责调查处理政府各部门及其工作人员、其他人员违反国家法律、法规、政策以及违反政纪的行为，对有关责任人依法作出行政处分或提出给予行政处分的建议。另一方面，纪律委员会与监察部门保护党员和国家工作人员的正当权利和合法权益不受侵害，受理党员的控告和申诉，受理监察对象不服政纪处分的申诉，受理个人或单位对党员公务员和监察对象违纪行为的检举、控告。党建立专职巡视机构进行巡视监督的制度，在一定程度上也能维护公务员正当权利和合法利益。《中国共产党巡视工作条例》第20条规定，巡视期间，经巡视工作领导小组批准，巡视组可以将被巡视党组织管理的干部涉嫌违纪违法的具体问题线索，移交有关纪律检查机关或者政法机关处理；对群众反映强烈、明显违反规定并且能够及时解决的问题，向被巡视党组织提出处理建议。

在纪律委员会、监察机关采取的措施中，"双规"制度是有力的反贪举措。"双规"在正式文件中也被称作"两规"。"双规"的规范根据最早出自1990年我国《行政监察条例》第21条第5项规定，监察机关在检查、调查中有权责令有关人员在规定的时间、地点就监察事项涉及的问题作出解释和说明；1994年中共中央纪律检查委员会（以下简称中纪委）规定："凡是知道案件情况的组织和个人都有提供证据的义务。调查组有权按照规定程序，采取以下措施调查取证，有关组织和个人必须如实提供证据，不得拒绝和阻挠。"1994年《中国共产党纪律检查机关案件检查工作条

例》第 28 条第 3 项规定"要求有关人员在规定时间、地点就案件所涉及的问题作出说明"。① 1997 年《行政监察法》通过后，将原条例中的"规定"改为"指定"，因此有了"两指"的说法。1993 年，中纪委和监察部合署办公，因此在实践中，一般很难区分"双规"和"两指"。"双规"相对司法手段具有更高的隐秘性，防止侦查意图暴露和引起侦查对象警觉，能较有效地发现和追究违法违纪情况。

"双规"的理论基础在于贪腐群体因为经济利益结合在一起，但是对他们而言"没有永远的朋友，只有永远的利益"。"双规"的心理机理是涉案人被带离权位，想掩盖的事实就会浮出水面，犯罪迹象随之呈现；"双规"人员与其他涉案人员被相互孤立后，涉事人员就会惊慌失措，很容易各个击破；"双规"后，涉案人和外界失去联系，贪腐的攻守同盟就自动瓦解。"双规"因其以下几个方面的特征而成为反贪侦查技术上的等功能、超功能替代物。②

（1）适用对象。条文上外延极宽，是"有关人员"，而没有限制为"被检查的党员"；可以迂回切入案件，待证据落实后再正面接触主要目标，而不致事先惊扰。

（2）"规定时间"。1994 年《中国共产党纪律检查机关案件检查工作条例》及 2014 年《中国共产党纪律检查机关案件检查工作条例实施细则》均未规定明确的时间限制，没有将传唤、拘传限制为 12 小时，并且不得连续拘传、传唤的限制，亦没有检察院自侦案件刑拘限制为 14 天等的约束。

（3）"规定地点"。1994 年《中国共产党纪律检查机关案件检查工作条例》及 2014 年《中国共产党纪律检查机关案件检查工作条例实施细则》均未对地点作限定，仅规定"不准使用司法机关的办公、羁押场所和行政部门的收容遣送场所和不准修建用于采用'两指''两规'措施的专门场所"。没有刑事拘留和逮捕要在看守所执行，询问证人要遵守在办案机关所在单位和证人的单位、住所等的规定。此项内容对涉嫌职务犯罪的高

---

① 参见《中国共产党纪律检查机关案件检查工作条例》（1994 年 1 月 28 日中共中央纪律检查委员会常务委员会第六十五次会议通过）。较早的已经被废止的根据，见《行政监察条例》（1990 年 12 月 9 日）第 21 条"（五）责令有关人员在规定的时间、地点就监察事项涉及的问题作出解释和说明"。

② 刘忠：《读解双规——侦查技术视域内的反贪非正式程序》，http://www.ideobook.com/1476/liu-zhong-shuanggui/，2014-3-11。

级别公务员、政法系统公务员具有重大意义。因为看守所由公安机关管理，监室数量有限，人员混关混押。看守所中犯罪嫌疑人、被告人因提审、开庭等原因不断出入，极难封闭案件信息，无法防止串供、毁证。纪委一般选择封闭、偏僻、保密的招待所等地点作为"规定地点"，防止涉案信息内外双向的渗入。

（4）"双规"性质。原中共中央纪委书记尉健行在讲话中说："'两规'和'两指'是党的组织和行政监察机关在确属必要的情况下，对一些重要或复杂的案件所涉及的有重大嫌疑的党员、干部和有关人员进行内部审查的一种措施。"① 由此，纪委对党员涉嫌违反党纪的行为进行调查，不是刑事立案程序，"双规"既不是讯问，也不是强制措施，所以不存在 2012 年《刑事诉讼法》第 33 条的犯罪嫌疑人在被第一次讯问后或采取强制措施后即可聘请律师介入案件的问题。在行动谋略上，纪委可以先以非主攻方向事由，对涉案人员进行谈话直至执行"双规"，或采取层层剥笋战术，从外围人物、事件切入先固定证据，从而掩盖真实的意图，防止可能的主攻方向上的涉案人员提前知悉真实目的后潜逃、串供、毁灭证据。因此，从反腐败斗争的现实需要来看，"双规"确有一定的合理性。公民一旦宣誓加入中国共产党，就意味着主动放弃一部分公民享有的权利和自由，就必须尽纪律义务，在政治上讲忠诚、在组织上讲服从、在行动上讲纪律。在我国公务员队伍里中共党员占主体地位，这与公务员的义务要求相契合。中国特色依法治国强调党内法规是法律体系不可或缺的部分，且党内法规严于国家法律，党员公务员在守法和纪律要求上要严于一般群众，这也符合实质正义，具有一定的合理性。

当然，"双规"在制度上并不是和国家法律没有冲突，其关键问题在于对公职人员构成犯罪与否的判定上，应当通过严格的司法程序，由检察部门依法调查、判断是否立案，由法院依法来裁决其是否应当承担刑事责任。因此，前置的"双规"程序应当与国家法律接轨，并在反腐司法制度成熟之后，放弃这项过渡性的措施。如果必须适用该制度，当下应对"双规"进行最低限度的合法性改造。事实上，2015 年修订的《中国共产党纪

---

① 《依纪依法查办案件，严厉打击腐败分子》，载尉健行《论党风廉政建设和反腐败斗争》，中央文献出版社、中国方正出版社，2009，第 426 页。

律处分条例》体现了"党规党纪严于国家法律""突出党纪特色"的要求,把纪律挺在法律前面,反映了党内法规与国家法律既分治又统一的趋向。2012年《刑事诉讼法》修正案也可看出立法在试图"走出双规"方向上对反贪侦查手段改造上的努力。2012年《刑事诉讼法》修正第73条的规定:"对于特别重大贿赂犯罪,在住处执行可能有碍侦查的,经上一级人民检察院或者公安机关批准,也可以在指定的居所执行。"从"双规"到《刑事诉讼法》修正第73条的指定监视居住,就从正当程序理论而言,这显然是一种改造。

2013年5月27日,《中国共产党党内法规制定条例》和《中国共产党党内法规和规范性文件备案规定》颁布,构成了我国第一部正式、公开的党内"立法法"。中共中央《关于全面推进依法治国若干重大问题的决定》明确提出,要加强和改进党对全面推进依法治国的领导,加强党内法规制度建设。保证党的政策与国家法律统一正确实施,防止和消除二者的矛盾冲突,要求我们除了进一步完善国家各项法律法规外,还要特别注意完善以党章为根本的党内法规制度体系,处理好依法治国和依规治党的衔接关系,使之相互作用、相得益彰。

纪检监督制度要从隐性、内部规则转变成越来越接近宪法和党内的法规体系的明确规定。在对象上,"双规"的对象应限定为党员,而不能扩大到其他非党员的群众。在组织架构上,协调纪委与检察院的反腐职能,处理好违纪与违法的关系。"双规"的制度性规定主要以党内法规的形式体现,其必须走向中国特色法治化道路。在制度设计上,宜引入符合法治精神的正当程序。将政策明确性原则、程序公开原则及说明理由制度、当事人申辩原则、错案弥补和纠正机制引入其中,如引入类似刑事辩护代理人可以会见被监视居住的犯罪嫌疑人、被告人等的会见、通信、提供法律咨询和核实有关证据机制;合法取证制度,即"双规"期间取得的证据材料应合乎正当程序及合法性,对非法取证进行举证等;对查无问题的"双规"人员出示证明并有公告制度;对审查无问题的人员给予一定赔偿或补偿制度。但因为纪委是党的组织,不是国家机关,我国《国家赔偿法》规定侵权主体必须是国家机关,因此须明确纪委如违法违规进行"双规"须承担赔偿责任;明确规定"双规"期间责任人因故意或过失采取违法违纪行为,视其轻重程度,给予相应处分甚至追究刑事责任。

（二）完善党员内部评价机制

党员内部评价机制是党员公务员行使权利和履行义务的重要平台之一。《中国共产党章程》第 8 条规定，每个党员，不论职务高低，都必须编入党的一个支部、小组或其他特定组织，参加党的组织生活，接受党内外群众的监督。任何党员公务员都要编入一个党支部，不光是普通党员公务员要参加支部组织活动，国家领导人、各部委领导班子成员也不能例外，他们一方面是所在组织的党组成员，另一方面也是所在党支部的普通党员。党委和党支部有不少制度性规定，比如党员领导干部民主生活会制度、民主评议党员制度、党员党性定期分析制度、党员谈心谈话制度、党务公开制度、党内情况通报制度、重大决策征求意见制度等。这些都为党员公务员了解党内事务、发表意见、开展批评与自我批评提供了制度保证，同时也是我国党员公务员权利保障的重要制度。多数西方国家的传统思想认为，只有独立的监督才能制衡政治权力，但中国政治思想家提倡自我反省和自我修正。① 有时因为掌权者的自知之明难以"自知"，所以，中国古代的谏议制度就具有特殊的意义。谏议，就是通过引入专门制度机制针对领导职公务员的薄弱之处施加批评和监督。批评和自我批评是解决党内矛盾的有力武器。在党员干部中开展公开批评与自我批评，是源自毛泽东时代的一个优良传统，要求领导干部知错就改，这样才可在工作中不犯错误或少犯错误，因此，大胆使用、经常使用这个武器，使之越用越灵、越用越有效，以此促进民主集中制的贯彻执行，促进党内生活的严格规范，促进党性原则基础上的团结，切实提高领导班子发现和解决自身问题的能力。② 党内关系要正常化，批评和自我批评就要经常开展，让"咬耳扯袖""红脸出汗"成为常态；党纪轻处分和组织处理要占大多数，对严重违纪的重处分、作出重大职务调整应当占少数，而严重违纪涉嫌违法立案审查的只能是极少数。③ 通过批评与自我批评活动，党员公务员对批评

---

① 伊恩·米尔斯：《借助改革，习近平寻求纠正方向》，http://ed-china.stnn.cc/China/2014/1129/158945.shtml。
② 习近平：《在河北参加省委常委班子党的群众路线教育实践活动专题民主生活会的重要讲话》，http://www.wxyjs.org.cn/zyldrhd_547/201309/t20130926_145044.htm。
③ 王岐山：《谈监督执纪"四形态"：轻处分要成大多数》，《人民日报》2015 年 9 月 27 日，第 4 版。

建议做到有则改之，无则加勉，这有利于党员公务员自省自律，自我管制，自觉履行公务员的义务与职责。

在党组织内部，党组织的民主评议会和民主生活会能维护党员公务员的批评、建议权利；在机关党员代表大会上通过党员民主评议或选举机关党委委员、行使党内民主形式，维护党员公务员政治权利和其他方面的权利。因此，要通过制订组织生活计划、定期汇报分析党组织建设形势和情况通报等制度创新常态化党建机制，确保基层党务公开制度、党内重大情况通报制度、重大情况反映制度、重大决策听证制度正确实施，提高党内事务、领导决策和用人上的透明度，使党员了解党内事务，并积极参与；同时，对党员要定期组织考核，开展民主评议，把党员评议与群众评议结合起来，对优秀党员给予表彰，对评议等次较低的党员，及时提醒教育。[①]

（三）党员保障措施的改良

《党员权利保障条例》将保障党员权利的正常行使和不受侵犯作为一条主线贯穿整个条例，并通过设置具体条款予以体现。《党员权利保障条例》将"保障措施"单列一章，并且用较大篇幅规定了保障党员权利的各项具体措施，这些具体措施对于发展党内民主，维护党员权利必将发挥积极的作用。如为了引导党员积极参与党内事务，提高决策的科学化、民主化，党内各种教育活动，有预防侵害公务员行为和保护公务员权利的作用。

为了严格防范在执纪过程中出现偏差，《党员权利保障条例》第25条规定，"党组织对涉嫌违纪党员的检查和处理，必须既坚决又慎重，严格遵守有关规定，依纪依法进行。"《党员权利保障条例》第18条规定，"党的地方组织、基层组织应当认真组织党员对本地区、本部门、本单位贯彻落实党的政策的有关问题进行讨论。"为了更好地发展党内民主，切实维护党员的申辩、作证、辩护和申诉等权利，《党员权利保障条例》第22条规定，"对于党员的申辩及其他党员为其所作的证明和辩护，有关党组织要认真听取、如实记录，并进一步核实，采纳其合理意见；不予采纳的，

[①] 沈小璇：《加强机关党支部建设的思考》，《经济与社会发展》2012年第9期，第44页。

要向本人说明理由"。本条同时规定,"处分决定应当写明党员享有的申诉权以及受理申诉的组织等内容并由受处分党员签署意见"。以上机制对保证党员公务员的权利提供了有力的保障,此外还要完善以下机制。

(1) 构建举证规则。由于受处理的党员公务员相对处于弱势,因此在证据制度上须倾向于受处理方。一般情况下,应当由作出决定的组织提出实质性的证据来证明决定的合法性或合规性,党员公务员有权要求查看组织提供的所有据以作出决定的材料,同时,党员公务员也可以通过证明组织作出处理决定没有法律依据或者程序违法,来证明处理决定的不能成立。听证制度是调查制度的发展延伸,听证程序是行政程序的核心和灵魂,是民主和公正的具体体现。目前,听证制度已成为各国行政程序法的共同制度。听证的价值在于弄清事实、发现真相,给予当事人就重要的事实表达意见的机会。通过实行处理党员听证制度,使得处理过程的公开性、透明度得以提升,在有效保障党员的合法权益的同时,亦能优化党政机关的对外形象。

(2) 建立执纪过错或者错案责任追究制度。对于组织在执纪过程中有违纪行为或者其他过错的,应当批评纠正;情节严重的应当追究有关责任者的责任。

(3) 形成科学的党员进退机制。中国共产党的历史上,只有在发生了重大变化、运动或思潮时,才进行党员评价工作,如保持先进性教育以及群众路线教育活动。党员评价也往往是以整治党风、党员教育的方式出现。此种方式已经出现效益递减效应,必须建立经常性、制度化的党员评价机制。新的评价机制不能是运动式的,不应该兴师动众,而应当是自动的、经常性的。依托党员评价经常化、制度化、信息化机制,对于出现不合格苗头的党员要有提示或预警,对于已经出现不合格情况的党员,经过一定的程序,应当随时予以淘汰。科学的淘汰机制会给变质的党员、不合格党员、不发挥作用的党员形成一种压力,也让一些改过自新甚至改邪归正的退党党员有机会重新加入党的组织。从这个意义上说,正常的退党机制有积极的作用,其也是一个现代政党健康发展所必需的。[①] 现有的淘汰

[①] 王金柱:《从粗放发展向质量立党转变——执政党科学瘦身难题待解》,《人民论坛》2013年第15期,第49~51页。

机制主要是法律和纪律双重惩处机制,受到开除党籍的公务员,其身份一般也会随之被褫夺。因此,要构建党籍与公职分开的申诉机制,公务员一旦被开除党籍或退党,其公务员身份申诉机制要相应地启动,否则,会侵害退党公务员的合法权益。

二 机关代表大会制的改造

机关代表是指机关内所有服务人员的代表,其任务在于共同参与制定该机关相关职务规范,或者促进该等职务规范内容的实现,亦间接实现社会、国家的委托保护的目标。不过,机关代表并非单纯服务人员的"利益代表",并且因其必须与机关共同合作履行其任务,所以其必须兼顾机关的利益,因此机关代表并非只是单纯一方利益的代表。在各国公务员制度中,德国的公务员机关代表大会制最具特色。

(一)德国的公务员机关代表大会制

1. 德国公务员协会组织

公务员协会组织从广义来说包含机关公务员协会与逾越个别机关而成立之工会组织。[①] 依据德国《机关公务员代表法》第51条规定,机关协会是一个公法上的机构,而不是所有服勤务者的法定代理人,其具有独立性,不受机关及所有服勤务者指令的拘束。依据德国联邦《机关公务员代表法》第1条规定,凡所有联邦机关及联邦所直接管辖的公法上社团、财团及营造物,如邮局等皆应设置机关代表,组织机关公务员协会;在例外情形,基于机关的特殊性,以及法律特别明文规定,须免除或者禁止设置机关公务员协会。例如,依据德国《法官法》第49条规定,法院不能设置机关代表。机关公务员协会与各行政机关间,在本质上虽然是一种互相信赖(非互相毁减)、互相合作的伙伴关系,但是为了贯彻机关公务员协会成立的宗旨、实现追求的目标及互动的功能,势必会给予公务员协会某种程度参与最终决定的机会与权利。其最为重要的参与形式有三种,即

[①] 曹俊汉、陈朝政:《公务人员协会制度的比较分析》,台北:《国政丛刊》,http://old.npf.org.tw/monograph/research/015.pdf。

"共同决定""协同参与"和"其他形式的参与"。共同决定是机关公务员协会（或公务员）参与规范程序中效力最强的一种参与形式，即由有管辖权的机关公务员协会或其最上级的协会组织或职业工会，参与最高行政机关制定一般性或法规性的规范。

2. 机关代表的法律地位

机关公务员代表依据德国《机关公务员代表法》第 19 条规定，以直接、秘密投票产生，且须由各机关内的公务员、职员及工友按其职别的不同，依比例分配代表的人数。机关代表原则上是一种荣誉性质的无给俸的工作，但依《机关公务员代表法》第 46 条第 3 项和第 4 项规定，机关代表为从事协会工作，可以免除其原职工作的全部或一部，但如其因执行协会业务导致延误了原服勤的工作的，不能影响其原俸给的权利。如果该机关服勤务人总数超过了 300 人，则依该法同条第 4 项和第 5 项规定，该机关应强制免除部分机关代表的原职务工作，使其专职从事协会的业务。此种情况下，受免除原职务全部或一部分的机关代表，有权享有一个月薪俸额的支出弥补。机关代表不因其担任代表而免除其公务员法上公务员应遵守的义务，相反，原则上其仍应遵守公务员义务的规定，只有在少数情形下，可以不受服从义务的拘束（为其独立行使职权所必要）。不过，机关代表也可能因其职务缘故而增添某些特别义务，比如更多保持沉默的义务。此外，为了保障机关代表能够独立行使职权，德国《机关公务员代表法》第 8 条明文规定，任何人不得妨碍机关代表职权的行使，而且不得对机关代表为歧视或优惠的措施。如果机关代表因执行协会事务，而遭受意外伤残或死亡，视为因公伤残或死亡给予抚恤金和照顾。为了贯彻此项保障的意旨，机关若违反机关代表的意愿而为调职及降级处分时，除非已经得到了公务员机关协会的同意或因职务重要的理由，应当禁止实施。另外，公务员机关代表如因执行协会职务需要，必须参与再教育训练课程，其服务机关应当支付其再教育课程的所有费用，而且，在再教育或再训练期间，机关代表有权暂时免除其执行原职务的义务。

3. 代表的种类及其任期

在德国，除较为重要的各机关代表外，还有所谓的整体公务员代表、少年及实习职代表、兼职人员代表、残障代表。此外，亦有类似行政隶属关系的所谓各种"阶层代表"存在，用以代表各机关的意见与利益。

公务员机关代表的任期，依照《机关公务员代表法》第 26 条规定，原则上为 3 年，除非因机关服务人员总数有重大改变（即大量增多或减少）或机关代表的辞职，否则每隔 3 年（每年 3 月 1 日至 5 月 31 日）须改选一次机关代表。[1]

4. 协会组织的运作

公务员协会的主要功能包括"咨询功能"和"中介功能"。首先，为了促进咨询功能的发挥，公务员机关协会与该机关首长应每月最少进行一次固定咨商，双方可就机关内的任何议题进行咨商。同时，为了使咨商功能在实质上能充分发挥，公务员协会对于机关内的职位计划、人事资料、年度计划、考绩评语资料等有完整的资讯获取权。因此，行政机关有义务及时将此类资讯主动完全地告知公务员协会，以便咨商能够有效进行。其次，为了确保中介功能的实现，除非公务员协会的中介功能已经完全穷尽，否则双方当事人（协会与机关首长）对于所争议的问题，不得寻求机关外部解决。而且，由于公务员协会与机关首长肩负着"中介者"的角色，因此双方均不能采取影响或破坏机关工作以及和平秩序的措施。最后，在公务员机关协会的内部运作上，组成有"理事会"。理事会是从各职别的机关代表中选举产生，当理事无法充分代表该职别人员的利益时，可以随时不附理由的予以撤换，法院对此仅有限制性的审查权，这与机关代表不受拘束的性质稍有不同。除理事会外，还有由所有机关代表以多数决选举产生的理事主席，理事主席在理事会决议的范围内代表机关公务员协会，并负责召集机关协会代表会议。公务员协会的内部会议，原则上不对外公开，参与人除机关代表外，必须有青少年代表及残障代表参与，他们虽然没有投票权，但有强制咨询的权利。

5. 机关公务员全体大会

机关公务员协会除了按规定组成协会及选举机关代表外，也对机关公务员全体大会进行规范。机关公务员全体大会是一种平行于协会制度的设计机制。依照《机关公务员代表法》第 49 条规定，公务人员大会每半年应举行一次，但有必要时，机关协会代表可以请求召开临时公务员大会。

---

[1] 曹俊汉、陈朝政：《公务人员协会制度的比较分析》，台北：《国政丛刊》，http://old.npf.org.tw/monograph/research/015.pdf。

召开公务员大会的主要目的是由公务员机关协会定期向大会报告其工作成果,并向其负责。除半年一次例行定期召开机关公务员大会外,凡是机关公务员协会的理事主席、机关首长或四分之一以上的有机关代表选举权的人都有权请求召开公务员大会的临时会。机关首长有出席公务员大会的权利。依据《机关公务员代表法》第51条规定,公务员大会上,可以作成决议或提出申请书交由公务员机关代表,但此种决议或申请书并没有拘束机关代表会协会的效力,与一般会员大会决议有拘束力的情形稍有不同。公务员大会所作成的决议或申请书,可以包含团体协约、俸给或社会事项等内容。虽然公务员大会决议事项并无约束机关的法律效力,但其在事实上仍会影响理事会、机关首长以及机关协会代表的决定或措施。

德国机关公务员协会与德国政府机关之间是一种互相信赖、互相合作的伙伴关系。机关代表特定的权利义务设置保障了其独立行使职权。机关公务员协会、机关代表及机关公务员全体大会在与政府机关沟通、反映公务员的需求、参与制定与公务员权利义务有关的最终决定、维护公务员权利上发挥了重要的组织保障和参议功能,这值得我国借鉴。

(二) 我国机关代表大会的完善

在我国,虽然没有类似德国的机关公务员协会,但有机关公务员代表大会。机关公务员代表大会是公务员参与机关内部事务管理、实现机关内部事务公开的基本形式,是公务员行使民主管理和民主监督权力的机构。机关公务员代表大会制度是机关公务员自我管理、自我约束的良好机制,在贯彻执行党和国家的方针、政策,正确处理国家、组织和公务员三者利益关系上发挥了重要作用。我国机关代表大会的主要职权有以下方面。

(1) 听取行政单位有关部门关于机关内部事务管理的工作报告。报告的内容应包括机关内部重大项目建设情况,公务员任免、晋级、奖惩、调动、辞退、岗位交流、进修培训、财务收支有关情况等公务员关心的其他重要事项。

(2) 对机关的中心工作以及思想建设、作风建设、效能建设、廉政建设、制度建设、政务公开等,提出意见和建议。

(3) 审议通过机关内部事务管理中涉及公务员切身利益的规章制度。

（4）审议决定贯彻执行关系公务员社会保险、劳动保护、医疗保障、休息休假和其他有关公务员生活福利的法律、制度的实施办法，并监督执行。

（5）配合有关部门，参与公务员年度考核中的民主评议，对机关干部特别是领导干部实行民主监督。

（6）对大会决议的执行和提案的办理进行监督。

公务员代表大会是合理利益的表达机制，是合理利益合法化的过程。合理利益合法化表现在三个层次：合理利益的产生规则合法化，即公务员代表大会制度具有法定的议事规则；合理利益的确定方式合法化，即公务员代表大会制度具有法定的职权与表决形式；合理利益的执行结果合法化，即公务员代表大会的决议、决定具有法律效力，所有公务员都应服从。

从紧凑、高效、合理、必要的角度出发，应对公务员代表大会制度进行改良，以保障公务员权利。在立法上，通过法律授予公务员代表大会行使法定权力的资格，扩展和深化公务员代表大会职权。公务员代表大会应从审议权与监督权两方面加强建设。①公务员代表大会的审议权和审议通过权应侧重于公务员的合理利益保护。②公务员代表大会侧重于对法律规定的事项、协商一致的事项、代表大会决定的事项进行民主监督；对机关工作作风、领导行为具有建议权，促使其保护公务员合法权益；对直接涉及自身利益的事项具有表决权，保证自身权益不受侵害；对领导干部具有评价和选优权、选举权，促使领导职公务员保持对公务员利益负责的责任意识；对机关内部法规、规范性文件，处理职务的行为具有监督权，促使领导遵纪守法，保障公务员的经济、休息休假权等权益，推进实现体面劳动。在权限上，要界定哪些是必须采用公务员代表大会形式进行表决的事项，哪些是可以平等协商后直接实行的事项。具体而言，凡有损公务员权利或增设公务员义务的其他规范性文件的制定，只有让公务员代表大会参与预案制定过程，并且经其同意后，机关始得作成决定，否则机关原则上不能采取任何预定的措施。在机制上，规范公务员代表的选举工作，改变公务员代表仅被视作一种荣誉的现状；完善让每个代表不仅代表个人发表意见，还要代表各机构发表重要意见表达机制以及构建代表提案的落实反馈机制。

三 落实工青妇组织维护公务员权益机制

工青妇组织根据其职能,协同参与公务员主管机构管理公务员,保障公务员权益,以达到协同治理之目标。

(一) 工会

(1) 公务员制度较为发达的国家和地区,都赋予公务员成立工会组织的权利。各国的实践证明,公务员工会在防范、减少公务员与政府之间纠纷,节约权利救济成本,促进公务员权利保障等方面发挥了积极作用。美国于1994年成立国家合作伙伴关系委员会,允许和鼓励公务员就改革、工资、劳动争议、工会权力等问题与其进行谈判。英国、荷兰、西班牙等国政府都允许公务员与公务员工会谈判。[①] 公务员工会协同参与的意义在于:凡符合法定协同参与的事项者,在机关采取措施前,应先与机关公务员协会进行共同讨论,以达成彼此互相谅解的目标,但双方意思表示不能一致时,最高行政机关仍单独决定并贯彻该措施。[②]

(2) 我国虽没有建立专门的公务员工会,但各机关都有工会组织,绝大多数公务员是机关工会会员。按照2013年《中国工会章程》规定,中国工会是中国共产党领导的职工自愿结合的工人阶级群众组织,是党联系职工群众的桥梁和纽带,是国家政权的重要社会支柱,是会员和职工利益的代表。2001年《工会法》第19条至28条规定,企业、事业单位违反职工代表大会制度和其他民主管理制度,工会有权要求纠正;工会代表职工与企业以及实行企业化管理的事业单位进行平等协商,签订集体合同;工会就侵犯职工劳动权益情形应当代表职工与企业、事业单位交涉,要求单位、事业单位采取措施予以改正;对劳动条件和安全卫生设施进行监督,参加对其他严重危害职工健康问题的调查处理;对侵犯职工合法权益的问题进行调查等。2015年中华全国总工会印发的《机关工会工作暂行条例》

[①] 杨波:《西方国家公务员制度改革与核心价值的冲突》,《中国行政管理》2001年第9期,第24页。

[②] 林明锵:《德国公务员之劳动权》,载彭锦鹏主编《文官体制之比较研究》,台北:中研院欧美研究所,1996,第249页。

第12条规定，机关工会的职责是加强对职工的思想理论教育，动员组织职工开展创先争优活动，注重人文关怀，推动机关文化建设，维护机关职工合法权益，反映职工意见和建议等。《机关工会工作暂行条例》要求机关工会必须在党组织的领导下，始终在思想上、政治上、行动上与党中央保持高度一致，对工会代表职工的平等协商、交涉权、调查处理权和要求纠正权等给予克减，只规定了机关工会配合和协助党政机关教育职工的职责及反映职工意见、建议权和民主参与权，这与《工会法》关于企业、事业单位工会权限的规定差距颇大。

（3）完善对我国机关工会保护公务员权利的功能定位。工会体现了我国社会主义制度的优越性，公务员也希望政府在作出涉及公务员利益的决定时，工会能通过团体协商机制表达公务员的集体意见，以增进公务员的组织承诺、组织信任。面对直接涉及公务员利益的重大决策，机关要通过制度化的民主协商，平衡各方面利益诉求。因此，机关工会应把实现公务员权利义务衡平作为重要任务，在组织上，对公务员家庭生活和心理健康进行关怀；在文化上，组织各种健康向上的活动，促进公务员身心健康；在化解纷争上，支持公务员申诉维权，运用组织力量开展集体协商解决争议，维护公务员群体权益。工会应从制度上提供组织协助、协商资源，参与保障公务员权利的活动，真正成为公务员权益的代言人、排忧解难的热心人、组织文化的推动者和各种关系的协调者。

（二）共青团对青年公务员的权利保护

《中国共产党章程》明确规定，共青团是党的助手和后备军。这就决定了共青团的职能除了是党联系青年的桥梁和纽带以外，还是锻炼年轻干部的重要阵地以及维护青年公务员权利的重要组织。共青团既要善于把党的主张和任务转化为青年的自觉行动，又要善于把青年的呼声诉求反映给党和政府，使共青团的工作融入党政大局，做到青年心坎里。[①] 青年公务员可作为共青团的代表积极参政议政，锻炼修为，规划职业生涯等；同

---

① 李立红：《落实群团工作会精神，团组织准备这样干》，http：//news. cyol. com/content/2015 - 07/21/content_11504077. htm。

时，共青团还可通过向党和政府反映青年公务员的呼声诉求，使青年公务员的政治权、学习权、晋升权得到保障。

（三）妇联组织对女性公务员的保护

我国《机关工会工作暂行条例》第28条规定，机关工会女职工委员会的任务是：依法维护女职工的合法权益和特殊利益；组织开展女职工岗位建功活动；开展教育培训，全面提高女职工的思想道德、科学文化、业务技能和健康素质；关心女职工成长进步，积极发现、培养、推荐女性人才。妇联组织在服务妇女、维护权益、协调关系、凝聚人心、保持稳定、挖掘和培育妇女人才、促进广大妇女参与国家和社会公共管理事务等方面做了大量富有成效的工作，并发挥了积极的作用。因此，妇联组织在鼓励女性公务员进行职业生涯规划，激发女性主体意识，激励优秀女性公务员积极向上、实现自身价值等方面的作用不可小觑。妇联对女性公务员的权益保护主要体现在监督机关对女性公务员同工同酬，女性在"三期"休息休假权的实施情况，对违反女性公务员权益的行为向有关上级部门反映并要求纠正等方面。

综上，构建公务员权利保障制度体系时，须明确共青团、妇联、工会等团体在保护公务员权利方面的职责，从公务员的晋升、被选举权落实，职业生涯规划，心理健康，性别平等，权利救济援助等制度、运行机制、操作程序方面加以规定。

四 人事仲裁制度的扩面

人事争议仲裁是由人事仲裁机关对人事管理活动中产生的人事纠纷进行依法调解和裁决而产生的一种准司法性质的纠纷解决方式。它具有保障权益、维护稳定、化解矛盾、减少诉讼压力等重要功能。

（一）英美人事仲裁的规定

英国人事仲裁制度包含以下内容。①仲裁事项：一般而言，有关公务员的俸给待遇、工作时间、给假等事项，均可提交仲裁；至于编制人员的法定地位、职员的编制与补用高级公务员争议等属于行政管理事项，不得提交仲裁。②仲裁机构：担任仲裁的机构为公务员仲裁法院，是一个独立性的机构，由三人组成，其中一人为仲裁法院院长或庭长，一人为文官部代表，另一人则为会议代表。③仲裁的效力。政府和文官的代表不能在惠特利委员会中达成协议时，任何一方可将争议提交文官仲裁法庭，双方代表必须接受仲裁法庭的裁决。① 仲裁法院为使政府与公务员双方均能接受，按例征得双方同意后再对仲裁事项作成裁决。经仲裁法院裁决的事项，在法律上虽无约束政府机关的效力，但除国会得予推翻外，政府对裁决事项应予遵守。

美国1978年《文官改革法》规定，联邦政府机关与工会代表的协议，如陷入僵局，则交涉之双方均得要求联邦劳工关系局所属的联邦服务僵局处理小组，对交涉事项予以考虑，或双方协议提请仲裁。联邦服务僵局处理小组对争议事项得采取必要行动，其所作的决定或命令，双方均应遵守，必要时，可由法院强制执行。

综上，英美的人事仲裁制度发挥了前置性处理人事争议的功能，在征得双方同意后作出人事仲裁决定，政府对裁决事项必须遵守，这成为救济公务员权利的重要途径之一。

（二）我国人事争议仲裁制度

我国《公务法》第100条规定了人事争议仲裁制度。2007年修订的《人事争议处理规定》第2条规定，本规定适用于下列人事争议：实施公务员法的机关与聘任制公务员之间、参照《中华人民共和国公务员法》管理的机关（单位）与聘任工作人员之间因履行聘任合同发生的争议。人事争议发生后，当事人可以协商解决；不愿协商或者协商不成的，可以向主管部门申请调解；不愿调解或调解不成的，可以向人事争议仲裁委员会申请仲裁。当事人也可以直接向人事争议仲裁委员会申请仲裁。当事人对仲裁裁决不服的，可以向人民法院提起诉讼。

与传统的人事争议解决方式相比，人事争议仲裁制度的基本原则为：一是以事实为依据、以法律为准绳的原则；二是当事人在仲裁中的地位一律平等的原则；三是及时、公正、合理的原则。在信奉儒家学说的中国，

---

① 王名扬：《英国行政法》，中国政法大学出版社，1987，第47页。

人们倾向于调解，而不是诉讼，并且这种偏爱一直延续至今。① 仲裁工作的一个突出原则就是坚持调解先行，激活基层化解纠纷机制，将关口前移、重心下沉，柔性化处理争议。

1. 单方申请，双方地位平等

人事争议发生后，只要一方当事人提出申请，争议事项在人事争议仲裁机构受理范围内的，仲裁机构都应该受理；另一方不提交答辩书或者不出庭，不影响仲裁程序继续进行。当事人在人事争议处理中的地位平等，主要表现在申请人和被申请人适用法律、法规上的平等。

2. 机构独立，一级仲裁

仲裁机构的相对独立是保证仲裁公正性的基础。仲裁机构的相对独立，一方面是指人事争议仲裁机构相对独立于行政机关，依法独立处理人事争议，不受行政机关和个人的干预；另一方面是指各级人事仲裁委员会之间没有隶属关系，各自独立开展工作，任何仲裁委员会都不得干预其他仲裁委员会对人事争议的处理。一级仲裁是指人事争议仲裁委员会作出裁决后，当事人对裁决不服的，不能向其他人事争议仲裁机构提出重新仲裁的申请，但可以向原仲裁机构提出复议申请或向有管辖权的人民法院提起诉讼。

3. 先行调解，及时裁决

调解和裁决是仲裁委员会处理人事争议的两种主要方式，在调解和裁决关系的处理上，实行先行调解，及时裁决。先行调解是指调解是仲裁的前置程序，也就是仲裁委员会处理人事争议要先调解，后裁决；不经调解不能进入裁决程序。对调解未达成协议的，仲裁庭应当及时作出裁决，避免案子久调不决，使双方权益不能及时得到保护。

（三）人事仲裁的扩面

人事仲裁对公务员权利的保护具有更直接、及时、全面的优势。相对于行政机关的申诉救济，人事仲裁通过在人力资源管理部门设立（现阶段主要是针对事业编制人员、聘用任制公务员）劳动人事仲裁专门机构的方

---

① 〔美〕E. 博登海默：《法理学　法律哲学与法律方法》，邓正来译，中国政法大学出版社，1999，第 401 页。

式，具有与原处理机关的相对独立性和再审查性。而且，我国人事仲裁制度已具雏形，并形成了一定的程序和审查制度，从机构、制度和节约成本上考虑，其在一定程度上，可以适应公务员权利救济公正性的需要。因此，可通过立法修改现行的人事仲裁范围，将行政编制公务员的人事争议扩面，纳入劳动人事仲裁范围。公务员在职位调动、工资、福利、社会保障、优抚等方面发生的争议可提起人事仲裁。同时，加强人事仲裁制度自身建设，如人事仲裁人员的选任、仲裁证据的适用、举证责任分担、规范合理的工作制度等，以保障人事仲裁的公正、公平、公开。人事仲裁委员会依法作出的人事仲裁裁决对双方具有法律效力，对已生效的仲裁决定双方必须履行，必要时，可由法院强制执行。

五 信访机制的规范

（一）信访

最早的"信访"可以追溯到尧舜时期。古语中的"进善旌""诽谤木""谏鼓"等被视作最早表达和接纳信访的形式。此后历朝历代都有负责信访的官员或者机构，"信访"也逐渐成为一种制度。新中国成立后，党和政府把处理人民群众来信来访作为一项重要的群众工作，建立了各级信访机构，使其成为听民意、察民情、解民困的桥梁和纽带。按照毛泽东同志的批示，信访机构属秘书性质的机构。毫无疑问，信访工作在发展民主政治、保障群众利益、监督行政权力、维护正常经济社会秩序等方面，发挥了重要的作用。

（二）公务员信访的必要性

信访是法律框架之外的又一套规则，人治色彩过分浓厚的特点让信访制度饱受诟病，任何强化它的努力都对法治建设不利。信访真正的出路，应该是将权利救济功能完全归还给司法，让信访回归信息传输渠道的本源。党的十八届三中全会提出，实行网上受理信访制度，健全及时就地解决群众合理诉求机制，把涉法涉诉信访纳入法治范畴解决，建立涉法涉诉信访依法终结制度。具体的操作方式是涉法涉诉信访不再通过信访渠道，而是直接进入司法的申诉程序，这样可以最为迅速地为访民解决合理诉求。2014年3月19日，中共中央办公厅和国务院办公厅下发《关于依法处理涉法涉诉信访问题的意见》规定信访部门接待的关于涉法涉诉信访事项，应该转交给相应政法机关；对涉法涉诉信访事项，已经穷尽法律程序的，依法作出的判决、裁定为终结决定，由此，我国实行诉讼与信访分离机制。如果争议不能通过涉法涉诉的方式解决，那么信访就成为救济的一种无奈的选择。目前我国行政编制公务员权利受侵只能通过机关内部申诉控告解决，而不能通过司法救济（涉诉）；信访为公务员权利救济提供了一条便利的途径，通过此种方式来维护自身的权利也是正当和适宜的。

（三）公务员信访的规范

我国《宪法》规定公民享有信访权利。信访是公务员在无法寻求救济的前提下的无奈之举，也是公务员行使控告、检举权的表现方式之一。公务员信访至少是程序意义上不可剥夺的权利。公务员体制内的身份并不能给他们带来什么特权，制度面前无人例外。相比较而言，体制内的上访者更克制、冷静，他们熟悉体制的运转规则，知道如果行为过激会适得其反。体制内公务员上访的权利应该得到尊重，公务员可向上级机关针对政府意见，领导失职、渎职以及侵害其自身利益的行为进行信访，因此，可从以下内容来规范公务员信访的权利与义务。

（1）公务员依法到国家机关信访，其合法权益受法律保护。处理信访事项的部门和工作人员要坚持依法办理，严格按照法定权限和程序行使权力、履行职责。

（2）公务员应自觉遵守国家法律法规，依法、文明、理性表达诉求，不得损害国家、社会、集体的利益和其他公民的合法权利，不得破坏社会公共秩序和信访秩序。

（3）公务员应到专门的信访接待场所依法提出信访事项。信访事项已经受理或正在办理的，不得在规定期限内向受理或办理机关的上级机关再提出同一信访事项；信访事项按照法定程序已经解决或终结的，不得以同一事实和理由闹访、缠访。

（4）公务员提出信访事项，一般应当采用书信、电子邮件、网上投诉等书面形式。信访人采用走访形式提出信访事项的，应当根据信访事项的性质和管辖层级，到依法有权处理的本级或上一级机关设立或者指定的接待场所提出。

（5）处理机关要在规定期限内办理信访事项，向来访人出具处理意见书，并告知请求复查（复核）的期限和机关。如需延期办理，应当出具延期告知书。来访人请求复查（复核）的，复查（复核）机关应当书面告知是否受理，并在规定期限内出具复查（复核）意见书。处理意见书、延期告知书、复查（复核）意见书应当及时送达来访人，并严格履行签收手续。

（6）任何人不得报复、打击压制或迫害公务员。保护公务员信访的权利，凡是对公务员的申辩、辩护、作证等权利进行压制，造成不良后果的，给予纪律或行政处分。

六　宪法监督公务员管理制度的完善

宪法监督审查制度是特定的国家机关根据特定程序或者方式，针对违反宪法的行为或者规范性、非规范性文件进行审查并进行处理的制度。仔细梳理中共中央《关于全面推进依法治国若干重大问题的决定》的逻辑关系不难发现，依法治国的关键是依宪治国，依宪治国的关键是宪法实施，宪法实施的关键就是宪法监督。[①] "完善全国人大及其常委会宪法监督制度，加强备案审查制度和能力建设，依法撤销和纠正违宪违法的规范性文件。"依宪审查对象是所有规范性文件，这不仅包括宪法规定的上述"法律性规范性文件"，而且包括"非法律性的规范性文件"，如社会团体、企事业单位，甚至党章、党法的规范性文件。我国规范性文件中越权加重公务员义务或者剥夺公务员权利的规定普遍存在。宪法监督审查制度不仅要对增设公民义务、限制公民权利的外部规定进行审查，而且要对增设公务员义务、限制公务员基本权利的内部规定进行合宪性审查。发现有悖宪法原则和精神的，有权机关通过法定程序及时进行审查，切实维护宪法权威

[①] 席锋宇：《完善健全宪法监督制度和解释机制——专访中国人民大学教授胡锦光》，http://www.legaldaily.com.cn/index/content/2014-12/05/content_5875786.htm?node=20908。

和国家法制统一。

　　同时，规范制定各种规范性文件的程序，在制定涉及对公务员有普遍约束力的规范性文件时应当听取公务员的意见，增加规范性文件的透明度。针对公务员制度改革的规范性文件缺少第三方的参与与评估略显正当性不足的问题，有关机关可以委托符合条件的第三方进行评估并出具法律意见书。宪法监督组织要加强备案审查制度和能力建设，把所有规范性文件纳入备案审查范围，加大备案审查力度，做到有件必备、有错必纠。

结　语

德沃金（Rondd M. Dworkin）在其书《认真对待权利》的最后一段写道：如果政府不给予法律获得尊重的权利，它就不能重建对法律的敬畏。如果政府忽视法律与野蛮的命令的区别，它也不能重建人们对法律的尊重。如果政府不认真地对待权利，那么它也不能够认真地对待法律。[1] 同理，公务员与其他公民一样，其权利也要被认真对待。真正文明的人类社会，是让每个人的权利都受到尊重。公务员权利如果不被认真地对待，那么其他群体的权利也不可能被认真地对待。认真对待公务员的权利是法治国家、法治政府应有之义，也是全面推进依法治国的整体性选择。

在职业角度上，公务员不仅应该具备相应专业素质，确保有能力履行工作职责，而且应该具备比其他职业更高的职业操守，要接受比其他职业更为严格的监督。公务员作为"关键少数"人群绝不应只享受权力"红利"，而不承担相应义务；公务员也绝不应只承担义务，而不享有应有权利。公务员违法、违纪行为不仅要遭受"严打"，而且其伦理道德失范行为也会对其职业前途造成严重的后果。只有当公务员的职业风险足够大时，其谨慎程度才足够高。公务员各种隐形福利、特殊待遇只有受到严格和透明的规制，才能让公务员职业的理性回归，成为中国社会许许多多的职业中的一个普通职业。公务员其实是一个相对保守，维护社会公平、正

---

[1] 〔美〕罗纳德·德沃金：《认真对待权利》，信春鹰、吴玉章译，中国大百科全书出版社，1998，第270页。

义、讲求效率的社会职业群体。公务员特有的职业特点,一方面使得中国精英分子能体面地为国家和社会提供公共服务,另一方面也使得其创新意识和应对冲突的能力不足。形成公务员人浮于事、懒政之风的根本原因在于没有合理规定公务员权利义务衡平机制和退出机制。不论是对终身制公务员还是聘任制公务员,都没有严格的优胜劣汰机制,在这方面我们既存在制度和机制缺失的问题,也存在管理不严的问题。因此,要构建和严格执行公务员优胜劣汰机制,让经历严格优胜劣汰后的公务员,作为人民真正的公仆给予永业的权利保障,为国家、为社会、为人民服务终身。

在职业伦理上,公务员必须不断提高业务素质、专业能力和发扬职业精神,努力成为专业管理的精英、道德垂范的榜样、严于律己的典范。公务员"德"的考核内容,主要包括政治态度和思想品质两部分。政治态度包括理想信念、贯彻执行党的路线方针政策的坚定性、政治纪律、理论素养等;思想品质包括党性修养、道德品质、执行民主集中制等。总的来看,这些方面的规定和要求不够具体,有些抽象和模糊,可操作性不强;定性的多,定量的少,按照这些要求和标准评价公务员的"德"会造成千人一面,个性特点不突出。应该说轻视规则、不受规则的限制是中华文明的特点,如同我们的基因,很难改变。其优势在于当制度有问题时,中国上下往往可以找到规避之道;但另一方面,由于制度不可能涵盖全部,各种钻漏洞的行为也会令一项立意良好的法规效力大减。[①] 因此,应该建立健全合理的指标考核体系,把公务员的伦理道德要求分解和细化,以伦理义务作为公务员行为规则,虚功实做,充分体现不同时期、不同地区、不同类别、不同岗位公务员道德要求的特点和差别,使对公务员道德的考核更为具体、更好操作,能够真实反映其道德水平。

在法治方式上,公务员是遵守法律,公平、公正、公开执法、司法,善于运用法治思维和法治方式的实践者和示范者。维护公众和自身的权益,平等关怀和尊重权利是一切权利行使的基础。公务员对权利定义有自己的见解,而这种见解将会决定他们的行为。毋庸置疑,公务员对自身权利义务认识越清晰,就意味着他们在面对手中的权力时更加审慎。他们必

[①] 宋鲁郑:《台湾民主的进步与面临的挑战——"九合一"选举观察之一》,http://blog.ifeng.com/article/34893596.html。

须表现出有能力理解权利的真正含义,而且要保证将保障人权原则贯彻到一切执行过程中。如果公务员连自己的权利都保障不了,何以苛求其去保障其他公民的权利?

在制度建设上,在全面推进依法治国的进程中,总的趋势是政府转变职能,精简机构;政府治理公务员机制和制度建设不断加强,公务员制度的改革力度会不断加大。深化改革并非仅解决公务员工作作风、态度和待遇问题,其最终意图应当是摆正公务员的位置,找回公务员的尊严,让公务员回归公共治理和公共服务的价值本位。改革是一条漫漫长路,它需要法律制度的修改以及人员素质的提升,两者互有密切因果关系,简言之,制度改革合理化与人员素养优质化,是文官制度功能发挥的两个必备要素,其如鸟之双翼、车之双辕,不可或弃。[①] 然而,规范的变更可以在纸上随意画出,现实的个体却并非生活在意识形态天空,而是匍匐于现世的规则丛中,受制于制度结构。虽然《中国共产党纪律处分条例》用最严的规矩规范全体党员的行为,党员公务员须以此为立身之本、行为之矩,但非党员公务员亦受制于此,须给予正名。身份不同,规矩不一,因此,法治公务员的专门规范还需要以下制度设计。

(1) 制定公务员权利义务法。联合国大会1948年12月10日第217A(Ⅲ)号决议通过并宣布的《世界人权宣言》第29条规定,人人在行使他的权利和自由时,只受法律所确定的限制,确定此种限制的唯一目的在于保证对别人的权利和自由给予应有的承认和尊重。限制(克减)公务员权利和设定公务员义务应有统一、明确、可操作的公务员权利义务法。其中应明确几项核心价值:基于社会期待,规范对象应尽可能扩大至各类公职人员;所应涵盖的规范则至少包括公务员职业保障,公民权利限制、伦理义务,职务上的权利,在职期间和离职后的利益回避,职业生涯规划,公益弊端揭发,惩戒的正当程序,司法救济等项目。

(2) 制定公务员基准法。立法的目的为统摄全盘人事法规与贯彻功绩主义、建构绩效为导向的人事制度。[②] 制定公务员基准法对于我国现行公务员制度的完备及现代化有重要的指导意义,因传统上我国公务员制度规

---

① 林明锵:《公务员法研究》(二),台北新学林出版股份有限公司,2012,第45页。
② 林明锵:《公务员法研究》(二),台北新学林出版股份有限公司,2012,第283页。

定大都偏向技术性管理规范，但是对于理论和客观原则的内容，较少关注。公务员基准法可以站在较高的起点，作制度性的宏观调控，对我国公务员制度具有引导作用。一部完善的公务员基准法会填补目前诸多的立法漏洞，诸如公务员与国家的关系，公务员的权利清单及责任、义务清单，公务员职业伦理的引导基准，从而，一方面向上衔接全面推进依法治国战略的人民公仆理论与劳动契约理论，另一方面，亦可向下统摄现行公务员制度，建立较完备、合理而具效能的人事制度。

主要参考书目

1. 本书编写组:《国外公务员惩戒规定精编》,中国方正出版社,2007。
2. 辞海编辑委员会:《辞海》缩印本,上海辞书出版社,2000。
3. 蔡震荣:《行政法理论与基本人权之保障》,台北五南图书出版公司,1988。
4. 陈敏:《行政法总论》(第五版),台北新学林出版股份有限公司,2007。
5. 陈新民:《行政法学总论》(第六版),台北三民书局,2005。
6. 陈新民:《德国公法学基础理论(下)》,山东人民出版社,2001。
7. 陈舜:《权利及其维护——一种交易成本的观点》,中国政法大学出版社,1999。
8. 城仲模:《行政法之基础理论》,台北三民书局,1994。
9. 程燎原、王人博:《赢得神圣——权利及其救济通论》,山东人民出版社,1992。
10. 董和平、韩大元、李树忠:《宪法学》,法律出版社,2000。
11. 傅礼白:《国家公务员制度概论》,山东大学出版社,2004。
12. 傅肃良:《各国人事制度》,台北三民书局,1994。
13. 龚祥瑞:《比较宪法与行政法》,法律出版社,2003。
14. 葛洪义主编《法理学》,中国政法大学出版社,2002。
15. 关家麟主编《中国东部地区社会结构变迁——福清市社会阶层个案分析》,社会科学文献出版社,2002。

16. 关中：《文官治理：理念与制度革新》，台北："考试院"，2011。

17. 关保英：《行政法教材之总论行政法》，中国政法大学出版社，2005。

18. 何华辉：《比较宪法学》，武汉大学出版社，1988。

19. 黄俊杰：《行政法》（第三版），台北三民书局，2011。

20. 黄金石、庄秋桃：《法官伦理之研究》，台湾高等法院高雄分院2011年度研究发展项目研究报告。

21. 黄达强：《各国公务员制度比较研究》，中国人民大学出版社，1990。

22. 纪俊臣：《直辖市政策治理——台湾直辖市新生与成长》，台北：中国地方自治学会，2011。

23. 纪俊臣：《地方公务员职等调整之研究》，台北："行政院研究发展考核委员会"编印，2010。

24. 林明锵：《公务员法研究》（一），自版，台北新学林出版股份有限公司，2005。

25. 林明锵：《公务员法研究》（二），台北新学林出版股份有限公司，2012。

26. 林明锵：《欧盟行政法——德国行政法总论之变革》，台北新学林出版股份有限公司，2009。

27. 林水波：《考绩制度：理论研析与经验印证》，台北五南图书出版公司，1989。

28. 林腾鹞：《行政法总论》（第三版），台北三民书局，2012。

29. 林来梵：《从宪法规范到规范宪法》，法律出版社，2001。

30. 林准、马原：《外国国家赔偿制度》，人民法院出版社，1992。

31. 刘作翔：《迈向民主与法治的国度》，山东人民出版社，1999。

32. 吕世伦、文正邦主编《法哲学论》，中国人民大学出版社，1999。

33. 梁慧星：《市场经济与公序良俗》，《民商法论丛》第1卷，法律出版社，1994。

34. 李龙主编《法理学》，武汉大学出版社，1996。

35. 罗豪才主编《行政法论丛》第2卷，法律出版社，1999。

36. 《马克思选集》第2卷，人民出版社，1966。

37. 《马克思恩格斯选集》第4卷，人民出版社，1972。

38. 毛泽东：《一九四五年的任务》，载《毛泽东文集》第3卷，人民出版社，1996。

39. 欧阳奚谷：《法学通论》，上海会文堂编译社，1933。

40. 皮纯协、胡建淼：《国家公务员法律制度探索》，中国广播电视出版社，1990。

41. 彭锦鹏主编《文官体制之比较研究》，台北：中研院欧美研究所，1996。

42. 乔盛：《干部论》，中共中央党校出版社，2010。

43. 《孙中山选集》，人民出版社，1981。

44. 施能杰：《美国政府人事管理》，台北商鼎文化出版社，1999。

45. 舒放主编《国家公务员管理教程》，中国人民大学出版社，2007。

46. 沈文莉、古小华：《公务员制度教程》，中国经济出版社，2007。

47. 苏红：《发达国家公务员社会保障制度》，时事出版社，2001。

48. 苏海南：《中国公务员福利制度改革》，中国财政经济出版社，2008。

49. 谭宗泽：《公务员法》，载应松年主编《当代中国行政法》第8章，中国方正出版社，2005。

50. 台湾地区"行政院人事局"编《新加坡公务员人事法令汇编》，2009。

51. 台湾地区"行政院研究发展考核委员会"编《综合性政府伦理法治之研究》，台北："行政院"研考会，2008。

52. 台湾"公务人员保障暨培训委员会"编《保障法制座谈会、研讨会及专题讲座纪录汇编》（下册），台北："公务人员保障暨"培训委员会，2011。

53. 吴庚：《行政法之理论与实务》，台北三民书局，2010。

54. 翁岳生主编：《行政法》（上），中国法制出版社，2002。

55. 王锋：《行政正义论》，中国社会科学出版社，2007。

56. 王名扬：《法国行政法》，中国政法大学出版社，1988。

57. 王名扬：《英国行政法》，中国政法大学出版社，1987。

58. 王世杰、钱端升：《比较宪法》，商务印书馆，1999。

59. 王明高：《中国新世纪惩治腐败对策研究》，湖南人民出版社，2002。

60. 王连昌：《行政法学》，中国政法大学出版社，1997。

61. 王红、傅思明：《公务员法新论》，中国商务出版社，2005。

62. 王潇:《走向司法公正的制度选择》,法制出版社,2005。

63. 杨解君:《走向法治的缺失言说(二)——法理、宪法与行政法的诊察》,北京大学出版社,2005。

64. 杨建顺:《日本行政法通论》,中国法制出版社,1998。

65. 杨小君:《我国行政复议制度研究》,法律出版社,2002。

66. 应松年、宋世明、仲崇东:《公务员法释义》,国家行政学院出版社,2005。

67. 应松年主编《公务员法》,法律出版社,2010。

68. 袁曙宏、方世荣、黎军:《行政法律关系研究》,中国法制出版社,1999。

69. 赵其文:《人事行政学——兼论现行考铨制度》,台北华泰文化事业公司,2001。

70. 张康之:《寻找公共行政的伦理视角》,中国人民大学出版社,2002。

71. 张金鉴:《各国人事制度》,台北三民书局,1981。

72. 张文显:《二十世纪西方法哲学思潮研究》,法律出版社,1996。

73. 张文显:《法哲学范畴研究》,中国政法大学出版社,2001。

74. 张文显主编《法理学》,法律出版社,1997。

75. 张柏林主编《中华人民共和国公务员法教程》,中国人事出版社、党建读物出版社,2005。

76. 张千帆、赵娟、黄建军:《比较行政法——体系、制度与过程》,法律出版社,2008。

77. 甄树青:《论表达自由》,社会科学文献出版社,2000。

78. 郑成思:《知识产权法》,法律出版社,2003。

79. 周光辉:《论公共权力的合法性》,吉林出版集团有限责任公司,2007。

80. 周甲禄:《舆论监督权论》,山东人民出版社,2006。

81. 周敏凯:《公务员制度概论》,高等教育出版社,2009。

82. 周伟:《宪法基本权利司法救济意见》,中国人民公安大学出版社,2003。

83. 周道鸾:《外国法院组织与法官制度》,人民法院出版社,2000。

84. 朱光磊主编《高级公共管理知识精要》,电子工业出版社,2012。

85. 朱征夫：《公民的权利》，法律出版社，2006。

86. 卓越主编《公务员绩效评估》，中国人民大学出版社，2010。

87. 萧武桐：《公务伦理》，台北智胜文化事业有限公司，2002。

88. 徐德信主编《政府经济学基础》，北京大学出版社，2005。

89. 〔美〕罗纳德·德沃金：《认真对待权利》，信春鹰、吴玉章译，中国大百科全书出版社，1998。

90. 〔美〕艾伦·德肖维茨：《你的权利从哪里来？》，黄煜文译，北京大学出版社，2014。

91. 〔美〕肯尼思·F. 沃伦：《政治体制中的行政法》（第三版），王丛虎等译，中国人民大学出版社，2001。

92. 〔美〕马克斯·韦伯：《经济与社会》（下卷），商务印书馆，1997。

93. 〔美〕丹尼尔·沙勒夫（Daniel J. Solove）：《隐私不保的年代》，林铮顗译，江苏人民出版社，2011。

94. 〔美〕罗森布鲁姆、奥利里：《公共管理与法律》，张梦中等译，中山大学出版社，2007。

95. 〔美〕约翰·罗尔斯：《正义论》，何怀宏等译，中国社会科学出版社，1988。

96. 〔美〕戴维·H. 罗森布鲁姆等：《公共行政学（管理政治和法律的途径）》，张成福译，中国人民大学出版社，2002。

97. 〔美〕B. 盖伊·彼得斯：《政府未来的治理模式》，吴爱明等译，中国人民大学出版社，2001。

98. 〔美〕埃莉诺·奥斯特罗姆：《公共事物的治理之道——集体行动制度的演进》，余逊达、陈旭东译，上海译文出版社，2012。

99. 〔美〕乔治·弗雷德里克森：《公共行政的精神》，中国人民大学出版社，2003。

100. 〔美〕费利登（Michael Freeden）：《权利》，孙嘉明、袁建华译，台北桂冠图书股份有限公司，1998。

101. 〔美〕E. 博登海默：《法理学法律哲学与法律方法》，邓正来译，中国政法大学出版社，1999。

102. 〔德〕茨威格特·克茨：《比较法总论》，潘汉典等译，法律出版社，2003。

103. 〔德〕奥托·迈耶:《德国行政法》,刘飞译,商务印书馆,2013。

104. 〔法〕卢梭:《社会契约论》,商务印书馆,1997。

105. 〔日〕鹈饲信成:《日本行政法》,曹海科译,重庆大学出版社,1988。

106. 〔日〕盐野宏:《行政法》,杨建顺译,法律出版社,2001。

107. 〔日〕峯村光郎:《公共事业体等劳动关系法和公务员劳动关系法》,东京有斐阁,1961。

108. 〔日〕松岗三郎:《劳动法——权利的历史和理论》,东京弘文堂,1994。

109. 〔日〕片冈宽光:《论职业公务员》,熊达云、郑希宏译,上海科学普及出版社,2001。

外文书目

1. Elinor Ostrom, *Understanding Institutional Diversity*, Princeton University Press, 2005.

2. Dwight Waldo, *The Enterprise of Public Administration*, Norvato, Calif: Chandler and Sharp Publishers, 1980.

3. Birgitte Poulsen, "Public Administration in Team: Self-Governing Civil Servants", in *The Politics of Self-Governance*, Eva Sorensen and Peter Triantafillou (ed.), Ashgate Publishing Limited, 2009.

4. Dawn Oliver & Gavin Drewry, *Public Service Reforms-Issues of Accountability and Public Law*, Frances Pinter Publishers Ltd. 1996.

5. Janet P. Near & Marcia P. Micei, "Organizational Dissidence: The Case of Whistle-blowing", *Journal of Business Ethics* 4 (1985).

6. Johnson, Roberta Ann. *Whistleblowing: When it Works and Why*, Boulder, Colorado: Lynne Rienner Publishers, Inc.

7. James W. Fesler & Donald F. Kettl, *The Political of the Administrative Process*, New Jersey: Chatham House Publishers, Inc., 1996.

8. Lina Eriksson. *Rational Choice Theory: Potential and Limits*, Palgrave Macmillan UK, 2011.

后　记

　　阅完此书,有人会问:"你替公务员说话?"美国总统林肯在签署《解放黑奴宣言》后,有人问他:"你怎么敢将成千上万的黑奴从奴圈里面解放出来,你怎么敢,你不怕天下大乱?"林肯很平静地回答:政治家做很多事情,需要的仅仅是勇气而已,可怕的是对不确定性的恐惧。同理,赋予公务员权利不可怕,可怕的是对公务员义务不确定性风险的恐惧。公务员权利与义务的衡平理念是我在吉林大学写本科毕业论文时注意到的,感谢吉林大学行政学院李德志教授的引领。在厦门大学读法律硕士期间,法学院李琦教授在"法理学"课程中关于权力与权利的精彩分析让我突发灵感,写就了一篇以《公务员公民权利限制》为题的小论文,他给予肯定并鼓励我向学术刊物投稿,这成为本人第一篇独立发表的学术论文。

　　工作了22年,单位整合如水上浮萍,业务轮转如墙上芦草。单位从福建经济管理干部学院、福建行政学院到福建江夏学院、福建行政学院再到福建省委党校、福建行政学院,工作部门从政法系到公共管理系再到法学部,业务重心在教学、科研、实务之间摇摆,从一个起点转到另一个起点。2012年两校院合办之际,是我考虑在学术方面寻求突破的时候了。在过去几年发表以公务员为题的论文基础上,我对公务员权利义务作了一番思考,写就本书初稿。

　　2014年5月我到宝岛台湾访学三月有余,有幸遇到台湾地区公共管理学领域的几位大师级学者——吴琼恩教授,纪俊臣教授,邱志淳教授,他们的深邃、敬业、睿智让我受益匪浅;同时也要感谢台湾地区"考试院"

公务人员保障暨培训委员会邱华全委员、赖来焜委员帮助收集资料。

感谢福建省委党校、福建行政学院常务副校院长陈雄，副校院长姜华、刘大可、徐小佶给予到台访学的机会和"海西求是文库"对本书出版的资助，感谢匿名专家的评审和福建江夏学院林建伟教授的建议及校院学术委员会的意见，他们的真知灼见促进了本书的修改，提升了本书的学术水平，本人学力不逮，文责自负；感谢曾经在一起工作过的福建江夏学院公共管理学院缪匡华教授以及郭健彪教授、郭泽保教授、陈俊星副教授、曹剑光博士、曾正滋副教授、严圣明老师等；感谢中共福建省委党校、福建行政学院顾越利教授、陈朝宗教授、王海英教授在写作时给予的建议和指导，感谢对外合作交流处苏民处长、林航明调研员和科研处刘瑛华处长、候卫国调研员及杜品慈老师；感谢法学部主任邢亮教授、李海亮副教授、陈辉庭副教授、王利平副教授、李小勇副教授、陈巧燕副教授以及刘启、段孝刚、龚丽萍、肖信平、林传坤等老师，我能顺利完成书稿离不开他们的鼓励和支持。

感谢我父母的生养及教诲，感谢我的爱人林璇，虽然她有时因为家务繁重和照顾活泼可爱的女儿珏熠而不拘喜怒哀乐，但还是一往无前地支持我完成书稿。

感谢社会科学文献出版社编辑孙燕生、周琼、吕珊珊认真负责完成编辑校对工作。他们付出了辛苦劳动，在此，特别地向他们表示诚挚的谢意。

沈瞿和
2016 年 12 月于福州

图书在版编目(CIP)数据

公务员权利义务衡平论／沈瞿和著.--北京：社会科学文献出版社，2017.5（2019.6 重印）
（海西求是文库）
ISBN 978-7-5201-0125-7

Ⅰ.①公…　Ⅱ.①沈…　Ⅲ.公务员-权利与义务-研究-中国　Ⅳ.①D630.3

中国版本图书馆 CIP 数据核字（2016）第 308313 号

·海西求是文库·

公务员权利义务衡平论

著　者 / 沈瞿和

出 版 人 / 谢寿光
项目统筹 / 王　绯
责任编辑 / 孙燕生

出　　版 / 社会科学文献出版社·社会政法分社（010）59367156
　　　　　　地址：北京市北三环中路甲29号院华龙大厦　邮编：100029
　　　　　　网址：www.ssap.com.cn
发　　行 / 市场营销中心（010）59367081　59367083
印　　装 / 三河市龙林印务有限公司

规　　格 / 开　本：787mm×1092mm　1/16
　　　　　　印　张：29.25　字　数：478千字
版　　次 / 2017年5月第1版　2019年6月第4次印刷
书　　号 / ISBN 978-7-5201-0125-7
定　　价 / 118.00元

本书如有印装质量问题，请与读者服务中心（010-59367028）联系

▲ 版权所有 翻印必究